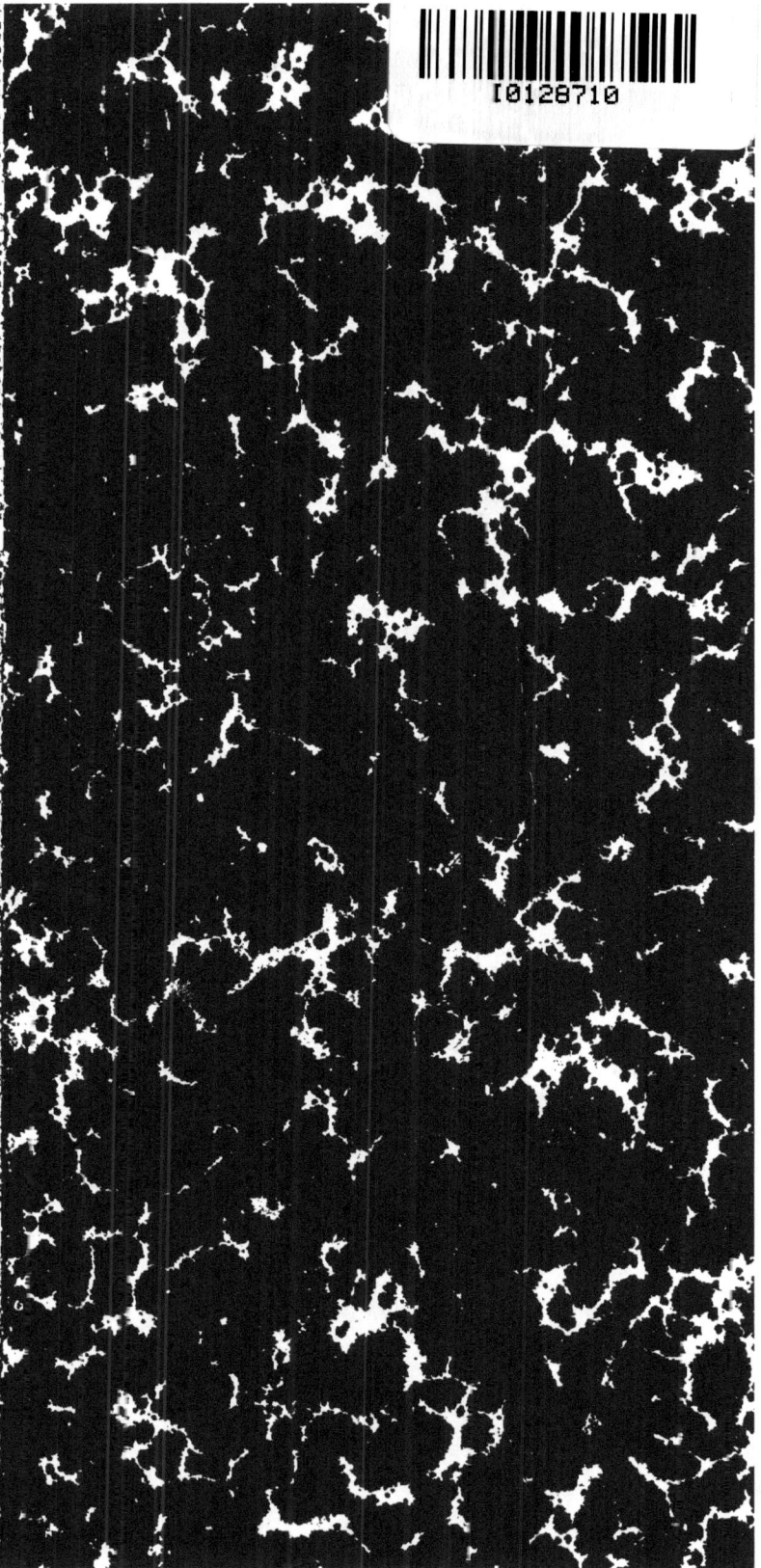

ANALYSE ET CRITIQUE

DES

PRINCIPES DE LA PSYCHOLOGIE

DE

W. JAMES

PAR

A. MÉNARD

AVOCAT

DIPLÔMÉ DES HAUTES ÉTUDES PHILOSOPHIQUES

THÈSE POUR LE DOCTORAT ÈS LETTRES

LYON

IMPRIMERIES RÉUNIES

8, RUE RACHAIS, 8

1910

ANALYSE ET CRITIQUE

DES

PRINCIPES DE LA PSYCHOLOGIE

DE

W. JAMES

ANALYSE ET CRITIQUE

DES

PRINCIPES DE LA PSYCHOLOGIE

DE

W. JAMES

PAR

A. MÉNARD

AVOCAT

DIPLÔMÉ DES HAUTES ÉTUDES PHILOSOPHIQUES

THÈSE POUR LE DOCTORAT ÈS LETTRES

LYON

IMPRIMERIES RÉUNIES

8, RUE RACHAIS, 8

1910

On s'est proposé de mettre en lumière et de critiquer les *principes fondamentaux de la psychologie de W. James*. La philosophie morale n'entre point dans un tel cadre, non plus que les *conséquences* du pragmatisme. Aussi bien les allusions qu'on y fait sont-elles uniquement destinées à montrer la portée de « l'empirisme radical ». Comme d'ailleurs il s'agit d'une étude de *psychologie générale*, on n'a pas pu y présenter l'analyse et la discussion toute particulière des *Variétés de l'expérience religieuse*.

Voici la liste des principaux ouvrages de W. James :

The principles of Psychology, 2 vol., N. Y. London, Macmillan and C°, 1890.

Psychology ; Briefer Course, N. Y. London, Macmillan and C°, 1892.

The Will to Believe, and other Essays in popular philosophy. London, N. Y. Bombay, Longmans, Green and C°, 1897.

Human immortality; two supposed objections to the doctrine. Boston; Houghton, Mifflin and C°, 1898.

Talks to teachers on psychology : and to students on some of life's ideal. N. Y. London, Longmans; Green and C°, 1899.

The Varieties of religious experience. Longmans, Green and C°, 1902.

Pragmatism a new name for some old ways of thinking. Longmans, Green and C°, 1907.

A pluralistic Universe. Longmans, Green and C°, London, 1909.

M. G. Dumas a traduit le chapitre XXIV des *Principes de psychologie, sur les émotions* (Alcan, 1903);

M. F. Abauzit, les *Variétés de l'expérience religieuse* (Alcan, 1908);

M. Pidoux, les *Causeries pédagogiques* (Alcan, 1907);

MM. E. le Brun et Paris, l'*Univers pluraliste*, sous le titre, assez malheureux d'ailleurs, de *Philosophie de l'expérience* (Flammarion, 1910) (1).

Le style de W. James est extrêmement personnel, aussi bien nous excusons-nous à l'avance d'avoir dû, en plusieurs occasions, traduire d'une façon quelque peu large..

« C'est un regret pour beaucoup de philosophes, dit M. G. Dumas, que l'œuvre entière de W. James ne soit point traduite en français. Ses *Principes de psychologie* ont leur place marquée dans toutes les bibliothèques, à côté de ceux de Spencer, et je fais des vœux pour que la lecture en devienne un jour accessible à tous nos compatriotes. »

Le projet de cette étude est né à la lecture de cette phrase; c'est dire que l'on y a *moins cherché l'originalité que l'exactitude.* On a cru cependant nécessaire d'insister d'une part sur les revendications de la psychologie allemande, et notamment de la psychophysique, à laquelle, dans son ensemble, la psychologie de W. James est tout à fait contraire, et d'autre part, sur la philosophie de

_____

(1) Voir en outre la bibliographie pour les articles parus dans la *Critique philosophique.*

M. Bergson, avec laquelle, malgré certaines différences essentielles, elle offre des analogies frappantes.

Une étude de ce genre, destinée tout particulièrement à exposer l'essentiel d'un ouvrage important peu ou mal connu comportait des citations où le lecteur pût retrouver l'auteur, *malgré* le commentateur. On excusera, pour cela même, notre loyalisme d'en avoir abusé.

CHAPITRE PREMIER

L'empirisme radical.

L'empirisme radical est une méthode — personnelle — le médecin, le physiologiste, le psychologue et le moraliste — l'évolution d'un esprit — l'esprit libre, l'éducation. — Pragmatisme et idéologie — l'irréductible pluralisme — empirisme
radical et éclectisme ; empirisme radical et scepticisme. —
W. James est de l'école anglaise; l'origine du pragmatisme.

Un auteur qui se respecte ne manque pas aujourd'hui
de faire précéder ses *Vorlesùngen* ou ses *Grùndzüge*,
d'un *Grùndriss* où il expose ses vues sur la méthode et
les limites de la « *science* » psychologique. Certes, il
serait monstrueusement téméraire et « caïnique » de nier
l'utilité d'un procédé auquel Wundt et Ebbinghaüs ont
cru indispensable de recourir. Cependant, en lisant certaines de ces longues préfaces qui, selon la vieille expression latine, sentent l'huile, on ne peut trop souvent s'empêcher de songer à la fameuse montagne accouchant
d'une souris.

W. James n'a pas fait de *Grùndriss*, il a simplement
insisté, un peu partout, sur l'attitude que doit adopter le
penseur en face de la réalité donnée ou cherchée. Quoique passionnément modeste, ce qui, on l'avouera, n'est
point de nos jours une qualité commune parmi les
auteurs, il revendique hautement l'originalité de cette

attitude à laquelle il donne le nom d'*empirisme radical*.

On ne saurait d'abord se garder trop sérieusement de voir dans l'empirisme radical un système. C'est bien plutôt une *méthode*, qui vaut pour tous les domaines de la connaissance, et dont, quelle que soit la recherche entreprise, il convient de ne point se départir. Mais, surtout, c'est une manière caractéristique ; elle porte l'empreinte d'une personnalité vigoureuse et sympathique, qui, sans jamais chercher à s'étaler, ne réussit pas cependant à se dissimuler.

Médecin et physiologiste, « la fatalité a voulu que W. James glissât jusque dans la psychologie et la philosophie (1) », et, chose plus remarquable encore, cette philosophie traduit un irréductible pluralisme. Nourri aux sciences exactes, il a, *par une évolution personnelle*, remonté le cours du dogmatisme scientifique pour atteindre les eaux libres où l'esprit échappe à l'encombrement des barrières posées par la *volonté* des hommes. Il est entré dans la psychologie, par *la bonne porte*, celle de la physiologie; la psychologie l'a conduit, parmi ses détours, jusqu'au pragmatisme et de là, sans doute, jusqu'à cette conception féconde que l'univers ne s'explique point par un principe absolu, mais par des principes relatifs à notre activité naturelle, que la vérité est solidaire de l'action plus que la spéculation, qu'il n'y a pas une philosophie, mais des philosophies, pas de système, mais des systè-

(1) I originaly studied medecine in order to be a physiologist, but I drifted into psychology and philosophy from a sort of fatality. I never had any philosophic instruction, the first lecture on psychology I ever heard being the first I ever gave (lettre inédite) (Aug. - 16 - 1902).

mes, dont aucun n'est exclusivement bon, et qui tous, cependant, apparaissent comme la traduction de quelque volonté, de quelque besoin ou de quelque aspiration humaine. La conséquence d'une telle philosophie est évidemment qu'il faut tâcher de comprendre cette complication humaine afin de ne point risquer de mutilations inutiles ou même nuisibles au développement de l'individu. Qu'on me permette une comparaison. Les maîtres dans l'art d'orner les jardins se divisent en deux écoles : les uns, suivant la doctrine *logique* de nos vieux ornemanistes français, tracent des allées géométriques qu'ils bordent d'arbres et d'arbustes artificiellement taillés; tandis que les autres, s'inspirant du désordre de la nature, s'efforcent à faire un paysage aux perspectives tortueuses, où les arbres secouent dans le vent leur chevelure mal peignée, et étalent sans gêne ni embarras la magnificence de leur robustesse native. Eh bien, si l'expression ne paraissait trop osée, je dirais que W. James n'est point, au regard de la culture humaine, partisan des coupes artificielles ni des lignes droites. Il y a, Boileau l'a dit, à une époque où l'ordre était cependant l'idéal français, un désordre artistique, celui de l'enchevêtrement des formes vitales elles-mêmes, enchevêtrement qui n'est pas une confusion, mais dont on ne comprend la très réelle ordonnance qu'après en avoir adopté tous les points de vue. L'âme humaine ressemble à une cavale sauvage dont l'esclavage aurait appesanti les forces et détruit la vigueur. L'esprit étouffe sous les conventions sociales, morales et scientifiques, il s'en va cahin caha sous le faix d'idées et de théories qui lui sont étrangères, jusqu'au moment où on l'attelle, résigné, dolent, usé, à la besogne monotone dont sera tissé le cours de sa vie quotidienne. Or, il doit recouvrer sa liberté, il doit apprendre que l'on n'impose pas les théories, que rien n'est plus dangereux qu'une doctrine mal assimilée et acceptée d'autorité; il doit surtout se convaincre que l'exclusivisme est une sottise, et que la conclusion la moins logique n'est pas nécessairement la moins sûre.

Liberté, *tolérance*, voilà ce que nous crie toute la philosophie de W. James, mais *tolérance vraie*, qui ne méprise pas trop facilement cela même qu'elle tolère, persuadée que l'on n'embrasse pas et que l'on n'embrassera jamais toutes les raisons des choses. Une telle tolérance est le fait d'un psychologue plutôt que d'un logicien. Il n'y a pas, je pense, de connaissance qui, plus que la psychologie, attache à l'humanité pour elle-même, sous la condition toutefois, qu'elle soit une histoire naturelle de l'esprit, impartiale, sans arrière-pensée morale ou métaphysique. On est moins tenté alors d'ordonner les actions humaines suivant une échelle de valeurs arbitraires; car toutes sont à titre égal les manifestations d'une vie, dont chaque battement peut attirer l'attention de l'observateur, qui penché sur la complexité de ce *microcosme*, y trouve les raisons d'un *macrocosme* infiniment vaste, multiple et divers, dont la déduction logique découvre seulement la moindre partie.

Mais il nous semble que la philosophie de W. James n'est pas seulement la manifestation d'un caractère particulier. Son originalité pousse des racines profondes dans le tempérament du peuple dont est sorti l'individu qui l'a portée. Si, comme le disait Proudhon. « le talent est une création de la société bien plus qu'un don de la nature », si « c'est un capital accumulé dont celui qui le reçoit n'est que le dépositaire », il faut dire que la doctrine de W. James est la fleur de la pensée moderne américaine. Prendre la vie au sérieux, c'est-à-dire agir, agir avec intensité, mais non pas tant pour agir que pour atteindre un but utile, c'est là, croyons-nous, l'idéal de cette race au point où elle est actuellement parvenue de son développement : on est, dans la mesure où l'on *peut;* et l'homme, s'il le veut, peut toujours quelque chose.

Ce quelque chose vaut d'ailleurs dans la mesure où il est *pratique,* car, la science même la plus théorique, Edison le disait dernièrement, est une *affaire.* Ce pragmatisme réel est le contraire du rêve, et il autorise cependant le mysticisme le plus effréné, dès l'instant que ce mysticisme apparaît comme un motif d'action utile et humaine. C'est, en effet, que la mise en pratique du pragmatisme ne va pas sans effort, or, s'il y a plusieurs moyens de tendre la volonté, de la tremper et de lui donner la résistance nécessaire, on ne saurait nier que l'un des meilleurs ne soit l'usage d'une morale *personnelle,* non point *apprise* dans un catéchisme, mais pour ainsi dire, incorporée à l'individu, entrée dans sa chair, dans ses os, devenue quelque chose de lui-même, grâce à une assimilation et à une réflexion actives. Cette conception de la morale est propre aux peuples saxons, de sorte que chaque individu y est poussé vers l'idéal de la race par son idéal propre de la vie.

En termes psychologiques, cela signifie, sans doute, que le sentiment, pris dans une acception large, est le meilleur « propulseur » de l'action. Or, le sentiment ne se discute pas, et l'on ne juge pas des actions humaines par leur origine, mais par leur résultat. Si l'idéal scientifique suffit à l'ordonnance *complète* de votre vie, tant mieux ; mais si vous devez chercher ailleurs un appui, une raison du cœur que la raison ne connaît point, qui songerait à vous en blâmer, puisque, ici, littéralement, la fin justifie les moyens.

Si vous n'êtes pas un *empiriste radical*, ces conclusions vous échapperont, elles vous paraîtront même dangereuses et vous vous insurgerez au nom de la science contre de telles fantaisies. Voyons donc, en détail, ce qu'il faut entendre exactement par l'empirisme radical, et montrons qu'il constitue une attitude d'esprit plus scientifique que celle-là même à laquelle on a coutume de donner le nom d'empirisme tout court.

. « Je dis empirisme, déclare W. James, parce que (cette manière) se contente de regarder ses conclusions les plus assurées, concernant les faits comme des hypothèses susceptibles de modification au cours de l'expérience future ; et je dis « radical » parce qu'elle traite la doctrine du monisme elle-même comme une hypothèse. Contrairement à ce demi-empirisme courant sous le nom de positivisme, d'agnosticisme ou de naturalisme scientifique, elle n'affirme pas dogmatiquement que le monisme cadre avec toute l'expérience. La distinction entre le monisme et le pluralisme est, sans doute, la plus féconde (the most pregnant) de toutes les distinctions philosophiques. *Prima facie*, le monde est un pluralisme. Tel que nous le rencontrons, son unité semble être celle d'une collection quelconque, et l'élévation de notre pensée, consiste principalement dans un effort pour adoucir la crudité des premières données. Dès lors que nous

postulons plus d'unité, nous en découvrons aussi davantage. Mais l'unité absolue, en dépit des éclairs (dashes)
qui illuminent sa direction, n'est pas encore atteinte, elle
demeure toujours un *Grenzbegriff*. « Jamais tout à fait »,
doit être à son égard la dernière confession du philosophe
rationaliste. Lorsque la raison est au bout de son effort,
les faits, tels qu'ils sont donnés, demeurent encore inex-
pliqués avec leur opacité, leur particularité et leur discontinuité. A l'extrême opposé, il y a les divers « points de
vue » que le philosophe doit distinguer en discutant le
monde; et ce qui, d'un point de vue est intrinsèquement
clair, reste, à l'autre point de vue, une pure extranéité
(*externality*), un pur datum. Le négatif, l'alogique n'est
jamais complètement banni. Quelque chose — « appelez-
le destin, hasard, liberté, spontanéité, le diable ou comme-
vous voudrez » — ne cadre pas encore (is still wrong).
Ce quelque chose apparaît autre, en dehors, non inclus
par rapport à *votre* point de vue, et cela quand même
vous seriez le plus grand des philosophes. Quelque chose
est toujours pur fait, simple *donnée* (mere *givenness*), et
il se peut qu'il n'existe pas dans l'univers entier, un seul
point de vue dont on découvrirait que ce n'est point le
cas (1). »

Oui, il y a des réalités données, au delà desquelles
nous ne saurions aller, et ces réalités, *toutes* ces réalités
nous forcent, si nous voulons en tenir compte, à conclure
dans le sens d'un pluralisme irréductible.

A vrai dire, la critique philosophique n'arrive point à

---

(1) W. James. The will to believe and other essays in popular
philosophy. Préface Longmann, Green and C°, N. Y. L. 1902.

fonder le fait moral, les explications qu'elle en donne ne tendent trop souvent qu'à en diminuer la signification; pourtant, le fait existe, palpable, irréductible, retentissant au travers de l'histoire, fondant les coutumes, civilisant les peuples. Eh bien, ce fait, il faut oser le considérer en face. Il a sa place dans le monde bigarré, où notre être évolue; chacune de ses variations conditionne un nouvel aspect de l'univers. En d'autres termes, si l'unité scientifique est un point de vue, le déisme et le « moralisme » sont d'autres points de vue également intéressants, et le diable, après tout, ne devrait pas manquer de défenseurs. Évidemment, la pensée de W. James revêt intentionnellement ici un ton paradoxal : « L'humanité, dira-t-on, n'est que trop portée à croire malgré la raison et n'a pas besoin qu'on la prêche ou qu'on lui prodigue des encouragements dans ce sens. J'accorde en effet complètement, que l'humanité, prise dans son ensemble, manque surtout de prudence et de critique... Mais les auditoires universitaires (Academic audiences), nourris aux sciences, ont des besoins très différents. La paralysie de leur capacité native pour la foi et une *aboulie* timorée en ce qui concerne les matières religieuses constituent les formes d'une faiblesse mentale qui leur est particulière. Ils gardent profondément dans leur cerveau cette notion patiemment instillée qu'il y a une évidence scientifique, grâce à laquelle, si l'on y prend garde, il est possible d'échapper à tous les dangers de naufrage au regard de la vérité. Mais il n'y a réellement pas de méthode scientifique ou autre, grâce à laquelle les hommes puissent louvoyer en sécurité entre les dangers de croire trop peu et ceux de croire trop. Notre devoir est appar<ma->

ment d'envisager ces dangers. Découvrir le moyen terme (to hit the right channel between them), c'est aussi donner la mesure de notre sagesse en tant qu'hommes (1). »

Ainsi, l'empirisme radical, en ce qui concerne le fait moral et religieux, n'est pas une apologie de la foi au détriment de la raison. *Il ne s'agit absolument pas d'une doctrine de vulgarisation*, mais bien plutôt d'un appel lancé à l'élite pensante. Cette élite, on le suppose, est entraînée aux méthodes scientifiques ; son entraînement même doit permettre de pousser les conclusions jusqu'au bout. Puisque le vrai savant s'appuie sur les faits, on lui propose d'étudier *tous* les faits, de n'en *négliger*, de n'en voiler aucun. Il s'apercevra, dès lors, que si les hypothèses scientifiques forment un système, les hypothèses morales en forment d'autres, et que ces divers systèmes sont actuellement irréductibles. Le fait moral est un fait, l'instinct religieux de l'humanité est un fait, la croyance est un fait, tout comme la gravitation et la circulation du sang sont des faits. Le savant complet, non pas l'empiriste, mais « l'empiriste radical » doit accepter les premiers comme il accepte les derniers. Ce sont des données irréductibles, des réalités dernières, au delà desquelles des doctrines diverses sont possibles, dont le conflit ne paraît pas nécessaire. C'est en effet, que chaque opinion a sa valeur, tout au moins par rapport à l'individu, sans que, pour cela, aucune constitue l'explication dernière et suffisante.

Par instinct, l'homme *et qui pense*, se plaît à ériger des systèmes *clos*, dont les réseaux lui paraissent enser-

(1) *Op. cit., loc. cit.*

rer une vérité immobile et, pour ainsi dire, crist~llisée.
Cette forme de l'absolutisme semble, tout particulièrement, être l'un des parasites les plus dangereux de la pensée philosophique qu'il étiole, paralyse et rend stérile.
Or, l'empirisme radical combat cet *instinct*, au nom
de la raison même; il nie que l'évidence puisse jamais
être objective; il affirme que la vérité se fait, que *nous la
faisons* et qu'elle revêt des aspects divers, au hasard
même du processus de son évolution.

« Je vis assurément, déclare W. James, avec la foi
pratique, que nous devons aller de l'avant (go on), expé-
rimentant et réfléchissant sur notre expérience, car,
ainsi seulement nos opinions ont une chance de devenir
plus vraies. Quant à tenir l'une quelconque d'entre elles
— quelle qu'elle soit — comme incapable d'être interpré-
tée ou corrigée à nouveau, je crois que ce serait adopter
une position terriblement fausse, condamnée par l'histoire de la philosophie tout entière. Il n'y a qu'une vérité
certaine et indéfectible, celle que le scepticisme pyrrho-
nien lui-même laisse debout — à savoir que le phénomène de conscience présent existe (1). » Mais il ne faut
,voir là que matière à philosopher, car les diverses doctrines n'ont en somme pour objet que d'interpréter la réalité de ce fait primaire. Or, voyez jusqu'à quel point les
solutions proposées sont contradictoires. En dehors de
certaines propositions abstraites, comme deux et deux
font quatre, propositions qui ne nous enseignent rien sur
la réalité concrète, vous n'en découvrez aucune qui n'ait

(1) *Op. cit., loc. cit.*, p. 15.

été regardée tour à tour comme évidente, douteuse ou contradictoire.

On ne s'est jamais accordé sur ce que devait être la preuve de la réalité vraie. Les uns estiment que le critérium est externe au moment de la perception; ils le placent dans la révélation, dans le consensus gentium, les instincts du cœur, ou l'expérience systématisée de la race. D'autres font du moment perceptif son propre témoin — par exemple Descartes, avec ses idées claires et distinctes garanties par la véracité de Dieu ; Reid, avec son « sens commun » et Kant avec ses formes de jugement synthétique *a priori*. L'inconcevabilité du contraire; la capacité d'être vérifié par les sens; la possession de l'unité organique complète — tels sont les étalons qui ont été tour à tour proposés. Et cependant, la fameuse évidence objective ne répond jamais à l'appel. Prétendre que certaines choses possèdent actuellement cette certitude objective, c'est tout simplement affirmer que lorsque nous les pensons vraies et qu'elles *sont vraies*, alors leur évidence est objective, qu'autrement elle ne l'est pas. « Mais pratiquement, la conviction que l'évidence obtenue est de l'espèce réelle objective, constitue seulement une opinion subjective de plus ajoutée à la masse des autres opinions du même genre (1). » Pour combien d'opinions absolument contraires ne s'est-on pas réclamé de la certitude objective ! Le monde est parfaitement rationnel — son existence est un fait brut ultime. Il y a un Dieu personnel — un Dieu personnel est inconcevable. Il y a un monde physique extra-mental immédiatement connu — l'esprit

(1) *Op. cit.*, *loc. cit.*, p. 16.

ne peut connaître que ses propres idées. Un impératif moral existe — l'obligation n'est que le résultat des désirs. Il y a dans chacun de nous un principe spirituel permanent. Il n'y a que des états mentaux qui changent; il y a une chaîne infinie de causes — il y a une première cause absolue; une nécessité éternelle — une liberté, un but — pas de but, un Un primaire — un multiple primaire, une continuité universelle — une discontinuité essentielle dans les choses; un infini — pas d'infini. « Il y a ceci, — il y a cela; en vérité, on ne découvre rien que l'un n'ait pensé absolument vrai, tandis que son voisin le jugeait absolument faux, et aucun de ces absolutistes n'a été frappé de la considération que le trouble et l'obscurité peuvent être essentiels, et que l'intellect, même lorsqu'il tient la vérité sous son étreinte, peut manquer d'un signe infaillible auquel il reconnaisse l'erreur ou la vérité (1). »

Voilà, certes, un procès bien conduit contre la valeur de la pensée humaine. La philosophie tout entière est passée au crible, il n'en reste rien. Chacun de nous a le droit de croire à l'harmonie de ses facultés, avec la vérité. Chacun a aussi le droit d'en douter. La connaissance commence par un acte de foi.

> «Du musst glauben, du musst wagen
> Denn die Götter leihn kein pfand
> Nur ein Wünder kan dich tragen
> In das schöne Wunderland » (2).

Car, il ne s'agit point seulement ici de ce qu'on est con-

(1) *Op. cit., loc. cit.*
(2) **Tu dois croire, tu dois t'aventurer, car les dieux ne donnent aucun gage ; seul un prodige peut te porter dans le beau pays des merveilles. Cité par W. James, *op. cit.*, p. 117.**

venu d'appeler la philosophie; toutes nos hypothèses ont la même origine : « Je crois, pour ma part, que les magnifiques achèvements de la science mathématique et physique — nos doctrines de l'évolution, de l'uniformité de la loi, et le reste, procèdent de notre désir indomptable de donner à l'univers une forme plus rationnelle que celle où nous le présente la succession naturelle de notre expérience (1). » Tout notre idéal scientifique et philosophique est « un autel à dieux inconnus (2) ».

Qu'est-ce à dire, sinon que les *conclusions générales* tirées des faits sont toujours guidées par « *la volonté de croire* », sous la forme d'un désir ou d'un instinct spécifique. Rien, donc, de plus subjectif et, par conséquent, rien, à un certain point de vue, de plus fuyant, de plus divers, de plus multiple.

Eh bien, c'est dans cette multiplicité, dans cette diversité que se complaît l'empiriste radical, c'est sur elle qu'il insiste.

Le poète n'a peut-être pas raison de dire :

> *« Grau, theurer Freund ist alle Theorie*
> *Und grün des Lebens goldner Baum (3) ;*

Pour le psychologue, les théories ne sont pas grises. Elles constituent, en effet, des manifestations de cette vie dorée, de cette vie luxuriante qui se déroule dans la conscience humaine. De ce point de vue, rien ne peut être plus curieux et plus instructif que la bigarrure et la

---

(1) *Op. cit.*, p. 147.
(2) *Op. cit.*, p. 149.
(3) Toute théorie est grise, mon ami, et l'arbre brillant de la vie est vert.

diversité des opinions philosophiques. Vous avez vu, sans
doute, tailler des diamants, la pierre précieuse passe entre les mains de cinq, de dix ouvriers, et chacun d'eux
est chargé d'y faire un clivage ou une taille spéciale.
L'univers est ce diamant, auquel tous les bons ouvriers
de l'atelier humain ont travaillé et travaillent encore :
chacun y a marqué son empreinte, et malgré qu'il
reste impénétrable, des jeux et des clartés y resplendis-
sent aujourd'hui, dont manquait la pierre brute. Il faut
maintenant, pour comprendre la taille, pour l'apprécier,
le retourner dans tous les sens, en examiner toutes les fa-
cettes, dont chacune offre un point de vue différent de sa
voisine.

« L'esprit philosophique, d'après M. Ribot, est celui
qui généralise, il se plait visiblement à suivre les grandes lignes, à embrasser les vastes horizons, à rechercher
les formules simples d'où l'on domine la masse innom-
brable des faits (1). » Mais, ce pourrait bien n'être là que
l'esprit de généralisation. On conçoit, en effet, une philosophie minutieuse, mieux appropriée aux besoins de la
pensée moderne. « A côté de cette passion pour la simpli-
fications, écrit W. James, il en existe une contraire qui,
dans quelques esprits — quoique peut-être ils forment une
minorité — apparait comme sa rivale. C'est la passion de
distinguer; c'est le désir de connaître (to be acquainted
with) les parties plutôt que de comprendre le tout. La
loyauté à la clarté et à l'intégrité de la perception, l'horreur des limites mal définies, des identifications vagues,

(1) Psychologie anglaise. Alcan, Paris, 1901. Introduct., p. 31.

sont ses caractéristiques. On aime à reconnaître les particularités dans leur plénitude, leur abondance même
réjouit. On préfère n'importe quelle quantité d'incohérence, de décousu, de fragmentaire (du moment que les
détails littéraux des faits distingués sont conservés), à
une manière abstraite de concevoir les choses, qui, en les
simplifiant, vide leur plénitude concrète (1). »

« Le réaliste, a dit Scherer, est celui qui cherche à
s'effacer devant la nature. » Dans ce sens (tout artistique),
W. James est un réaliste. Il met de la coquetterie à voir
et à bien voir, pratiquant, à la lettre, le fameux « soyons
vrai » de Sainte-Beuve. Ce loyalisme aux faits, empêche
qu'il s'inféode à aucun système, sans toutefois le détour-
ner d'accepter largement tous ceux qui ne contredisent
point à ces mêmes faits, ou les expliquent d'une manière
intéressante. L'esprit de W. James est accueillant, souriant, bon enfant, comme son style.

Mais, ne nous y trompons pas, ce n'est point là du tout
de l'*éclectisme*. Le propre de l'éclectisme est, si je ne me
trompe, de choisir entre *des théories*, entre des systèmes
fermés pour composer à son tour un système complet et
fermé. Au contraire, la méthode de W. James rejette
a priori toutes les théories, pour ne s'occuper que des
faits et si, plus tard, elle regarde certaines doctrines avec
plus de bienveillance que d'autres, c'est uniquement
parce qu'elles lui semblent traduire certains côtés de la
nature, et les éclairer de manière plus féconde.

On ne saurait nier cependant, qu'en insistant à ce point
sur la relativité de la connaissance *théorique*, W. James

(1) *Op. cit.*, p. 66.

ne prête le flanc à la critique. Son langage, parfois, rappelle terriblement celui d'un sceptique. Il ne suffit d'ailleurs pas, pour faire tomber l'objection d'affirmer, comme il le fait quelque part, que le scepticisme représente encore un système, tandis que le principe de sa philosophie est précisément de repousser l'idée de système. C'est en effet jouer sur les mots, car, à ce compte, toute proposition affirmative ou négative et, par conséquent, la proposition de W. James elle-même, serait systématique. Evidemment, la philosophie de Hume a produit une impression profonde sur son esprit. Cette doctrine de « non-enchaînement et de discontinuité » (looseness and separateness), comme il l'appelle, était faite pour lui plaire, et pourtant ce serait commettre, me semble-t-il, une erreur profonde que de voir dans W. James un sceptique.

L' « empirisme radical », il ne faut pas se lasser de le répéter, est une méthode, et de ce point de vue, il ressemble beaucoup plus au *doute cartésien* qu'à toute autre chose. On n'entend pas, évidemment, établir un parallèle entre les deux méthodes, ce serait forcer la vérité pour le plaisir de comparer et d'assimiler deux manières qui, dans leur *développement*, paraissent très différentes. Mon intention est seulement de faire remarquer que le point de départ est le même dans les deux cas, le *doute* pour *arriver à la vérité*.

Il y a une vérité, ne cesse de répéter W. James. « Nous faisons délibérément ce postulat, dont ne veut pas le sceptique, qu'il y a une vérité, et que c'est la destinée de nos esprits de l'atteindre. Nous nous séparons donc absolument de lui à ce point. Mais la foi que la vérité existe, et que nos esprits peuvent la trouver, est susceptible de deux formes. On a le droit de distinguer entre la façon *empiriste* et la façon *absolutiste* de croire à la vérité. Les absolutistes, dans cette matière, disent que non seulement nous arrivons à connaître la vérité, mais que *nous savons lorsque* nous en avons la connaissance; tandis que les empiristes pensent que, si nous pouvons l'atteindre, nous ne savons pas infailliblement le moment où nous la possédons. *Connaître* est une chose et tenir pour certain *ce que* nous connaissons est une autre chose. On peut croire à la possibilité de la première sans croire à celle de la seconde. Par conséquent, les empiristes et les absolutistes, quoique ni les uns ni les autres ne soient sceptiques au sens philosophique usuel du terme, montrent dans leurs déportements des degrés très différents de dogmatisme (1). »

Ainsi, la vérité existe, mais nous ne savons jamais quand nous la possédons; encore une fois, il n'y a pas de *certitude objective*. Cependant, « remarquez-le bien, lorsqu'en notre qualité d'empiristes, nous rejetons la doctrine de la certitude objective, nous n'abandonnons pas pour cela la recherche de la vérité ou l'espérance de l'atteindre. Nous faisons parade de notre foi en son existence et, *croyons encore gagner toujours une meilleure position à son égard en continuant systématiquement à ruminer des expériences et à y réfléchir* (2). » Plus donc nous nous appliquerons à réunir de faits, à en analyser les détails, à les décrire et à les classer, plus nous entrerons dans la complication universelle; mieux nous la comprendrons, plus sûrement aussi ferons-nous notre

(1) W. James. *Op. cit.*, p. 12.
(2) *Loc. cit.*

chemin vers cette vérité aux mille faces que notre esprit
est capable d'atteindre. Pour cela, il ne faudra pas que
nous nous occupions d'abord des ressemblances, mais
plutôt des différences, il ne faudra pas que nous nous li-
mitions à un domaine de la pensée; mais que nous en
parcourions autant que possible tous les domaines, tour-
nant et retournant chaque fait pour en découvrir les possibilités... De cette étude, il ne sortira évidemment jamais
un système, mais des systèmes, dont aucun ne sera clos,
dont aucun ne sera achevé, car aucun ne contiendra la
plénitude intégrale de l'univers. Cette connaissance de
la plénitude intégrale reste bien cependant le but que se
propose le penseur, celui dont, avec de la patience, à
l'aide d'un travail bien ordonné, il peut approcher... C'est
là, véritablement, le *Grenzbegriff*, jamais atteint, jamais
pleinement compris.

Mais enfin, comment saurons-nous jamais que nous
avons arraché à la nature quelqu'un de ses secrets, que
nous savons quelque chose de plus ? A quel signe recon-
naîtrons-nous que nous avançons ? Car, s'il n'y avait
point de signe, nous voguerions sur l'inconnu comme un
vaisseau sans boussole. Il faudrait alors, malgré que
nous en ayons, retomber dans le scepticisme, le farniente,
l'anesthésie de l'énergie, comme parle quelque part W.
James.

Eh bien, il y a un signe auquel nos progrès sont recon-
naissables : « La grande différence de notre doctrine au
regard de la thèse scolastique (qu'il y a une certitude
objective) consiste dans la direction où nous regardons.
La force de son système consiste dans les principes, l'origine, *le terminus a quo* de sa pensée; *pour nous, la force*

est dans le résultat, l'issue (1) (in the outcome, the upshot), *le terminus ad quem*. Ce qu'il faut décider, ce n'est pas d'où elle vient (la pensée), mais où elle conduit. Il importe peu à un empiriste de quel quartier une hypothèse lui arrive, qu'elle soit acquise par des moyens corrects (fair) ou par des moyens incorrects (foul). La passion peut l'avoir soufflée ou l'accident suggérée, mais, si le courant total (total drift) de la pensée continue à la confirmer, alors elle est vraie (2). »

Du point de vue biologique, notre esprit est également disposé « pour moudre la vérité et pour moudre l'erreur ». Il est indifférent. Pourtant, la conscience a des fins *pratiques*, et ces fins pratiques ne sont plus indifférentes, elles lui apparaissent utiles ou nuisibles. Dès lors, on conçoit que l'*erreur* et la vérité prennent une signification.

Les hypothèses scientifiques se succèdent et se détruisent, leur importance théorique n'est rien, leur importance *pratique* est tout. Ceux-là seuls qui ne l'ont pas compris ont pu parler de la faillite de la science.

« La science serait beaucoup moins avancée qu'elle ne l'est si les désirs passionnés des individus pour obtenir que leur foi fût confirmée avaient été tenus hors du jeu (3). » C'est aussi la conclusion que M. H. Poincaré tire de son admirable étude sur *la science et l'hypothèse*. Ce qui prouve que le savant « ne découvre pas un monde créé par son caprice », c'est précisément que sa science n'est pas impuissante. « Nous la voyons chaque jour agir

---

(1) Ce passage n'est pas souligné dans le texte.
(2) *Op. cit., loc. cit.*, p. 17.
(3) *Loc. cit.*

sous nos yeux » et « cela ne pourrait être si elle ne nous faisait connaître quelque chose de la réalité (1). »

Or, il n'en va pas autrement des hypothèses morales et religieuses. Nos besoins créent nos obligations, et l'hypothèse morale, qui complète notre plénitude humaine, est vraie dans la mesure même où elle est bonne.

C'est, en substance, le pragmatisme : « La pensée en mouvement n'a pas d'autre motif concevable que celui d'obtenir la croyance, où elle se repose. C'est lorsque notre pensée sur un sujet a trouvé son repos dans la croyance, que l'action correspondante peut commencer fermement et avec sécurité. En un mot, les croyances sont des règles pour l'action, et toute la fonction de la pensée n'est qu'un pas dans la production d'habitudes actives. S'il y avait une partie quelconque de la pensée qui ne fît pas de différence dans les conséquences pratiques, cette partie ne serait pas un élément propre de signification. Donc, pour développer la signification de la pensée, il suffit de déterminer la conduite qu'elle est capable de produire; cette conduite constitue pour nous sa seule signification. Le fait tangible à la base de toutes nos distinctions de pensée est qu'il n'y en a pas une si fine qui ne consiste en une différence possible dans la pratique. Pour atteindre une parfaite clarté dans nos pensées d'un objet, il suffit donc que nous considérions quelles sensations, immédiates ou éloignées, nous pouvons concevoir en attendre, et quelle conduite nous devons préparer au cas où l'objet serait vrai. Notre conception de ces conséquences pratiques est pour nous le

(1) La Science et l'Hypothèse. H. Poincaré. Edition E. Flammarion, 1908.

tout de notre conception de l'objet, dans la mesure où cette conception a une signification positive (1). »

Cette doctrine, dont W. James, après Schiller, a donné dans son ouvrage intitulé : *Pragmatism*, une formule qui peut paraître définitive, n'est pas nouvelle. Ch. Sanders Peirce l'avait formellement émise en 1878, dans un article du *Popular Science Monthly* (janvier, vol. XII, p. 286) intitulé : *How to make our Ideas clear*. Elle peut apparaître d'ailleurs comme une conclusion normale du développement de la philosophie anglaise, fondée sur le *sensationisme*, c'est-à-dire sur les différences vérifiables et par conséquent pratiques que nous présentent les choses. C'est en partant de Locke, en passant par Hume, que W. James est parvenu jusqu'à l'empirisme radical, qui devait l'amener au pragmatisme (2). Aussi bien ne sommes-nous pas autrement étonnés de l'entendre émettre ce paradoxe historique : « Ce fut l'école anglaise et écossaise, non pas Kant, qui introduisit en philosophie la méthode critique, seule capable d'en faire une étude digne d'hommes sérieux. Car, comment pourrait-on discuter sérieusement des propositions philosophiques incapables de jamais produire pour nous une différence appréciable dans l'action ? (3). »

(1) The varieties of religious experience. W. J. Longmans, Green and C°, Lond. N. Y., 1902, p. 444.

(2) Il serait intéressant d'étudier ici l'influence du Néo-criticisme (Renouvier) sur W. James. Elle est incontestable. Cependant la question me semble trop complexe pour être traitée dans un avant-propos où je ne cherche qu'à fixer les grandes lignes. Je me réserve d'en faire ailleurs l'objet d'une critique complète.

(3) *Op. cit.*, pp. 433-4.

Que l'école anglaise ait fondé la « critique philosophique », cela est contestable ; dans tous les cas, l'objet de la discussion, si on l'entreprenait, devrait être soigneusement défini, car le mot lui-même paraît un peu vague. L'*esprit critique* n'est pas nécessairement celui de la critique transcendentale. Du point de vue de l'histoire philosophique, il est d'ailleurs très certain que l'*esprit critique* de Hume a décidé de l'attitude adoptée par Kant au moment où, en Allemagne, la scolastique régnait encore en maîtresse. Quoi qu'il en soit, la teinte même de partialité que l'on pourrait découvrir dans son jugement indique nettement où vont les préférences de W. James. Nous avons assurément affaire avec un disciple de l'école anglaise empiriste, c'est-à-dire de l'école de l'*expérience*.

Cependant, ne nous y trompons pas, ce disciple est aussi un autodidacte : « La première leçon de psychologie (et sans doute la première de philosophie) qu'il ait entendue a été la première qu'il a donnée. » Aussi bien n'accepte-t-il rien de l'autorité et refait-il les leçons pour son compte. Son respect pour le fait brut l'a conduit jusqu'à Locke et de Locke jusqu'à Hume, mais il devait aussi lui permettre de les dépasser. L'originalité de la méthode de W. James consiste précisément dans la volonté de ne rejeter *aucun fait*, de les considérer tous sérieusement, sans parti pris. Physiologiste par tempérament, il a été amené de la sorte, au gré de l'évolution de sa réflexion, à étudier le fait moral et le fait religieux. Ayant pénétré leur raison psychologique, il a discuté leur valeur, et cette valeur même, il l'a tirée de la nature essentiellement volitive de toute notre connaissance. Car c'est bien ce fait psychologique qui, nous aurons l'occasion de

le montrer plus amplément au cours de cet ouvrage, est
à la base du pragmatisme.

Cette vue, que l'action est en somme le critérium de
la vérité, et donc que le sensible forme le dernier terme
de la connaissance paraît, d'ailleurs, conforme à l'opinion
du sens commun. Cela est vrai que nous voyons, que
nous touchons, que nous faisons, ou qui agit directement
sur nous. Aussi bien, toute la philosophie de W. James
est-elle tournée du côté du sens commun; on peut voir là
un trait de parenté remarquable avec la doctrine de Reid;
mais c'est aussi, et surtout, me semble-t-il, la marque
d'une tendance très moderne, dont on est frappé, par
exemple, à la lecture des ouvrages de M. Bergson, qui
s'efforce constamment à justifier les propositions du sens
commun, par la réflexion métaphysique la plus déliée.

CHAPITRE II

L'esprit de système en psychologie. Spiritualisme, associationnisme et psychophysique.

Empirisme et psychologie. — Spiritualisme, associationnisme. — Mathématiques et psychologie. — Psychologie mathématique et psychologie expérimentale. — La psychophysique. — Weber. — Fechner — la formule de mesure. — Définition du continu mathématique. — La contradiction du procédé mathématique de Fechner. — Fechner et l'atomisme psychique. Il n'y a pas de phénomènes psychiques inconscients. — Confusion fondamentale de toute psychologie quantitative. — L'objectif et le subjectif irréductibles. — Bergson. — Qualité et synthèse. — La mesure de la perception, Wundt. — Ebbinghaus-Foucault, mesure de la clarté. — La psychophysique comme l'associationnisme, déforme le fait psychique et procède de l'esprit de système.

Si, en face de l'univers, en face du monde construit sur les bases apparemment solides ou tout au moins imposantes que la science a érigées; si, devant cette nouvelle métaphysique même où l'on prétend seulement, à la manière de Wundt, coordonner les données dernières de chaque science, l'attitude du sage doit être encore un scepticisme souriant, ou plutôt un empirisme irréductible qui refuse, à ce point même, de se laisser entraîner à la logique apaisante de l'identification, à plus forte raison, faut-il bien, en présence de l'objet particulier à la psy-

chologie, se garder des conclusions hâtives et de cet esprit de généralisation au travers duquel les faits, en se
réfractant, risquent de se déformer : « Ce livre, explique
W. James, dans la préface de ses *Principes de psychologie*, rejette également les théories associationniste et
spiritualiste ; cette attitude strictement positiviste est la
seule originalité que je songe à réclamer (1). »

Cependant, apprendre, c'est analyser, et savoir c'est
généraliser. Aussi bien, d'aucuns jugeront-ils une telle
manière stérile, et d'autres seront-ils tentés d'y voir une
sorte de fanfaronnade destinée à voiler les hésitations d'un
esprit ondoyant, mal fait pour saisir les identités sous
les phénomènes. Que l'attitude de W. James ne soit pas
une fanfaronnade, cela ressortira, je pense, de l'étude
générale de sa psychologie. On verra mieux, à mesure
que l'on y avancera davantage, que l'auteur n'ignore aucun système, qu'il les examine tous avec la plus entière
impartialité, comme aussi la plus complète indépendance,
qu'il ne manque pas non plus de rendre hommage à leur
logique, j'allais dire à la beauté de leur unité, mais que
son esprit fidèle seulement à la vérité, assez large pour
comprendre la multitude des faits dans leur multiplicité
bigarrée et discrète, se refuse simplement à considérer les
choses par un seul côté, à les couler dans un moule qui
les transforme, ou à les empiler dans un cadre qui
les déforme. D'autre part, on ne saurait reprocher sa
stérilité à une philosophie qui est toute dans le devenir,
qui s'ouvre à toutes les doctrines, pourvu qu'elles traduisent un aspect de la réalité, et qu'elles ne soient pas

(1)Préface, p. VI.

seulement l'expression d'une logique étroite et intransi-
geante, à une philosophie qui s'élargit et s'étend, vivante
et compréhensive, multiple et diverse comme son objet
même.

« A un point donné de son développement, la fertilité
d'une science consiste, justement, dans un certain degré
d'indétermination (1). » E.-A. Lange traitant de la possibilité d'une psychologie scientifique avait émis une opinion analogue : « Les limites de la psychologie, disait-il,
ne sont pas faciles à définir. Mais cela ne nuit absolument
pas. Si les mêmes découvertes sont obtenues par deux
voies diverses, leur valeur n'en est que plus grande (2). »
Il n'est pas douteux, en effet, que la limite qui sépare la
psychologie de la physiologie est assez vague, pour
que l'on doive s'attendre à des empiètements mutuels.
Le phénomène psychologique ne se distingue pas, dès
l'abord, franchement du phénomène physiologique, et
n'admet de définition qu'au moment où, parvenu à un
point avancé de son développement, il manifeste la poursuite d'un but, et, par conséquent, suppose nettement
une synthèse. C'est aussi tout ce que W. James consent
à en dire au début des Principes. « La poursuite des fins
à venir et le choix des moyens propres à les atteindre
sont donc la marque et le critérium de la mentalité dans
un phénomène (3). »

(1) Principles of Psychology. Ch. I, vol. 1, p. 6.
(2) Geschichte des Materialismus. B. II—3 Abschnitt-Wissen-
schaftliche Psychologie. S. 475.
(3) Princ. psych. Ch. II, 1. 2, p. 8.

Ainsi, évitons de fixer trop précisément le domaine de la psychologie, nous risquerions de l'enfermer dans un cercle dont elle n'aurait plus le moyen de sortir; maintenons-la plutôt à l'état de nébuleuse, afin de laisser libre cours à son évolution et à la disposition naturelle de ses éléments. Gardons-nous surtout d'y mêler la métaphysique. L'histoire des sciences nous montre que c'est ainsi qu'il faut agir; si Gilbert n'avait pas frotté ses petits morceaux d'ambre avant d'avoir acquis une notion claire sur l'essence de l'électricité, il n'aurait probablement pas avancé d'un pas dans la connaissance de ses propriétés. Que seraient devenues les brillantes découvertes d'un Faraday, s'il avait d'abord voulu fonder métaphysiquement la notion du magnétisme pour, ensuite, commencer ses recherches scientifiques ?

Or, le *spiritualisme* et l'*associationnisme*, chacun à sa manière, procèdent de l'esprit de système. Le spiritualiste construit métaphysiquement une entité simple, indémontrable, dont il s'occupe d'abord de déterminer *a priori* les qualités ineffables; s'étant épuisé dans cet effort de spéculation, il aborde enfin les faits qui, en face du rêve, lui paraissent pâles et décolorés. Leur existence jugée précaire sera donc entièrement subordonnée aux exigences du système, et l'on imaginera, car peut-être n'y a-t-il plus d'autre parti possible, une essence douée de facultés dont les qualités ineffables, elles aussi, feront penser à la vertu dormitive dont le médecin de Molière gratifie l'opium.

Les associationnistes croient bien, au contraire, se placer en dehors de toute métaphysique, et prétendent faire le plus grand cas de l'expérience; mais ils regardent les

faits au travers de leurs lunettes. Pour Spencer, l'évolutionisme étant vrai logiquement, les phénomènes n'ont
d'autre valeur que celle d'une démonstration ; et si, dans
ses principes, l'École ne pousse pas aussi loin, elle se refuse pourtant à reconnaître l'existence de la spontanéité,
parce qu'il faut bien enfin tout expliquer par l'association des idées.

L'esprit de système peut, toutefois, revêtir une forme
plus subtile. Ce serait, semble-t-il, une œuvre digne de
susciter l'enthousiasme scientifique, et Dieu sait de quel
lyrisme cet enthousiasme est parfois capable, que de
faire de la psychologie, de cette science qui n'en est presque pas une, une science exacte. Une science exacte, cela
signifie une science fondée sur la mathématique, tout
comme la physique, et dans une certaine mesure, la chimie. Voilà le rêve, rêve qui a conduit à la *psycho-physique* et dont on pourrait dire sans trop d'exagération que
les psychologues modernes allemands se sont enivrés.

Herbart conçut le premier l'idée d'une *mécanique* et
d'une *dynamique* de l'esprit. Ce fut d'abord une hypothèse presque timide que celle « de l'équilibre et des
mouvements des représentations (1) ». On supposait une
âme simple et des représentations simples; ces représentations étaient douées d'une sorte de résistance, par laquelle elles s'opposaient à l'action des autres représentations et l'on traitait leurs relations comme des rapports

(1) Lehrbuch zur Psychologie. — zweiter Teil — Chap. II —
Vom Gleichgewichte und den Bewegungen der Vorstellungen,
p. 90 in fine — Königsberg und Leipzig, 1816.

de forces; de sorte, en définitive, que l'on aboutissait à un schéma géométrique, où, à y regarder de près, la simplicité se trouvait déroulée dans l'étendue. Que l'idée d'une influence réciproque des représentations puisse présenter un intérêt psychologique, surtout, si on la traduit d'abord en termes physiologiques, cela n'est pas douteux: mais l'originalité de Herbart est ailleurs. Aussi bien la critique moderne allemande ne songe-t-elle plus à défendre une doctrine où l'associationnisme est simplement noyé dans le débordement d'une métaphysique obscure ; par contre, elle enfle le ton pour célébrer le génie audacieux qui montra la possibilité d'introduire la mathématique dans la psychologie, et, portant le dernier coup à la psychologie scolastique, ouvrit la voie à une élaboration scientifique de l'empirisme (1).

Refuser à la psychologie le caractère d'une science exacte, ce n'est assurément pas nier qu'elle puisse être, dans une certaine mesure, expérimentale. Il faut que le psychologue s'appuie sur l'observation objective et sur l'expérimentation. W. James le reconnaît. Il veut que l'on observe l'enfant et l'animal, que l'on interroge l'histoire, les institutions, bref, que l'on demande à la psychologie comparée tout ce qu'elle peut donner. Il approuve, d'autre part, le procédé des circulaires, tel qu'il fut mis en honneur par Galton, procédé dont il usera lui-même largement, dans son étude sur les *variétés de l'expérience religieuse* (2).

(1) Geschichte des Mat. — Lange p. 468 et s. — Eisler — Wundts, Philosophie und Psychologie, p. 29.
(2) Principles of Ps. Ch. VII, t. I, p. 193.

W. James parle sur un ton quelque peu narquois de l'expérimentation *directe*. Pourtant, ce n'est pas à la méthode qu'il en veut, mais plutôt à certaines exagérations dont ses partisans se rendent coupables : « Il y a quelques années, dit-il, est apparue, en Allemagne, ce que l'on pourrait appeler une psychologie microscopique... Cette méthode exerce la patience au plus haut degré et ne pouvait grandir que dans un pays où l'on ignore l'ennui qui naît de l'uniformité. Des Allemands du type de Weber, de Fechner, de Vierordt et de Wundt ne sont apparemment pas sujets à ce malaise. Leur succès a jeté dans l'arène une collection de jeunes psychologues « expérimentalistes », qui s'occupent laborieusement à étudier les éléments de la vie mentale, à les disséquer, pour les séparer des composés grossiers où ils sont enfouis, et, autant que possible, à les ranger en séries quantitatives. L'attaque simple et loyale ayant rendu tout ce qu'elle pouvait donner, on essaye de la temporisation, on veut réduire l'ennemi par la famine, on le harcèle jusqu'à la mort. L'esprit est soumis à un siège régulier, où les avantages minimes gagnés de jour et de nuit par les forces environnantes, s'accumulent pour enfin avoir raison de sa dernière résistance. Ils n'ont pas grand style ces nouveaux philosophes armés de prismes, de pendules et de chronographes... Avouons d'ailleurs, qu'au point de vue théorique, les résultats n'ont pas encore répondu à la somme d'efforts dépensée. Mais, les faits sont les faits; si nous en récoltons assez, ils finiront certainement par se combiner. On remuera d'année en année plus de terrain, et les principes généraux y germeront. En attendant, la méthode expérimentale a changé complètement la face de la science, en ce sens qu'elle n'est plus qu'un memorandum du travail accompli (1). »

Les premières lignes de cette citation n'ont, il me semble, pas d'autre signification que celle d'une boutade. W. James, qui connaît bien les Allemands, ne manque pas l'occasion de faire ressortir leurs petits ridicules, mais il dit cela si bonnement, j'allais dire, si cordialement, que l'on aurait tort de lui en vouloir... Il paraît cependant que ces saillies un peu trop américaines ne trouvent pas toujours là-bas un accueil souriant, ni même indifférent. Les critiques dont la doctrine de W. James y est l'objet sont parfois amères et toujours superficielles; on devine, derrière le voile des raisons « scientifiques », le geste d'impatience qui a fermé prématurément le livre.

Cependant, la question appelle une discussion plus sérieuse; et, puisque W. James reconnaît implicitement une réelle valeur à la méthode dite expérimentale, le moment est venu de montrer ce que prétend cette méthode, et de juger enfin de sa légitimité. Au commencement de sa psychologie physiologique, Wundt discute l'opinion de Kant (2), d'après laquelle la psychologie ne saurait être ni une science exacte, ni même une science expérimentale. Les raisons qu'en donne Kant sont, d'abord, que les mathématiques ne paraissent pas applicables aux phénomènes du sens interne, parce que l'intuition interne pure, le temps, n'a qu'une dimension, et, ensuite, que la multiplicité des événements internes se dé-

(1) *Op. cit.*, ch. VII, l. 1, pp. 192-3.
(2) Metaphysische Anfangsgründe der Naturwissenschaft. Sämtliche Werke — Ausg. von Rozenkranz. B. 5 — S. 310.

robe à nos recherches, puisqu'elle ne peut être modifiée à volonté pour les besoins de l'expérimentation. A la première objection, Wundt donne une réponse dont la valeur est douteuse, et que je me propose de discuter un peu plus loin. Au contraire, la réponse à la seconde objection semble décisive. Kant n'a pas tort lorsqu'il parle du cours purement intérieur des psychoses, mais la conscience dépend dans une large mesure de phénomènes physiques sur lesquels nous avons prise, de sorte que, dans des conditions déterminées, l'expérimentateur pouvant produire des phénomènes variés, possède, en fin de compte, un *instrument d'analyse* d'une valeur incontestable (1). Wundt, encore une fois, va plus loin ; son exposition fait cas de la *mesure exacte* des phénomènes psychiques ; à l'entendre, l'expérimentation n'aurait guère d'autre but que de l'obtenir. Il s'y mêle ainsi une opinion métaphysique de valeur discutable. Poser que la psychologie peut être une science expérimentale, ce n'est pas accorder qu'elle puisse être exacte. Voilà bien, cependant, au regard de l'école allemande, le nœud de la question : Peut-on soumettre le phénomène psychologique au raisonnement mathématique ? La psychophysique le prétend, et si cette prétention implique une idée préconçue non concordante avec les faits, elle doit être rejetée, sans plus, par le psychologue empiriste.

Weber était un physiologiste et non pas un mathématicien. Ayant entrepris, vers 1829, une série d'expériences,

(1) Wundt Grundzüge der Physiologischen Psychologie. B. I Verlag. von Wilhelm Engelmann, 1902. — Voyez, dans le même sens, A. Hennequin : Introduction à l'étude de la Psychologie. Paris, G. Masson, 1890, pp. 69 et suiv.

dans le but de déterminer *la sensibilité tactile ou la finesse du toucher dans la discrimination des distances et des poids*, il chercha d'abord, pour la région de la peau dont il voulait mesurer la sensiblité, la distance juste perceptible entre deux pointes mousses appliquées sur la surface cutanée ; puis, élargissant sa méthode, il se proposa de fixer la plus petite différence nécessaire entre deux poids posés sur la peau immobile pour qu'on perçût ces deux poids, comme différents l'un de l'autre; enfin, prenant en considération la sensation musculaire, il établit la plus petite différence sentie entre deux poids soulevés par la main (1).

Il en conclut simplement que le sens tactile et la cinesthésie ne sont pas sensibles aux différences absolues, mais seulement aux différences relatives, et pour les autres sensations (notamment pour les hauteurs des sons), refusa de rien affirmer. De nombreuses expériences (2) entreprises postérieurement démontrent que la loi de Weber se vérifie seulement dans de certaines limites; ces limites sont approximativement établies pour le sens de la vue, en ce qui concerne la perception de l'intensité lumineuse. Selon Helmholtz, « il doit exister certains degrés moyens de l'intensité lumineuse où l'œil est le plus sensible pour reconnaître si l'intensité a varié d'une petite fraction de sa valeur. Ce sont les degrés d'intensité que nous employons ordinairement pour lire, écrire, travail-

(1) D'après M. Foucault, la Psychophysique, ch. II. La loi de Weber et ses prédécesseurs, pp. 19 à 32 (Alcan, 1901).
(2) On trouvera un compte rendu détaillé de ces expériences dans la thèse de M. Foucault, la psychophysique, ch. IX, le contrôle expérimental de la loi de Weber, pp. 100-180.

ler, degrés agréables et commodes pour notre œil, et qui
s'étendent depuis la clarté à laquelle nous pouvons lire
sans difficulté jusqu'à celle d'une surface blanche frappée
directement par les rayons solaires. Dans l'intervalle
de ces limites où l'œil atteint son maximum de sensibilité
pour les rapports, la grandeur de la sensibilité est à peu
près constante (1). »

. Bref, conclut M. Foucault, « la loi de Weber demeure
une hypothèse, très vraisemblable sans doute, mais non
confirmée d'une manière universelle. Il est même pratiquement impossible d'en obtenir une vérification complète, et tout ce que l'on peut attendre des nouvelles expériences, c'est une suite de confirmations portant sur des
points particuliers (2). »

William James n'y contredirait pas : « *La loi de Weber, dit-il, demeure vraie, en tant que généralisation empirique d'une portée assez étendue* » et voici la formule
qu'il en donne : « Si nous ajoutons une excitation à un
stimulus de valeur élevée, nous sentons moins cette addition que si nous l'ajoutons à une excitation plus petite,
à moins que *relativement* au stimulus elle ne soit aussi
grande (3). » C'est une façon quelque peu embrouillée
de dire : « La sensibilité aux différences relatives d'excitation reste constante, quelle que soit la grandeur absolue
des excitations (4). »

A considérer cette formule d'un point de vue simple-

---

(1) D'après M. Foucault, *op. cit.*, pp. 106-107. Optique, tr. fr.,
pp. 412-413, édit. all., p. 355.
(2) *Op. cit.*, p. 482.
(3) Princ. of. Psych., ch. XIII, vol. 1, p. 548.
(4) Fechner. El. d. Psych. I, p. 135 cité par M. Foucault.

ment empirique, elle peut avoir deux significations, l'une psychologique, l'autre physiologique.

La signification psychologique est que la puissance de notre perception des différences ou de notre jugement des dissemblances ne dépend pas de la grandeur absolue de ces différences ou de ces dissemblances, mais seulement de leur grandeur relative. C'est dans ce sens qu'ont conclu Boas (1), Stumpf (2), Ebbinghaus (3) et Meinong (4). Ces auteurs admettent d'ailleurs que les différences ou dissemblances dont il s'agit sont exactement mesurables; or, c'est assurément là une opinion qui dépasse la loi empirique de Weber et dont nous examinerons bientôt la valeur.

On a donné diverses interprétations de la signification physiologique. Pour Elsass, l'homme, en tant qu'il sent, est comparable à une balance, or, lorsque les plateaux d'une balance sont déjà chargés, mais en équilibre, il faut ajouter sur l'un d'eux, pour le faire incliner, un poids relativement plus grand (5). La paresse de la perception ou du jugement serait donc causée par une espèce de friction ou de frottement des molécules nerveuses. Delbœuf y voit un phénomène de fatigue, Berstein, un phénomène d'irradiation. Ce sont, à vrai dire, des

(1) Ueber die Grundaufgabe der psychophysik. Archiv. von Pflüger, t. XXVIII, pp. 566-576 (1882).

(2) Tonpsychologie. V. 1, p. 57.

(3) Ueber Negative Empfindungswerte. Z. f. Ps. u. Ph. de S. I, pp. 320-331 et 463-485 (1890).

(4) Ueber die Bedeutung des Weberchen Gesetzes, 3 articles dans Z. f. Ps., XI (1896).

(5) Elsass. Ueber die Psychophysik, p. 41 (1886), d'après W. James, Princ. Psych., vol. 1, p. 548.

explications précaires. Si la notion de friction est claire
lorsqu'il s'agit de la balance, j'avoue ne rien y trouver
qui puisse s'appliquer d'une façon non douteuse au mécanisme nerveux tel que nous le connaissons; et si la
métaphore dont on use a un sens, elle n'exprime pas
autre chose que la fatigue, or, le mot fatigue, pour être
commode, n'en est pas moins extrêmement vague. Aussi
bien, vaut-il peut-être mieux ici ne pas trop préciser.W.
James admet comme probable l'explication physiologique de la loi de Weber, et se garde d'abord d'insister
sur aucune particularité. On pourrait, d'après lui, traduire cette loi dans les termes suivants : « La totalité de
l'excitation n'est pas employée à nous donner la perception du « plus » (1). Il est alors permis de supposer que
« la perte effective a lieu dans le système nerveux. Au
cas où nos sensations résulteraient d'une condition des
molécules nerveuses, telle qu'il deviendrait toujours plus
difficile à l'excitation de l'augmenter, elles croîtraient
naturellement moins vite que le stimulant lui-même (2). »
Entre toutes les hypothèses physiologiques, il considère
cependant celle d'Ebbinghaus comme la plus « réelle ».
Ce psychologue cherchant à expliquer pourquoi, dans la
perception de la lumière, la sensibilité atteint un maximum pour les excitations moyennes, et décroît des deux
côtés pour les excitations faibles et fortes, en vient à
admettre la théorie de Hering, qui voit une transformation chimique dans la modification produite par la lumière sur la rétine. Il y aurait, dans ce cas, dissociation

(1) Princ. Psych., vol. I, p. 548.
(2) *Loc. cit.*

de complexus chimiques et formation de composés plus simples, dont l'action se ferait immédiatement sentir sur les nerfs optiques. Ainsi, concevrait-on que l'intensité de la sensation dépendît du nombre des molécules nerveuses dissociées dans l'unité du temps. Un nombre déterminé de ces molécules pourrait seul être décomposé dans un temps donné. Comme d'ailleurs elles se trouveraient dans un état moyen d'instabilité, quelques-unes seraient à peu près stables, tandis que les autres tendraient à la décomposition. L'action des plus petites excitations ne s'exercerait que sur ces dernières, et comme elles se trouveraient relativement peu nombreuses, l'effet produit par l'addition d'une quantité donnée de stimulus paraîtrait d'abord petit. Les excitations moyennes affecteraient au contraire la majorité des molécules, mais cette majorité, diminuant dans la proportion où le nombre des excitations augmente, les dernières additions faites à l'excitation rencontreraient une masse déjà dissociée dans son ensemble, et n'attaqueraient, par suite, que le résidu, plus difficilement décomposable. On expliquerait ainsi la constance des relations de différence au regard des excitations moyennes, et leurs irrégularités au regard des excitations plus faibles ou plus vives; fait constaté par Helmholtz, Volkmann, Aubert, Charpentier et Foucault (1).

L'originalité de Fechner consiste uniquement dans son interprétation théorique de la loi empirique de Weber. S'étant proposé d'établir la loi dite psycho-physique, ou

(1) Ebbinghaus uber den Grund der Abweichungen von dem Webers'chen Gesetz bei Lichtempfindungen. Pfluger's Archiv., t. XIV, pp. 113-133 (1889), d'après M. Foucault et W. James.

relation fondamentale de la matière et de l'âme, il conçut l'idée de mesurer la sensation en fonction de l'excitation.

Puisqu'il y a un *seuil* de la sensation, c'est-à-dire, puisque la plus petite sensation perceptible n'apparaît qu'au regard d'une excitation mesurable, et, par conséquent, possédant une valeur finie; puisque, d'autre part, la loi de Weber semble établir qu'à des différences égales de sensation correspondent des rapports d'excitation égaux, une équation quelconque existe entre ces deux termes, équation d'où l'on pourra tirer la valeur de l'unité de sensation.

Posons le principe que *les modifications corrélatives de deux grandeurs sont sensiblement proportionnelles l'une à l'autre, tant qu'elles restent très petites, et disons, en conséquence, que les modifications de la sensation sont sensiblement proportionnelles aux modifications de l'excitation, aussi longtemps que ces modifications restent très petites des deux côtés.*

Soit donc une excitation β, à laquelle s'ajoute un accroissement très petit $d\beta$. On a, pour l'accroissement relatif $\dfrac{d\beta}{\beta}$

Soit γ la sensation correspondante à β et $d\gamma$ la sensation correspondante à $d\beta$. D'après la loi de Weber, on a $d\gamma$ constant pour $\dfrac{d\beta}{\beta}$ constant.

D'après le principe mathématique posé plus haut, $d\beta$ et $d\gamma$ sont proportionnels si on les suppose très petits.

Soit $d\gamma = K \dfrac{d\beta}{\beta}$ où K = constante.

C'est la formule fondamentale (Fondamental formel);
en effet, d'une part, si on multiplie $d\beta$ et β par un même
nombre, le rapport reste le même, et donc $d\gamma$ reste constant, c'est la loi de Weber; et, d'autre part, si l'on double
ou si l'on triple la valeur de $d\beta$ sans modifier celle de
β, $d\gamma$ prend une valeur double ou triple; *c'est le principe
auxiliaire*.

Si l'on traite la formule fondamentale comme une formule différentielle, et si l'on fait l'intégration, on obtient :

$$\gamma = K (\log. \beta - \log. b)$$

C'est la *formule de mesure* (Massformel) où K est une
constante qui dépend du système logarithmique choisi,
et b une autre constante égale à la valeur du seuil de
l'excitation β.

Comment maintenant, avec cette formule, obtenir la
mesure d'une sensation quelconque ? Soit une sensation
n fois plus forte que γ. Étant donné que la différence des
logarithmes de deux nombres est égale au logarithme du
quotient de ces nombres, on a, pour la formule :

$$\gamma = K \log. \frac{\beta}{b}$$

et pour $n\gamma$

$$n\gamma = nK \log. \frac{\beta}{b}$$

ou

$$n\gamma = K \log. \left(\frac{\beta}{b}\right)^{n} \text{ etc.}$$

En voilà assez pour montrer le procédé et nous permettre de le discuter (1).

(1) D'après M. Foucault, Psychophysique, ch. VI, pp. 97 et
suiv.

Si l'on examine de près les expériences par lesquelles Fechner et ses disciples ont cherché à établir leur loi, on fera, je crois, une constatation intéressante : « On a observé, par exemple, dit M. Poincaré (1), qu'un poids A de 10 grammes et un poids B de 11 grammes produisaient des sensations identiques, que le poids B ne pourrait non plus être discerné d'un poids C de 12 grammes, mais que l'on distinguait facilement le poids A du poids C. Les résultats bruts de l'expérience peuvent donc s'exprimer par les relations suivantes :

$$A = B, \quad B = C, \quad A < C$$

qui peuvent être regardées comme la formule du continu physique. Il y a là, avec *le principe de contradiction, un désaccord intolérable, et c'est la nécessité de le faire cesser qui nous a contraint à inventer le continu mathématique* (2). » Mais alors la conclusion s'impose : si l'esprit humain a conçu le continu mathématique, précisément pour échapper à une contradiction inhérente au continu physique, résultat de la sensation, c'est évidemment que cette sensation n'était pas mesurable, car, si elle avait été mesurable, l'esprit n'aurait eu aucun besoin, par ailleurs, d'imaginer un principe de mesure. Dans l'espèce, la formule A = B, B = C, A < C signifie, 10 = 11, 11 = 12, 10 < 12, ce qui est la négation même d'une possibilité mathématique. On conçoit dès lors, que la mathématique puisse servir à corriger, d'un point de vue *logique et pratique*, les données brutes de la cons-

(1) Science et hypothèse, p. 34. Flammarion, 1908.
(2) Ce passage n'est pas souligné par l'auteur.

cience, mais on ne conçoit pas du tout qu'elle puisse être appliquée à ces données mêmes sans les déformer.

Il suffit de refaire la déduction mathématique de Fechner, pour saisir la contradiction sur le vif. On se rendra compte, en effet, qu'il ne peut avancer d'un pas, sans en appeler au principe auxiliaire, c'est-à-dire à un principe qui suppose possible la division à l'infini. Admettons que des figures varient dans des rapports non proportionnels, on pourra cependant toujours y trouver deux points très petits, qui soient proportionnels. Assimilons maintenant la sensation à une grandeur γ et une série d'excitations à une grandeur β, on pourra imaginer γd proportionnel à βd ... Le tour est joué, mais mal joué, car on a forcé la sensation à entrer dans un moule qu'elle fait craquer de tous côtés, on l'a supposée divisible à l'infini, alors que la notion même de cette divisibilité n'a d'autre origine que l'impossibilité où l'esprit humain s'est trouvé de l'appliquer aux données brutes de la sensibilité.

Voilà ce que nous apprend l'analyse mathématique. Il appartient au psychologue de dévoiler la raison profonde de cette incompatibilité.

Si l'on dit la sensation *a b* plus grande que la sensation *a*, c'est nécessairement qu'on la considère comme représentée par la valeur $a + b$, c'est-à-dire qu'on l'imagine composée de deux éléments, dont elle serait l'addition. Il faudra même, si l'on veut être logique, conclure à une composition *infinitésimale*, permettant d'opérer sur sa valeur, une intégration différentielle; bref, on devra supposer *des atomes mentaux*, une poussière psychique élémentaire. C'est au chapitre III des *Principes de psychologie*, que W. James discute particulièrement la

« Mind-stuff theory », comme il l'appelle. « *La théorie
de l'atomisme psychique est celle qui exprime, sous la
forme la plus radicale, cette conception que nos états
mentaux sont composés* (1). »

Que la doctrine évolutioniste aboutisse nécessairement
à un tel atomisme, la chose n'est pas douteuse, et je n'insisterai pas outre mesure, sur l'argumentation que développe notre auteur à ce sujet. L'évolutionisme, tel que
l'a conçu Spencer, implique le postulat de la continuité,
or, si le psychique est continu au physique, c'est assurément qu'il en est le reflet ou la doublure, dès lors, le
physique étant décomposable, et théoriquement au moins
atomiquement décomposable, on ne voit pas pourquoi le
moral ne le serait pas aussi, et pourquoi on ne retrouverait pas en lui l'élément correspondant à l'élément physique, la sensation élémentaire (feeling) parallèle au choc
nerveux. Il y a mieux, comme, en fin de compte, le passage reste difficile du physique au psychique, on pourra
songer à supprimer radicalement la difficulté, en posant
le psychique à l'origine, et en concevant chaque atome
physique de la nébuleuse primitive, comme uni à un
atome psychique.

Nous n'allons pas jusqu'à faire de Fechner un évolutioniste, mais si l'on tire de sa théorie toutes les conséquences qu'elle comporte, on est frappé de voir qu'elle about-
lit à une métaphysique très semblable.

S'élevant jusqu'à une conception générale du monde,
dérivée de ses théories psycho-physiques, il conçoit d'a-

(1) W. James, *op. cit.*, vol. 1, p. 144.

bord l'âme et le corps, comme les deux faces d'une même
réalité. Puis, remarquant que l'activité psychologique ne
s'abaisse pas au-dessous du seuil dans toutes ses parties
à la fois, il en conclut que la conscience totale est un
système d'activités, et donc aussi de phénomènes relativement indépendants. On peut, dès lors, par analogie,
supposer que le monde est un composé de matière et
d'esprit, où la conscience universelle varie dans ses parties sans cependant s'endormir jamais (1). Mais, si les
sensations, et, en général, les faits psychiques sont des
grandeurs, divisibles à l'infini, il y aura encore des atomes psychiques, correspondant aux atomes physiques,
et l'âme universelle baignant la matière, la physique et
le moral apparaîtront bien vraiment comme « les deux
faces de la réalité ». Pourtant, ce n'est point de métaphysique qu'il s'agit ici, et Fechner aurait eu raison de faire
remarquer que de telles questions ne sont pas objet de
science, mais de croyance, où l'on est toujours en mauvaise posture pour discuter.

Passons aux faits. Si l'atomisme psychique a raison, il
faut nécessairement que le phénomène psychique complexe soit une *addition* de phénomènes plus simples, et
que le phénomène simple se résolve lui-même en éléments, il faut même, si l'on veut appliquer une formule
mathématique, que ces éléments soient encore divisibles
à l'infini. La question se pose donc, naturellement, de savoir si le phénomène psychique peut être inconscient, car,

(1) El. de Ps. II, pp. 449 et suiv. Ueber d. Psych. Masspr.
pp. 211-212. El. de Ps. II, pp. 526 et suiv. D'après M. Foucault,
p. 120.

nous n'avons à aucun moment conscience d'une telle
composition.

Le physiologiste allemand A. Fick fit, en 1862, une
série d'expériences sur la discrimination des sensations
de chaleur et de toucher. L'excitation était appliquée sur
une portion très réduite de la peau. Dans ces circonstances, le sujet commettait de fréquentes erreurs. Il expli-
qua ce fait en disant que l'excitation atteignait un nombre
trop restreint de terminaisons nerveuses, pour que l'addition en parût distincte, et produisit l'une ou l'autre des
qualités de la sensation en question. Il essaya même de
montrer comment la disposition diverse des sommes
d'excitations sensorielles élémentaires pouvait, dans un
cas, donner naissance à une sensation de chaleur, et, dans
d'autres, à une sensation de toucher : « Une sensation
de température, disait-il, se produit lorsque les intensités
des unités de sensation sont graduées d'une façon continue, de sorte qu'entre l'espace des éléments *a* et *b*, aucune autre unité ne puisse intervenir, dont l'intensité ne
soit, en même temps, entre celle de *a* et *b*. Une sensation de contact, au contraire, apparaît peut-être lorsque
cette condition n'est pas remplie. Les deux espèces de
sensations cependant *sont composées des mêmes unités* (1). »

« Mais, répond W. James, il est évidemment beaucoup
plus clair d'interpréter une telle gradation des intensités
comme un fait cérébral, que de la concevoir sous l'aspect d'un fait mental. Si dans le cerveau, une région

(1) W. James, *op. cit.*, vol. 1, p. 151.

était d'abord excitée, suivant l'une des manières suggérées par le professeur Fick, puis après, suivant l'autre,
il pourrait fort bien arriver... que le concomitant psychique fût, dans un cas, de la chaleur et dans l'autre de la
douleur. La douleur et la chaleur ne seraient cependant
pas composées d'unités psychiques, chacune d'elles
représenterait le résultat immédiat d'un processus cérébral total. Tant que cette dernière interprétation reste
possible, on ne peut pas concéder à Fick qu'il a prouvé
« la sommation psychique » (1).

Plus tard, Spencer et Taine ont adopté une opinion
analogue. W. James cite *in extenso* un passage tiré des
Principles of psychology (par. 60) dont voici la substance:
Le ton musical est l'intégration d'une série de vibrations
sonores, plus ou moins rapides, le timbre est l'intégration de plusieurs de ces séries d'inégales hauteurs; pourquoi ne concevrait-on pas toutes nos sensations, comme
de pareils résultats, pourquoi même, n'admettrait-on
pas que la base de toutes nos perceptions sensorielles
est une même unité, analogue au choc nerveux, produit
par un bruit soudain (crack or noise). — C'est, en somme,
supposer qu'à chacun des chocs de l'excitation correspond un choc nerveux, auquel se lie une unité psychique;
20.000 unités psychiques sont ici l'équivalent de 20.000
chocs physiques. Disons, en passant, que l'on arrive
plus sûrement encore à une telle conclusion, si l'on introduit des valeurs différentielles dans la mesure de la sensation; en effet, la sensation est alors divisible en une

(1) W. James, *op. cit.*, vol. 1, p. 151.

infinité d'éléments, dont chacun se trouve proportionnel
à une valeur infiniment petite d'excitation, et donc aussi
de mouvement nerveux. — Il est certain, répond W. James, que lorsque nous étudions la relation d'une note musicale et de sa cause extérieure, nous trouvons que la
note est simple et continue, tandis que la cause paraît
multiple et discrète. Il se produit donc, quelque part,
une transformation, une réduction ou une fusion. La
question est de savoir où ? Dans le monde nerveux ou
dans le monde mental ? (1). »

On ne peut assurément apporter de preuve expérimentale, et, par conséquent, décisive, ni dans un sens
ni dans l'autre ; aussi, faut-il se contenter ici d'analogies
et de probabilités. D'abord, la théorie de Spencer
pose le principe qu'une multiplication de la cause, multiplie nécessairement aussi le nombre des effets. Or, d'a-
près W. James, dans le monde physique même, il n'en
est certainement pas toujours ainsi : « Un pendule peut
être mis en mouvement par un seul choc, une oscillation
aura lieu, l'oscillation sera-t-elle d'autant plus fréquente
que les chocs seront plus nombreux ? Non, car s'ils tom-
bent trop drus sur le pendule, celui-ci cessera d'osciller
et demeurera dans une position sensiblement stationnaire. Soufflez dans un tuyau : vous obtenez une note
musicale déterminée; soufflez plus fort pendant un certain temps, la hauteur de la note augmente ; en sera-t-il
ainsi indéfiniment ? Non, lorsqu'une certaine limite se
trouve atteinte, la note, au lieu de monter, disparaît sou-

(1) W. James, *op. cit.*, vol. 1, p. 154.

4

dain et se trouve remplacée par son octave plus élevée (1). »

J'arrête ici l'énumération, car elle ne semble pas con-
cluante. Si le pendule s'arrête, c'est que les chocs sont
appliqués de telle sorte qu'il ne peut plus se produire
d'oscillation, laquelle se transforme en un autre phénomène où l'analyse mécanique retrouverait certainement
les *quantités* de la cause appliquée. On raisonnerait d'une
façon analogue pour le son émis en soufflant dans un
tuyau. La faiblesse de ces exemples réside précisément
dans le fait qu'il s'agit ici de causes et d'effets quantita-
tifs, où l'on doit supposer que la même quantité de cause
produit toujours la même quantité d'effet. Si l'effet
change, ce n'est que par rapport à la forme, et cette forme
est l'œuvre de nos sens.

W. James ajoute : « Faites passer lentement dans le
nerf sciatique d'une grenouille une série de chocs galvaniques ; si vous augmentez le nombre des chocs, vous
ne voyez pas pour cela les contractions augmenter, au
contraire elles s'arrêtent, et le muscle apparaît dans un
état stationnaire appelé tétanos. » Nous connaissons
trop peu de la mécanique nerveuse pour affirmer ici d'une
façon certaine l'égalité quantitative de la cause et de
l'effet, mais cette égalité reste pourtant une hypothèse
vraisemblable, qui rend ici encore l'argumentation par
analogie très précaire. W. James n'est pas de cet avis,
et signale ce dernier phénomène comme l'analogue véritable de celui qui se passe dans la substance nerveuse,
sous l'effet d'une excitation quelconque décomposable en

(1) W. James, *op. cit.*, vol. 1, p. 155.

éléments. La physiologie et l'anatomie du système nerveux nous permettent de le concevoir comme une série de lignes et de niveaux, une excitation sensible y est conduite par les fibres nerveuses jusqu'aux ganglions, de là, elle passe dans la moelle, puis dans les divers centres, jusqu'au cortex; or, on doit supposer qu'une intégration partielle se produit à chacune de ces stations, de sorte que, finalement, le phénomène psychique corresponde simplement et totalement au dernier phénomène ou complexus physiologique résultant des intégrations successives, qui ont eu lieu au-dessous du seuil de la conscience. Mais il ne semble pas, d'abord, que nous ayons beaucoup gagné à cette nouvelle représentation des faits. La dernière intégration est en effet un phénomène physique, et doit contenir en définitive la même quantité que sa cause ; tout au plus est-il permis de parler ici d'une espèce de *frottement* à raison duquel on conçoit qu'une déperdition de force puisse se produire dans le parcours de la périphérie au centre, ce qui, d'ailleurs, ne change pas le fond de l'objection : Puisque le phénomène ultime reste quantitatif, il est réductible à des unités ou chocs, et, il n'est pas impossible qu'à chacun de ces chocs, un atome psychique corresponde.

Mais, ajoute W. James : « Si chaque choc nerveux donnait naissance à un choc psychique propre, et si les chocs psychiques se combinaient ensuite, il serait impossible de comprendre pourquoi, lorsqu'on sépare une partie du système nerveux central d'une autre de ses parties, l'intégrité de la conscience se trouve atteinte. La coupure n'a rien à faire avec le monde psychique. Les atomes mentaux devraient surnager au-dessus de la matière nerveuse de chaque côté de la section, puis se réunir au-dessus d'elle, et fusionner tout comme si elle n'existait pas. Or, il n'en est rien (1). »

Soit, prenons, si l'on veut, un cas d'aphasie sensible et particulièrement d'aphasie auditive. Le malade peut lire, parler, écrire, mais il ne comprend pas ce qu'on lui dit. D'après le Dr Allen Starr, on observe, dans ce cas, une lésion limitée aux première et deuxième circonvolutions temporales dans leurs deux tiers supérieurs. Comme les mots sont d'ailleurs entendus, il faut admettre que la lésion n'a atteint que les fibres conductrices de leur aperception, ou de leur signification. A l'état sain, l'aperception du mot et la connaissance de sa signification étaient liées à son audition, maintenant, l'audition a lieu sans reconnaissance. Appliquons la théorie de Spencer à ce cas particulier. Le mot prononcé produit une certaine excitation réductible en éléments mécaniques, qui se transforment dans les nerfs en éléments d'excitation nerveuse, et à chacun de ces éléments nerveux correspond une unité de conscience. Étant donnée la lésion, que va-t-il se passer ? Au complexus des excitations physiques représentant le mot, correspondra un complexus d'unités de sensations, équivalent du son, le mot sera entendu, et cette audition sera décomposable en unités de conscience de son; mais comme le chemin est barré, entre les centres d'aperception et celui d'audition, le phénomène nerveux, tel qu'il avait lieu dans l'organe sain, ne pourra pas se continuer, l'excitation correspondante au son du mot ne parviendra pas

---

(1) W. James, *op. col.*, vol. 1, p. 157.

aux centres d'aperception, le mouvement sera interrompu
à la lésion, et donc les unités de conscience, correspondantes à cette continuation du mouvement, ne se produi-
ront pas, de sorte qu'on ne pourra, en fin de compte,
leur reprocher de ne point s'unir aux unités représentatives de la simple audition du son. Voilà, je crois, ce que
répondraient les partisans de la doctrine de Spencer; de
ce point de vue, leur argumentation est encore assez solide, pour que l'objection de W. James ne paraisse pas
décisive.

Dans une note, l'auteur attire l'attention sur ce fait
établi par Helmholtz, que si l'on fait agir simultanément
sur la rétine de la lumière verte et de la lumière rouge,
il se produit une impression jaune. « Les partisans de
la théorie de l'atomisme psychique, ajoute-t-il, interprè-
teront ceci comme un cas, où la sensation de vert et la
sensation de rouge se combinent en un *tertium quid* qui
est la sensation du jaune. Ce qui arrive réellement, est
assurément qu'une troisième espèce de processus nerveux apparaît ; lorsque les lumières combinées impres-
sionnent la rétine, il n'y a pas simplement le processus
de rouge, plus le processus de vert, *mais quelque chose
de tout à fait différent* au regard de l'un et de l'autre.
Très certainement, les sensations de rouge et de vert ne
sont plus présentes à l'esprit ; mais la sensation de jaune,
qui *est* là, correspond au processus nerveux actuel,
aussi directement que les sensations de vert et de
rouge correspondaient à leurs processus respectifs,
lorsqu'ils avaient lieu. » Eh bien, je ne crois pas que les
« atomistes » doivent nécessairement affirmer que, dans
le cas dont il s'agit; la sensation du jaune résulte d'une

sensation de rouge et d'une sensation de vert combinées; ils pourront fort bien concevoir le phénomène physiologique, comme le décrit W. James, mais feront remarquer qu'à l'intégration particulière des excitations physiques dans le processus particulier au jaune, doit correspondre une intégration spéciale des unités psychiques, intégration qui n'en reste pas moins divisible en unités élémentaires, et qui tire sa forme spéciale, précisément du mode de combinaison de ces unités. Bref, il ne semble pas que l'on puisse démontrer l'erreur de l'atomisme, autrement qu'en prouvant *directement* des atomes psychiques qu'ils n'existent pas. S'il y a des atomes psychiques, ils sont inconscients, seule leur combinaison, dans une certaine quantité devient consciente. La question revient donc à savoir, si l'expérience démontre l'existence de faits psychiques inconscients ?

Je ne fais d'ailleurs aucune difficulté de reconnaître avec W. James, que la notion d'intégration est dans le cas qui nous occupe extrêmement obscure. Il apparaît en effet clairement au sens commun, que mille unités psychiques doivent être, ou bien précisément encore les unités simplement baptisées d'un nouveau nom (1), ou bien une autre chose réelle, mais, aussi, différente de l'addition pure de ces unités. Il apparaît encore que si l'existence de mille sensations est un fait déterminé, ce même fait ne peut se traduire par une sensation, car, en somme, l'essence d'une sensation c'est d'être sentie, et une existence psychique doit être telle qu'elle est sentie. Mais l'esprit de système est plus tenace, une apparence de raison lui

---

(1) W. James, *op. cit.*, vol. 1, p. 165.

suffit, et puisque la distinction entre l'être conscient et l'être inconscient des états mentaux est le « moyen souverain de croire ce que l'on veut en psychologie, et de transformer ce qui pourrait devenir une science en une pétaudière où trouvent place les plus extravagantes lubies » (A tumbling ground for whimsies), il faut enfin supprimer jusqu'à la possibilité même d'une distinction aussi dangereuse.

Que « l'aperception » doive être composée de « petites perceptions » inconscientes, parce que des zéros psychiques ne peuvent donner une psychose totale consciente, c'est là un vieux sophisme, qu'il ne serait d'ailleurs pas difficile de retrouver au fond de toute l'argumentation des atomistes. La réponse est aisée. Une quantité minime d'effets peut exiger une quantité déterminée de causes. Je n'entendrai pas le bruit d'une goutte d'eau tombant sur le gravier du rivage, et si ce bruit est centuplé, je percevrai un clapotis. Le phénomène psychique *apparaîtra* précisément parce que la quantité de la cause sera suffisante pour qu'il se produise.

Lorsqu'on fait remarquer que les faits d'ailleurs obscurs et mal définis de l'automatisme, le somnambulisme, et certaines crises épileptiformes aboutissant à des actes apparemment intelligents, doivent résulter de phénomènes intelligents inconscients, on suppose que l'acte intelligent ne saurait procéder que d'autres opérations intelligentes et donc inconscientes. Or, on ne voit vraiment pas pourquoi l'acte apparemment intelligent ne serait pas, dans de certaines circonstances, suffisamment expliqué par un mécanisme physiologique inconscient. A vrai dire, W. James ne l'admet pas, et la raison qu'il en donne est que le cortex prend part à ces opérations. C'est donc supposer que toutes les combinaisons nerveuses du cortex sont accompagnées de phénomènes psychiques, ce qui n'est pas évident. Quoi qu'il en soit, il n'est pas impossible de trouver une autre explication très plausible de ces phénomènes. On conçoit en effet qu'ils représentent un complexus subconscient, dont la faible intensité ne permettrait pas à la mémoire de se produire. W. James propose encore d'assimiler ces états à d'autres observés dans certains cas morbides. Janet, par exemple, a distingué sur son sujet Lucie trois consciences distinctes, Lucie 1, Lucie 2, Lucie 3, comme il les appelle. Ne pourrait-on pas, dès lors, supposer que la vie psychique normale est capable d'un pareil dédoublement, et attribuer à ce dédoublement l'ignorance où la conscience secondaire réfléchie serait des états de la conscience primaire, dans laquelle se passeraient les faits afférents à l'automatisme intelligent. A vrai dire, cette dernière hypothèse peut paraître précaire, de sorte que de deux interprétations, celle qui se réfère à l'absence ou à la faiblesse de la mémoire reste seule vraiment admissible. Elle s'impose même d'une certaine manière, si l'on réfléchit à ce qui se passe souvent dans le rêve. En effet, si au moment où il se déroule, le rêve est conscient, nous l'avons cependant oublié l'instant d'après; la vague de conscience a passé, sans laisser de trace.

J.-E. Maude a cru pouvoir montrer que notre vie de tous les jours n'était qu'un tissu d'inférences, de conclusions, de volitions inaperçues et, par conséquent, inconscientes. Nous ne saurions dire peut-être si la porte par où nous passons le plus fréquemment s'ouvre à droite

ou à gauche, et cependant, notre main se pose infailliblement sur le loquet. Quel est précisément le caractère
auquel vous reconnaissez le pas de votre ami ? Pourriez-
vous le définir ? Non, et pourtant vous ne confondez jamais ce pas avec un autre. La plus grande partie de notre
connaissance est à l'état de puissance. Nous agissons
dans le sens de la poussée que nous imprime l'éducation,
et pourtant les motifs, les idées suggérées ne surnagent
que bien rarement dans la conscience (1). Mais on peut
aisément expliquer les faits allégués sans admettre une
pareille masse d'idées inconscientes. En effet, étant donné
que l'habitude transforme la substance nerveuse, c'est-
à-dire que des impressions diverses agissant sur elle y
laissent des impressions durables, on se fait une conception trop simpliste du phénomène, et l'on néglige de tenir
compte des conditions dans lesquelles se trouve cette substance même, lorsqu'on représente chacune des traces
laissées comme liée nécessairement à une idée. On devra
bien admettre, au contraire, à raison de la complication
et de l'instabilité de la matière cérébrale, que des voies
auxiliaires de communication peuvent toujours y apparaître par où le mouvement nerveux aboutit, à une action
devenue automatique, et la provoque aussi sûrement
qu'un autre mouvement concordant avec l'idée. Si je
reconnais le pas de mon ami, ce n'est point nécessairement que j'aie l'idée du ton particulier qui caractérise
ce pas ; il est au contraire plus vraisemblable que le processus central qui m'amène ici à prononcer son nom n'est

_____

(1) J.-E. Maude. The unconscious in Education — Education,
vol. 1, p. 401 (1882).

pas celui qui correspond à l'*idée* du ton, mais un autre *auxiliaire*, dont, au reste, l'effet pratique est le même. L'éducation dans une telle hypothèse se traduit physiologiquement par une sorte de moulage de la matière cérébrale, moulage d'une substance vivante, toujours en travail, où des tassements et des irradiations incessantes se produiraient autour de points centraux, de régions transformées d'une façon plus profonde et plus stable ; ces régions représenteraient, si l'on veut, les grandes routes, les chemins royaux par où passerait l'idée.

Helmholtz et Wundt ont attiré l'attention sur une multitude d'inférences inconscientes, sur lesquelles serait fondée la perception des sens, spécialement en ce qui concerne les distances et la reconnaissance des objets. Ces inférences sont fréquemment la cause d'erreurs ou d'illusions: par exemple, une teinte gris pâle à côté d'une autre vert pâle semble rouge. Nous croyons alors qu'une feuille transparente recouvre le tout, et sachant que sous une feuille transparente de cette sorte, une chose rouge paraîtrait grise, nous en inférons faussement la présence d'un objet rouge. Toutefois, les conclusions de Wundt et de Helmholtz ne s'appuient pas sur des arguments décisifs. Hering, notamment, a démontré que ces illusions ne résultaient pas de faux jugements, mais avaient pour substrats immédiats des combinaisons diverses d'impressions rétiniennes.

En ce qui concerne les jugements rapides de la grandeur, de la forme et de la distance des objets, on peut affirmer, d'une façon générale, qu'ils s'expliquent simplement comme des processus d'association cérébrale. Il est, d'ailleurs, assez piquant de remarquer que « Wundt

et Helmholtz (1), après avoir d'abord fait plus que tous les
autres pour accréditer l'idée que l'inférence inconsciente
est un facteur essentiel de la perception sensorielle, jugè-
rent ensuite convenable de modifier leur point de vue. Ils
reconnurent que des résultats *semblables* à ceux du raisonnement pouvaient avoir une autre origine que celle
d'un processus de raisonnement inconscient. Une telle
volte-face ne serait-elle pas la conséquence des exagérations auxquelles a donné lieu la doctrine admise par ces
auteurs ? (2) ».

Ainsi, les faits auxquels on en appelle avec tant de
confiance pour démontrer l'existence des *idées* à l'état
inconscient ne prouvent rien de tel. Ils prouvent, ou
bien que des idées conscientes, présentes l'instant d'avant,
ont été oubliées l'instant d'après; ou bien que certains
résultats *semblables* aux résultats du raisonnement peuvent suivre des processus cérébraux rapides, auxquels
n'est attachée aucune « idéation ».

Voici enfin, une dernière objection, qui suppose et
complète toutes les autres. L'analyse découvre dans l'état
de conscience apparemment le plus simple des éléments
qui, par conséquent, s'y trouvaient à l'état inconscient.
L'attention dans un pareil cas les élève au-dessus du
seuil, sans changer d'ailleurs leur nature, ils étaient psychiques avant comme après. Ce sont, par exemple, les
mouvements d'accommodation, les mille sensations qui

---

(1) Wundt : Ueber den Einfluss der Philosophie, etc.,
1876, pp. 10-11. — Helmholtz : die Tatsachen in der Wahr-
nemung, 1879, p. 27. — W. James, *op. cit.*, vol. 1, p. 169. —
Voyez Schopenhauer Satz von Grunde, pp. 59-65.

(2) W. James, *op. cit.*, vol. 1, p. 169.

composent le sentiment général (Gemeingefühl). Il suffit
de pénétrer un peu profondément dans la conscience pour
y distinguer cette poussière psychique dont sont faites
les psychoses, et comprendre enfin, que *esse* et *sentiri* ne
sont pas ici la même chose. En vérité, nous touchons *au
cœur de la question* ; c'est parce qu'elle a cru découvrir au fond du phénomène mental une multitude d'éléments, que l'analyse psychologique a été conduite à l'associationnisme, et de là, par un nouvel effort, dans le sens
de l'abstraction scientifique, à la psychologie mathématique, à la psychophysique. La psychophysique, considérée comme une méthode mathématique pour mesurer la
sensation, *n'est en effet que la conclusion logique* de l'associationnisme. Si le phénomène psychique est composé
d'éléments, et si ces éléments apparaissent comme les
parties par rapport au tout, c'est qu'ils peuvent être juxtaposés, additionnés et divisés, qu'ils représentent enfin
un système d'atomes, dont on doit trouver la formule
algébrique.

« De tels raisonnements, fait remarquer W. James, sont
un tissu de confusions. Deux états mentaux qui se rap-
portent à la même réalité extérieure, ou deux états de
l'esprit dont le second se rapporte au premier, sont représentés comme le même état d'esprit, ou idée, publié
pour ainsi dire en deux éditions. Puis on explique des
qualités, dont on constate l'absence dans le premier état,
qu'elles y étaient cependant réellement présentes, mais
d'une manière inconsciente. On aurait peine à croire
que des hommes intelligents aient pu commettre une
erreur aussi grossière, si l'histoire de la psychologie
n'en fournissait la preuve. Le stock marchand de cer-

tains psychologues consiste dans la croyance que deux
pensées à propos d'une chose sont virtuellement la même
pensée, et que cette pensée peut, dans des réflexions sub-
séquentes, devenir de plus en plus *consciente* de ce qu'elle
était réellement dès le début. Mais, faites une fois la distinction entre, *avoir simplement une idée* au moment où
elle est présente, et connaître ensuite toutes sortes de
choses *à son sujet*. Distinguez encore, d'une part, l'état
mental lui-même, en tant que fait subjectif, et de l'autre, la
chose objective qu'il connaît, vous sortirez alors facilement de ce dédale (1). »

En effet, comme la même chose peut être connue par
une infinité d'états mentaux, comme d'ailleurs nous avons
un intérêt pratique et vital à être renseignés sur l'objet,
au regard duquel le phénomène subjectif n'offre qu'une
importance théorique, nous nous sommes accoutumés à
ne pas tenir compte de ce dernier. Dans ces conditions,
une confusion était fatale. Le développement des méthodes scientifiques et spécialement des procédés du raisonnement mis en usage par la physique devaient d'ailleurs contribuer plus que tout à propager l'erreur voilée
dès lors sous des apparences d'exactitude et de logique
sévère. Lorsque la physique traite des sons, des couleurs
et des poids, elle les décompose en oscillations, en ondes
et en pressions dont elle calcule l'étendue, la longueur et
la force; ainsi, la sensation dont il a fallu accepter les
données devient bientôt quantité négligeable, remplacée
qu'elle est par un système de valeurs où l'on veut voir la

(1) W. James, *op. cit.*, vol. 1, p. 172.

seule réalité. Poursuivant sa conquête, la science pénètre enfin dans le domaine jusque-là réservé de la vie mentale. Elle apporte dans cette nouvelle étude son esprit et
ses méthodes, elle s'occupe à analyser le contenu de la
conscience, et les yeux fixés sur l'objet de ce contenu, c'est-à-dire sur le monde extérieur, elle le conçoit
à l'instar de celui-ci, divisé en atomes, dont *les tourbillons*
produisent les psychoses. L'associationnisme, d'abord
timide, se transforme par une systématisation rationnelle
en un atomisme mental, parallèle à l'atomisme physique.
Mais ce n'est pas assez, de même que le physicien, pour
se trouver en posture d'appliquer plus aisément la mathématique, en arrive à concevoir l'univers comme une série
de rapports algébriques, ainsi le psychologue de l'école
de Herbart imagine une mécanique fondée sur les rapports des représentations. L'idée est enfin mûre. Si une
science de l'esprit est possible, il faut qu'elle soit exacte,
et comment le serait-elle si elle se dérobait au raisonnement mathématique; or, comment la psychose ne s'y
déroberait-elle pas, si elle n'était pas divisible à l'infini,
et par conséquent homogène ?

Nous sommes donc amenés à insister sur une distinction profonde, signalée par M. Bergson, distinction que
nous laissait d'ailleurs entrevoir la genèse de la notion
du continu mathématique telle que l'a expliquée M. H.
Poincaré.

Nous avons pris cette exposition comme base, et avons
demandé au psychologue de nous découvrir la raison
de la contradiction dont la mathématique n'est que le
redressement. W. James nous a montré que les psychoses n'étaient composées ni d'éléments ni d'atomes, qu'elles

ne se *contenaient* pas les unes les autres, et que l'associationnisme à tous ses degrés, sous toutes ses formes, apparaissait comme le résultat d'une confusion étrange entre
le subjectif et l'objectif. Cette confusion, il convient maintenant de la faire ressortir, et de montrer enfin l'abîme
qui sépare la psychose de son concomitant physique.

Jules Tannery écrivait déjà dans une de ses lettres
anonymes publiées en 1875 : « Il ne me semble pas qu'une
sensation possède ce caractère d'homogénéité qui appartient essentiellement aux grandeurs mesurables. J'ai
beau faire... *en restant au point de vue purement subjec-*
tif (1), je ne conçois ni la somme des deux sensations, ni
leur différence : *lorsqu'une sensation grandit, elle devient*
toute autre (2) et ce qui est venu la modifier, dont je n'ai
nulle idée, ne me paraît pas de la même nature que la
sensation primitive. Que l'on tienne à la main un objet
qui s'échauffe progressivement, la sensation se modifiera
incessamment et se terminera en une douleur cuisante;
on aperçoit bien que les termes extrêmes ne se ressemblent pas; lorsque la douleur s'en mêle, d'autres nerfs,
si je ne me trompe, sont mis en jeu. Cette différence de
nature qui existe incontestablement entre deux sensations
de chaleur causées par des excitations qui diffèrent suffisamment, me paraît subsister à un moindre degré, entre deux sensations intermédiaires (3). » Von Kries,

---

(1) Ce passage n'est pas souligné par l'auteur.
(2) Ce passage n'est pas souligné par l'auteur.
(3) Cité d'après M. Foucault, p. 114. Dans Delbœuf. Éléments,
p. 136, *Revue scientifique*, p. 1020.

Boas (1), Elsass (2), Munsterberg (3), Ebbinghaus (4) ont
conclu dans le même sens : « Une sensation, fait remarquer Stumpf, ne peut pas être le multiple d'une autre (5).
Si elle l'était, nous aurions la capacité de soustraire l'une
de l'autre, et de sentir le reste séparément. Toute sensation se présente comme une unité indivisible. »

M. Bergson a insisté sur le caractère qualitatif de nos
états mentaux, et particulièrement de ce qu'il appelle la
sensation représentative, c'est-à-dire de la sensation simple des psychophysiciens, de celle à laquelle Fechner
prétend appliquer sa loi logarithmique... Il semble, en
effet, à une conscience superficielle, que les intensités
des sons, de lumière et de poids s'organisent en
séries telles que le dernier nombre en soit plus grand
que le premier; l'intensité paraît s'y développer comme
une force dont, en fin de compte, on croit pouvoir distinguer les éléments. Mais ce n'est là qu'une illusion. « A
mesure, en effet, qu'une sensation perd son caractère
affectif pour passer à l'état de représentation... *nous
apercevons mieux l'objet extérieur qui en est la cause,
ou si nous ne l'apercevons pas, nous l'avons aperçu et
nous y pensons* (6). Or, cette cause est extensive, et par
conséquent mesurable : une expérience de tous les instants, qui a commencé avec les premières lueurs de la

(1) Boas. Ueber die Grundaufgabe der Psychophysik. Pflugers
Archiv., t. XXVIII, p. 568 (1882).
(2) Elsass. Ueber die Psychophysik, pp. 50 et suiv. (1886).
(3) Munsterberg. Neue Grundlegung der Psychophysik. Beiträge zur experimentellen Psychologie. III, pp. 3 et suiv.
(1890).
(4) Ebbinghaus. Ueber negative Empfindungswerte. Zeit-
schrift, f. Ps. u. Ph. d. Sinnesorg. I, pp. 332-39 (1890).
(5) Stumpf. Tonpsychologie, pp. 397-9.
(6) Ce passage n'est pas souligné dans le texte.

conscience et qui se poursuit pendant notre existence entière, nous montre une nuance déterminée de la sensation, répondant à une valeur déterminée de l'excitation.
*Nous associons alors à une certaine qualité de l'effet,
l'idée d'une certaine quantité de la cause* (1) et finalement,
comme il arrive pour toute *perception acquise*, nous met-
tons l'idée dans la sensation, la quantité de la cause dans
la quantité de l'effet. A ce moment précis, l'intensité, qui
n'était qu'une certaine nuance ou qualité de la sensation,
devient une grandeur (2). » La sensation de son, par exemple, nous présente des degrés bien accusés d'intensité.
Mais il suffit de faire abstraction de la secousse reçue par
l'organisme, et aussi de l'objet ou de son image, pour
ne plus rien saisir « qu'une indéfinissable qualité de son
entendu ».

« Seulement, cette qualité s'interprète aussitôt en quantité, parce que vous l'avez mille fois obtenue vous-même
en frappant un objet, par exemple, et en fournissant par
là une quantité déterminée d'effort. Vous savez aussi
jusqu'à quel point vous auriez à enfler votre voix pour
produire un son analogue et l'idée de cet effort se présente instantanément à votre esprit quand vous érigez
l'intensité du son en grandeur (3). » On expliquerait la
hauteur d'une façon analogue. De sorte, enfin, que « le
son resterait qualité pure, si nous n'y introduisions l'effort musculaire qui le produirait, ou la vibration qui
l'explique (4). » « Lorsque le psychophysicien soulève un

(1) Ce passage n'est pas souligné dans le texte.
(2) M. Bergson. Essai sur les données immédiates de la conscience. Paris, Alcan (1889), p. 32.
(3) M. Bergson, *op. cit.*, pp. 33 et 34.
(4) M. Bergson, *op. cit*, p. 34.

poids plus lourd, il éprouve, dit-il, un accroissement de
sensation. Examinez si cet accroissement de sensation ne
devrait pas plutôt s'appeler une sensation d'accroissement... Non seulement le lourd et le léger constituent
pour notre conscience des genres différents, mais les degrés de légèreté et de lourdeur sont autant d'espèces de
ces deux genres. Il faut ajouter que la différence de
qualité se traduit spontanément ici en différence de quantité, à cause de l'effort plus ou moins étendu que notre
corps fournit pour soulever un poids donné...»

En ce qui concerne les intensités lumineuses, il faut
se remettre en mémoire « la multitude d'éléments très différents qui concourent, dans la vie journalière, à nous
renseigner sur la nature de la source lumineuse (1) ».
Comme «nous jugeons souvent des variations de la source
lumineuse par les changements relatifs de teinte des
objets qui nous entourent ; ici encore, l'intensité apparaîtra sous forme de grandeur, dès que nous aurons trans-
porté la qualité de l'effet dans la quantité de la cause (2) ».
« Considérez attentivement une feuille de papier éclairée
par quatre bougies par exemple, et faites éteindre successivement une, deux, trois d'entre elles. Vous dites que
la surface reste blanche et que son éclat diminue. Vous
savez en effet qu'on vient d'éteindre une bougie, ou si
vous ne le savez pas, vous avez bien des fois noté un
changement analogue d'une surface blanche, quand on
diminuait l'éclairage. Mais faites abstraction de vos souvenirs et de vos habitudes de langage. Ce que vous avez
aperçu réellement, ce n'est pas une diminution d'éclai-

(1) M. Bergson, op. cit., p. 32.
(2) M. Bergson, op. cit., p. 39.

rage de la surface blanche, c'est une *couche d'ombre* passant sur cette surface au moment où s'éteignait la bougie. Cette ombre est une *réalité* pour votre conscience comme la lumière elle-même. Si vous appeliez blanche la surface primitive dans tout son éclat, il faudra donner un autre nom à ce que vous voyez, car c'est autre chose : ce serait, si l'on pouvait parler ainsi, une nouvelle nuance de blanc (1). »

Il est donc clair, au regard de l'introspection, que le phénomène psychique même le plus simple, même le plus intimement lié à la notion d'intensité, n'est jamais qu'une qualité à laquelle la mesure mathématique ne saurait être appliquée. Poussons un peu plus loin l'analyse. Lorsque, au sein d'une multitude d'impressions confuses, le nouveau-né distingue pour la première fois les objets qui l'entourent, il sort du monde nébuleux de la sensation pure, pour entrer dans celui de la perception, dont les contours se préciseront à mesure qu'il vieillira davantage. Depuis longtemps, la sensation pure n'est plus pour nous autre chose qu'une abstraction. Toute impression, si simple qu'on la suppose, éveille en effet une image de reconnaissance. Dans le cas même où l'objet apparaît pour la première fois, où il est inconnu, son image en éveille d'autres qui nous sont familières, de sorte qu'il se trouve immédiatement classé. Supposons maintenant qu'une succession de sensations lumineuses nous soit donnée, telle que *a b c d* semblent former une série d'intensités croissantes, ces sensations sont, en réalité, des perceptions, dont chacune reconnaît d'abord son objet, et en-

---

(1) M. Bergson, *op. cit.*, pp. 39-40.

suite la perception précédente qu'elle rapporte au même individu. Ainsi, d est gros de tout ce qui l'a devancé et, en outre, le connaît. Faisons maintenant abstraction de ces éléments de connaissance. Que reste-t-il ? Un résidu *ineffable* auquel, d'ailleurs, la connaissance se mêle de telle sorte que l'abstraction seule puisse la séparer. Il ne s'agit pas, en effet, ici, d'un composé, car un composé ne peut se produire que par juxtaposition; or, la connaissance ne peut pas être par juxtaposition, puisqu'elle suppose une synthèse. Parler de synthèse, cela signifie que deux termes sont réunis et pensés ensemble; mais, comment cela pourrait-il avoir lieu, si les deux termes n'étaient pas un tout, s'ils n'étaient pas *un*, et comment les termes a b c pourraient-ils être pensés par d s'ils en étaient distincts au moment où il les pense. Il faut donc nécessairement que la multiplicité a b c d ne ressemble en rien à une multiplicité mathématique, c'est-à-dire divisible et divisée, car il arriverait toujours un moment où a b c d pourraient se trouver séparés. Mais a b c d contiennent, nous l'avons vu, dans leur multiplicité diffuse, ces qualités de la sensation pure qui seraient innommables, si elles ne se trouvaient confondues dans la connaissance. Ces qualités forment donc également un tout indivisible, c'est-à-dire une multiplicité liée de telle façon, qu'à aucun moment le premier membre ne puisse être séparé du dernier dans la conscience. Ainsi, de quelque côté qu'on l'envisage, la série a b c d répugne au continu mathématique, et donc ne saurait être mesurée. C'est là, je crois, une manière d'interpréter la formule un peu laconique de W. James, « l'idée de a, plus l'idée de b n'est *pas* identique à l'idée de $(a+b)$, elle est une, les autres sont deux, en elle, ce qui connaît *a* connaît également *b*, dans les autres *a* est expressément posé comme ne connaissant pas *b* (1). »

Les conditions physiologiques de la série *a b c d* ne contredisent pas à l'analyse psychologique telle qu'elle vient d'être présentée. Si la reconnaissance s'opère, c'est qu'une association *physiologique* a lieu entre les cellules nerveuses, où se décharge immédiatement le mouvement venu de la périphérie, et celles que l'exercice et l'habitude ont mises en communication avec elles. Mais ce mouvement dure; si donc *b* est produit à un moment assez proche, *a* et *b* vibreront de concert. De sorte que *b* sera, de ce fait, très différent de ce qu'il aurait été seul. Si *b* apparaît assez longtemps après *a*, pour que le mouvement ait eu le temps de s'éteindre, il ne rencontrera cependant pas une condition matérielle identique à celle qu'il aurait trouvée si *a* ne s'était point produit, et, par conséquent, son mouvement sera modifié par *a*. Il en sera de même de *c* et de *d* ; le dernier sera gros de tous les mouvements antérieurs, ou du moins, sa forme et sa manière dépendront de l'état cérébral, état conditionné par les mouvements antérieurs. Je n'insisterai pas davantage ici, me réservant de décrire plus amplement tout à l'heure l'écoulement continu de ce flot purement qualitatif, et, d'après M. Bergson, le mouvement lié de ces éléments hétérogènes dans le temps pur. Il me suffit, pour le moment, d'avoir signalé l'erreur commune à l'associationnisme et à la psychophysique, d'avoir dévoilé la confusion déplorable dont procède cette erreur même.

(1) W. James, *op. cit.*, vol. 1, ch. VI, p. 161. Voyez en outre A. Hennequin, *op.cit.*, pp. 37-40.

A vrai dire, l'entreprise « audacieuse » de Fechner était la réalisation d'un rêve scientifique, et les rêves sont tenaces, l'humanité renonce difficilement à leur charme. Aussi bien a-t-on tenté de tous les moyens pour sauver la psychophysique.

Les disciples de Fechner, notamment Wundt, ont d'abord remarqué que la clarté manquait ici à la base, puisque l'on ne savait pas, en définitive, à quoi précisément s'appliquait la loi logarithmique. Valait-elle enfin pour la sensation, pour la perception ou pour le jugement ? Fechner avait négligé de le dire, Wundt pense qu'aucune observation, aucune méthode d'expérimentation psychologique ne peut fournir autre chose que le rapport de notre compréhension et de notre comparaison (Auffasung und Vergleichung) aux intensités des sensations produites par les excitations. « Le problème de l'intensité de la sensation consiste avant tout dans la question de savoir comment, lorsqu'une série d'excitations de diverses intensités agit sur un organe sensoriel, se comportent nos appréciations comparatives (Vergleichenden Schätzungen) des sensations correspondantes (1). » Il s'agit donc de l'aperception de l'intensité des sensations. (Das Problem der Auffassung der Empfindungsstärken.)

Si l'on ne craignait de surcharger ce livre de dissertations mathématiques inutiles, il serait facile de montrer que Wundt traite l'aperception précisément comme Fech-

---

(1) Au reste voici le passage : « Wie verhalten sich, wenn eine Reihe von Reizen verschiedenen Stärke auf ein Sinnesorgan einwirkt unsere vergleichenden Schätzungen der entsprechenden Empfindungen ? » Phys. Psych. Psychische Massmethode, 9e chapitre, p. 467, 3e édition.

ner traitait la sensation. Son exposition prend même un
caractère plus géométrique, qui trahit davantage le sophisme, on y trouve les valeurs successives de l'aperception divisées en degrés de perceptibilité (Merklich-
keitsgrade) et représentées par une abscisse dont les
ordonnées sont proportionnelles aux grandeurs d'excitation (voir Wundt Psych, éd. 1882, p. 357, fig. 106).
Wundt ne se contente pas d'une seule manière d'obtenir
la formule. Posons $\Delta R =$ la différence à peine perceptible et R l'excitation, la loi de Weber donnera pour cha-
que variation de la perception $k = \dfrac{C \Delta R}{R}$ *Posons que cette*

relation vaut pour des degrés infiniment petits de la per-
ceptibilité et pour des différences infiniment petites de
l'excitation; k se transforme en une valeur différentielle
dE et ΔR en dR et l'on obtient l'équation différentielle :

$$dE = \frac{C d R}{R}$$

qui est la formule de mesure, etc.

Ainsi, la perception se divise en degrés infiniment petits de perceptibilité, il y a des atomes de jugement, comme il y a des atomes de sensation.

Parmi les contradicteurs de Fechner, quelques-uns,
tout en niant franchement que la sensation ait une intensité mesurable, prétendent que l'on peut trouver une formule qui s'applique à la dssemblance (Verschiedenheit).
Ebbinghaus, entre autres, adopte cette idée d'abord émise
par Boas (1). Voici, brièvement, comme raisonne ce psy-

---

(1) Ueber die Grundaufgabe der Psychophysik. Pflügers Archiv. t. XXVIII (1882).

chologue: « Soient quatre sensations, a b c d dissemblables, mais comparables. Entre a et b on a la dissemblance a/b, entre c et d la dissemblance c/d; la dissemblance c/d peut apparaître double, triple, etc., de la dissemblance a/b, le choix de l'unité est d'ailleurs arbitraire. Ainsi, la formule de mesure ne peut être qu'une formule de mesure des différences (Unterschiedsmassformel) (1). Wundt a fait remarquer à propos de cette psychophysique *quantitative*, qu'elle jouait sur les mots. Il importe peu, en effet, que l'on appelle quantitative ou intensive une différence entre deux sensations, du moment que l'on regarde cette différence comme mesurable; on commet dans les deux cas exactement la même confusion. M. Foucault, après avoir fait l'histoire de la psychophysique, arrive à cette conclusion que la possibilité d'une mesure des sensations ou d'une mesure des dissemblances n'est pas admissible, mais que l'on peut concevoir du moins celle d'une mesure de la *clarté*. Nos perceptions sont capables de plus ou moins de *clarté*, et ce plus ou moins est un élément quantitatif auquel on peut enfin appliquer la formule de mesure. Mais, je le demande, la clarté est-elle autre chose qu'une qualité indéfinissable tant qu'elle n'est pas rapportée à son objet, et que cet objet n'est pas mesuré ? La clarté apparaît-elle, quand l'objet n'est pas connu ? Et Descartes, aussi bien que Leibnitz, n'en font-ils pas d'abord une affaire de jugement ? Si oui, ce sont bien les objets que l'on mesure, et c'est bien de cette mesure que l'on conclut au plus ou moins de

(1) Ebbinghaus. Ueber negative Empfindungswerte Z. f. Ps. u. h. d. S. I, pp. 320-334-469-485 (1890), d'après M. Foucault.

clarté de la connaissance. Une telle mesure peut avoir
son utilité pratique; mais elle n'est pas celle d'un état
subjectif, elle n'est plus, à vrai dire, psycho-physique.
Ainsi, les efforts de l'esprit de système, pour sauver l'épave
d'une doctrine d'ailleurs insoutenable, échouent lamen-
tablement. « La Massformel de Fechner et sa conception
demeurera, en dépit de tout, une « idole de la tribu »,
si jamais il en fut une. Fechner lui-même était, à n'en
pas douter, un *Gelehrter* allemand du type idéal, à la fois
simple et rusé, mystique à ses heures et cependant fer-
vent de l'expérimentation, bonhomme et audacieux, aussi
loyal aux faits qu'à ses théories. Mais il serait terrible de
penser que, même un cher vieil homme de cette sorte
pût embarrasser pour toujours notre science de ses pa-
tientes billevesées, et dans un monde si plein d'objets
d'attention plus nourrissants, obligeât les étudiants de
l'avenir à suer sang et eau sur les difficultés dont sont
hérissées non seulement ses ouvrages, mais ceux encore
plus ardus de ses contradicteurs. Ceux qui se sentent
quelque goût pour cette littérature peuvent se la procurer,
elle a une valeur comme discipline de l'esprit, mais je ne
veux même pas l'indiquer dans une note. Le côté amusant
dans cette affaire est que les critiques de Fechner, après
avoir ruiné ses théories de fond en comble, sans en laisser pierre sur pierre, se croient obligés d'élever la voix
pour dire qu'on ne saurait tout de même lui refuser *la
gloire impérissable* de les avoir formulées pour la première fois, et d'avoir ainsi fait de la psychologie une
science *exacte*,

> « et chacun louait le duc
> qui avait remporté cette grande victoire.

Mais quel bien en est-il enfin advenu ?
Remarqua le petit Peterkin.
« Eh, je n'en sais rien, dit-il,
Mais ce fut une fameuse victoire ! (1) »

(1) Princ. of. Psych., v. 1, p. 549.

Depuis, pour des raisons *d'ordre métaphysique* sur lesquelles je ne veux pas insister dans une étude exclusivement psychologique, W. James est revenu sur la doctrine que nous venons d'exposer. L'auteur de *l'Univers pluraliste* « adore aujourd'hui ce qu'il avait brûlé », et cela pour le plaisir que lui a procuré la *vision* d'un monde fait de consciences combinées. Aussi est-ce sur un ton lyrique qu'il entreprend l'éloge de Fechner. La comparaison peut sembler ici assez piquante : « Son esprit a bien été un de ces carrefours établis pour de nombreuses routes, un de ces carrefours qui ne sont occupés qu'à de rares intervalles par les enfants des hommes, et d'où rien n'est trop près ni trop loin pour être vu avec la perspective voulue. L'observation la plus patiente, l'esprit mathématique le plus exact, le discernement le plus délié, les sentiments les plus humains s'épanouissaient en lui au plus haut degré, sans qu'aucune de ces qualités parût faire tort aux autres : c'était, en fait, un philosophe dans le « grand » sens du mot, bien qu'il eût beaucoup moins de goût que la plupart des philosophes pour les abstractions de l'ordre « mince ». Pour lui, l'abstrait vivait dans le concret ; et le motif caché de tout ce qu'il a fait fut d'amener ce qu'il appelait la « vision lumineuse du monde » à une évidence toujours plus grande. » (Philosophie de l'expérience, p. 141).

CHAPITRE III

Le contenu de la conscience.
Le flot conscient, le temps, le moi.

L'introspection, sa valeur ; l'erreur par excellence. — Les psychoses dépendent toujours d'une conscience personnelle, le dédoublement de la conscience. — Dans chaque conscience personnelle les psychoses se présentent dans un changement continuel. — Elles offrent un cours sensiblement continu. Impossibilité pour la *même* psychose de paraître deux fois; instabilité de la sensibilité, le sommeil de l'âme; la double personnalité des hystériques; les interruptions senties du flot de la conscience, le contraste; l'inégalité du cours de la conscience, les places de transitions ; sentiment-rapport, de tendance, de familiarité, le « halo ». — M. Bergson ; essai sur les données immédiates de la conscience, le progrès, la durée pure ; discussion de la perception primaire du temps ; l'idée de succession. La mémoire primaire et le moi. — Peut-on sur ces données conclure à la liberté ? — La psychologie du devenir.

Pour avoir confondu le subjectif avec l'objectif, les associationnistes et les psychophysiciens, ont mis la juxtaposition et la division dans ce qui ne peut être ni juxtaposé, ni divisé. Les yeux sur l'objet de la psychose, ils ont décrit le phénomène mental comme un composé d'idées associées, puis d'atomes psychiques, et poussant enfin la spéculation plus loin encore, ont prétendu mesurer la conscience à l'aide d'une formule établie sur les bases du calcul différentiel.

C'est là, précisément, ce que W. James appelle « l'erreur *par excellence* ». « Le piège le plus dangereux où puisse tomber le psychologue *est la confusion entre son point de vue spécial et celui du fait mental dont il s'occupe...* Le psychologue se trouve en dehors de l'état mental qu'il traite. Cet état mental et son objet sont pour lui également des objets. Maintenant, lorsque c'est un état de *connaissance* (perception, pensée, conception, etc.), il ne peut généralement le désigner autrement que par le nom de *son objet.* Connaissant en même temps l'objet à sa façon, il est facilement amené à supposer que la pensée de cet objet le connaît de la même manière que lui, quoique souvent les choses se passent très différemment.

« *Une autre variété de l'erreur du psychologue consiste à supposer que l'état mental étudié doit avoir une conscience de lui-même identique à celle qu'en possède le psychologue.* L'état mental ne se saisit lui-même que par le dedans, il embrasse ce que nous appelons son propre contenu et rien de plus. Le psychologue, au contraire, le prend par le dehors et connaît ses relations avec toutes sortes d'autres choses. Ce que la pensée voit, c'est uniquement son objet propre; ce que le psychologue voit, c'est l'objet de la pensée, plus la pensée elle-même, plus peut-être, tout le reste de l'univers. Lors donc que nous discutons un état mental du point de vue du psycho-

logue, nous devons prendre garde d'y faire entrer par
surprise des choses qui n'ont de sens que pour nous (1). »
Au regard de l'analyse introspective elle-même, l'état
mental est bien, en effet, un objet pour le psychologue
qui l'étudie. « Il dit, par exemple, que dans de certaines
conditions, la couleur grise lui apparaît verte, et appelle
cette apparence une illusion. Ceci implique la comparaison de deux objets : une couleur réelle vue dans de
certaines conditions, et une perception mentale que l'on
croit être sa représentation, entre lesquelles on déclare
qu'il existe une relation d'une certaine sorte. En faisant
ce jugement critique, le psychologue se place en dehors
de la perception qu'il analyse, comme de la couleur qu'il
lui compare. L'une et l'autre sont ses objets (2). »

Et voilà sans doute pourquoi la méthode introspective
nous réserve parfois de si cruelles déconvenues. Aussi
bien la psychologie moderne lui jette-t-elle l'anathème et
se donne-t-elle l'air de pouvoir s'en passer. A. Comte
n'a-t-il pas démontré qu'elle était impossible ? Son argumentation, d'ailleurs connue, prouve simplement que la
conscience est insaisissable dans le présent. Nous ne
pourrions assurément pas étudier nos états mentaux, si
des traces n'en survivaient, si nous n'avions pas la mémoire; était-ce bien la peine de le dire ?

L'introspection, d'après Kant, « conduit facilement à
l'extravagance et à la folie » (leichtlich zu Schwärmerei
und Wahnsinn hinführt). Il conseille donc de ne pas s'arrêter à vouloir saisir le cours involontaire de nos pensées

(1) Princ, of. Psych., ch. VII, p. 197.
(2) W. James, op. cit., p. 183.

« car c'est le moyen le plus sûr d'aboutir à l'illuminisme ou au terrorisme... ». On aurait tort d'insister sur la plaisanterie, elle est un peu lourde, le fond vaut ici mieux que la forme. Si l'introspection conduit rarement à l'illuminisme ou au terrorisme, on ne saurait nier cependant qu'elle n'ait ouvert le champ de la psychologie aux galopades métaphysiques les plus effrénées. Il doit en être ainsi dès que l'on admet l'existence d'un sens interne, distinct des psychoses qui passent. Dès lors, en effet, que l'on a remplacé la réalité par une construction de l'esprit, la carrière est libre et rien n'empêche de décréter l'infaillibilité de cette faculté, aussi mystérieuse qu'insaisissable.

Méfions-nous de l'introspection; elle est faillible, car si la psychose se sent elle-même par le dedans, comme parle W. James, le psychologue ne la saisit que par le dehors, c'est-à-dire lorsqu'elle est passée; et quand elle passe, il risque, en voulant la surprendre, de la déformer. L'introspection n'en demeure pas moins indispensable à la base de toute psychologie, même « scientifique ». Il serait sans doute à souhaiter que l'on pût à volonté produire et faire varier le phénomène psychique pour l'étudier (1) dans des conditions déterminées; malheureusement, quoi qu'on en veuille, l'expérimentation directe n'a de prise que sur un nombre restreint de psychoses, elle n'atteint pas le cours général de la conscience. Il resterait, il est vrai, un parti à prendre, celui-là même que suggère Kant : c'est-à-dire, omettre la description du

(1) Wundt. Grundzüge der Physiologischen Psychologie. B. I. Einleitung, p. 4.

contenu de la conscience, ou du moins la remettre *sine die* jusqu'à plus ample informé.

Cependant, procéder de la sorte, n'est-ce pas, dès l'abord, s'exposer à passer à côté du phénomène subjectif sans le voir, puisqu'on l'aura placé dans des conditions anormales, hors de son cadre, hors du flot mouvant où est sa vie. On courra plus que jamais alors le risque de le confondre avec son concomitant physique et de le traiter comme lui. Remarquons, d'ailleurs, qu'il ne s'agit ici que de tracer une esquisse « des données *immédiates* de la conscience », esquisse indispensable pour poser une fois l'objet propre a la psychologie, mais assez générale cependant pour que l'on puisse concevoir que l'introspection y suffise.

Bref, puisque « le premier fait pour nous, psychologues, est précisément qu'il y a des psychoses »; (The first fact for us then, as psychologists is that thinking of some sort goes on) (1), il faut chercher avant tout à découvrir le caractère propre de la psychose, caractère grâce auquel elle est cela, et non point autre chose ; il faut la poser dans son milieu, et tenter de la saisir vivante, avant d'en prendre ce que l'on pourrait appeler la vivisection. Ce sera bien certainement un chapitre d'introspection inévitable où cependant nous serons assurés de rencontrer quelque certitude, si nous savons nous garder de l'erreur du psychologue; et l'on avouera que c'est une garantie déjà, que d'avoir su la découvrir.

A prendre les psychoses au sens le plus général, on y découvre cinq caractères :

(1) W. James, *op. cit.*, ch. IX, p. 125.

1° Chaque psychose est attachée à une conscience personnelle.

2° Dans chaque conscience personnelle, les psychoses se présentent dans un perpétuel changement.

3° Elles apparaissent sous la forme d'une succession sensiblement continue.

4° Elles sont toujours rapportées à des objets.

5° Elles s'intéressent et choisissent.

La pensée, même quand elle n'est qu'un « rêve d'or » n'a pas d'ailes ; elle reste toujours, obscure captive, enchaînée plus ou moins étroitement à un moi primaire ou *secondaire*. Les hystériques offrent, en effet, quelquefois cette particularité d'avoir deux personnalités dont chacune a ses psychoses propres inconnues de l'autre.

« M. Janet a pu saisir dans sa Lucie somnambule, anesthésique, l'instant précis de condensation, pour ainsi dire de l'une de ces personnalités secondaires. Il découvrit que dans le cas où l'attention de cette jeune femme se trouvait absorbée par une conversation avec un tiers, sa main, d'ailleurs insensible, écrivait cependant des réponses simples aux questions qu'il lui murmurait à l'oreille.

« Entendez-vous ? » demanda-t-il. — « *Non* », telle fut la réponse inconsciemment écrite. — « Mais, pour répondre, vous devez entendre ? » — « *Oui, assurément.* » — « Alors, comment faites-vous ? » — « *Je ne sais pas.* » — « Il doit y avoir quelqu'un qui m'entend ? » — « *Oui.* » — « Qui ? » — « *Quelqu'un d'autre que Lucie.* » — « Ah ! une autre personne. Lui donnerons-nous un nom ? » —

« Non. » — Oui, cela vaudra mieux. » — « Alors, appelons cette personne Adrienne. »

« Une fois baptisée, continue M. Janet, le personnage
subconscient se détermine davantage et déploie plus nettement ses caractères psychologiques. En particulier,
nous voyons qu'il prend conscience des psychoses exclues
de la conscience de la personne normale ou primaire.
C'est lui qui nous dit que je pince ou touche le petit doigt
où, depuis si longtemps, Lucie n'a jamais ressenti d'impressions tactiles (1). »

Le soir, au moment des premières approches du sommeil, essayez de surprendre votre pensée qui s'écoule ; le
silence est propice, l'attention fatiguée s'endort. Vous sai-
sirez une succession ininterrompue d'images inachevées,
parfois bizarres, des luminosités, au sein desquelles apparaissent des formes plus complètes, qui s'évanouissent
à peine nées ; alors, un bruit soudain peut faire surgir les
visions les plus disparates et les plus contraires ; un son
éclatant est, par exemple, immédiatement suivi de l'apparence d'un visage blême, que vous avez à peine le
temps d'entrevoir, que vous ne reconnaissez pas, et qui,
cependant, vous paraît familier ; ou bien, le coin d'un
paysage se déroule en verdures luxuriantes tout de suite
voilées par des ombres bleues qui vous semblent être
celles du soir, et se transforment soudain en images bizarres, en somptueux dessins, où vous voyez « courir un
frisson d'or, de nacre et d'émeraude. »

(1) D'après W. James, op. cit., pp. 227-228.

Cependant, la nature avare ne se met pas toujours en frais ; parfois, une mélodie, généralement simple, s'empare de l'esprit, elle s'étend comme une vague pour se perdre et se continuer dans une autre vague semblable ; on dirait le va-et-vient monotone du balancier ; vous voulez ne plus écouter le refrain qui se répète ; peine inutile, l'obsession continue agaçante, jusqu'au point de devenir lancinante et douloureuse. Il pourra encore arriver que vous ressentiez des émotions indéfinies, comme en présence d'un bonheur perdu et retrouvé, ou d'une vérité profonde entrevue mais évanouie. Bref, vous aurez l'illusion de regarder dans un kaléidoscope où les figures se succéderaient incessamment, mobiles et changeantes. sans qu'aucune ait une durée appréciable. C'est bien là, semble-t-il, ce que l'on pourrait appeler l'état primaire de la conscience ; mais à d'autres moments de la journée, les pensées, les images, les émotions de toutes sortes s'enchevêtrent dans une multiplicité tellement compacte qu'il faut enfin renoncer à décrire par le menu.

Ces variations incessantes pénètrent si intimement la masse des psychoses, elles sont si ténues, que la conscience n'en prend pas, à proprement parler, connaissance. Elle les sent comme les moments successifs de l'éclair ou de l'étoile filante. Nous entreprendrons plus loin de discerner ce sentiment de progrès, et la tâche n'en sera pas facile, contentons-nous, pour le moment, d'une description moins particulière.

« Le changement que j'ai particulièrement en vue, dit à ce propos W. James, est celui qui prend place dans des intervalles sensibles de temps, et le point sur lequel je désire insister est que, parmi les états mentaux, *aucun ne peut revenir une fois passé, et être identique à ce qu'il était avant* (1). »

Nous abordons encore une fois contre l'associationnisme. En effet, dans les remous incessants de notre conscience, l'école ne veut voir que le retour d'éléments identiques, combinés sous de nouvelles formes. De même que la vague se compose de molécules d'hydrogène et d'oxygène combinées, ainsi la marée des images complètes ou tronquées, qui se succèdent dans notre conscience résulte d'un complexus *d'unités* psychiques, de la *fusion* des sensations, « car si les sensations simples ne se présentent pas dans notre conscience, cependant chaque représentation véritable est un produit du mélange de ces sensations (2) ».

Avec Spencer et Fechner, nous l'avons vu, la doctrine atteint le point extrême de son développement logique : l'évolutioniste et le psycho-physicien arrivent pratiquement au même résultat, lorsque non contents de distinguer avec les disciples de Locke, l'idée complexe de l'idée simple, ils veulent encore diviser la sensation en atomes psychiques ou en quantités différentielles (3). Il faut bien alors, surtout, que l'on suppose le retour des mêmes états mentaux dans la conscience, car on ne saurait autrement concevoir une intégration des choes en états mentaux, et des valeurs différentielles en quantités psychiques appréciables. Il y aurait dans cette hypothèse

(1) W. James, *op. cit.*, p. 229.
(2) Verschmelzung oder synthese der Empfindungen. Wundt.
(3) Psych. phys., éd. 1880, 2° B, p. 297. Verbindungen der Vorstellungen.

comme une chimie de l'esprit et l'analyse y consisterait à peser des éléments toujours réductibles à des poids égaux (1),

Or, « on ne saurait démontrer que nous éprouvions jamais deux fois une sensation corporelle même la plus simple. Ce qui est donné deux fois, c'est le même objet (2). »

Si, en effet, comme on l'a admis au chapitre précédent, la loi de Weber ne fait que traduire une série de mouvements moléculaires au sein d'un équilibre instable, on comprend parfaitement que la multiplicité des réactions chimiques puisse être infinie et qu'à cette multiplicité corresponde une diversité semblable de sensations. Il y a mieux, « pour qu'une sensation pût jamais se reproduire identique à une autre, il faudrait qu'elle eût lieu la seconde fois dans un cerveau non modifié (unmodified brain). Mais comme c'est là, rigoureusement parlant, une impossibilité physiologique, une sensation immuable est, elle aussi, une impossibilité. En effet, à chaque modification cérébrale, si petite soit-elle, doit cor-

(1) Comparez encore Wundt : « Les représentations sont des processus transitoires, parmi lesquels le suivant ne ressemblera jamais sous tous les rapports à son prédécesseur, et qui, pour cela ne se trouvent jamais liés l'un à l'autre, comme représentations totales, mais seulement *dans les éléments qui les composent.* » — « Fliessende Vorgänge, von denen ein nachfolgender mehr mals einem vorangegangenen in jeder Beziehung nicht gleichen wird, und die darum nie als ganze Vorstellungen sondern immer nur *in den Elementen die sie zusamensetzen,* mit einander verbunden sind. » Log. I S. B. 16-24 Grundz. d. phys. Psych. II, p. 468. System. d. Philos. S. 575. Grundr. d. Psych. S. 264. Philos. Stud. X. 86. D'après Wundt's Philosophie und Psych. Eisler. Leipzig, 1902.

(2) W. James, *op. cit.,* p. 231.

respondre un changement de même valeur dans la sensation à laquelle le cerveau sert de substrat » (1).

Arrivés à ce point de la discussion, les adversaires ne manqueraient pas, je crois, de se retrancher derrière la distinction des phénomènes psychiques en conscients et en inconscients. Car, si les psychoses pouvaient être inconscientes, elles entreraient en composition, sans que nous en soyons autrement avertis, de sorte qu'à des molécules chimiques correspondraient des atomes psychiques, et ces infiniment petits seraient bien nécessairement tous identiques les uns aux autres. Nous avons tâché de montrer au chapitre précédent ce que vaut une pareille théorie ; il n'y a de psychoses que celles que nous sentons, et les plus simples d'entre elles supposent des transformations cérébrales compliquées, auxquelles elles correspondent *dans leur totalité*. Or, chacune de ces transformations laisse sa trace, de sorte que le cerveau n'est plus après ce qu'il était avant, et donc que la même excitation objective ne peut y faire naître la seconde fois l'effet qu'elle y avait produit d'abord.

Ce qui est vrai des sensations, l'est encore davantage des états mentaux plus élevés, où dans bien des cas, le cerveau donne, pour ainsi dire, tout entier. Il apparaît ici, d'une façon manifeste, que chacune de nos pensées pour un même objet est vraiment *unique*, et ne présente au regard des autres représentations concernant le même objet qu'une ressemblance spécifique. « Lorsque le fait revient identique, *il faut* que nous le pensions d'une manière nouvelle, que nous le regardions sous un angle

(1) W. James, *op. cit.*, vol. 1, p. 233.

quelque peu différent, que nous l'apercevions dans d'autres relations que celles où il est d'abord apparu. La pensée par laquelle nous le connaissons est la pensée *de ce fait, dans ces relations*, une pensée toute pénétrée (suffused) de son obscur contexte. Nous sommes frappés nous-mêmes des différences étranges par lesquelles se distinguent nos vues successives d'une même chose. Nous sommes étonnés d'avoir pu, le mois précédent, porter tel ou tel jugement sur un sujet déterminé. Nous avons dépassé, sans savoir comment, la possibilité de cet état mental. D'une année à l'autre, les choses se présentent à nous sous un nouveau jour. Ce qui était irréel est devenu réel, ce qui était intéressant est devenu insipide. Les amitiés au regard desquelles l'univers ne nous était rien, se sont évanouies, les femmes, autrefois divines, les étoiles, les bois et les ondes, comme tout cela maintenant nous ennuie et nous lasse ! Les jeunes filles qui nous apparaissaient jadis dans l'auréole de l'infini sont aujourd'hui de vulgaires existences qui méritent à peine un regard; les tableaux sont si vides; et, pour les livres, qu'y avait-il donc de si profond dans Gœthe, de si plein de signification dans John Mill ? Au lieu de tout cela, le travail a plus de saveur, le travail ! et l'importance semble plus grande des devoirs et des biens communs (1). »

Bref, à chaque heure, à chaque minute, l'expérience semble pétrir et modeler notre esprit, de sorte, enfin, « que notre réaction à une excitation donnée est réellement le résultat de toutes nos impressions vécues » (2).

---

(1) W. James, *op. cit.*, pp. 233-4.
(2) W. James, *op. cit.*, p. 234.

L'éternel devenir est vrai de nos états de conscience. Le monde passe, pourrait-on dire, parce que nous passons. Nous sommes le fleuve conscient qui, se croyant immobile, verrait courir ses deux rives.

Mais, notre conscience peut-elle, en toute exactitude, être comparée à une eau qui s'écoule, le courant n'en est-il jamais barré, jamais interrompu ? On comprend toute l'importance de la question. Si le flot n'est pas continu, s'il est divisible en tronçons, on ne voit pas pourquoi il ne le serait pas aussi en éléments juxtaposés, dont, après tout, l'addition ne répugnerait pas.

Posons d'abord nettement la question. Il s'agit *du flot conscient*, du flot *senti*, de celui-là seul on doit montrer qu'il est *sensiblement* continu.

C'est une discussion très ancienne que celle de savoir si l'esprit veille toujours. Les Cartésiens l'affirmaient *a priori*, parce que l'essence de l'âme est de penser, tandis que Locke croyait démontrer le contraire avec évidence lorsqu'il disait : « Le moindre assoupissement réduit à néant la doctrine des gens qui prétendent que leur âme pense toujours. » Il avait raison, certes, d'attirer l'attention sur les faits, car le problème n'est point de ceux que peut résoudre la métaphysique ; cependant, son argumentation procédait d'une interprétation trop hâtive, car, le sommeil de l'esprit pourrait bien n'être qu'un demi-sommeil où les impressions conscientes affaiblies ne laisseraient pas de souvenirs (1).

(1) Pour plus de détails sur la question voyez : Malebranche. Rech. de la vérité, l. 3, ch. 1 ; J. Locke, Essay conc. H. U. book II, ch. 1 ; C. Wolff, Psychol. ration : § 59 ; Sir W. Hamilton,

Jugeant toutefois inutile de m'attarder aux détails de la discussion, je me contenterai d'attirer l'attention sur une singularité remarquable, dont j'ai déjà dit un mot, et à laquelle W. James attache une signification profonde.

On sait que l'hystérie se manifeste ordinairement par des anesthésies très spécialement localisées qui peuvent affecter tous les sens. Certains malades sont atteints de cécité absolue, d'autres paraissent insensibles aux couleurs. Il arrive ainsi que l'ouïe, l'odorat, le goût, disparaissent. La forme que revêt l'anesthésie cutanée est particulièrement curieuse; elle occupe en effet des régions nettement circonscrites, que les brûleurs de sorcières connaissaient bien et appelaient les griffes du diable. Dans certains cas, tout un côté du corps est insensibilisé, et l'on découvre alors qu'une ligne parfaitement tranchée, sépare la partie saine de celle qui ne l'est pas. D'autres fois, enfin, la peau, les surfaces muqueuses même sont atteintes dans leur entier sans que, pour cela, les autres fonctions vitales se trouvent gravement compromises. Or, Pierre Janet (1) et A. Binet (2) ont montré que cette anesthésie recouvre une *sensibilité secondaire*, que l'on peut, à l'aide de divers procédés, forcer à se manifester.

Le premier de ces procédés consiste dans « la méthode de *'straction* ». Le champ d'attention de ces hystériques étant très limité, leur personnalité primaire peut se trou-

Lectures on Metaph., lecture XVII ; Th. Jouffray, Mélanges philosophiques : du sommeil. H. Holland, Chapter on mental Physiol., p. 86 ; Lotze, Métaphysik, § 533.

(1) L'automatisme psychologique. Paris, 1903, *passim*. Les Névroses, Flammarion, 1910.

(2) *Revue philosophique*, 1889, 90.

ver absorbée par un seul objet, de sorte, par exemple, qu'étant occupées à causer avec un tiers, elles n'entendent pas les mots qu'on leur crie à l'oreille. Janet découvrit que le sujet obéissait alors à diverses suggestions, accomplissant les actes qu'on lui ordonnait de produire; il obtint de la sorte des réponses écrites, où s'affirma très nettement une personnalité secondaire ignorée de la personnalité primaire.

Cette personnalité secondaire s'accuse d'autres manières encore plus imprévues. Ainsi, la main apparemment insensible est cependant capable de *discrimination*, puisqu'elle s'adapte aux objets et qu'elle en use suivant leur destination. « Je mets un lorgnon dans la main de Léonie, cette main ouvre, élève vers le nez l'objet qui, à mi-chemin, entre dans le champ visuel. Léonie le voit et s'arrête, stupéfaite : « Quoi, dit-elle, j'ai un lorgnon dans « ma main gauche ? »

Binet a découvert une particularité curieuse chez quelques-unes de ses malades à la Salpêtrière. Il leur arrivait de ne pas sentir l'objet placé dans leur main, et cependant de le penser *en termes visuels*. Une clef, un canif placés dans la main insensible, occasionnaient des images de clef ou de canif. Le sujet pensait également les nombres 3, 6, etc., lorsque l'opérateur pliait ou frappait autant de fois la main ou le doigt.

On a découvert également *chez quelques individus* des phénomènes extrêmement bizarres d'idiosyncrasie. Certains sujets *voient* l'objet qui se trouve dans la main et cet objet n'est en aucune façon associé à l'organe qui le tient. On cache la main de la malade, on lui ordonne de regarder un écran, elle doit décrire les images qui s'y projettent. Or, elle croit y voir des figures qui correspondent aux objets placés dans la main.

Bernheim et Pitres ont démontré que la cécité des hystériques n'était pas réelle. L'œil aveugle lorsqu'il regarde seul, ne l'est plus dans la vision binoculaire. Lorsque les deux yeux sont atteints de cécité partielle, la méthode d'écriture automatique prouve que les perceptions existent, mais à l'état isolé ; Binet, par exemple, a trouvé que la main de ses malades écrivait des choses que leur œil s'efforçait en vain « de voir », c'est-à-dire d'élever jusqu'à la conscience supérieure. « Leur conscience secondaire « submergée » les voyait donc, car, autrement la main n'aurait pas pu écrire comme elle le faisait ». « Il faut admettre, en conséquence, que dans certaines personnes, du moins, la conscience totale peut être divisée en parties qui coexistent, mais s'ignorent mutuellement les unes les autres (1). »

... On obtient les mêmes résultats par la suggestion post-hypnotique. « Je dis à Lucie, écrit Janet, de tenir son bras levé quand elle sera éveillée. A peine est-elle dans l'état normal que ses bras s'élèvent au-dessus de la tête, mais elle n'y prête aucune attention. Elle va, vient, cause, les bras en l'air. Je lui demande ce que font ses bras, elle est surprise d'une telle question et répond sur un ton de sincérité : « Mes mains ne font rien, elles sont justement comme les vôtres... Je lui demande de pleurer, et, réveillée, elle sanglote réellement, mais, au milieu de ses larmes, continue à tenir de gais propos. Quand elle a fini de sangloter, il ne reste aucune trace de cette dou-

_____

(1) W. James, *op. cit.*, vol. I, p. 206.

leur, qui semble avoir été absolument inconsciente (1). »

Ce sont là des états morbides, et l'on peut se demander si, dans des sujets normaux de pareils dédoublements n'existent pas aussi, de sorte qu'en définitive la question de savoir si l'esprit cesse de penser est plus loin que jamais d'être résolue. Il semble bien, *a priori*, que Locke ait raison, car il est logique d'admettre que le repos de l'esprit coïncide avec l'arrêt, ou du moins la diminution de l'activité de son organe; mais, « d'autre part, nous voyons combien les apparences sont trompeuses, et cela nous oblige à admettre qu'une partie de la conscience peut se séparer du reste et cependant continuer à exister (3) ».

Toutefois, si chez un même individu deux flots conscients s'écoulent parallèlement, ces deux flots n'en restent pas moins *sensiblement* continus, puisque pour eux les intervalles de temps objectifs n'existent pas. « J'ai tout le temps pensé à votre sinapisme » déclare la seconde conscience, lorsque Janet lui en a suggéré l'impression dans un sommeil hypnotique précédent : « Attendre de la conscience qu'elle sente comme des lacunes les interruptions de sa continuité objective, ce serait vouloir que l'œil sente un manque de silence parce qu'il n'entend pas, où que l'oreille sente un manque d'obscurité parce qu'elle ne voit pas (1). »

Cependant, dans certains cas, l'*interruption* n'est-elle pas vraiment sentie ? Vous vous réveillez : n'avez-vous

(1) W. James, *op. cit.*, p. 216.
(2) W. James, *op. cit.*, vol. I, p. 215.
(3) W. James, *op. cit.*, vol. 1, p. 298, Ch. X, The stream of Thought.

pas l'impression vraie ou fausse que votre conscience a
été interrompue ? Mais, précisément pour cela, elle ne
l'est pas ; les parties en sont reliées et considérées comme
faisant partie d'un même tout, d'un même *moi*. Lorsque
Pierre se réveille dans le même lit que Paul, il sait que
Paul s'est endormi, a dormi, qu'il vient de se réveiller
et qu'il pense, mais il se *souvient* que lui, Pierre, s'est
endormi, il sent qu'il est maintenant éveillé et les deux
états lui semblent appartenir au même *moi*, ils sont lui-
même. Cette continuité est la continuité propre de la
conscience; *elle existe en dépit de toute segmentation objective.*

Il semble cependant que l'on exagère à plaisir la liaison
des états de conscience et que l'on refuse de tenir compte
de ces *contrastes soudains de qualité* qui, eux du moins,
paraissent bien véritablement briser le cours de la conscience, de telle sorte qu'il n'apparaisse plus comme un
flot mouvant, mais plutôt comme une série de chaînons
distincts.

Cette objection est fondée sur une confusion qui, d'ailleurs, nous est déjà familière. Parce que les choses sont
distinctes et discontinues, on veut qu'il en soit de même
des flottements de conscience correspondants. Un coup
de tonnerre retentit, nous tressaillons, et parce que le son
du choc tranche sur la monotonie des bruits qui nous ber-
caient, parce que, aussi, le sommeil de notre conscience
sensorielle paraît un moment troublé au point qu'elle
hésite à se reconnaître, il nous semble qu'un abîme s'est
creusé entre le moment d'avant et celui d'après, abîme
de chaque côté duquel gisent, pour ainsi dire, les deux
fragments conscients. Mais on ne réfléchit pas que cette

confusion, cette impression de l'abîme creusé est elle-même un état conscient qui, par conséquent, cela est trop évident, ne saurait interrompre le cours de la conscience.

C'est en effet que le flot de la pensée n'est pas égal: en de certaines places, il se précipite, en d'autres, il étale ses eaux lentes et paresseuses. Pour user, avec W. James, d'une autre métaphore, le cours de la conscience ressemble :

> « à l'arondelle qui vole
> puis çà puis là »

ou plutôt, trop souvent, c'est un pauvre oiselet auquel ses ailes écourtées ne permettent pas de longues randonnées. Nous ne prêtons ordinairement attention qu'aux places où la pensée se repose et s'étale. Ce sont des points que nous pouvons désigner par un nom, un adjectif ou un verbe intransitif. Nous essayons aussi de décomposer le vol, et les verbes actifs, les prépositions, les adverbes, les conjonctions traduisent l'effort de notre analyse, mais de même que, selon l'expression de M. Bergson, la mécanique ne saisit du mouvement que l'immobilité, ainsi le langage ne réussit à fixer que les moments où notre pensée devient sans pouvoir jamais traduire son devenir. Et pourtant, nous avons conscience de ce devenir, nous éprouvons, pour adopter l'expression heureuse de Laromiguière, des *sentiments-rapports* (1).

Ces *sentiments-rapports* insaisissables, qui fondent au regard de l'introspection comme le flocon de neige au rayon de soleil, sont la vie de notre vie, *l'élément synthétique*, le fil d'Ariane qui guide notre pensée, ou plutôt ils

(1) Leçons de philosophie, 3ᵉ partie, 3ᵉ leçon.

sont cette pensée même agissante, d'autant plus réelle
qu'elle est plus difficile à définir, parce que définir c'est
arrêter, et que la réalité de la pensée est ici précisément
de ne pas s'arrêter. Quand la flèche est lancée, nous
voyons son mouvement, et cependant nous ne pouvons
rien dire de ce mouvement qui ne soit son contraire, c'est-
à-dire qui ne désigne à un point quelconque ses positions
de départ et d'arrivée ; est-ce donc que le mouvement
n'existe pas ? Évidemment non. On ne doit pas non plus
exiger des psychologues du devenir qu'ils le définissent.
Le devenir est, par définition, indéfinissable. Et cela, encore une fois, n'empêche absolument pas que cet indéfinissable soit le fond propre de la conscience, celui des
entrelacements féconds, dans une multiplicité confuse et
non divisée, multiplicité qualitative dirait M. Bergson,
d'autant plus multiple et d'autant moins distincte que
l'on y pénètre plus avant.

C'est là notre vie intellectuelle propre, le reste n'en
est que la réfraction au travers de l'espace. Ces idées
mêmes que traduit le langage ne sont pas vraiment
nos pensées, elles ressemblent aux feuilles desséchées qui
nagent sur l'étang, aux cellules mortes d'un organisme
vivant, mais parce qu'elles sont définies, parce qu'elles
peuvent être représentées par des mots, une introspection superficielle y voit la seule réalité consciente; et, com-
mentant la vie par la mort, le devenir par l'immobilité,
l'École construit une mosaïque artificielle dont chaque
·rre inerte obéit docilement aux fantaisies de son ou-

S. . ualistes et intellectualistes ont ici commis la même
erreur. Tandis que les premiers alignaient leurs éléments

simples, comme le joueur ses dominos et ne parvenaient
pas à construire une liaison avec une juxtaposition, les
autres imaginaient un acte pur de l'Intellect, qui fût l'auteur de la transformation nécessaire.

Mais imaginer un acte pur, c'est avouer que l'on n'y
comprend rien, c'est affirmer la nécessité d'une fusion des
éléments distincts, sans pouvoir découvrir cette liaison.
Ou plutôt, n'est-ce pas se laisser entraîner à cette manie
de hiérarchie qui, suivant les conceptions d'un autre âge,
établit des classes et des privilèges entre les psychoses,
refusant nettement à certaines de connaître de certaines
choses et n'admettant pas, notamment, que des rapports
puissent être sentis. Or, les rapports doivent être sentis s'ils peuvent jamais être connus, à moins de vouloir que la connaissance nous vienne de je ne sais quelles
régions inaccessibles où ce que nous appelons divin pourrait bien n'être que le rêve d'une humanité dont les yeux
croient trop souvent « plonger plus loin que le monde
réel ».

A vrai dire, une psychologie de l'avenir devra toujours
insister davantage sur cet indéfinissable, elle devra faire
un cas toujours plus grand de ces *sentiments-rapports*.
Toutes les erreurs de l'associationnisme, et celles plus
dangereuses encore, parce que plus subtiles de la psychophysique proviennent justement du fait de n'en avoir
pas suffisamment dégagé les caractères propres. Il faut,
au contraire, pénétrer d'abord aussi loin que possible dans
cette étude, les obscurités mêmes que l'on y découvre sont
d'un enseignement fécond, puisqu'elles mettent en garde
contre « l'erreur par excellence », en attirant l'attention
sur l'abîme qui sépare le subjectif de l'objectif. On com-

— 96 —

prendra mieux'alors que la psychologie, si elle est une
science, ne saurait adopter les méthodes scientifiques
sans y apporter les redressements nécessaires; on se
rendra compte que l'on risque de déformer le phénomène
psychique si on ne le dégage pas nettement de ses conditions physiques ou même physiologiques; on apercevra
que si la description de ces conditions est nécessaire, elle
n'est point cependant le tout de la psychologie, et qu'on
risque à trop y insister d'oublier le sens propre de la
science étudiée, d'en faire enfin une « somme » plus ou
moins incomplète, plus ou moins tendancieuse de données fournies par les autres sciences. Cependant, les conclusions que l'on croira fondées sur le roc solide paraîtront toujours suspectes aux spécialistes de la science,
parce qu'ils découvriront que la signification des faits y
est forcée, et que trop souvent les conséquences dépassent les prémisses (1).

Les sentiments-rapports n'offrent pas, nous l'avons dit,
une égale indécision ; il en est notamment dont on peut
saisir quelque chose, et que traduisent grossièrement les
conjonctions, les prépositions, les adverbes, etc. D'autres, au contraire, défient tous nos efforts, ils glissent et
échappent quand nous croyons les tenir ; ce sont, par
exemple, ceux que'W. James appelle les *sentiments de
tendance* « feelings of tendency » (2). « Supposez que
trois personnes successivement nous disent : « Attention ! », « Entendez ! », « Voyez ! ». Votre conscience

(1) Voyez encore dans ce sens A. Hennequin, Introd. à la
Psych.
(2) W. James, *op. cit.*, vol. 1, p. 249.

se trouve placée dans trois attitudes différentes d'attente, quoique, dans les trois cas, elle n'ait devant elle aucun objet défini. Si nous faisons abstraction des attitudes corporelles et des représentations des trois mots qui, évidemment, sont diverses, tout le monde admettra sans doute qu'il reste encore un résidu conscient, un sentiment de la direction, d'une impression à venir, quoiqu'il n'y en ait pas encore de positive. Et cependant, pour de telles psychoses, nous n'avons pas d'autre nom que ces interjections : « Attention, entendez, voyez, etc. »

Essayez de vous rappeler un nom oublié, et analysez l'état où se trouve alors votre conscience. Vous avez l'impression d'un vide qu'il faudrait remplir, mais ce vide est agissant, il vous attire, vous y entendez comme le vagissement d'une vie obscure ; le mot est sur vos lèvres, vous l'avez « au bout de la langue »; la pensée, vous la percevez sans pouvoir la reconnaître, et toutes vos forces conscientes tendent vers ce point sombre, vers ce vide qui n'est pourtant pas vide et dont vous ignorez tout. C'est à n'en point douter un sentiment d'un caractère psychologique particulier, toutefois, pouvez-vous le désigner autrement que par le nom du mot cherché ? « Mais l'impossibilité de nommer une chose n'est pas incompatible avec l'existence de cette chose. Il y a un nombre infini de consciences de vide, dont aucune prise en elle-même n'a de nom, et qui sont pourtant toutes différentes les unes des autres. On se contente ordinairement d'admettre qu'elles sont des vides de conscience et, par conséquent, toutes semblables. Cependant, le sentiment d'une absence, diffère *toto cœlo* d'une absence de sentiment.

7

(But the feeling of an absence is *toto cœlo* other than the absence of a feeling) (1). »

M. Bergson avait déjà signalé un phénomène analogue : « Je me lève, par exemple, pour ouvrir la fenêtre et voici qu'à peine debout, j'oublie ce que j'avais à faire : je demeure immobile. « Rien de plus simple, dira-t-on, vous avez associé deux idées, celle d'un but à atteindre et celle d'un but à accomplir ; l'une des idées s'est évanouie, et seule la représentation du mouvement demeure. » Cependant, je ne me rassieds point, je sens confusément qu'il me reste quelque chose à faire. Mon immobilité n'est donc pas une immobilité quelconque; dans la position où je me tiens, est comme préformé l'acte à accomplir; aussi n'ai-je qu'à conserver cette position, à l'étudier, ou plutôt à la sentir intimement, pour y retrouver l'idée un instant évanouie. Il faut donc bien que cette idée ait communiqué à l'image interne du mouvement esquissé et de la position prise une coloration spéciale, et cette coloration n'eût point été la même, sans doute, si le but à atteindre avait été différent. Néanmoins, le langage eût encore exprimé ce mouvement et cette position de la même manière, et le psychologue associationniste aurait distingué les deux cas en disant qu'à l'idée du même mouvement était associée cette fois celle du but nouveau : comme si la nouveauté même du but à atteindre ne modifiait pas dans sa nuance la représentation du mouvement à accomplir, ce mouvement fût-il identique dans l'espace (2). »

Pourriez-vous exprimer nettement le sentiment que

(1) W. James, *op. cit.*, p. 252.
(2) Essai sur les données immédiates de la conscience, p. 123, Alcan, 1889.

vous avez de ce que vous allez dire, avant de le dire ?
Représentez-vous, en quelque sorte, l'aspect que présente
l'esprit de l'orateur qui improvise. Les idées, les mots
se pressent en un bouillonnement vivant, comprimé, retenu par la lenteur de l'expression ; ces mots, sont là,
préformés, mais indistincts, chevauchant les uns sur
les autres dans un grouillement fantastique ; cependant que des relations de toutes sortes, logiques ou
oratoires, s'étendent, se ramifient dans la masse entière, l'ordonnant tout en la laissant confuse, la disso-
ciant sans briser son unité, la transformant insensiblement en un organisme ondoyant et divers, nouveau
Protée capable de toutes les formes et de toutes les
audaces. Et chacune de ces pensées, chacune de ces
relations tend de toutes ses forces à s'exprimer, les pé-
riodes se pressent sur les lèvres, l'être s'efforce vers le
dehors. Voilà certes un sentiment envahisseur irrésisti-
ble qui balayerait toute résistance : nommez-le maintenant ; vous n'aurez plus qu'une forme vide, décolorée,
moins qu'un cadavre ; ce sera, direz-vous, le désir, le besoin de parler.

Ecoutez ce lecteur; le livre dont il doit faire la lecture
est au-dessus de sa portée, et cependant, il lit correcte-
ment, il met en général les intonations nécessaires et s'arrête aux bons endroits. Supposez un instant que la théorie associationniste dise vrai, le phénomène sera parfaitement inexplicable, puisque l'individu en question n'aura
que des images de mots auxquels il ne comprendra rien.
Admettez au contraire que notre compréhension du langage consiste principalement en un sentiment de la *dir-
rection* qui, pour paraître indéfinissable, n'en est pas

moins réel, vous comprendrez alors que, d'une façon générale, le mouvement de la phrase soit observé, ce qui
n'exclura pas cependant la possibilité de déformations
verbales, d'où résulteront des coq-à-l'âne plus ou moins
bizarres.

Mozart décrit à peu près en ces termes sa méthode de
composition : « Des morceaux, des bribes de la mélodie
se présentent séparément, puis l'esprit s'échauffant au
travail, les représentations s'accumulent, s'étendent, se
joignent et s'éclairent; à la fin même, si la phrase mūsi-
cale est longue, elle se présente de telle sorte que mon
esprit puisse en embrasser la totalité d'un seul regard,
comme si c'était une belle peinture, ou un corps humain
splendide; alors, je ne l'entends pas *dans mon imagination à la manière d'une succession*, mais, pour ainsi dire,
toute à la fois. C'est une joie rare ! L'invention se déroule
en moi comme un rêve puissant. Mais où j'ai le plus de
joie, c'est à *entendre tout à la fois* (1). » — Le témoignage est intéressant, il mérite qu'on l'analyse.

La poudre sonore qui d'abord tombe rare et clairsemée
dans l'âme de l'artiste, c'est le don qu'Apollon réserve à
ses privilégiés, c'est l'inspiration faite de la réminiscence
des sons entendus, mais aussi d'une puissance particulière, que le physiologiste moderne traduit en réactions
chimiques, mais où les anciens avaient peut-être quelque
raison de voir un mystère presque divin. Pourtant, ces
idées musicales sont vivantes, elles se cherchent, s'étendent et se joignent en rencontrant d'autres qui, de plus en
plus nombreuses, semblent tomber du ciel, brillantes com-

(1) W. James, *op. cot.*, cité en note, p. 255.

me des étoiles. A vrai dire, ces idées nouvelles ne descendent pas du ciel ; leur origine est plus humble. Elles font la contre-partie d'un travail moléculaire qui se passe dans le cerveau habitué, modelé, pour ainsi dire, aux formes musicales. C'est la matière cérébrale tout entière qui travaille, et des vagues de conscience se succèdent, dont les unes, plus lentes, les autres plus rapides, finissent par se fondre en une unité multiple, sans succession, en une mélodie entendue toute à la fois. Ce tout est fait de points substantiels,que l'on peut noter en signes musicaux; mais c'est dans un élément vague, résultant de relations innombrables, que la note trouve sa coloration, sa signification, que l'on découvr le retentissement du son passé, et la prémonition du son avenir ; c'est dans une infinité de tendances et de sentiments-rapports, de synthèses enfin, que l'unité trouve sa condition. Cette complexité confuse indéfinissable, mais agissante, est la conscience profonde, le phénomène psychique pur, inexprimable, comme le mouvement même et comme la vie. W. James appelle tout cela le « halo » psychique (1).

Or, si l'on étudie de près les phénomènes de connaissance, on s'apercevra qu'ils se distinguent des autres précisément par le développement de ce « halo ». Examinez, par exemple, à quel état subsiste en vous la connaissance du système philosophique le plus compliqué; vous ne trouverez, pour ainsi dire, qu'un tout vivant, mais indéfinissable, où le développement n'est pas contenu seulement comme une possibilité, mais comme

_____

(1) Je traduis ainsi largement les trois expressions proposées par l'auteur ; psychic overtone, suffusion or fringe.

une puissance. Cette puissance n'est pas un être métaphysique, puisque vous la sentez, et ce que vous sentez, ce n'est pas précisément une idée ni une collection d'idées, mais plutôt une *direction* d'idées, sur laquelle vous ne vous trompez pas. Cette direction sentie est un sentiment-rapport, ou plutôt une multiplicité indistincte de sentiments-rapports. — Il serait curieux de savoir à quel état se présente un long raisonnement mathématique au moment où le mathématicien le commence. Il s'agit, en effet, d'une solution éloignée à atteindre, et la pensée, à son point de départ même, est colorée par ce résultat spécial vers laquelle elle tend toute. Notez, d'ailleurs, que la déduction peut être ici longue et tortueuse, et que cependant l'esprit aura, dès le début, le sentiment de ces détours et de ces difficultés ; ce sera encore l'impression d'une multiplicité liée, mais ineffable, qui, lorsque la solution sera atteinte, apparaîtra à la manière d'un ensemble indivisible, contenant en lui toutes les relations parcourues et quelque chose de plus, à savoir la connaissance même de toutes et de chacune, sous un autre jour, et à un autre moment de son développement.

Ce flot changeant, compliqué, fait de sentiments-sensations et de sentiments-rapports, dont les vagues roulent tantôt lentes, tantôt rapides, tantôt ordonnées et tantôt tumultueuses, ce flot représente des objets, et, au point de vue psychologique, cela ne va pas sans inconvénients: Lisons, si vous le voulez bien, ces vers de Leconte de Lisle. Je les choisis précisément parce qu'ils paraissent d'abord très favorables à une interprétation associationniste.

Une nuit claire, un vent glacé. La neige est rouge.
Mille braves sont là qui dorment sans tombeaux,
L'épée au poing, les yeux hagards. Pas un ne bouge.
Au-dessus tourne et crie un vol de noirs corbeaux.

Le morceau est d'un visuel de génie, il est purement
descriptif. A le lire, pour peu que l'on se trouve encore capable de penser par images, on a l'impression d'une série
où les couleurs tranchent nettement les unes sur les autres : c'est d'abord le bleu sombre de la nuit, puis la blan-
cheur de la neige, et le rouge du sang, la masse noire et
confuse des morts étendus sur le champ de bataille, masse
noire où se détachent les larmes glauques des yeux aveugles, des yeux morts, etc. Ou bien ce sont des tableaux
nuancés en grisaille qui se succèdent sans se confondre,
comme juxtaposés, de telle sorte que nous voyons d'abord
un vague paysage de nuit, puis la neige rougie de sang,
puis des corps étendus, etc., etc., bref, que nous avons
une série d'images en chapelet, dont l'addition produit
l'impression totale éprouvée à la fin de la lecture des quatre vers. Dans cette hypothèse, on schématiserait ainsi le
phénomène (fig. 1).

Fig. 1.

Une nuit claire   un vent glacé   la neige est rouge

où chacune des lignes représenterait une quantité psychique encore divisible, par exemple.

une nuit claire un vent glacé la neige est rouge

et où même on concevrait une subdivision plus ténue :

une nuit claire un vent glacé la neige est rouge

noire	obscure	bruit de rafale.	frisson	blancheur		sang
bleue		tourbillons de neige	solitude	bleuâtre		

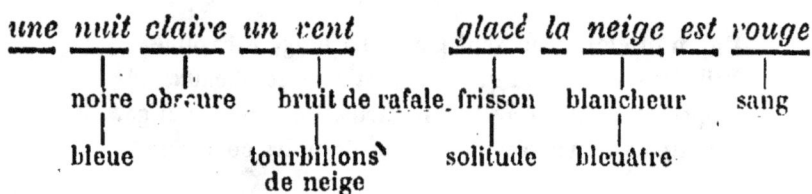

On pourrait continuer, cela ressemble à un jeu de patience où des combinaisons diverses doivent aboutir au même résultat. Ce résultat est précisément de traduire le *psychique en termes objectifs*, de le diviser comme nous savons que cet objectif est ou peut être divisé. Un effort d'attention introspective va nous montrer que les choses se passent bien différemment au fond de notre conscience.

Dégageons d'abord l'impression que nous avons après une première lecture, ni trop lente, ni trop rapide. Est-ce une image nette ? Assurément non, elle est estompée, un peu confuse, une ou deux particularités s'y détachent, par exemple les yeux hagards et le vol de corbeaux; mais ni l'une ni l'autre de ces deux images n'est elle-même parfaitement limitée ; chacune d'elles se réduit à des teintes mal définies, à des impressions où l'émotion se trouve à l'état naissant. Il n'y a là rien que l'on puisse représenter sous une forme discrète, c'est une vague de conscience dont la nature est précisément que l'on ne saurait rien y distinguer sans risquer de la briser.

Et maintenant, comment cette vague est-elle née, comment a-t-elle grandi. — Soit le premier vers :

Une nuit claire, un vent glacé. La neige est rouge.

C'est encore une impression liée. Quand je lis *une nuit claire*, j'ai le sentiment d'une teinte vague, mais ce sentiment m'apparaît comme incomplet ; il attend autre chose, parce que le membre de phrase rythmée que j'ai sous les yeux et que j'entends chanter en moi n'est pas achevé. *J'attends,* il y a comme une prémonition de ce qui va suivre, et quand j'arrive à « un vent glacé », je savais un peu déjà que je le trouverais là. Il se produit alors un phénomène remarquable, c'est que la seconde image se reflète dans la première, qu'elle la transforme en une troisième psychose, qui est différente des deux autres, et cependant, ne saurait en être séparée. Voici, direz-vous, l'arrêt nécessaire, une section marquée par la ponctuation même. La pensée prend un temps de repos avant d'aborder le second complexus d'images, « la neige est rouge »... Vous commettez ici l'*erreur par excellence,* la conscience ne suit point la marche de son objet, ici encore, elle attend, elle prévoit, elle a un sentiment de tendance solidaire du sens du rythme en éveil, et quand la nouvelle image éclate, quand elle s'achève dans un contraste senti de blanc et de rouge, elle a transformé la psychose précédente, qui n'est plus maintenant ce qu'elle était un instant avant. Et, il ne faut voir là qu'un schème grossier de l'inexprimable, car chacun de ces mots suggère encore à une imagination quelque peu vive mille fantômes colorés, où des précisions se dessinent et s'évanouissent dans un fond de solitude et d'ombre. Il est manifeste d'ailleurs que la vague ne s'arrête pas brusquement à la fin du vers, mais qu'elle se continue dans le second, à raison principalement des habitudes de langage et de ce sens du rythme qui présentent ici une importance particulière.

Cette analyse est faite sur un esprit imaginatif et visuel; on arriverait, je crois, au même résultat général et plus facilement encore sur un sujet de la catégorie décrite par Galton où la faculté de représentation imagée fait absolument défaut. Nous nous trouverions alors simplement en présence des conditions générales du langage, où, nous l'avons vu, le sentiment de direction paraît prédominant, et l'on aboutirait aussi, à un tout vague, confus, à un sens de signe général qui ne se laisserait assurément pas résoudre en une série d' « idées » distinctes.

Le lecteur familiarisé avec la psychologie de M. Bergson a sans doute remarqué combien elle était semblable à celle que je viens brièvement d'exposer. Dans son *essai sur les données immédiates de la conscience*, cet auteur dégage d'abord très nettement la nature qualitative des états psychiques, puis, poursuivant une enquête introspective rigoureuse, en vient à conclure que l'organisation des états de conscience est celle d'une multiplicité spéciale, multiplicité « confuse de sensations et de sentiments que l'analyse seule distingue (1). » Etudiant ensuite la conception du nombre, il démontre que cette conception est possible seulement dans l'espace, or, l'espace ne contient que des positions entre des points fixes, dont il suppose toujours l'éloignement, même à l'état infinitésimal. Au contraire, « il n'y a guère, dans l'âme humaine, que des *progrès* (2) ». Ce progrès, c'est la durée vraie, « dont les moments hétérogènes se pénètrent (3) », « dans un perpétuel devenir », qui implique

(1) Essai, p. 66.
(2) Essai, p. 98.
(3) Essai, p. 99.

le concept d'une « superposition ou plutôt d'une fusion intime des idées » sans succession, et, par conséquent se distingue nettement du temps objectif symbolisé dans l'espace. On sait la conclusion que M. Bergson tire de cette distinction.

La querelle du déterminisme est, d'après lui, précisément fondée sur les données d'une psychologie superficielle, qui n'a pas su définir le temps pur : « Le déterminisme psychologique, sous sa forme la plus précise et la plus récente, implique une conception associationniste de l'esprit », où les motifs posés comme distincts et séparables de l'acte sont considérés comme des causes par rapport à l'effet. « L'associationniste réduit le moi à un agrégat de faits de conscience, sensations, sentiments et idées. Mais s'il ne voit dans ces états rien de plus que ce que leur nom exprime, s'il n'en retient que l'aspect impersonnel, il pourra les juxtaposer indéfiniment sans obtenir autre chose qu'un moi fantôme, l'ombre du moi se projetant dans l'espace. Que si, au contraire, il prend ces états psychologiques avec la coloration particulière qu'ils revêtent chez une personne déterminée et qui leur vient à chacun du reflet de tous les autres, alors, point n'est besoin d'associer plusieurs faits de conscience pour reconstituer la personne; elle est tout entière dans un seul d'entre eux pourvu qu'on sache le choisir. Et la manifestation extérieure de cet état interne sera précisément ce qu'on appelle un acte libre, puisque le moi seul en aura été l'auteur, puisqu'elle exprimera le moi tout entier (1). »·

(!) Essai, pp. 126-7.

Cependant, en y regardant de plus près, on découvre entre l'exposé bergsonien et celui des *Principes de la psychologie* certaines différences notables, qu'il importe de relever ici.

Malgré les ressources de son prestigieux talent d'écrivain, M. Bergson n'est pas arrivé à rendre claire la notion du *progrès*. Il se pourrait que l'introspection la plus attentive et la plus habile ne nous révélât jamais qu'une *succession liée* entre des *individualités psychiques passagères et changeantes*, et non pas cette *multiplicité une* dans le devenir où l'état psychique serait toujours lui-même et autre que lui-même.

Si nous imaginons un *flot conscient*, il faudra concevoir un écoulement continu de psychoses qui se poussent et se déplacent mutuellement, un écoulement ininterrompu de moments qui coexistent partiellement, mais dont chacun *est ce qu'il est;* au contraire, la notion du progrès bergsonien implique que chaque moment de conscience est à la fois ce qu'il est, et aussi autre que ce qu'il est, que chaque moment réalise *l'être et le non-être* dans le devenir, en un mot, que la vie consciente s'accroît *par le dedans* au lieu de s'accroître *par le dehors.*

La description du flot conscient est calquée sur l'image que nous pouvons nous faire des variations moléculaires les plus intimes de la matière cérébrale, elle repose sur les fermes assises de la physiologie; M. Bergson dédaigne de pareilles alliances, qu'il estime être des compromissions, et son allure en est plus dégagée, plus librement subtile et délicate. Cependant, cette position même peut inspirer quelque défiance et paraître métaphysique, tandis que celle de W. James offre, du moins de prime abord, l'avantage de revêtir un caractère nettement scientifique.

Malheureusement, W. James lui-même a cru devoir faire bon marché de cette supériorité, puisque, dans son dernier ouvrage, il se rallie pleinement, sans l'ombre d'une restriction, à la manière de voir de M. Bergson. Cette *conversion*, paraît-il, ne s'est point opérée sans lutte ni douleur; aussi bien, respectons-nous les motifs sans doute puissants qui forcèrent l'auteur de la *Philosophie de l'expérience* à abandonner sans retour la *logique de l'identité*. Toutefois, ces motifs étant d'ordre métaphysique, ne nous interdisent pas, si nous voulons être seulement psychologues, de rechercher si vraiment *les données immédiates de la conscience* répondent à la formule de M. Bergson, plutôt qu'à celle des *Principes*.

Supposons que des chocs semblables d'un pendule se suivent à des intervalles réguliers dans une conscience vide par ailleurs. Au moment où retentit le premier choc (*a*), la matière nerveuse vibre, et sa vibration dure encore à l'instant où retentit le second choc (*b*). Imaginons que la première vibration cesse en *y*. Les vibrations *a* et *b* ayant coexisté dans l'espace compris entre *b* et *y*, nous aurons l'impression d'un tic-tac. Si les vibrations n'avaient pas coexisté. nous aurions eu l'impression d'un tic, puis d'un tac, mais non pas d'un tic-tac. Maintenant, remarquons-le bien, toute vibration cérébrale n'est pas accompagnée de conscience. Il faut pour cela, généralement, une *totalisation des excitations*. Si, par exemple, la seconde vibration avait commencé en *b*', nous aurions probablement eu l'impression que *d'un seul son ;* si la seconde vibration s'était terminée en *y*', elle n'aurait peut-être pas non plus dépassé le seuil ; la conscience l'aurait ignorée. Lorsque j'essaie, par l'introspection, de saisir le complexus psychique dont résulte pour moi la perception du tic-tac, j'embrasse un tout lié, fait de deux extrêmes, les chocs, entre lesquels se trouve un intervalle senti. Cet intervalle, d'ailleurs, n'est pas vide, il se traduit dans un sentiment, mais extrêmement vague et ténu. Ainsi, mon état de conscience représenté schématiquement ne comporte pas trois psychoses, mais deux, dont l'une correspond à la vibration nerveuse simple, $a\,b$, et l'autre à la vibration nerveuse composite, a, b, y. La première psychose est ma conscience du *tic*, la seconde est celle du *tac*, lié au tic dans un intervalle senti. Cette seconde psychose serait impossible sans la coexistence prolongée de $b\,y$, car sans cette *coexistence*, le tic serait séparé du tac par un vide de conscience que rien ne pourrait combler. Mais ma conscience du tic n'est pas celle du tic-tac, et, *lorsque j'ai la conscience du tic-tac*, je n'ai plus la conscience du tic. Soit a la conscience du tic et $a\,b$, la conscience du tic-tac ; $a\,b$ ne résulte pas seulement de l'addition de a à b $(a+b)$, il constitue un *état nouveau* autre que a et correspondant à une neurose totale différente de celle qui sous-tend $a\,b$. Nous devrons donc figurer le phénomène ainsi : $a \longrightarrow ab$ et non pas $a+(a+b)$. Au contraire, dans l'hypothèse bergsonienne, il faudra concevoir que la seconde psychose implique la première qui s'y est épanouie, qui en fait partie, de sorte que le graphique $a+b$ restera le plus rationnel. Dans ces conditions, le tic-tac ne comportera plus *deux psychoses liées*, mais distinctes, dont chacune *est ce qu'elle est*, mais *une* psychose qui, dans un instant, est devenue autre qu'elle-même tout en *restant elle-même*.

Eh bien, cette manière de voir me paraît fantaisiste, d'abord parce qu'elle suppose que ce qui est *tel* n'est pas *tel*, ensuite, parce qu'elle implique l'existence de psychoses inconscientes, enfin, parce qu'elle ne correspond asolument pas aux données dernières de l'introspection.

Aux yeux d'un disciple de M. Bergson, et W. James vient d'affirmer hautement la concordance de ses vues avec celles du maître français, la première objection paraîtra presque puérile; on la considérera simplement comme la manifestation d'un intellectualisme assez grossier, qui taille la réalité à la mesure de ses concepts. Cependant, une réalité *illogique échappe nécessairement à la science*, elle échappe également à la discussion, de sorte qu'à votre *vision*, il m'est loisible aussi d'en opposér une autre, et que nous nous trouvons entraînés dans le domaine du rêve. De tels procédés ne sauraient fonder une psychologie non plus qu'une physiologie ou une biologie. La science vit sur la logique de l'identité, nous avons donc le droit de refuser absolument de nous en départir sans raison vraiment péremptoire.

Mais voici qui peut paraître plus grave. La notion du progrès bergsonien implique l'existence d'éléments psychiques inconscients. En effet, pour que la vie psychique puisse se présenter véritablement sous la forme d'une unité multiple, chaque psychose *quâ* psychose doit laisser un *résidu psychique* qui, se combinant avec d'autres résidus psychiques, ou plutôt s'insérant dans le moment actuel de la conscience, en fasse un *tout* mobile et changeant. Il faut, en d'autres termes, admettre que quelque chose de *psychique* demeure en dehors de la conscience où rien n'apparaît le même. Or, affirmer la permanence des psychoses inconscientes, c'est émettre une proposition à tout le moins invérifiable et, nous l'avons vu dans le chapitre précédent, de l'avis même de W. James, autoriser les pires errements.

Enfin, il nous apparaît nettement que l'introspection la plus attentive ne donne pas autre chose qu'une sucession liée de psychoses plus ou moins distinctes *et qui passent*. Reprenons l'exemple du tic-tac; ce sont, disions-nous, deux moments liés par un intervalle plein, mais où le second se distingue du premier et semble le suivre, il y a sucession *liée*, mais *succession de deux états*. Avons-nous conscience d'autre chose ? Je ne le crois pas, et si l'on veut bien étendre l'observation, on verra clairement que la conscience, à l'état primaire, se présente toujours sous cette forme, c'est-à-dire comme un écoulement ininterrompu de qualités hétérogènes auxquelles sont appliquées des significations. Or, il faudrait autre chose pour que nous ayons l'intuition d'un progrès, il faudrait que, d'une façon ou d'une autre, chaque psychose se *sentît* grosse des précédentes, qu'elle se *sentît dérivée*, que son hétérogénéité même pût se résoudre, dans une mesure quelconque, en homogénéité; bref, que la perception primaire du temps résultât d'un devenir *réel*, c'est-à-dire immédiatement senti. Cependant, nous n'avons pas *cette intuition immédiate du devenir* (1). Si la conscience est dans le changement, il ne suit pas que chaque psychose se sente elle-même et autre qu'elle-même, c'est-à-dire en

(1) La succession intuitivement donnée et la mémoire de nos états successifs fondent l'idée de *notre* devenir ; nous ne nous sentons pas devenir.

voie de transformation. Bien au contraire, il semble que chaque état conscient ait son *individualité propre*, que cette individualité essentiellement éphémère, naisse pour disparaître aussitôt à peu près, comme un flot mouvant, dont la surface mobile nous apparaîtrait entre les bords rapprochés d'une voûte qui le recouvrirait par ailleurs tout entier.

Voilà tout ce que nous apprend *l'introspection*, le reste relève de la métaphysique. A vrai dire, ce qui *devient*, c'est la vibration nerveuse, ce qui se *combine*, ce sont les vibrations nerveuses, mais nous ne sentons pas ce travail intime, la conscience ne nous en donne, pour ainsi dire, que le résultat, ce que E.-R. Clay (1) a appelé le *faux présent* (specious present). Le *présent vrai*, celui qui résulterait de chaque *ondulation*, si elle avait un retentissement psychique, n'est pas une donnée immédiate de la conscience : « Pratiquement, comme le dit fort bien W. James, le présent n'est pas comparable à une lame de couteau aiguisé, il ressemble plutôt au dos d'une selle, avec une certaine largeur propre, où nous pouvons nous asseoir, et d'où nous regardons le temps dans les deux directions. L'unité de composition de notre perception du temps est une *durée* (a duration), avec, pour ainsi parler, une proue et une poupe — un bout avant et un bout arrière. Ce n'est pas seulement comme les parties de ce *bloc de durée* (duration block) que la relation de *sucession* d'un extrême à l'autre est perçue ; nous ne sentons pas d'abord un bout puis l'autre, et enfin, de la perception de succession, nous n'inférons pas un intervalle de temps,

---

(1) The *alternative*, p. 167, cité par W. James, v. I, p. 609.

thèse, on expliquera facilement certaines maladies de la personnalité où le sujet se transporte et se voit dans ce qui, normalement, est le non-moi. On se trouverait alors en présence d'une erreur, rare il est vrai, mais point du tout mystérieuse, et de la nature de toutes les autres erreurs.

De ce que la vie psychique est un progrès continu, intraduisible dans les termes du continu mathématique, M. Bergson conclut, nous l'avons vu, à la *liberté*. Si, en effet, les psychoses s'écoulent dans une coexistence particielle, de telle sorte que la dernière reflète la première, ou même qu'il n'y ait, à proprement parler, ni première, ni dernière, la résolution n'est pas distincte des motifs, l'action sort toujours du moi ; elle est ce moi qui donne, et plus il y donne, plus elle est libre. Vouloir démontrer la liberté, c'est transporter le temps réel dans l'espace, c'est, l'action une fois accomplie, en compter les moments, symboliser le progrès dans un continu divisible et par conséquent, fait de termes juxtaposés.

Mais je ne crois pas que l'on ait ainsi démontré victorieusement la liberté. Cela revient, en effet, à dire que notre action est déjà préformée dans *l'effort*, qu'elle en est la floraison, qu'elle se confond avec lui dans le même progrès. La question se pose alors simplement de savoir si cet effort, tel qu'il est, pouvait être autre par rapport à l'univers, de sorte, en définitive, que l'on se trouve en présence d'un problème métaphysique insoluble du seul point de vue psychologique.

La question veut qu'on l'étudie de plus près. Supposons-nous délibérant, et prenons un type de détermination tel qu'il soit susceptible d'intéresser la personnalité mais il semble plutôt que nous sentions l'intervalle de temps comme un tout, avec ses deux extrêmes compris en lui (embedded in it). L'expérience est, dès l'abord, un *datum synthétique*, non pas un datum simple, et au regard de la perception sensible ses éléments sont inséparables, quoique l'attention rétrospective puisse aisément décomposer cette expérience et en distinguer le commencement de la fin ».

Le fait n'est d'ailleurs pas pour nous étonner, puisque nous connaissons le rôle que joue en psychologie le phénomène de la totalisation des excitations. C'est grâce à cette totalisation *purement physiologique*, que le phénomène de conscience, dont le contenu n'est jamais complètement simple, peut apparaître, et porter en lui-même un principe de synthèse, effet dont la cause est la *mémoire primaire*. La mémoire primaire consiste simplement en ceci : que deux vibrations coexistent dans la matière cérébrale et que les excitations nerveuses en résultant peuvent se totaliser.

Ainsi, quand nous en arrivons à appliquer immédiatement le sens interne, nous remarquons que sa vue est microscopique et que nous ne percevons *directement*, sans *nouvelle mise au point, que l'instant qui s'écoule*, c'est-à-dire *un ensemble lié*, qui, si l'on en croit Wundt et Dietze, ne dépasserait pas 3 à 6 secondes de temps objectif. Il y a loin de là à une *donnée immédiate* du *progrès* psychique.

Le *moi* n'existe que parce que la conscience est continue; il est la continuité même de cette conscience. La pensée présente pénétrant, la précédente la connaît en

même temps qu'elle connaît, par ailleurs, son objet. Elle
découvre au même moment dans cette pensée un caractère
de chaleur et d'intimité, qu'elle sent aussi en elle-même,
de sorte qu'opérant un *jugement synthétique*, elle reconn-
naît que cette pensée lui ressemble, qu'elle est sienne :
« Tu es *mienne*, semble-t-elle dire, et une partie du même
moi (1). »

« Chaque pensée, connaissant et incluant les pensées
précédentes est le réceptacle final, et, se les appropriant,
est le possesseur final, de tout ce qu'elles contiennent et
possèdent. Chaque pensée naît donc possesseur et meurt
possédée, transmettant à son successeur tout ce qu'elle
réalisait comme son moi... Cette habileté qu'a la pensée
naissante de saisir immédiatement la pensée expirante et
de « l'adopter » est le fondement de l'appropriation de la
plupart des constituants plus éloignés du moi. Celle qui
possède le dernier moi, possède l'avant-dernier moi, car
ce que possède le possesseur, possède le possédé (2). »
La pensée présente, et qui passe s'approprie les précédentes, c'est-à-dire qu'elle les choisit et les juge, comme
elle choisirait et jugerait d'autres objets. « Elle est le
foyer actuel d'accrétion, le crochet où se balance la
chaîne des moi passés, crochet fixé dans le présent et qui seul passe pour réel, empêchant ainsi que la
chaîne ne devienne une chose purement idéale. Bientôt
le crochet lui-même tombera dans le passé, avec tout ce
qu'il porte, il sera dès lors traité comme un objet et ap-

(1) The consciousess of seif, p. 339, vol. 1, ch. X.
(2) W. James, *op. cit.*, p. 346.

proprié par une nouvelle pensée dans le nouveau présent, auquel, à son tour, il servira de vivant crochet. Ainsi, le moment présent de la conscience est, comme le dit M. Hodgson, le plus obscur de toute la série. Il peut sentir sa propre existence immédiate — nous l'avons toujours admis, si difficile qu'il soit de vérifier le fait par l'introspection directe — mais nous ne savons rien de lui (know about it) avant qu'il ne soit mort et passé. Ses appropriations sont donc moins *pour lui-même* que pour la *partie de son objet présent la plus intimement sentie, le corps et les ajustements centraux* qui, dans la tête, accompagnent l'acte de la pensée. *C'est là, sans doute, le nucleus réel de notre identité personnelle*, et c'est leur existence actuelle réalisée comme un fait présent, solide, qui nous fait dire « aussi sûr *que j'existe,* ces événements passés étaient partie de moi-même. » Ils sont le noyau auquel les parties *représentées* du moi sont assimilées, et liées ; et quand bien même la pensée demeurerait absolument inconsciente d'elle-même, dans l'acte de la pensée, ces parties « chaudes » de son objet présent seraient une base ferme sur laquelle pourrait s'appuyer la conscience de l'identité personnelle. On peut donc décrire une telle conscience, en tant que fait psychologique, sans supposer aucun autre agent qu'une succession de pensées périssables douées de la fonction d'appropriation et de son contraire, et parmi lesquelles quelques-uns peuvent connaître, s'approprier ou rejeter des objets déjà connus, appropriés ou rejetés par le reste (1). »

Ainsi, pour citer Kant, c'est seulement parce que j'ai

(1) W. James, *op. cit.*, pp. 340-2.

la puissance de lier une multiplicité de représentations données *dans une conscience*, qu'il n'est possible de représenter *l'identité de la conscience* dans ces représentations mêmes. L'unité analytique de l'aperception n'est possible que si l'on suppose une unité synthétique quelconque (1). Cela signifie apparemment que la condition de toute connaissance objective consiste dans une synthèse subjective, dont le fondement nécessaire est la continuité du flot conscient. Or, dans la thèse de W. James, l'identité est un objet de la pensée présente, et l'opération consiste ici tout simplement en un jugement de ressemblance, affirmatif ou négatif, déterminant naturellement un choix. La pensée présente, parce qu'elle est capable de synthèse subjective, reconnaît dans la pensée précédente un signe particulier qui lui permet de porter un jugement et de se l'attribuer. Quel est donc ce signe ? Il se résout en un caractère de chaleur et d'intimité où le sens commun voit le sentiment de notre énergie psychique et qui se traduit peut-être en une collection d'impressions périphériques venues de la tête, ou de la région située entre la tête et la gorge (2). Ce caractère, la pensée présente le reconnaît en elle, elle le reconnaît aussi dans la pensée précédente, d'où sa *conclusion* que la pensée précédente appartient à la même espèce qu'elle, espèce désignée par le vocable moi. L'introspection immédiate ne saisit donc pas la pensée au moment où elle passe. Comment peut-on dire

(1) Kritik der reinen Vernunft. N^te Aufl. § 16.
(2) Voyez aussi Wundt, Physiologische Psychologie, N^te Aufl. B. II, pp. 217-19, cité par W. James, p. 305.

alors que cette pensée s'approprie les autres pensées, et qu'elle en opère la synthèse pour *elle-même* ?

L'objection repose, je crois, sur une fausse interprétation du mot *appropriation*. Pour qu'il y ait appropriation au sens propre du mot, il faut évidemment un propriétaire bien défini, mais la pensée n'est propriétaire que par métaphore. Il est de sa nature d'insister et de distinguer ; dans une étendue d'espace, elle pose un *ici* et un *là*, dans une durée, un *maintenant* et un *alors*, dans une couple de choses, elle appelle l'une, *celle-ci*, et l'autre *celle-là*. Je et toi, je et cela, sont des distinctions analogues, « des distinctions possibles dans un champ exclusivement *objectif* de connaissance ; le Je ne signifiant pour la pensée pas autre chose que la vie corporelle sentie dans le moment. Le sentiment de mon existence corporelle, quoique reconnue obscurément comme telle, *peut* donc être le *réel* original de mon moi conscient, la perception fondamentale *que je suis* » (1).

Quand je traduis une pensée en disant, ce livre-ci est rouge, celui-là est bleu, j'exprime que cette pensée insiste sur deux points de son flot conscient, elle le peut, il est dans ses habitudes de le faire ; qu'elle trouve maintenant en elle des objets divers, présentant des traits bien tranchés, les uns revêtant, par exemple, un caractère de chaleur et d'intimité dont les autres sont privés, elle opérera de la même façon, établissant une distinction profonde (qui n'est peut-être pas dans la chose en soi) entre les uns et les autres, les désignant par deux appellations opposées, moi et non-moi. Dans une telle hypo-

(1) W. James, *op. cit.*, p. 341.

vraie, la *personnalité profonde*. La tragédie d'Andromaque offre un exemple commode et classique. L'âme
d'Andromaque est placée entre deux alternatives bien
nettes : sacrifier son petit Astyanax à la fureur des Grecs,
ou bien, oubliant que Pyrrhus est le fils du meurtrier de
son cher Hector, vaincre sa répugnance et l'épouser.

> A. Dois-je oublier Hector privé de funérailles
> Et traîné sans honneur autour de nos murailles?
> Dois-je oublier son père à mes pieds renversé,
> Ensanglantant l'autel qu'il tenait embrassé?...
> C. Hé bien! allons donc voir expirer votre fils.
> On n'attend plus que vous... Vous frémissez, Madame.
> A. Ah! de quel souvenir viens-tu frapper mon âme?
> Quoi! Céphise, j'irais voir expirer encor
> Ce fils, ma seule joie et l'image d'Hector,
> Ce fils que de sa flamme il me laissa pour gage...

L'objet de la pensée d'Andromaque est tout cela, et
plus encore ; c'est un ensemble complexe où les deux
alternatives sont présentes avec leur incompatibilité
et le sentiment que l'une des deux doit se produire à
l'exclusion de l'autre. Cependant, le flot conscient s'é-
coule, et parmi d'autres psychoses, celles qui dominent
ont trait à l'objet de la délibération, qui est tourné et
retourné, considéré de points de vue très différents, puisque le tout se meut dans un perpétuel changement.
Cette délibération est accompagnée d'une sorte d'impression d'oscillation, qui traduit l'effort ou l'attention portée
tantôt sur un point de l'objet, tantôt sur l'autre. La conscience se sent active, mais, nous l'avons vu, elle ne se
sent pas directement elle-même agissante.

J'ai très certainement le sentiment d'une vie interne
qui palpite, qui rejette, repousse, fait effort, mais « quand

j'en viens à observer le phénomène de plus près, *il m'est difficile de découvrir dans cette activité aucun élément purement spirituel. Chaque fois que mon sens introspectif parvient à se retourner assez vite pour saisir une de ces manifestations de spontanéité dans son acte, tout ce qu'il peut saisir distinctement, c'est quelque processus corporel qui, ordinairement, se passe dans la tête ».*
« *Ainsi, le moi des moi, lorsqu'on l'examine de près, se résout en une collection de mouvements particuliers dans la tête ou entre la tête et la gorge* (1). »

Si donc, parce qu'elle n'est pas vérifiable, on refuse d'admettre l'activité interne, il faudra dire qu'Andromaque *assiste* à un écoulement de représentations, qui se pénètrent, et dont la décision est partie intégrante. Dans une telle hypothèse, la question de la liberté ne se pose même pas.

Mais enfin, si « nous ne comprenons pas *pleinement* comment nous en arrivons à cette croyance invincible que la pensée existe comme une espèce spéciale de processus immatériel parallèle aux processus matériels de l'univers, il est pourtant certain que c'est seulement en postulant une pareille pensée que nous rendons les choses couramment intelligibles; il est certain aussi qu'aucun psychologue n'a encore nié le *fait* de la pensée, tout au plus a-t-on refusé d'admettre son pouvoir dynamique (2) ». Toutefois, si l'on *postule* que nos pensées existent, il faut aussi admettre qu'elles coexistent telles qu'elles nous *apparaissent*, c'est-à-dire « comme des

---

(1) W. James, *op. cit.*, vol. 1. pp. 300-301.
(2) W. James, *op. cit.*, vol. 2, p. 571.

choses qui s succèdent les unes les autres, quelquefois *avec eff* . . . i l'autres fois avec aise » (1).

Dans l'ex . .ple choisi, Andromaque a donc conscience d'une espèce d'activité qui, disons-le, pour simplifier le problème, se résout en attention et en effort. La question est de savoir si *l'effort* est fonction de l'objet, de telle sorte que l'objet détermine précisément la quantité de l'effort, ou bien si l'effort, par rapport à l'objet, est une variable, c'est-à-dire si pour un même objet la quantité d'effort peut changer. En effet, comme la détermination *suit l'effort*, si ce dernier *est indéterminé*, Andromaque est libre comme elle le croit, si au contraire l'effort est dans une relation *déterminée avec l'objet*, le sentiment qu'elle a de sa liberté n'est qu'une illusion. Mais comment, du point de vue psychologique, pourrait-on dire ce que l'effort aurait dû être pour tel objet, et comment prouver qu'il aurait pu être autre ? Nous sommes toujours libres *pour nous*, cela n'est pas douteux, et la thèse de M. Bergson expose admirablement les bases du sentiment que nous en avons, cependant, il faut savoir si, du dehors, nous sommes agis, et c'est une question dont la solution dépend d'ailleurs.

La discussion étant métaphysique, ne doit pas trouver place ici. W. James adopte l'indéterminisme pour des raisons éthiques qu'il a exposées en 1884 au cours d'une conférence exquise adressée aux étudiants en théologie de l'Université de Harvard, et traduite dans la *Critique philosophique*.

(1) Page 571.
(1) The dilemma of Determinism. The will to believe and other essays in popular philosophy. Longmans. Green and C°, New-York, London, Bombay, 1902.

Ainsi, les faits psychiques sont purement qualitatifs, et ils se présentent à la conscience sous la forme d'un flot continu qui s'écoule, changeant et divers. La continuité des psychoses et leur indivisibilité rendues possibles par la « mémoire primaire », sont les conditions de la perception du temps et de la conception du moi. Avec deux idées *juxtaposées*, on n'expliquera jamais le souvenir, non plus que la reconnaissance, et, sans le souvenir et la reconnaissance, on ne comprendra pas comment se forme le moi. Cependant, nous n'avons pas l'intuition du progrès bergsonnien, la sensation primaire du temps est celle d'une *succession* liée où l'avant, l'après et l'intervalle sont saisis dans un moment.

Au cours de ce chapitre, le lecteur a sans doute remarqué l'importance que notre auteur attribue à ces sentiments vagues de tendance, de rapports, d'affinité, qui sont, à n'en pas douter, le fond même de la vie psychique. W. James et M. Bergson sont véritablement les philosophes du *devenir*, et tout leur effort tend à faire ressortir le rôle de ces psychoses indécises, de ce progrès, de cette multiplicité confuse à la description de laquelle ils se complaisent.

Une telle psychologie ne peut accepter l'analyse que dans de certaines limites, et sous de certaines conditions ; aussi a-t-elle encouru le reproche de supprimer, dans ce domaine, la possibilité même d'une science. Le reproche vient de Wundt, et mérite pour cela d'être discuté avec quelque étendue.

CHAPITRE IV

L'analyse psychologique. — Wundt contre W. James.

Théorie de Wundt, les éléments psychiques; nécessité de l'analyse ; une psychologie même descriptive doit admettre à un degré quelconque l'analyse, et elle ne peut alors que lui attribuer des limites arbitraires. — Il n'y a pas d'éléments psychiques ; donc il ne peut pas y avoir d'analyse élémentaire. — A ce point de vue, la psychologie est sans analogie avec les autres sciences. — Quelles sont, étant donnée la nature du fait psychique les limites de l'analyse ? — une psychologie descriptive — la psychologie peut-elle être une science ? — W. James n'est pas un impressionniste, mais un *empiriste radical.*

Au chapitre VII de ses principes de psychologie physiologique, Wundt étudie ce qu'il appelle *les formes fondamentales des éléments psychiques* (1).

L'introspection, même superficielle, montre que les psychoses ne demeurent pas, mais qu'elles passent dans un changement continuel. Si, d'abord, l'une d'elles paraît stable « l'étude plus attentive a bientôt fait de prouver que c'est une illusion, favorisée (begünstigt), d'ailleurs par cette circonstance qu'au travers des variations de nos perceptions (Wahrnehmungen), nous acquérons la persuasion de la permanence de l'objet » (2).

(1) Wundt. Grundzüge der Physiologischen Psychologie, 1er vol. Leipzig, Verl. v. Wh. Engelmann, 1902.
(2) Pp. 339-40.

Il n'en est pas autrement de la simplicité apparente du phénomène psychique. « Lorsque, à première vue, nous croyons trouver un état de fait (Thatbestand) simple, nous découvrons ordinairement qu'il est non seulement accompagné d'autres psychoses d'abord inaperçues avec lesquelles il paraît lié, mais encore, indépendamment de ces liaisons, qu'il forme lui-même un complexus (1). » On pourrait penser, par exemple, de la sensation d'un point lumineux, ou d'un ton pur, qu'elles sont psychiquement simples; cependant, le point, le ton sont situés dans l'espace, et se trouvent en outre accompagnés d'un sentiment (Gefühl).

Ainsi, les phénomènes psychiques les plus simples sont composés et se mêlant dans un perpétuel écoulement. Nous pouvons toutefois les diviser, d'abord, parce qu'ils se manifestent dans des relations différentes par rapport aux divers états conscients, et ensuite parce qu'il nous est loisible de les grossir par l'attention : « De ces deux conditions, dont l'une est objective, l'autre subjective, découlent naturellement les particularités et les obligations de *l'analyse et de l'abstraction* psychologiques. Si un état psychique *a* se trouve à divers moments dans des combinaisons changeantes (*a b c d...*, *a m n o p...*, *a x y z*), il y a d'abord une raison objective de le penser comme durable, et aussi une subjective de le préférer (bevorzügen) aux autres parties constituantes qui restent plus obscures (2). »

Si enfin *a* apparaît lui-même divisible, ce sera encore

(1) P. 346.
(2) P. 311. Voyez aussi Grundriss., 2e éd. (1897), pp. 33 et suiv.

à raison du même procédé ; « nous désignons alors, sous le nom d'*éléments psychiques*, ces dernières parties constituantes qui, simplement d'après les conditions relatives de leur présentation, s'affirment comme indivisibles (Nicht weiter Zerlegbare) » (1). » Ce sont des éléments purement empiriques, qui, cependant, n'existent jamais réellement dans l'état isolé et durable où nous les concevons, soit parce qu'ils sont toujours unis à d'autres éléments, soit parce qu'ils font partie intégrante du devenir (Geschehens) psychique. » Ainsi, les éléments psychiques sont des produits de l'abstraction, car ils n'ont aucune réalité dans l'état d'invariabilité où nous les supposons pour les besoins de notre enquête; mais ils sont aussi des produits de l'expérience, parce qu'on ne saurait les penser autrement qu'avec les propriétés dont ils se trouvent revêtus dans la perception (Wahrnehmung) immédiate (1).

En tant que notion, l'élément psychique ressemble à l'élément physique qui, lui aussi, est le résultat d'une abstraction, puisque la physique et la chimie supposent d'abord qu'on ne le rencontre jamais autrement qu'en liaison. Il en diffère au contraire essentiellement par son caractère empirique, car les éléments physiques ne sont jamais donnés, tandis que les éléments psychques se présentent comme les dernières données possibles de l'intuition. Si, par exemple, de nos diverses perceptions colorées, nous tirons la couleur verte, *et si nous faisons abstraction des conditions où elle se présente dans l'es-*

(1) P. 342.
(2) P. 342.

pace et dans le temps, nous obtiendrons finalement un élément psychique qui ne peut être divisé en parties constituantes plus élémentaires ; il en serait de même d'un ton pur. Au regard des états moins accessibles, tels que les phénomènes émotifs ou volontaires, on arrive très difficilement à discerner l'élément, et l'analyse y est moins sûre.

« Si l'on doutait encore de la légitimité, voire même de la nécessité de cette analyse des phénomènes psychiques, un tel doute devrait enfin s'évanouir en présence de cette considération que, longtemps avant que la psychologie ne soit parvenue à en faire un usage méthodique, les sciences qui, pour étudier certains phénomènes naturels objectifs, doivent auparavant analyser le contenu des perceptions immédiates (Wahrnehmungsinhalte) correspondantes, en ont usé comme d'un procédé de valeur indiscutable. Depuis longtemps, l'optique traite les impressions colorées comme des qualités isolées, sans d'ailleurs s'inquiéter du fait que ces qualités se présentent toujours dans des relations d'espace et de temps déterminées. L'acoustique traite de la même façon les tons simples, etc. (1). »

La psychologie ne peut mieux que de suivre ces traces. Seulement, il va de soi, qu'elle devra faire son objet de ce qui est pour le physicien simplement le point de départ d'une étude de phénomènes matériels.

On appellera *objective* la psychose qui répond à un objet extérieur, subjective celle qui s'applique au dedans du sujet. Tous ces phénomènes sont composés et cette

(1) P. 344.

composition consiste notamment en ceci, que l'objectif et le subjectif s'y trouvent confondus. On pourra donc, au regard de cette distinction, former deux groupes où domineront respectivement l'objectif et le subjectif. Ce seront les représentations (Vorstellungen) et les mouvements affectifs (Gemuthsbewegungen).

Les représentations comprennent également les représentations sensorielles (Sinnes-vorstellungen) et les souvenirs ou images (Erinnerungs-vorstellungen ; Phantasie-vorstellungen). Il n'y a pas, en effet, au point de vue psychologique, de différence spécifique entre ces diverses psychoses, elles ne se distinguent que par leur intensité ; et, dans certains cas anormaux, les images acquérant une force égale à celle des représentations proprement dites, peuvent au cours de l'hallucination, par exemple, être confondues avec elles.

Le « Gemüth » est opposé à l'intelligence, à la pensée, à la connaissance (Intelligenz, Denken, Erkennen); c'est une expression collective pour désigner les sentiments complexes (complexe Gefühle), les inclinations ou dispositions (Stimmungen), les phénomènes affectifs ou volontaires (Affecte u. Willensvorgange).

L'élément de la représentation est la sensation (Empfindung); l'élément du mouvement affectif est le sentiment (Gefühl) simple, sans relation directe avec l'extérieur, à ce point de vue donc, psychose purement interne.

La sensation est évidemment plus facile à saisir que le « Gefühl », parce qu'elle dépend immédiatement de conditions physiques accessibles. On y remarque l'intensité et la qualité. Le « Gefühl », au contraire, soumis à des conditions organiques très compliquées, semble, pour cela même, difficile à connaître.

Cette conception concernant les sensations pures (reine Empfindungen) et les sentiments simples (Einfache Gefühle) considérés comme les éléments des représentations et des mouvements affectifs, a rencontré des adversaires. « On observe que le trait essentiel de la vie psychique est d'apparaître comme un tout extrêmement compliqué, en même temps indivisible et toujours changeant, d'être un « flot de pensée » qui ne s'arrête jamais pour subir une analyse (der Keine Analyse stille halte), et que cette analyse même, si on la tentait, ne manquerait pas de déformer (1). »

« Assurément, W. James ne se prive pas pour cela de diviser ce « Stream of Thought » en ses parties constituantés (Freilich lässt sich der leztere Autor dadurch von einer Zerlegung jenes « Stream of Thought » in seine Bestandtheile nicht abhalten). Il est, en effet, d'une façon générale, à peu près impossible de concevoir comment une étude psychologique, si descriptive qu'on l'imagine, pourrait procéder sans aucune analyse. Quoi qu'il en soit, la répugnance de W. James pour la méthode analytique produit cette conséquence qu'il ne fait aucun cas du principe fondamental de cette méthode, qui est de remonter jusqu'aux derniers éléments indivisibles. *Ainsi fixe-t-il arbitrairement les limites jusqu'où il désire pousser la subdivision (Zerlegung) du composé* (2). »

(1) Page 357. W. Dilthey : Ideen über eine beschreidende u. zergliedernde Psychologie. Sitzungsber. der Berliner Akademie (1894), N. L. III, p. 73. W. James, Psychology, vol. 1 (1890), p. 224, cité par Wundt.
(2) P. 357.

On exprimerait la même pensée d'une façon plus abstraite en disant que la conscience est un tout indivisible,
hors duquel le phénomène psychique n'a pas de signification propre. En conséquence, la psychose hors de
son cadre, ne présente plus aucun caractère de réalité,
elle n'est qu'une abstraction de ce qui demeure l'objet
vrai de la psychologie, à savoir de la conscience telle
qu'elle est (1).

« Eh bien, on y a spécialement insisté plus haut, il ne
paraît assurément pas contestable que la vie de l'âme
ne soit un fait compliqué, qui s'écoule d'un mouvement
ininterrompu; mais, vraiment, on peut conclure de cela
une chose seulement, c'est qu'une analyse de cette donnée complexe en ses éléments discernables d'après les
conditions de temps et autres, est d'autant plus impé-
rieusement nécessaire; car il n'y a, généralement, aucun
autre moyen de connaître le composé, que de l'analyser,
et aucune autre méthode possible pour atteindre des phénomènes en continuel changement, que de faire abstraction de leurs cours général, afin d'en étudier d'abord les
moments particuliers (einzelnen Momenten). Naturellement, la partie synthétique du programme de la
psychologie, le problème de savoir d'après quelles lois
se construisent et se transforment les phénomènes complexes, ne peut être entreprise avant que cette recherche
analytique ne soit terminée. Avec de pareils arguments,
on pourrait aussi attaquer la mécanique analytique,
parce qu'elle divise en des composants le mouvement
réel d'un corps... ou bien, on devrait reprocher aux

(1) J. Rehmke. Allegemeine Psychologie (1894), p. 144.

physiciens de chercher à réaliser la vitesse pour chaque
point particulier d'un corps, alors que cependant cette
vitesse est devenue autre l'instant d'après. De telles objections contredisent donc les propositions élémentaires
de toute méthode scientifique. On oppose à l'analyse une, prétention qui ne vaut pas davantage lorsqu'on soutient qu'elle introduit l'atomisme de la vie mentale, qu'elle remplace les faits réels par des fictions aussi
discutables que les atomes des physiciens; car, ajoute-
t-on, de même que l'on peut aisément concevoir une physique débarrassée de ces éléments hypothétiques, ainsi
une psychologie doit être possible sans que l'on s'arrête à
des sensations ou à des sentiments simples. En effet,
cette affirmation repose sur une confusion entre les
notions élémentaires empiriques particulières à la psychologie en raison de la nature de son objet, et les notions
élémentaires métaphysiques, qui entrent dans les hypothèses sur l'essence de la matière (1). »

Ce que l'on peut beaucoup plus justement comparer
du côté psychologique à la conception atomiste, n'est-ce
pas précisément la notion transcendante et métaphysique de l'âme, considérée comme substance, à laquelle se
rallient d'ailleurs trop souvent les adversaires de la psychologie analytique. Mais, l'analyse psychologique n'a
rien à faire avec cette substance spirituelle ou de semblables élucubrations métaphysiques. Si l'on veut à toute

(1) « Denn diese Behauptung beruht auf einer Verwechslung
der empirischen Elementarbegriffe, mit denen es die Psychologie überhaupt vermöge der Natur ihrer Aufgaben allein zu
thun hat, mit den metaphysischen Elementarbegriffen, die in
die Hypothesen uber das Wesen der Materie eingehen. »

force trouver dans les sciences de la nature un analogue des éléments psychiques, ce n'est pas aux atomes qu'il faudra les comparer, mais plutôt, en physique, et d'une manière approximative, aux composantes, aux vitesses momentanées, aux accélérations d'un mouvement donné, ou, en physiologie, à des impressions sensorielles telles que la couleur simple, le ton simple, etc.

Dans ce dernier cas, l'analogie est d'autant plus frappante que ces notions élémentaires appartiennent en commun à la physiologie et à la psychologie, avec cette distinction seulement qu'elles sont envisagées à deux points de vue différents. La physiologie les considère comme les symptômes de phénomènes sensoriels physiques déterminés, la psychologie, comme les parties composantes immédiates, mais non plus divisibles de la réalité vécue.

En somme, donc, Wundt accepte, sans du reste y insister, le fait que la conscience apparaît dans un continuel mouvement; il reconnaît que l'abstraction seule peut en diviser le contenu, parce que pour opérer une pareille distinction, il faut considérer les parties dans une stabilité qu'elles n'ont pas, et hors des conditions où elles se déroulent. Mais, il juge que, pour ces raisons mêmes, une analyse élémentaire est indispensable. Procédant alors à cette analyse, il prétend, étant données les variations relatives où se trouve la psychose complexe, pouvoir en dégager les éléments irréductibles. Ces éléments sont pour les représentations, les sensations et pour les phénomènes affectifs complexes, les sentiments simples.

Cependant, si les éléments psychiques existent, l'utilité de leur recherche doit nécessairement résider dans le fait qu'ils *composent* les psychoses plus compliquées; ainsi, la perception $a\,b$ résulte simplement de l'addition des sensations simples $a+b$; on aura $a+b$, quand on connaîtra a et b, et on le connaîtra exactement si a et b sont des éléments simples, c'est-à-dire non divisibles. Au cas où a et b seraient encore des composés, il faudrait remonter jusqu'à leurs éléments, et l'on écrirait, en termes d'analyse :

$$a\,b = a + b = (a + a') + (b + b'),\ \text{etc.}$$

Si dans $a\,b$ les éléments $a\,a'$, $b\,b'$ *ne sont pas sentis*, il n'y a pas de raison *logique* d'arrêter la subdivision en $a\,a'$, $b\,b'$ et l'on ne voit pas pourquoi, dans l'espèce, elle ne serait pas poussée jusqu'en $a\,d$, $a'\,d$ $b\,d$, $b'\,d$ où d représenterait des quantités infinitésimales. Nous sommes sur le chemin de l'atomisme psychologique, auquel la théorie de Wundt ne répugne pas. Il fait seulement une distinction qui semble, à première vue, écarter la conséquence extrême que nous venons de tirer. « Les atomes physiques, dit-il, ne sont jamais sentis, tandis que les éléments psychiques sont les dernières données de l'expérience. » S'il en était ainsi, l'analyse quasi-chimique, telle que la conçoit Wundt, pourrait paraître légitime. Malheureusement, une telle affirmation est absolument gratuite ; et c'est ce qu'il faut maintenant démontrer.

Supposons une impression de vert, correspondant, par exemple, au 90 du tableau spectral de la lumière solaire, telle que l'on ne puisse en obtenir de plus simple au laboratoire. Ce sera une perception située dans l'espace,

dans le temps, et en outre reconnue : Vous aurez une
impression de vert, dans tel point de l'espace, à tel moment de la durée, aperçue comme telle *couleur*. Et cela
se présentera dans un tout lié; il n'y aura ni une image
de vert, ni une image de l'espace, ni une image de la
durée, ni une image générale de la couleur composée
elle-même d'autres images. Non, vous sentirez ce vert —
à *ce* point de l'espace — à *ce* point de la durée — reconnu
comme tel et dans *ces* circonstances ; cela formera une
psychose totale, *particulière* et indivisible, qui correspondra à une neurose totale.

Avez-vous une sensation de vert autre que de *tel vert ?*
Or, au point de vue psychique, *tel est ici aussi important
que vert*. Si vous arrivez à produire une sensation de
vert qui ne soit pas celle de tel vert, alors vous aurez le
vert élémentaire; mais vous n'y parviendrez pas. Comment, en effet, ferez-vous abstraction des conditions de
l'espace et du temps, puisque ces conditions compéné-
trent votre perception du vert et ne sont jamais absolument identiques. Les conditions de temps, notamment,
représentent un moment de votre vie, et les moments de
votre vie sont tous de qualité différente, car ils résultent
d'un progrès. Vous en tirerez-vous par une compensation
et une moyenne ? Cela vaudrait peut-être, s'il s'agissait
d'étudier, non pas le phénomène psychique lui-même,
mais seulement son objet. Il faudrait y voir une méthode
des erreurs moyennes, des cas vrais ou faux qui mesure-
rait la clarté de votre perception, c'est-à-dire, vous permettrait de savoir dans quelle mesure vous pouvez compter sur cet instrument d'observation qu'est le sens. Cependant, faites-vous remarquer, si *a* se présente dans

trois séries, *a b c d f, a g h i j, a k l m n o*, il attirera mon
attention, et, comme il se trouvera en même temps dans
des relations différentes, j'aurai une raison objective et
une raison subjective, de l'abstraire. Soit, *a* vous parai-
tra plus *important* que le reste, vous le distinguerez, et
du point de vue *pratique*, vous aurez raison ; ce sera même
une nécessité que traduira le langage. Mais alors vous
ne ferez pas de la psychologie, puisque vous *négligerez
la psychose* pour ne vous occuper que de son objet. En
d'autres termes, si vous êtes psychologue, vous vous
rendrez coupable de *l'erreur par excellence*, vous trans-
porterez dans la psychose la composition de la chose,
vous ferez un tout psychique, avec des unités psychiques,
tandis qu'il n'y a pas d'unités psychiques.

Vous semblez admettre la continuité des psychoses,
alors, tirez de ce fait toutes les conclusions qu'il comporte. Si les psychoses sont continues au regard de
l'introspection, de quel droit dites-vous qu'elles sont composées d'éléments discernables ? C'est apparemment que
vous ne concevez pas cette continuité telle qu'elle est,
mais que vous la symbolisez sous la forme d'un continu
mathématique fait de juxtapositions, où l'on peut toujours imaginer des parties. Mais le continu mathématique
est une notion *a priori* inventée pour suppléer à la contradiction inhérente au monde sensible ; il n'a rien de
commun avec le contenu mental, son propre est d'être
divisible à l'infini, tandis que le flot de conscience est
essentiellement indivisible. Cette *indivisibilité* même apparaît comme son caractère propre et distinctif, comme
sa « ratio entis », si vous l'en dépouillez, il ne restera
plus qu'une forme vide de ce que vous cherchez.

Lorsque le physicien parle d'atomes, ou lorsqu'il décompose le mouvement en ses moments, il fait à un phénomène extérieur l'application d'une forme mathématique, et cela précisément *après abstraction du contenu de la conscience.*

C'est avec raison, puisqu'il ne lui importe pas de connaître la pensée, mais son *objet.* Aussi bien, quand il parle de mouvement, ne prétend-il pas analyser la sensation de mouvement, mais les divers points parcourus par un corps dans l'espace, et lorsqu'il analyse la vitesse, ne réussit-il à fixer que l'espace parcouru dans une unité de temps; *sa conception dans les deux cas est absolument vide de contenu psychique.* Quand le physiologiste étudie la sensation, il se propose d'en déterminer les conditions organiques, et ce n'est point la sensation élémentaire de vert qu'il pose comme point de départ. Il se demande plutôt quelles réactions nerveuses correspondent à l'objet simplement vert; or, c'est encore là faire abstraction du *contenu propre de la sensation* pour étudier les variations, qui, dans l'organisme, se trouvent être parallèles à la série nuancée des couleurs. Cependant, le point de vue psychologique est tout à fait différent; ce qui, pour les autres sciences, paraît quantité négligeable constitue ici le phénomène à étudier, et c'est assurément une étrange manière de procéder que de commencer d'abord par le supprimer pour mieux l'analyser.

Si l'on veut que la psychologie soit une science, il faut d'abord au moins ne pas y déformer le phénomène tel qu'il se présente. On trouvera peut-être alors que le fait psychique, dans sa réalité, offre des difficultés insurmontables à une méthode d'analyse scientifique, mais on ne

risquera pas de le confondre avec son objet et de le traiter comme tel. Il est parfaitement illogique de poser
d'abord que l'analyse élémentaire *doit* s'y appliquer,
comme on l'a décrété de la mathématique. Quoique nous
en ayons, le fait peut se dérober à notre tyrannie; il
arrivera alors que l'esprit de système aidant, et je ne sais
quel diable aussi nous poussant, nous poserons comme
matière de notre « science » psychologique, une abstraction qui n'aura d'autre réalité que d'être l'objet de notre
pensée. La pensée nous échappera, parce que nous aurons voulu l'enfermer dans un cadre qui ne saurait la
contenir, parce que nous aurons tenté de la diviser en
éléments, alors que nulle part nous n'y trouvons de tels
éléments.

S'il n'y a pas de sensations élémentaires, à plus forte
raison n'y a-t-il pas de sentiments élémentaires. Comment pourrions-nous, en effet, éprouver jamais la même
joie ou la même tristesse, le même plaisir ou le même
déplaisir, quand ici, c'est pour ainsi dire, notre être tout
entier qui donne, et que cet être ne se trouve jamais deux
fois dans le même état général ou particulier. Ce serait
abuser de la patience du lecteur que d'y insister.

Bref, dire que la représentation est composée de sensations, c'est poser à la base un postulat indémontrable,
qu'aucune analogie ne saurait permettre, puisque toutes
ces analogies seraient tirées de ce que nous savons du
phénomène physique et que, par définition, le phénomène
psychique est d'une autre nature.

Vous prétendez qu'il faut, avant de procéder à la synthèse psychologique, analyser le contenu conscient, mais
ne doit-on pas, avant tout, définir la psychose, *überhaupt*,

ou du moins, en relever le trait qui la distingue *toto cœlo* de son objet ? Si nous nous proposons d'étudier la vie psychique, ne sera-t-il pas prudent d'y jeter d'abord un coup d'œil d'ensemble. Ce sera comme un regard introspectif qui embrassera l'objet de son étude, et ce regard permettra de dégager les caractères généraux de phénomènes, dont on décrira ensuite les particularités. Or, puisque cette étude préliminaire nous découvre qu'il n'y a pas d'unités psychiques, ne serait-ce pas faire preuve d'une sottise impardonnable que d'en supposer pour ensuite les étudier ?

Mais enfin, voici le monstre poussé par le trident de Neptune :

> Indomptable taureau, dragon impétueux,
> Sa croupe se recourbe en replis tortueux.

C'est l'objection capitale, celle sous laquelle nous devons enfin succomber : Quoi, s'écrie-t-on, si l'analyse élémentaire est impossible, il n'y a pas, il n'y aura jamais de science psychologique ! Quel sera donc le fil conducteur de votre étude, quelle sera votre méthode ? Vous ferez de *l'impressionnisme*, et si l'impressionnisme peut être une manière de critique d'art qui ne manque pas de charmes, lorsque les impressions sont d'un esprit ouvert et délicat, aux nuances esthétiques, n'est-ce pas le pire ennemi de la vraie connaissance ?

A vrai dire, accuser un *empiriste radical* d'être un impressionniste, c'est le charger de l'accusation, je ne dis pas la plus abominable, l'expression ferait sourire son scepticisme, mais du moins la plus désagréable. Il importe donc de dégager ici l'esprit scientifique de W. James, et de montrer que son empirisme lui assure, sur ce terrain même, une position incomparablement plus solide que celle de ses adversaires.

L'attitude propre à l'empirisme radical consiste dans ce que j'appellerais l'état d'indifférence. L'état d'indifférence est, dans le style des auteurs mystiques, l'acte par lequel l'âme s'abandonne entre les mains de Dieu, abdiquant sa volonté pour n'en avoir pas d'autre que celle de son « Créateur et Seigneur ». Eh bien, l'empiriste radical a, si je puis dire, dressé un autel à l'Expérience. Pour lui, les faits sont le divin, et ce serait sacrilège que de les tronquer ou de les déformer par des conclusions hâtives. Ce que les faits veulent, l'empiriste le veut aussi, et il veut tout ce qu'ils demandent, acceptant leurs exigences à merci, sans conditions. Or, notez que c'est une attitude héroïque, parce qu'elle est faite d'une abnégation rare au regard de ce plaisir de l'esprit qui consiste dans la recherche des « principes », et l'unification systématique du changeant et du divers.

Les meilleurs esprits sont ainsi faits, qu'ils conçoivent facilement le même dans ce qui varie, et que, soulevés dans l'essor de leur généralisation, ils ressemblent à la colombe de Kant qui, fendant aisément un air léger, s'imagine qu'elle volerait mieux encore dans le vide, où elle ne trouverait même plus la résistance que rencontre le battement de ses ailes. Elle oublie, la pauvrette, que cette résistance même la soutient, et que sans cela elle tomberait. Toute la philosophie, je dirais même toute la polémique scientifique qui a trait aux grandes hypothèses, est l'illustration de cette faiblesse de notre intelli-

gence. Cependant, les faits seuls sont vrais; *tous les faits*
ont un égal droit; l'empiriste ne doit refuser d'en regarder aucun. Mais, du même point de vue, tout ce qui n'est
pas fait ou tout ce qui ne repose pas sur les faits, comme
sur un roc, doit être rejeté, ou du moins tenu comme non
prouvé, c'est-à-dire tout au plus comme un objet de
croyance.

Dans le cas particulier qui nous occupe, l'ambition
du psychologue est assurément qu'il y ait une « science »
de l'esprit, et c'est une ambition légitime. Toutefois, quel
que soit ce désir, il ne doit pas avoir la puissance d'obs-
curcir la vue claire des faits. La science existe, elle a son
objet et ses méthodes, que l'on peut être tenté de copier
pour les appliquer à un objet cependant très différent.
Il en résultera sans doute une déformation défavorable
de l'objet propre à la psychologie, mais on chantera
l'hosanna triomphant d'une conquête imaginaire; on aura
dressé le fantôme d'une science exacte qui, en réalité,
sera très inexacte. L'empiriste radical se placera au contraire résolument en face de la réalité; il voudra, d'abord,
la connaître telle qu'elle est donnée, sacrifiant à l'avance
ses goûts, ses désirs, son idéal. Dédaigneux des conclusions, il décrira stoïquement le phénomène tel qu'il se
présente, et, ce faisant, manifestera supérieurement la
robustesse de son esprit scientifique.

Kant, on le sait, a nié que la psychologie pût jamais
devenir une science. Nous avons démontré, je crois,
qu'elle ne peut pas être une science exacte, puisque l'on
n'y saurait mesurer les psychoses. C'est une question
de savoir dans quelle mesure elle peut être une science
expérimentale : mais le premier pas dans cette voie con-

siste assurément à poser le phénomène psychique tel qu'il est, à savoir, comme un tout lié, jamais identique à lui-même, indivisible, indécomposable en unités ou en éléments.

Si paradoxal que cela puisse paraître, l'impressionniste n'est pas ici l'empiriste, mais le scientifique à tous crins, qui regarde les faits au travers d'un désir, d'un sentiment, d'une impression, où s'exprime son idéal.

Puisque le fait psychique n'est pas divisible en éléments, il faudra, cela va de soi, renoncer à l'analyse *élémentaire*, et si la conséquence nécessaire de cette renonciation est que la psychologie ne peut être une science, il faudra s'y résigner. Devons-nous cependant pousser aussi loin le sacrifice ?

Prenons d'abord un exemple, et voyons comment y procède la « méthode empirique radicale ». — Qu'est-ce que la perception ?

L'emploi de la méthode élémentaire consisterait, d'une façon générale, à poser le phénomène comme un complexus de psychoses plus simples, sensations élémentaires d'une part, sentiments simples de l'autre, saisis dans un acte d'aperception décomposable lui-même en inférences élémentaires. Cette voie nous est fermée, puisque nous savons que la perception est un tout complet et indivisible. L'empiriste posera d'abord (1) une définition verbale de la perception, dira qu'elle est « *la conscience de certaines choses matérielles présentes aux sens*», puis, la distinguant de la sensation pure qui, d'ailleurs, n'existe

(1) Voyez W. James. Principles of Psych., vol. 2, ch. XIX. The perception of « Things », pp. 77 et suiv.

plus pour nous, il ajoutera : « *La perception diffère de la sensation par la conscience d'autres faits associés avec l'objet de la sensation.* »

De sorte que « *des processus cérébraux de reproduction et de sensation nous donnent le contenu de nos perceptions.* » La perception peut donc être définie au fond comme « *le processus par lequel l'esprit ajoute à une impression sensorielle une escorte de sensations rappelées. L'agrégat tout entier des sensations actuelles et renouvelées étant solidifié ou « intégré » dans la forme d'une perception, c'est-à-dire dans une aperception ou connaissance immédiate d'un objet actuellement présent en un lieu ou une région particulière de l'espace* (1). »

« Le premier point à examiner est relatif à cette « solidification » ou « intégration » des sensations présentes avec les sensations simplement représentées. Au point de vue cérébral, ces mots signifient que l'excitation de l'organe sensoriel s'est propagée par divers chemins (paths) ouverts, grâce à l'habitude, dans les hémisphères, et que, au lieu d'avoir l'espèce de conscience corrélative au sensoriel simple, nous avons celle qui accompagne ce processus plus complexe. Celle-ci, apparemment est la conscience d'un « objet » plus complexe, de la « chose » entière, au lieu d'être la conscience de cet autre objet plus simple, les quelques qualités ou attributs qui, actuellement, font impression sur nos nerfs périphériques.

« *Cette conscience doit avoir l'unité que conserve chaque « section » de notre flot de pensées aussi longtemps*

(1) La description est de H. Sully. Outlines, p. 153, p. 79.

que son contenu objectif ne change pas sensiblement (1).
Mieux que cela, nous ne pouvons pas dire, nous ne devons certainement pas dire ce qu'affirment ordinairement
les psychologues, et traiter la perception comme une
somme d'entités psychiques distinctes, à savoir la sensation présente *plus* une collection d'images du passé,
toutes « intégrées » ensemble, d'une manière impossible
à décrire. *La perception est un état mental ou rien du
tout* (2), comme je l'ai déjà dit si souvent. »

La nature de la perception étant ainsi définie, on l'étudiera avec plus de détails dans ses rapports avec l'objet;
on montrera qu'elle peut être distincte ou hésitante, suivant que cet objet est ou non certainement reconnu, et
l'on se trouvera naturellement conduit à expliquer les
phénomènes d'illusion ou fausses perceptions. On en
viendra alors à établir une théorie *du processus physiologique de la perception.* Une question se posera naturellement, de savoir si la perception est une inférence inconsciente ; on découvrira que non, et l'on terminera par une
analyse du processus de l'hallucination.

Le trait frappant de cette méthode, c'est qu'elle prend,
si je puis dire, le phénomène par le dehors, elle le *décrit.*
Il ne s'agit pas de savoir en quoi peut être *décomposé*
la psychose étudiée, mais plutôt comment et dans quelles
circonstances elle se présente. C'est d'abord comme une
géographie de l'esprit, et cela me rappelle un jugement
étrange et qui voulait être méprisant, porté sur W. James par un *Dozent :* « C'est, disait-il, comme une vue

---

(1) Ce passage n'est pas souligné dans le texte.
(2) Non souligné par l'auteur.

prise du haut d'un ballon. » A vrai dire, la sottise n'est
pas si grande de commencer par faire une ascension
pour embrasser le terrain à étudier. On se rend ainsi
mieux compte de la position du point que l'on veut fixer
et de ses relations par rapport à d'autres points. Une
géographie de l'esprit, même prise de loin, c'est-à-dire
un peu générale, un peu confuse, ne serait donc pas à
dédaigner; sa généralité permettant de reconnaître le fil
conducteur au milieu de cette masse inextricable que présente la conscience. Elle aurait l'avantage, surtout, de
faire ressortir en contrastes accusés d'ombre et de lumière
les caractères essentiels et distinctifs de la vie psychique.
Jusqu'à présent, il faut l'avouer, nous n'avons encore fait
que cela, et l'ascension n'a pas été tout à fait inutile.

Mais W. James, quoi qu'on en veuille, est un esprit qui
sait être patient, et sa géographie de l'esprit fourmille
de détails. Quand elle ne serait que cela, nous devrions
nous y arrêter, et ne pas lui refuser, dans ces limites,
une valeur scientifique, car une description peut être
scientifique, si l'esprit qui la guide est fait d'impartialité,
et du souci de fixer les traits de la réalité.

Cependant, cette psychologie descriptive a une signification plus profonde. Elle veut exprimer la *vie* psychique, et pour cela, sa manière est délicate, subtile, j'allais
dire rusée, prête à saisir le moindre détail au passage.
Les nuances y présentent une importance exceptionnelle,
de telle sorte, à vrai dire, que l'on n'y trouve pas, à l'ordinaire, de ces distinctions tranchées, que d'aucuns sont
trop portés à exiger.

Certains esprits amoureux d'unité et de précision, ne
trouvant point ici une forme rigoureusement scientifique,

peuvent d'abord être déroutés, mais une étude plus patiente et plus profonde leur permettrait, je crois, de découvrir que la forme adoptée n'en est que plus savante, puisqu'elle s'applique à suivre toutes les sinuosités d'une réalité très compliquée, et que, d'ailleurs, elle y réussit dans une large mesure.

On pense bien qu'une étude de cette nature et de cette qualité devient bientôt autre chose qu'une simple description, elle doit, en effet, tenir un compte très exact des mille *relations* qui unissent les psychoses. Or, décrire ces relations sans vouloir en omettre aucune, c'est nécessairement montrer comment les phénomènes s'enchaînent, comment ils naissent les uns des autres. Seulement, on considère cet enchaînement entre des *psychoses totales*, c'est-à-dire entre les psychoses telles qu'elles se présentent à notre conscience.

C'est ici que s'accentue le conflit entre la psychologie de W. James et celle des associationnistes de tout acabit. Pour l'associationniste, la psychose est le résultat d'une « intégration » de psychoses élémentaires, pour W. James, elle est le résultat d'une intégration d'*éléments physiologiques*. Il répugne, en effet, d'admettre que la psychose contient des unités psychiques non senties. Comment, dans tous les cas, pourrions-nous l'affirmer autrement qu'en vertu de conclusions *a priori*. Le phénomène de perception, par exemple, n'est pas un composé de sensations et d'images élémentaires, nous n'y avons pas conscience d'une telle composition; il s'y trouve cependant tout le nécessaire, pour que ces images et ces sensations élémentaires se produisent, mais elles ne sont pas en lui, à l'état où les représente *la chimie* de l'esprit,

comme des éléments identiques, et que l'analyse peut
toujours y retrouver.

Quand je regarde cette table chargée de livres, il n'y a
pas en moi une idée distincte de chaque livre et de chaque pied de la table, j'ai la perception confuse de cette
— table — chargée — de livres. Je puis ensuite décomposer, *non pas la perception*, mais son *objet*, et dire, il
y a six — livres — sur la — table. Cette perception des
six livres sur la table ne sera pas elle-même divisible en
six idées de livres, mais je jourrai encore décomposer
son objet en comptant les livres et en disant : il y a trois
livres rouges, un livre bleu et un livre vert. Ces opérations successives ne constituent pas une analyse psychologique, c'est-à-dire subjective, mais une analyse *objective*, et je commettrais une erreur lourde en concevant
ma pensée composée comme la réalité extérieure.

Si l'on veut exprimer comment nos psychoses se composent, si l'on veut rendre compte de leur *genèse*, il faut
remonter jusqu'à leurs conditions immédiates, qui ne
sont pas psychologiques, mais physiologiques. « *La psychose totale correspond à une neurose totale.* » Or, cette
neurose totale peut être analysée, puisqu'elle est dans
l'espace et se compose vraiment d'unités élémentaires.
Le jeu de ces parties élémentaires nous permettra de
comprendre dans une certaine mesure comment naît,
grandit et se développe la psychose, nous serons ainsi à
même d'entrevoir son origine. D'autre part, comme le
flot conscient, continu et indivisible se présente à la vue
microscopique de notre sens interne, sous la forme d'une
succession de *moments* liés, il pourra être légitime de
comparer ces moments à des battements, à des pulsa-

tions, où, pour parler comme Wundt, nous trouverons
un motif subjectif d'abstraire, puisque notre esprit est
incapable de rien connaître sans le fixer.

Ce seront là, si l'on veut, les éléments de notre analyse,
mais ces éléments correspondront à quelque chose de
senti, et ils resteront dans leur cadre, à la condition que
nous ayons fermement établi leur liaison et leur dépendance intraduisible, par rapport aux autres pulsations
de la conscience.

Une analyse physiologique de cette sorte ne préjuge
d'ailleurs rien au point de vue métaphysique. Elle suppose simplement que les conditions de notre vie mentale
résident dans le cerveau, sans affirmer pour cela que la
vie psychique est une fonction des organes centraux. Les
faits semblent même prouver qu'elle n'en est pas seulement le reflet; dans tous les cas, du seul point de vue empirique, il apparaît nettement qu'un abîme sépare le physique et le mental. Si l'évolutionisme radical de Spencer
le conduit à considérer le mental comme une continuation
du physique, et l'entraîne du même coup à l'atomisme
psychique, l'empirisme radical reste fidèle aux faits, et,
considérant, d'un côté, la vie physiologique, de l'autre, la
vie psychique, se contente d'affirmer qu'elles offrent,
d'une façon générale, un certain parallélisme, qu'elles
sont, dans l'état actuel des choses, conditions l'une de
l'autre, sans que l'on puisse expliquer le comment de
cette dépendance.

On prévoit cependant une objection grave : la physiologie du système nerveux, et notamment celle du cerveau est peu avancée. Nous ne savons rien ou presque
rien des transformations intimes de la substance grise;

nous ignorons à peu près tout du mode de transmission de l'excitation nerveuse. C'est donc s'exposer aux pires illusions, et risquer l'aventure de théories sans consistance réelle, que d'appuyer l'explication rationnelle des faits sur une base aussi fragile.

Le danger consiste, ici, dans une confusion qui, à y regarder de près, ne serait pas moins troublante que celle de l'associationnisme. On se contenterait, en effet, de traduire des faits physiologiques inconnus en termes associationnistes ; on parlerait des cellules nerveuses, comme on parlait des idées ou des éléments simples, et des fibres d'association comme des associations entre les idées. Ceci ne vaudrait pas mieux que cela, et, vraiment, la lutte ardente, où l'on s'est jusqu'à présent employé, ressemblerait un peu au combat de Don Quichotte contre les moulins à vent.

L'objection n'est que spécieuse.

D'abord, l'empiriste radical s'est fermé tout chemin de retour à l'associationnisme lorsqu'il a déclaré d'une façon péremptoire, que les psychoses n'étaient pas composées d'éléments psychiques. Maintenant, en faisant appel à la physiologie pour éclairer la genèse des psychoses, il ne garde aucune illusion sur la valeur de son explication. Il sait que la physiologie n'est pas actuellement en état de fournir des données précises, et qu'elle indique tout au plus une *direction* à suivre. Force sera, par conséquent, dans l'espèce, de se contenter d'hypothèses. Mais ces hypothèses auront une valeur, si elles ne contredisent point aux conclusions générales que rend légitimes l'état actuel de la science. Si les observations physiologiques d'une part, et, de l'autre, les données anatomiques permettent de concevoir la matière centrale comme une série de niveaux, où se rencontrent des fibres motrices et sensitives, où la complication, l'entrelacement cellulaire augmente à mesure que le niveau est plus élevé, on pourra très certainement entrevoir, d'une façon générale, la possibilité d'une transmission et d'une accumulation de mouvements moléculaires, telle qu'elle puisse servir de substrat aux phénomènes psychiques les moins simples. Si, d'autre part, on tient compte de tout ce que signifie le phénomène de l'habitude, on aura les éléments d'une explication qui, pour être générale, n'en paraîtra pas moins solide, puisqu'elle reposera sur des faits. On pourra, dès lors, admettre comme possible pour chaque phénomène physiologique une « schématisation » qui, tenant compte de la conception générale, fournie par la science, traduira, dans les limites, où un schéma peut le faire, les phénomènes psychiques en termes physiologiques. Ce schéma ne sera pas vide de sens, puisqu'il sera tracé dans les conditions de la réalité, il ne transposera pas non plus le psychique dans l'objectif, puisque l'on aura expressément démontré que rien de ce psychique, si ce n'est sa totalité, ne correspond aux rapports géométriques que l'on figure. Enfin, il n'aura pas seulement une valeur symbolique, mais, planté fortement dans le réel, présentera tous les caractères d'une hypothèse heuristique.

Ainsi, la psychologie et la physiologie seront solidaires, non pas précisément que l'une de ces sciences soit le couronnement de l'autre, car la psychologie suppose une *description* où la physiologie est impuissante, mais plutôt parce que la physiologie nous permettra de com-

prendre comment une pensée unique et indivisible peut
cependant représenter un objet compliqué et divisible.
Ce rapprochement entre deux sciences que l'on a dites
sœurs contribuera ainsi assez curieusement à montrer
l'abîme qui sépare le phénomène psychique de son concomitant physique et de son substrat physiologique.

Enfin, la méthode expérimentale que nous n'hésiterons
jamais à employer, lorsqu'elle sera possible, nous permettra, en variant les excitations, d'étudier les changements
parallèles du phénomène psychique, et de fixer les conditions physiques dans lesquelles il se produit. Elle ne
nous mettra cependant jamais en posture d'attribuer une
« valeur » au phénomène psychique, parce que étant indivisible, il n'admet pas la notion de nombre. Mais nous
pourrons, par exemple, savoir, d'une façon approximative, le temps objectif dans lequel il se produit, et tirer
de là des conséquences qui, du point de vue psychologique, seront plus ou moins intéressantes.

Telle quelle, la psychologie offre-t-elle les caractères
d'une science ? C'est une question à débattre, et qui vaut
enfin qu'on s'y attarde.

John-Stuart Mill discute sur cette matière au chapitre III du livre VI de sa logique (1). Il arrive à cette conclusion que la psychologie est actuellement une science,
et que rien n'empêche d'imaginer qu'elle puisse un jour
devenir exacte. Les raisons qu'il en donne paraissent
bien superficielles. Il pose d'abord que tous les faits sont

---

(1) A system of Logic ratiocinative a. Inductive, Peoples'
Edition Longmans, Green a. C°, London (1898).

objet de science, parce que réductibles à des lois, et donc, en fin de compte, calculables. Dans cette hypothèse, la distinction entre une science exacte et une science non exacte consiste en une différence de degré. Ainsi, les faits psychologiques n'échapperaient pas aux conditions générales, et si nous connaissions toutes les circonstances où ils se produisent, nous pourrions les prédire, et même les calculer

Une telle argumentation est fondée sur une vue associationniste et déterministe, que l'empirisme radical ne doit pas accepter. Il n'apparaît pas, actuellement, que l'on puisse prédire le phénomène psychique, parce que l'un de ses caractères essentiels est d'être spontané; il n'apparaît pas non plus davantage qu'on puisse jamais le calculer, puisqu'il se déroule dans un milieu, auquel on ne saurait en aucune façon appliquer la notion du continu mathématique.

Cependant, il y a des lois psychologiques. Les pulsations conscientes ne se suivent pas absolument au hasard, et l'on peut découvrir un ordre de séquence susceptible d'une généralisation apparemment scientifique. La spontanéité même se manifeste seulement dans de certaines conditions que l'on peut décrire. Enfin, certains phénomènes sont accessibles à l'expérimentation, de sorte qu'en somme on peut aboutir à un ensemble de propositions générales qui résument assez bien l'aspect de la vie mentale. Ces propositions sont-elles réductibles à une loi générale, on ne saurait le dire. Actuellement, du moins, la psychologie présente en elle *une contradiction irréductible;* d'une part, en effet, on y découvre des successions nécessaires, toutes régies par les lois de l'association physiologique, d'autre part, il y apparaît un élément de *spontanéité* qui, par définition, échappe aux lois de la causalité.

Qu'on le veuille ou non, la psychologie est essentiellement descriptive, et la forme scientifique ne peut y être représentée que par *l'esprit scientifique* apporté dans l'observation. Il y a des sciences descriptives, par exemple, la géographie, la zoologie, la botanique; mais l'objet de ces sciences est, en définitive, accessible au calcul, et l'on conçoit que toutes les lois découvertes puissent un jour ou l'autre y être ramenées à une loi plus générale, car elles ne contiennent pas d'éléments de hasard. Dans la psychologie, au contraire, il y a un élément de *hasard* que l'on ne supprime que sur la foi d'un postulat métaphysique.

Rigoureusement parlant, la psychologie n'est sans doute pas une science. Il faut cependant, pour elle comme pour l'histoire, en conserver le nom, car, il signifie encore quelque chose. Il traduit, en effet, un désir très louable d'enquête, d'observation, impartiale et sérieuse, qui donne aux généralisations *empiriques* un caractère de sûreté qu'elles n'auraient pas autrement.

Nous pouvons répondre maintenant au reproche que Wundt adresse plus directement à W. James. D'après cet auteur, James ne pouvant, même au cours d'une œuvre descriptive, renoncer totalement à la méthode analytique, ne manquerait pas d'en faire usage, mais dans de certaines limites, *arbitrairement* établies. Or, je le demande, après tout ce qui précède, quel est, de Wundt ou de James, celui qui pose des limites arbitraires à son analyse ? L'un suppose des éléments et dit, j'irai jusqu'à ces unités qui *doivent* exister parce qu'autrement une science psychologique serait impossible; l'autre se demande d'abord, si de tels éléments existent, et découvrant aisément que non, se refuse à pousser l'analyse au dedans de la psychose, sans d'ailleurs tenir compte des conséquences qu'une telle attitude entraîne au regard de la valeur scientifique de la psychologie.

Ce faisant, il donne une nouvelle preuve de son empirisme radical, tandis que Wundt, par amour de la science, manque d'impartialité scientifique.

CHAPITRE V

Psychologie et Physiologie.

Le phénomène psychologique et le phénomène physiologique ne sont pas séparés par une limite définie — le phénomène physiologique, condition indispensable de la psychose. — Le spiritualiste et l'associationniste doivent d'abord être « cérébralistes ». — Jusqu'où devons-nous être « cérébralistes » ? — La théorie de l'automatisme. — La causalité physique et la causalité psychique. — La conscience active ? — La psychose totale correspond à la neurose totale. — Contradiction de cette proposition ? Pour éviter la contrediction, faut-il, comme W. James, se rejeter sur la doctrine spiritualiste ? — Le système nerveux — le réflexe. — Les centres — la conscience et les centres. — Le cortex et les théories de la localisation. — L'analyse psychophysique d'après Wundt. — Le cerveau travaille comme une glande. — Le cortex n'est pas seulement un miroir de projection.

Herbart déplore quelque part, je crois, qu'il nous manque une *critique* de la psychologie, et ce serait à n'en pas douter une œuvre estimable, si elle parvenait à fixer les contours vagues et confus de la nouvelle science. L'Allemagne a vu fleurir depuis une moisson de « Grundriss » (1), où les psychologues scientifiques s'efforcent de couler dans le bronze des formules définitives. Cependant, la question n'a pas fait les progrès que l'on était

(1) Grundriss signifie : plan.

en droit d'attendre. A vrai dire, les partisans de la psychologie « avec une âme » sont devenus rares. Le spiritualisme a été chassé ignominieusement du temple, où règne désormais la « science » des phénomènes mentaux, la psychologie sans âme. Mais que l'on explique la psychose par l'opération sublime et incompréhensible d'une faculté éclose comme Minerve du cerveau de Jupiter, ou que l'on entreprenne de construire l'esprit avec des idées, à peu près comme l'architecte bâtit une maison au moyen de briques et de cailloux, cela revient trop souvent au même. Je veux dire que nous n'en savons guère plus, après qu'avant. Si vous expliquez la mémoire, en me disant que nous avons la faculté de nous rappeler les événements passés, je vous demanderai d'où vient un tel pouvoir, et si vous prétendez que cette mémoire consiste dans l'association de deux « idées », l'une présente et l'autre passée, je vous demanderai comment il se fait que ces deux idées soient associées. Tant que vous n'aurez pas répondu à ce *comment*, vous n'aurez, en somme, pas avancé d'un pas. Or, en quoi faudra-t-il que la réponse consiste, sinon à me découvrir dans *quelles conditions* les idées se sont associées, ou dans quelles *conditions* ma faculté de mémoire a produit de la mémoire.

D'ailleurs, ces conditions peuvent être de toutes sortes, physiques, physiologiques ou psychiques. Si vous m'apprenez, par exemple, que le phénomène de volonté suit généralement un acte d'attention ou d'effort, si vous ajoutez une description empirique de l'attention et de l'effort, si vous insistez sur la nature de l'intérêt, et si, enfin, vous me faites observer cette propriété notable qu'a notre pensée de distinguer et de choisir, je connaîtrai, dans une certaine mesure, *les conditions psychologiques* de la volonté. Si, au contraire, vous insistez sur ce fait, que chacune de nos idées est motrice, c'est-à-dire, en somme, que nos centres de représentation tendent à se décharger vers la périphérie, si vous indiquez les analogies de ce mouvement cérébral compliqué, avec le phénomène réflexe plus simple, si vous insistez enfin sur les rapports des centres moteurs avec les centres de représentations, vous m'aurez permis d'entrevoir les *conditions physiologiques* de ce même acte de volonté, et vous m'en décririez les conditions extérieures en cherchant à déterminer quels objets favorisent davantage son apparition.

Il apparaît ainsi, à première vue, que le champ de la psychologie est extrêmement difficile à limiter. « En soi, pour parler comme Wundt, la vie d'un être organisé est un ensemble unique de processus »; la psychose ne constitue pas un événement isolé, on ne trouve pas en elle sa raison, et les circonstances mêmes qui l'éclairent ne sont pas toujours psychologiques. La psychologie doit, en effet, étudier deux ordres de phénomènes, qui, dans leurs types complets, offrent des caractères tranchés. Il suffit de s'arrêter un instant devant le cours où se déroule le flot inconscient, pour remarquer de suite une différence importante entre les phénomènes dont il se compose. Les uns sont involontaires, les autres, au contraire, paraissent libres et spontanés. Les uns impliquent le

(1) « An sich aber, ist das leben eines organischen Wesens ein einheitlicher zusammenhang von Processen. » Grundz. d. Phys. Psych., vol. 1, p. 1.

choix, les autres sont automatiques ou quasi automatiques et poussent des racines profondes dans le monde purement organique. Ce sont les mille formes de l'association où la pensée est parfois si fugitive, si ténue, que l'on ne saurait dire, si l'on se trouve ou non en présence d'un phénomène mental. La vie consciente s'enfonce ainsi insensiblement dans la vie inconsciente, et l'on saisit du même coup dans la pensée des ressemblances troublantes avec *la réaction* réflexe. En même temps, les conditions physiologiques du phénomène prennent une importance toute particulière et demeurent, dans bien des cas, la dernière explication possible. Au contraire, les phénomènes volontaires, ou quasi volontaires se dégagent nettement des faits organiques, de sorte que l'empiriste attentif à ne point trancher une question où manquent les éléments de solution, se contentera, nous l'avons vu, de définir la psychose comme un phénomène de choix. Il ne nous échappera cependant pas que c'est là une définition verbale qui se réduit à indiquer une *direction*.

Quoi qu'il en soit, les conditions physiologiques étant indispensables à la vie mentale, « Le spiritualiste et l'associationniste doivent être d'abord cérébralistes » (1).

Soyons donc cérébralistes. Mais la question se pose immédiatement de savoir jusqu'où nous devons l'être.

On connaît la théorie de l'*automatisme conscient*, elle est entrée dans le domaine de la vulgarisation. Son argumentation tire parti du principe évolutioniste, et parce qu'on observe un développement psychique, parallèle au perfectionnement nerveux, elle conclut que le second

(1) W. James, *op. cit.*, ch. 1. The scope of psych., p. 1.

est cause du premier, ou du moins, que celui-ci n'est qu'un reflet, un « épiphénomène » (1).

C'est un système d'allure scientifique, où l'on prend souci d'attirer l'attention sur les données de l'expérience. Comme on remarque, en effet, que des réflexes produisent, dans de certaines circonstances, des actions apparemment intelligentes, mais inconscientes, on demande pourquoi des psychoses intelligentes, mais conscientes, ne seraient pas, elles aussi, le résultat d'une mécanique nerveuse plus compliquée. Pour peu que l'on ait à cœur le principe d'uniformité, l'affirmative s'impose, et l'on décrète, avec une belle assurance, que la spontanéité est une illusion, parce qu'on ne saurait admettre à aucun prix un élément de chance dans l'univers.

Cependant, les partisans de l'automatisme ont coutume de faire une objection plus intéressante : « Imaginons une idée de nourriture, par exemple, qui produise un mouvement, celui de porter la nourriture à la bouche... Quel est le mode de son action ? Aide-t-elle à la décomposition des molécules de la substance grise, en retarde-t-elle le processus, ou change-t-elle la direction d'après laquelle sont distribués les chocs nerveux ? Concevons les molécules de la substance grise liées de telle manière qu'elles se désagrègent en combinaisons plus simples, dès qu'une force y est appliquée. Représentez-vous, maintenant, la force appliquée sous la forme d'un choc venu de quelque autre centre. Par hypothèse, il décomposera les molécules en question, lesquelles se dissocieront pour

(1) W. James, *op. cit.*, vol. 1, ch. V, Automatism Theory, pp. 128 et suiv.

former ensuite des combinaisons plus simples. Comment
l'idée de nourriture pourra-t-elle empêcher cette décomposition ? Manifestement, elle y réussira en augmentant
la force qui réunit les molécules. Bien ! Essayez de vous
figurer l'idée d'un beefsteak liant deux molécules. C'est
demander l'impossible et je ne puis pas davantage concevoir de quelle manière la même idée pourrait contre-
carrer la force d'attraction entre les deux molécules (1). »

En d'autres termes, quand vous affirmez que tel phénomène physique a pour cause tel autre phénomène physique, je comprends ce que vous dites, parce que je saisis
le « *modus operandi* » du premier phénomène sur le second, je le conçois comme une force ou un système de
force et de résistance, mais quand il s'agit de psychoses,
je ne puis traduire en termes intelligibles l'action qu'elles
auraient sur les parties étendues de la matière. Au fond,
il n'y a pas de *causalité psychique*. Et l'on doit donner à
cette proposition une signification radicale, car les psychoses ne sont pas liées non plus entre elles par la relation de cause à effet; elles forment une série de qualités
juxtaposées, parallèle à la succession causale des mouvements nerveux. Hodgson les compare « aux couleurs d'une mosaïque dont les pierres seraient les phénomènes nerveux. Évidemment, les pierres se maintien-
nent ensemble, et dans cette adhérence, les couleurs
qu'elles supportent ne prennent aucune part (2). »

Il se pourrait cependant que cette objection reposât

---

(1) Chas. Mercier. The nervous System and the Mind (1888),
p. 9. Cité par W. James, *op. cit.*, p. 135.
(2) W. James, *op. cit.*, p. 130.

sur une réalisation incomplète de la signification du principe de causalité.

Les sens ne nous donnent qu'une succession hétérogène de phénomènes, ce n'est pas encore *l'expérience*, puisqu'ils ne sont pas ordonnés. Il faut une forme, un concept de l'entendement pur, pour employer la terminologie de Kant, et cela revient peut-être simplement à dire que nous sommes organisés de manière à ne pouvoir objectver *autrement* nos perceptions (1). Bref, si l'expérience consiste dans l'intelligibilité des phénomènes, elle dépend nécessairement d'un principe quelconque qui rende ces phénomènes intelligibles, et ce principe doit être, *a priori*, si les phénomènes n'ont en eux rien qui puisse les rendre tels. Cependant, mettre de l'ordre dans les phénomènes, c'est tout simplement leur chercher *une raison*, de sorte que nous concevons enfin l'ensemble des apparences phénoménales comme une succession de *raisons* et de *conséquences*. Voulant d'ailleurs, par une sorte de besoin logique, trouver *toute* la conséquence dans la raison, nous établissons une équation telle, que la grandeur d'énergie E^1 égale la grandeur d'énergie E^2, son conséquent. Or, pour opérer ainsi, il faut que nous supposions la permanence de l'énergie, c'est-à-dire, en fin de compte, que nous affirmions : « *Quelque chose* demeure constant (2).»

Ainsi, quand on dit qu'un choc dissocie deux molécules, on exprime que la raison de la dissociation des molécules est le choc, que l'énergie du choc s'est transformée en une autre énergie de dissociation, et l'on pense en même

(1) Voyez Fr. A. Lange. Geschichte des Materialismus zweites Buch. 1° Abschnitt, I Kant u. d. Materialismus, p. 69.
(2) Voyez H. Poincaré. Science et hypothèse, p. 197.

temps que dans cette opération, quelque chose reste constant, de telle sorte que l'on puisse établir une équation entre le choc et le mouvement moléculaire. A vrai dire, ce n'est pas très clair, et si l'on pénétrait plus avant, on trouverait peut-être que tout se réduit à un système de conventions pratiquement commodes.

Au regard de la causalité psychique, deux questions se posent : Y a-t-il une causalité psychique de psychose à psychose ? Peut-il exister une relation de cause à effet entre un phénomène psychique et un phénomène physique, respectivement ?

Wundt attire l'attention sur le fait que l'on trouve dans la conscience même le prototype de toute causalité. En effet, si toute causalité n'est que l'application du principe de *raison*, nous *voyons immédiatement* la raison du phénomène de conscience dans celui qui le précède. Au contraire, dans le domaine matériel, nous n'avons pas une telle intuition. L'application de ce principe de causalité ou de raison aux phénomènes matériels exige, nous l'avons vu, que l'on admette la permanence de quelque chose; tandis que cette exigence n'existe pas en ce qui concerne la causalité psychique, car nous le saisissons immédiatement; c'est une « causalité actuelle » (Aktuelle Kausalität).

« Les derniers facteurs de la causalité psychique sont les phénomènes de conscience immédiatement saisis, et non pas de forces quelconques, hypothétiques, hors de la conscience. A l'opposé de la causalité physique, qui est une notion, la causalité psychique a le caractère d'une intuition, car, la relation causale elle-même y est donnée dans la perception interne. »

Ce raisonnement peut paraître fragile. L'introspection n'offre qu'une succession hétérogène de phénomènes subjectifs qui, de ce point de vue, ne diffère pas de la succession objective. L'intuition d'une causalité actuelle n'y apparaît pas comme évidente. Si, par exemple, je raisonne, les propositions se suivent dans ma conscience, et il ne me semble pas qu'elles soient *causes* les unes des autres, mais que *je les fais naître par un effort d'attention;* or, l'analyse de cet effort d'attention me découvre qu'il est fait lui-même de représentations se référant à des contractions musculaires. Ces représentations, je les reconnais comme *miennes,* parce qu'elles se présentent avec un caractère de chaleur spécial, où la pensée trouve une ressemblance. Cependant, cette ressemblance n'est pas rapportée à la pensée elle-même, mais encore à des représentations corporelles très subtiles, que nous appelons le moi. En un mot, la pensée ne se saisit jamais agissante; or, pour que la conscience *donnât immédiatement* la causalité, il faudrait peut-être qu'elle se sentît *agissante.* Ainsi, quand on va au fond, on s'aperçoit que les psychoses pourraient bien ne pas constituer une exception dans le monde des phénomènes. La succession liée dans laquelle elles se présentent ne porte pas nécessairement en elle sa *raison.* Cependant, le *principe* ne leur en est pas moins applicable, dans de certaines limites. Lorsque j'adopte le principe de causalité, pour expliquer les phénomènes physiques, et que je pose A cause de B, je considère que A et B sont liés par une équation et donc qu'ils renferment quelque chose *de permanent,* en d'autres termes, du point de vue où je me place, qu'ils peuvent être donnés *deux fois.* Au contraire, la même psychose ne peut pas être donnée deux fois; par conséquent, mon principe de raison ne vaudra jamais que pour une psychose déterminée, et ce sera, dans ce sens, une « *causalité actuelle* ». On ne saurait nier toutefois qu'une telle causalité soit précaire, puisqu'elle ne permet absolument pas de prévoir. C'est, en effet, la permanence d'une quantité dans le monde physique, qui me donne l'assurance que le même phénomène pourra se présenter deux fois dans la même succession, et cela rend possible l'énonciation d'une loi générale. Il en est tout autrement ici ; rien ne reste, et par conséquent mon observation ne peut pas sortir des bornes de l'empirisme.

En ce qui concerne la causalité psychique, par rapport aux phénomènes physiques, la question présente des difficultés encore plus graves, que W. James a peut-être tort de vouloir esquiver : « Si inadéquates que soient nos idées concernant l'efficacité causale, nous touchons, dit-il, moins loin du but, en affirmant que nos idées et nos sentiments la possèdent que les partisans de l'automatisme, lorsqu'ils prétendent le contraire. La nuit, tous les chats sont gris, ainsi, dans l'obscurité de la critique métaphysique, toutes les causes sont obscures. Mais on a tort de n'admettre cette obscurité que pour le côté psychique du sujet, comme le font les partisans de l'automatisme, et de dire que *cette* causalité-là est inintelligible, tout en continuant à dogmatiser sur la causalité *matérielle*, comme si Hume, Kant et Lotze, n'avaient jamais existé. Il faut être impartialement *naïf* ou impartialement critique. Si l'on choisit d'être critique, la reconstruction doit être complète, vraiment métaphysique, et il apparaîtra probablement alors que les idées sont traduisi-

bles en forces. Toutefois, la psychologie n'est qu'une
science naturelle. Elle accepte sans critique certaines
données, ne s'arrêtant pas à les discuter au point de vue
métaphysique. Comme la physique, elle doit être *naïve*,
et si elle trouve que, dans son domaine d'études très particulières, les idées-*semblent* être des causes, elle fera
mieux de continuer à les traiter comme telles. Elle ne
gagne absolument rien à briser « avec le sens commun »,
et perd, pour le moins, tout naturel de langage. Or, si les
psychoses sont des causes, elles doivent avoir pour effet
d'accélérer ou d'inhiber les mouvements internes des centres cérébraux, mouvements dont nous n'avons, d'ailleurs, aucune connaissance (1). »

Mais on peut se demander si la psychologie a les mêmes raisons que la physique de rester *naïve*. Admettre la
causalité, c'est, au point de vue scientifique, poser que
quelque chose reste, de telle sorte que nous puissions
prévoir. Ce que nous voulons, c'est *prévoir*, et notre postulat de conservation vaudra dans la mesure précisément
où il nous permettra de prévoir. Comment, dans le domaine psychologique, serait-il question de prévision,
puisque, par définition, *rien n'y demeure*. Si donc nous
voulons y admettre la causalité, ce ne peut être d'un point
de vue *pratique*, mais d'un point de vue théorique ou
métaphysique.

Si la psychose agit sur le cerveau, il y a dualisme,
influence du mental sur le physique; dans le cas opposé,
nous nous trouvons en présence de deux ordres de phénomènes *parallèles* et distincts. Wundt se range à cette

(1) W. James, *op. cit.*, vol. I, p. 137.

seconde opinion. La doctrine du « parallélisme » part de ce point de vue que le physique et le psychique ne sont absolument pas comparables l'un à l'autre, de sorte que l'on ne saurait imaginer leur interférence. On y pose *le principe de la causalité naturelle fermée* (Prinzip der geschlossenen Natur Kausalität), qui s'exprime ainsi: « *Les phénomènes* naturels ne peuvent avoir leurs causes que dans d'autres phénomènes *naturels* et non pas dans des conditions quelconques, hors de l'ensemble de la causalité *naturelle*. » (Naturvorgänge immer nur in anderen Naturvorgangen, nicht aber in irgend welchen ausserhalb des Zusammenhangs der Naturkausalität gelegenen Bedingungen ihre Ursache haben können.) Le principe veut que l'on puisse ramener chaque complexus naturel à des équations causales, où n'entrent comme membres que des phénomènes analysables et réductibles aux lois générales de la nature. » (Jeden Naturzusammenhang auf Kausalgleichung Zurück Zuführen, in die lediglich genau analysierbare u. auf die allgemeinen Naturgesetze Zurück führbare Naturvorgänge als ihre Glieder eingehen.) C'est, ajoute-t-on, un postulat logique, et, en même temps, un principe de méthode. Il repose sur la supposition nécessaire que « les propriétés attribuées à la matière, et nécessaires en principe, pour une explication complète de la nature, dépendent des éléments inhérents à cette matière, et non pas des conditions plus ou moins complexes dans lesquelles elles sont données. » Ainsi, le cercle des mouvements qui fondent le phénomène naturel est fermé; d'un mouvement, il ne peut naître qu'un mouvement. *Un ensemble causal sans lacune* (luckenlose) *est pour les sciences de la nature* une néces-

sité (Forderung), qui exclut toute possibilité de la transformation de l'énergie psychique en énergie physique.
D'autre part, l'application logique du principe de causalité demande que l'on déduise *le semblable du semblable*. Or, un tout ne peut être de même nature, s'il contient
des éléments qui procèdent de manières toutes différentes de considérer l'expérience. Le principe du parallélisme n'est cependant pas universel (comme ont semblé le
supposer Spinoza et Fechner), il ne s'étend qu'à ces contenus de l'expérience qui peuvent être en même temps
objets des sciences de la nature et de la psychologie, c'est-
à-dire qu'il vaut seulement pour la partie de notre vie
spirituelle, qui consiste en des contenus sensoriels, où
le processus élémentaire psychique a son équivalent dans
le processus physique. Mais « ce qui, dans notre esprit,
lie et construit, ce qui donne la forme (das Formende) et
opère la synthèse consciente, d'après les lois logiques et
esthétiques, cela n'est jamais parallèle au physique » (1).

Je n'insisterai pas sur l'inconséquence qu'il peut y
avoir à admettre un parallélisme pour les sensations,
et à le nier pour l'élément synthétique. Une telle conception suppose que l'élément synthétique est distinct de
l'élément sensoriel ; pourtant, s'il y a des rapports, ils
doivent d'abord être sentis, et l'introspection nous découvre des sentiments-rapports à côté des sentiments-sensations. Nous l'avons vu, la perception même la plus simple,
celle du temps élémentaire, est une donnée synthétique.
Or, cette synthèse a pour condition nécessaire la concomitance des vibrations cérébrales, à laquelle, par consé-

(1) Wundt. Log. II, 1. S. 332. Phil. Stud. X, pp. 41, 89, 91
et suiv. System der Phil., p. 599.

quent, elle est bien, dans une certaine mesure, parallèle. Ainsi conçue, la doctrine du parallélisme se laisserait, d'ailleurs, facilement ramener à celle de la conscience épiphénomène. Il suffirait, pour cela, que l'on niât l'efficacité causale des psychoses entre elles, ce à quoi l'on pourrait être amené, en considérant que cette efficacité est, en effet, assez précaire, pour ne plus ressembler qu'à une ombre de causalité. Mais enfin, prenons la théorie telle qu'elle est; disons que les phénomènes psychiques sont unis entre eux par des relations *actuelles* de cause à effet, et examinons pourquoi on leur refuse une telle efficacité par rapport aux phénomènes physiques.

L'argumentation de Wundt repose sur un principe que l'on pourrait simplement traduire ainsi : Il y a nécessité logique à ce que les phénomènes physiques ne s'expliquent que par d'autres phénomènes physiques. S'il en était autrement, nous ne pourrions jamais dire que nous connaissons ces phénomènes, parce que leur *analyse* serait impossible, il resterait toujours un élément irréductible ou incommensurable et divers dont on ne prévoirait pas l'effet. C'est, en somme, sous une forme voilée, le principe *d'uniformité ou de conservation.* Un mouvement doit venir d'un mouvement, car dans le mouvement seul je trouve l'équivalence, c'est-à-dire toute la raison de l'autre mouvement, puisque, entre les deux mouvements, je puis concevoir qu'il reste un résidu d'où je tirerai une équation, qui sera pour moi la raison par excellence. Mais à côté d'un système de conservation, d'autres sont concevables, qui ne représenteraient pas des systèmes de conservation. Il est incontestable que vous pourrez prévoir la trajectoire d'un mobile lancé

dans l'espace, mais il s'agit de savoir s'il en sera de
même d'un mouvement humain. A côté du champ de la
nécessité, il n'est pas contradictoire d'admettre un domaine de la spontanéité. Quand vous énoncez le principe de la *causalité naturelle fermée*, vous posez ce que
vous *voulez* et ce n'est, après tout, qu'une pétition de
principe, qui suppose ce qu'il faudrait démontrer. Il nous
semble que certaines de nos idées ont pour effet certains
mouvements; à cela, vous répondez non, parce que la
psychose ne peut pas causer autre chose qu'une psychose; or, c'est précisément la question. Vous dites que
la science ne serait plus possible, mais il faudrait d'abord
prouver que le domaine de la science est universel, car
il se pourrait que tous les phénomènes ne fussent pas
réductibles à des équations scientifiques ou, en d'autres
termes, qu'il y eût dans la nature un élément de hasard
impondérable et tel, qu'il échappât toujours à nos cal-
culs. Dans ces conditions, rien n'empêche de concevoir
qu'un phénomène physique ait pour cause un phénomène
psychique, car il ne répugne absolument pas que la *raison* d'un mouvement soit dans un fait de conscience.

Mais il faut aller jusqu'au bout dans les conséquences
de ce raisonnement. Si le phénomène psychique peut
causer le phénomène physique, la réciproque doit être
vraie, il n'est pas impossible que le phénomène physique produise le phénomène psychique.

En réalité, nous ne concevons pas plus dans un cas
que dans l'autre *le modus operandi;* mais, ce serait une
question de savoir si nous le concevons jamais. Vous
dites que deux molécules de H plus une molécule de O
sont de l'eau. En réalité, vous avez devant les yeux une

série de phénomènes H^2—O—H^2O, ces phénomènes se
présentent en succession et *vous* les *liez*. Vous êtes conduit à les lier, parce que la série dont il s'agit est *réversible*, dans H^2O, vous concevez O, puis H^2; cependant,
H^2O n'est pas simplement $H^2 + O$, mais H^2O *combinés*.
De cette combinaison elle-même, vous ne connaissez
rien, c'est-à-dire que vous ne savez rien du *modus operandi* des molécules, vous croyez simplement avoir toute
la raison de H^2O dans H^2 et dans O, parce que H^2O est
réductible à $H^2 + O$, sans résidu. Toute l'énergie de H^2
et de O a passé dans l'énergie de H^2O, les données réellement hétérogènes deviennent ainsi constantes; vous supposez, aux termes d'une généralisation inductive de l'expérience doublée d'un principe *a priori*, que le même
phénomène pourra être donné deux fois, parce que l'univers, tel que vous le *roulez*, conserve la même somme
d'énergie. Supposons maintenant que le phénomène physiologique $a + b + c$ produise la psychose synthétique ($a \, b
\, c$); $a + b + c$ ne sera plus la raison de ($a \, b \, c$), au sens que
nous venons d'indiquer, parce que la série $a + b + c$ ($a \, b \, c$)
n'est pas réversible. Vous ne trouverez pas $a + b + c$ dans
$a \, b \, c$. Cela pourrait peut-être se traduire en disant que
l'on n'analyse point le temps par l'espace. C'est le principe de la *causalité naturelle fermée*; et si ce principe ne
vaut pas pour la causalité psychologique, il ne vaut pas
davantage pour la causalité physico-psychique. D'abord,
si le concept de causalité exige que la conséquence puisse
s'analyser dans l'antécédent, et donc que quelque chose
reste constant, il ne peut assurément pas y avoir de causalité purement psychique, car les phénomènes psychiques ne sont pas décomposables; le même n'y est jamais

donné deux fois. Cependant, on y conçoit une causalité
actuelle telle, qu'un phénomène donné nous y apparaisse comme la conséquence d'un autre déterminé. Lorsque je dis : A = B, B = C, donc A = C, j'admets que la
conclusion A = C est la *conséquence* de deux synthèses
antécédentes : A = B, B = C. Si les synthèses A—B et B—C
n'existaient pas, A = C n'existerait pas non plus. Et cependant, *au point de vue psychologique*, A = C *ne contient*
A = B, ni B = C; il constitue une autre synthèse unique e.
..indécomposable. Ainsi, nous pouvons concevoir un effet
qui ne soit pas « analysable » en sa cause, une conséquence qui ne *renferme* pas sa raison. Dans ces conditions, pourquoi ne pourrions-nous pas comprendre qu'une
psychose fût la cause d'un mouvement ou qu'un mouvement fût la cause d'une psychose ? Nous ne saisissons
pas le *modus operandi*, mais, au fond, nous ne le saisissons pas davantage quand il s'agit de deux mouvements,
nous ne saisissons jamais le *modus operandi*. Cependant,
le bon sens n'accepte pas facilement qu'un mouvement
puisse produire une idée, au lieu qu'il admet couramment le contraire, et ce nous sera peut-être là un motif
subjectif de sortir enfin des ténèbres de la métaphysique
pour nous ranger à son avis en disant que les psychoses
pourraient bien être causes de mouvement, puisqu'elles
semblent l'être. Ce sera adopter l'attitude de W. James.
« Ma conclusion, dit-il, *est qu'il est parfaitement inoppor-
tun, dans l'état actuel de la psychologie*, de vouloir imposer la théorie de l'automatisme sur la foi de raisonnements purement *a priori ou quasi-métaphysiques* (1). »

(1) W. James, *op. cit.*, vol. 1, p. 138.

D'ailleurs, il y a des raisons positives d'admettre *l'ef-*
ficacité de la conscience. C'est un fait reconnu que l'intelligence de l'individu est plus développée à mesure qu'il
tient un rang plus élevé dans la série animale. « L'intelligence d'un homme dépasse celle d'une huître. » En
même temps que l'intelligence a augmenté, son organe se
développe, et les partisans de l'automatisme en tirent la
conclusion grossière que cet organe est l'intelligence.
Mais un esprit averti doit y regarder de plus près. Ce sont
les hémisphères qui se développent, or, nous le verrons,
la constitution de cet organe est caractérisée par une
complexité inextricable et, donc, par un état de très
grande instabilité dans ses éléments. Une impression
peut donc y déterminer une multitude de mouvements
variés et incohérents. C'est un organe où les possibilités d'action coordonnée sont infiniment nombreuses,
les certitudes, au contraire, très restreintes. Les réactions
d'une huître sont à peu près automatiques, elle bâille au
soleil, et n'opère que des mouvements de conservation
ou de reproduction immédiate, la vie d'une truite se réduit à quelques séries de mouvements identiques, que
vous n'aurez pas de difficulté à prévoir. Cependant, vous
parlerez déjà du caractère d'un chien, et les journaux
enregistrent chaque année les performances étonnantes
de quelque nouveau singe civilisé. Vous devez déjà veil-
ler à ne point froisser « Consul »; il faudra savoir le
prendre. Mais le grand art consiste à mener les hommes,
ce ne peut être alors qu'un calcul de probabilités très
compliqué et difficile, si l'on en juge par le nombre de
ceux qui y échouent. Les réactions humaines défient toute
prévoyance certaine, même si vous connaissiez tous les

mouvements du cerveau, vous ne connaîtriez pas l'action ordonnée, une action cohérente ne sort pas de l'incohérence de ces mille mouvements. Il s'y ajoute un *choix*, guidé par l'intérêt ; c'est la conscience, régulatrice nécessaire d'une masse d'éléments, où tout est naturellement désordonné : « Un cerveau inférieur fait peu de choses, et en le faisant parfaitement, semble renoncer à tout autre usage. On peut, au contraire, comparer les opérations d'un cerveau développé aux dés que l'on jetterait indéfiniment sur un table. A moins qu'ils ne soient plombés, quelle chance y a-t-il donc que le nombre le plus élevé apparaisse plus souvent que le plus bas ?

« Tout ceci concerne le cerveau considéré comme une machine physique pure et simple. La conscience peut-elle augmenter son efficacité en plombant les dés ? Tel est le problème. »

« Plomber les dés, cela signifierait, dans l'espèce, exercer une pression plus ou moins constante en faveur des réactions cérébrales qui servent mieux les intérêts du possesseur du cerveau, ou encore une inhibition constante des tendances contraires (1). »

C'est bien aussi ce que semble faire la conscience. « Et les intérêts en faveur desquels elle paraît exercer ses pressions et ces inhibitions sont *ses* intérêts à elle seule, intérêts qu'elle crée, et qui, sans elle, n'auraient aucune place dans le monde des êtres. Lorsque nous darwinisons nous parlons, il est vrai, comme si le *corps* même qui possède le cerveau avait des intérêts; nous parlons de l'uti-

(1) W. James, *op. cit.*, p. 140.

lité de ses organes, et dissertons de la manière dont ils favorisent la survivance ou l'empêchent. Nous traitons cette survivance comme si elle était une fin absolue, existant comme telle dans le monde physique, une sorte de « *devrait être* » (should be) actuel, établi au-dessus de l'animal, et jugeant ses réactions, tout à fait distinct de l'intelligence, présente au dehors et qui commente. Nous oublions qu'en l'absence d'une intelligence quelconque de cette sorte (que ce soit celle de l'animal lui-même ou la nôtre, ou celle de M. Darwin), on n'est pas rigoureusement fondé à parler de réaction « utiles » ou « nuisibles ». Du point de vue purement physique, tout ce qu'on peut en dire, c'est que *si* elles se produisent d'une certaine façon, la survivance sera leur conséquence accidentelle. Les organes eux-mêmes, et tout le reste du monde physique, resteront cependant toujours absolument indifférents à cette conséquence. Ils exécuteraient aussi allègrement, dans d'autres circonstances, la destruction de l'animal. En un mot, la survivance entre dans la discussion physiologique seulement à titre *d'hypothèse concernant l'avenir*, *hypothèse faite par un spectateur*. Mais, dès l'instant que la conscience entre en scène, la survivance cesse d'être une pure hypothèse. Ce n'est plus « *si* la survivance doit avoir lieu, le cerveau et les autres organes doivent travailler ainsi ». La condition exprimée s'est transformée en un impératif. « Il *faut* que la survivance se produise, et donc il faut que les organes travaillent ainsi. » Des fins réelles apparaissent pour la première fois sur la scène du monde (1). »

---

(1) W. James, *op. cit.*, vol. 1, p. 141.

Or, c'est la conscience qui joue la comédie humaine, c'est elle qui, en face du dédain de la nature, lutte pour ses fins propres, et cette lutte se traduit par une action dirigeante sur le cerveau. Quel est le *comment* de cette action, nous l'ignorons, mais il suffit d'avoir montré qu'elle ne serait *pas inutile* « pour prouver que la question n'est pas simple, comme le croient les partisans de l'automatisme cérébral ».

Ainsi, nous ne serons pas cérébralistes, au point de faire de la psychologie un chapitre de la physiologie. Il n'est pas démontré que la conscience soit un épiphénomène; elle paraît active; nous venons de voir que cette efficacité est utile, puisqu'elle crée l'intérêt, et d'une manière ou de l'autre, transforme les possibilités cérébrales en réalités. On peut donc la considérer comme un *organe nécessaire* de l'animal, dont la matière cérébrale compliquée se trouve dans l'équilibre le plus instable qu'il soit possible d'imaginer. On conçoit, en effet, que l'excitation externe ou interne puisse susciter dans un tel cerveau les réactions les plus diverses, qui risquent, la plupart, de ne point s'adapter aux circonstances. Un cerveau mieux organisé et plus parfait serait, de la sorte, une cause d'infériorité dans la lutte vitale, si la conscience ne venait s'y ajouter, et, logiquement, l'efficacité de cette conscience doit augmenter dans la mesure même où croît la perfection, la délicatesse, et en même temps « l'imprécision » des centres nerveux les plus élevés.

Toutefois, si la psychologie a pour objet propre de décrire la conscience, d'en distinguer les phénomènes et de les classer, ces opérations ne vont pas sans difficulté, lorsqu'on réfléchit au caractère que présente la causalité purement psychique, caractère *d'actualité*, puisque le même phénomène n'est jamais donné deux fois, et que *rien ne reste*. Dans ces conditions, on ne voit pas, je l'ai dit, que les généralisations puissent y être théoriquement scientifiques ; elles n'auront jamais qu'une valeur empirique. Pour cela même, l'étude des conditions dans lesquelles se produit la psychose prend une importance toute particulière. Le psychologue a, moins que tout autre, le droit de s'enfermer dans une tour d'ivoire, il doit regarder le phénomène psychique dans son « environnement », et surtout en analyser avec soin ce que j'appellerai *le substrat*, usant à dessein d'un mot vague et mal défini.

C'est, en effet, que si nous n'éprouvons pas de difficulté à comprendre que les phénomènes nerveux soient, d'une façon générale, la condition nécessaire des phénomènes psychiques, la question change d'aspect, et devient beaucoup plus difficile lorsque nous essayons d'entrer dans le détail et de préciser.

La psychose totale correspond à la neurose totale. Quel est, enfin, le sens exact de cette proposition sur laquelle insiste W. James ? Du point de vue psychologique, cela veut dire que la psychose n'a pas des parties, qu'elle ne contient pas d'éléments, qu'elle est un tout lié unique, irréductible, et cela est très compréhensible, puisque, de fait, la conscience ne se présente pas sous un autre aspect. Par contre, qu'entend-on par une neurose totale ? Il n'y a pas de neurose totale, mais seulement des mouvements indéfiniment divisibles, entre des molécules de matière nerveuse. La neurose totale n'existe que dans l'esprit, à l'état de conception ou de synthèse : elle n'a aucune autre réalité. Le cerveau est en perpétuel mouvement, et ce mouvement paraît décomposable en unités de mouvements, toute autre section que vous pourriez y pratiquer serait arbitraire. A la vérité, vous transposeriez dans le cerveau votre hypothèse psychologique des « pulsations », des « battements de conscience », où elle ne vaut rien, car il faudrait dire aussi que les neuroses totales sont irréductibles, comme les psychoses totales, et commettant une faute plus énorme encore que celle des associationnistes, traduire l'espace par le temps.

En d'autres termes, ce que vous appelez la neurose totale est un tout *conçu* dont les unités seules ont quelque réalité, c'est un agrégat de mouvements *moléculaires*, dont l'intégration ne signifie que l'addition, le dénombrement que vous en faites; au contraire, la psychose totale est un moment de conscience aperçu tout à la fois comme un progrès lié, indécomposable en unités élémentaires; comment donc pouvez-vous dire que l'un correspond à l'autre ? Pour cela, il faudrait analyser la psychose totale en atomes physiques, en unités élémentaires, parallèles, terme à terme avec les éléments physiologiques, bref, faire de l'atomisme psychique.

« *Le processus cérébral entier n'est pas du tout un fait physique*. C'est tout simplement l'apparence que prend aux yeux du spectateur une multitude de faits physiques. Le cerveau entier, c'est le nom par lequel nous désignons la manière, dont un million de molécules arrangées dans de certaines positions, affectent notre sens. D'après les principes du mécanisme, les seules réalités sont les mo-

lécules séparées, ou tout au plus les cellules. Leur intégration en « un cerveau » est une fiction de la langue
populaire, qui ne peut être la contre-partie réelle objective d'un phénomène psychique. Seul, un fait physique
véritable doit remplir cet office. Or, le fait moléculaire
est le seul vrai. Ainsi, pour aboutir à une loi psychophysique élémentaire, il faut s'appuyer sur quelque théorie analogue à l'atomisme mental. En effet, puisque le
fait moléculaire est l'élément vrai du cerveau, il paraîtrait naturel qu'il correspondît non pas à des pensées totales, mais à des éléments dans la pensée. »

W. James propose une « solution » inattendue. Nous
avons vu que l'on ne saurait admettre l'atomisme psychique et, d'autre part, il faut découvrir la neurose totale. Supposons donc qu'une cellule supérieure reflète
les transformations subies par les autres éléments cérébraux, n'y trouverons-nous pas la neurose totale cherchée ? Malheureusement, la physiologie ne connaît pas
une telle cellule, et la connaîtrait-elle, cela ne nous avan-
cerait peut-être pas à grand' chose, car cette cellule étant
dans l'espace, paraîtrait encore théoriquement divisible
en éléments, qui constitueraient les vrais faits physiques, de sorte que, plongeant hardiment dans des régions
inaccessibles à l'expérience, nous en viendrions enfin à
envisager l'hypothèse des monades. Notre doctrine ne
présenterait plus, il est vrai, de contradiction, « mais elle
deviendrait irréelle et lointaine au point d'être plus inopérante que jamais. Une théorie de cette sorte ne pourrait plus intéresser que des esprits spéculatifs, elle relè-
verait moins de la psychologie que de la métaphysique.
D'ailleurs, sa carrière pourrait être glorieuse. Une thèse

que Leibnitz, Herbart et Lotze ont prise sous leur égide ne doit pas être sans avenir » (1).

Mais si l'on remplaçait la cellule supérieure par *l'âme?* Le mot effarouchera « le lecteur élevé dans les préjugés antispiritualistes, le penseur avancé, ou l'évolutioniste populaire...» (2). Et cependant, « la seule raison que j'aie eue de battre ainsi les buissons, et de ne pas proposer plus tôt cette solution comme une possibilité, a été la pensée que, peut-être, en procédant de la sorte, j'obligerais ces esprits matérialistes à sentir plus fortement la « respectabilité » logique de la position spiritualiste. Le fait est que l'on n'a pas le droit de mépriser ces grands objets de la croyance traditionnelle. Que nous le réalisions ou non, nous subissons toujours, dans cette direction, la poussée de nombreuses raisons positives et négatives. Si des entités telles que les âmes existent dans l'univers, il n'est pas impossible qu'elles soient affectées par les événements multiples, dont les centres nerveux sont le théâtre. Elles répondent peut-être à l'état du cerveau à un moment donné, par des modifications internes qui leur sont propres. Ces changements d'état seraient alors des « pulsations » de conscience, ayant connaissance d'objets nombreux ou peu nombreux, simples ou complexes. L'âme apparaîtrait comme un médium, où des processus cérébraux multiples combineraient leurs effets. Puisque nous n'avons pas besoin de la considérer comme « l'aspect interne » d'une molécule supérieure quelconque, nous échappons à cette improbabilité phy-

(1) W. James, *op. cit.*, vol. 1, p. 180.
(2) W. James, *op. cit.*, vol. 1, p. 180.

siologique; et comme, d'autre part, ses pulsations de conscience sont, dès l'origine, des choses intégrales et uniques, nous évitons l'obscurité qu'il y aurait à supposer
des psychoses (feelings) existant séparément, puis s'unis-
sant d'elles-mêmes (1).

C'est là, en effet, l'argument décisif du spiritualisme
contre l'associationnisme.

« *Toutes les « combinaisons » que nous connaissons
actuellement sont des effets accomplis par les unités dites
« combinées » sur quelque entité autres qu'elles-mêmes (2).* » Ne dites pas que H² et O se combinent d'eux-
mêmes en eau et manifestent dès lors de nouvelles propriétés. Non, l'eau est constituée par les atomes dans une
nouvelle position H—O—H, mais *les propriétés de ces
atomes*, ainsi disposés, ne sont que leurs *effets* sur des
entités autres qu'eux-mêmes, par exemple sur nos organes sensoriels et les divers corps où l'eau peut exercer
son action et se faire connaître. Dans le parallélogramme
des forces, celles-ci ne se combinent pas simplement dans
la diagonale, il faut un *corps* où elles s'appliquent, pour
manifester leur résultante. Le cas n'est pas différent lorsque les unités considérées sont des psychoses. « Prenez-
en cent, mélangez-les, faites-en le tas le plus compact
que vous pourrez (quel que soit le sens d'une telle expression), chacune d'elles reste ce qu'elle était, enfermée dans
sa peau, sans fenêtres, ignorante des autres psychoses
et de leur signification (3). » W. James, nous l'avons vu,
échappe à cette difficulté, en admettant le fait relevé par

(1) W. James, *op. cit.*, vol. 1, p. 181.
(2) W. James, *op. cit.*, vol. 1, p. 158.
(3) W. James, *op. cit.*, vol. 1, p. 160.

l'introspection, que chaque psychose connaît celle qui la précède, de sorte que, du point de vue empirique, la conception du flot de la pensée, tel qu'il apparaît, suffit à tout expliquer. Cependant, *du point de vue métaphysique*, l'empirisme favorise ici la conception spiritualiste, car on peut facilement ajouter que c'est *une même entité* qui, dans chaque psychose, connaît la précédente. Mais il ne faut pas oublier que l'on sort alors tout à fait du domaine de la psychologie, pour entrer dans celui d'une métaphysique conçue à la mode scolastique; c'est-à-dire non critique. Car, pour citer Wundt : « Si physiquement parlant, on a raison d'affirmer que chaque opération part d'un objet agissant; il est également clair que, du point de vue psychologique; le rapport de ces notions de la réflexion (Reflexions begriffe) est renversé, puisque la représentation de l'objet y naît toujours de l'action de représentation. Maintenant, cette action elle-même nous permet-elle de remonter à un sujet agissant ? Mais comment nous est donné ce dernier ? Simplement dans cette action de représenter. La distinction que l'on fait entre les deux est un jeu entrepris sur des notions de réflexion que l'on a d'abord divisées logiquement en catégories de sujet et de prédicat, pour leur appliquer ensuite une différence réelle. La liaison d'ensemble de notre conscience personnelle ne repose pas sur la persistance de notre être interne, mais sur *la constance de ses changements* (1). » La psychologie ne gagne absolument rien à l'idée d'une substance surnaturelle, elle risque, au

(1) Voyez Wundt. Log. II. 2, p. 245. Philosop. Stud. XII. p. 41.

contraire d'y perdre beaucoup, car « l'âme » traîne après
elle tout un cortège traditionnel, dont les ineffables attributs peuvent nous voiler, ce qui constitue précisément
pour nous la valeur et la signification de l'être psychique.
« La psychologie doit s'occuper du côté subjectif de l'expérience, tandis que les sciences travaillent à rendre compréhensible la notion de substance appliquée à l objectivité des représentations (1). »

Pour ces raisons, on ne saurait approuver entièrement
la randonnée que W. James vient de courir dans le domaine de la « Mythologie ». Restons donc sur le terrain
psychologique pur, et demandons-nous dans quelles limites cette proposition empirique, « la psychose totale »,
correspond à la neurose totale », peut paraître contradictoire.

La contradiction provient, dans l'espèce, de la conception que l'on se fait du phénomène physiologique. Le
phénomène total, dit-on, est divisible en unités élémentaires qui, seules, physiquement parlant, ont une réalité.
L'intégration des mouvements cérébraux n'a qu'une valeur logique; il n'y a pas d'intégration réelle, mais seulement des mouvements moléculaires. Acceptons ce raisonnement et disons : H²O n'a pas de réalité physique,
H-O-H seul est réel; c'est-à-dire la coexistence des états
moléculaires, que nous appelons *eau*. C'est exprimer qu'il
n'y a pas de *combinaison* possible sans médium: le médium serait ici *l'effet* produit par H-O-H sur nos organes
et sur les autres corps. De ce point de vue, cependant,

(1) Wundt. Log. II. 2, p. 248. Grundr. d. Psych., p. 360. Philos.
Stud. X., p. 76.

H-O-H est bien un phénomène total, qui peut produire ou occasionner d'autres phénomènes totaux, dont H, H, O seraient *séparément* incapables. Prenons un autre exemple. Vous jetez un morceau de bois sur une surface d'eau tranquille, le morceau de bois flotte, chaque molécule d'eau lui résiste, et leurs forces *réunies* contre la surface flottante la soutiennent. Mais, ce phénomène est encore ici le résultat d'une combinaison de forces moléculaires, composant *un effet total*. D'un point de vue mathématique, et pour *calculer* la résistance, vous pourrez décomposer, d'une part, la surface flottante, et, d'autre part, la colonne liquide, qui lui correspond en unités élémentaires, susceptibles d'un symbolisme géométrique, c'est, en effet, que les deux phénomènes ont lieu dans l'espace et se prêtent à une telle division ; cependant, cette analyse du phénomène en molécules, puis en atomes, puis finalement, peut-être, en valeurs différentielles, n'est qu'une hypothèse commode, une *convention*. En réalité, le phénomène total correspond à l'effet total, nous n'introduisons l'analyse que pour répondre au pourquoi et au comment, pour nous donner une raison qui satisfasse notre logique, mais qui, après tout, n'est qu'une vue de l'esprit scientifique. Supposons, maintenant, que la succession des phénomènes donnés comprenne, d'une part, un phénomène physique ou physiologique, et, de l'autre, une psychose. La totalité du fait physiologique correspondra à la totalité du fait mental, mais comme le premier se passera dans l'espace, il sera théoriquement analysable en parties, au lieu que le second, s'exprimant dans le temps, ne sera pas décomposable. En d'autres termes, nous pourrons appliquer au premier notre *fic-

lion atomique, tandis que l'autre n'en souffrira pas l'adaptation. Suivra-t-il, de là, qu'il y ait une contradiction nécessaire ? Je ne le crois pas. Tout ce que l'on peut dire, sans doute, c'est que l'on se trouve en présence d'un parallélisme spécial, comprenant, d'une part, un tout subdivisible et, de l'autre, un tout non divisible, lesquels, par conséquent, ne sauraient correspondre terme à terme. Le phénomène physiologique est réel, comme les mouvements composés du cerveau sont réels; ce qui n'est pas réel, c'est le mouvement décomposé, puisqu'il n'est plus mouvement. Du reste, s'il faut opposer aux unités conscientes des unités de mouvement moléculaires, on sera libre d'imaginer les constructions que l'on voudra, puisqu'on se trouvera, en définitive, entre deux hypothèses invérifiables; car, d'une part, les unités psychiques ne nous sont jamais données, et, d'autre part, la chimie du cerveau est à peu près inconnue. Dans l'état actuel de notre connaissance, il n'y a pas, dans ce sens, de loi psycho-physiologique ultime; encore une fois, nous constatons simplement *que le phénomène tout nu, la chose immédiatement connue du côté mental, comme se trouvant en face du processus cérébral entier, est l'état de conscience, non pas l'âme (1)* », ou une collection de psychoses élémentaires.

Dans ces limites, il existe un parallélisme constant entre les psychoses et les neuroses. Que l'on fasse du cerveau un instrument ou un agent, ou que l'on adopte avec Wundt un point de vue kantiste, affirmant que l'objectif

_____

(1) W. James, *op. cit.*, vol. 1, p. 182.

et le subjectif représentent les deux côtés de la même
expérience, il faut admettre que l'organe central travaille
pendant que le flot conscient déroule son progrès continu,
et que le flot s'arrête brusquement ou se déforme, lorsque
la machine qui semble le produire se brise ou se détra-
que. La coexistence des vibrations nerveuses assiste la
synthèse primitive, fondement de toute notre vie psychologique, elle sert de substrat à la mémoire, et, en général,
a l'association des psychoses.

Bref, la conscience n'existe que dans de certaines conditions physiologiques, sur lesquelles nous devons maintenant insister.

Considéré d'une manière générale, le système nerveux
apparaît comme une série plus ou moins compliquée de
neuroses. L'excitation physique produit dans ces unités
des transformations, dont nous ignorons à peu près tout
et qui ont pour effet de transporter l'impression de la
périphérie au centre, puis du centre à la périphérie. On
exprime cela en parlant, pour plus de simplicité, d'un
courant centripète et d'un courant centrifuge. Wundt a
construit une théorie savante du mécanisme nerveux qui,
d'ailleurs, dans l'état où elle se présente, n'offre aucun
intérêt psychologique (1).

Cependant, les cellules tendent, par endroits, à s'agglo-
mérer et à former des centres. Les premiers centres
nerveux sont les ganglions des invertébrés, par exemple
ceux du cordon ventral des lombriques. A mesure que

(1) Voyez Grundz. des Phys., Psych., ch. III. Physiologie mécanique de la substance nerveuse, pp. 49 et suiv. Voyez aussi
Hermans Lehrb. der Phys., pp. 398 et suiv.

l'on s'élève dans la série animale, les centres se développent davantage, constituant dans la classe des vertébrés
le cerveau et ses annexes. Le cerveau n'est d'abord qu'un
triple renflement de la moelle, renflement qui se différen-
cie ensuite en cinq vésicules, théoriquement distinctes,
correspondant respectivement à la moelle allongée, au
cervelet, aux cerveaux moyen, postérieur et antérieur, et
aux hémisphères.

Le type le plus simple du phénomène nerveux composé est le réflexe médullaire. La moelle est constituée
par un tassement de cellules nerveuses autour d'un canal
central. On y distingue la substance grise et la substance
blanche. La substance grise a grossièrement l'aspect d'un
papillon dont les ailes seraient pointues par derrière
(côté dorsal) et arrondies par devant (côté ventral). Les
extrémités postérieures forment les cornes de derrière,
les extrémités antérieures, les cornes de devant, enfin, les
renflements que l'on distingue sur les côtés sont désignés
sous le nom de cornes latérales. Les cornes postérieures
donnent naissance aux racines postérieures des nerfs sensibles, tandis que les racines antérieures des nerfs moteurs sortent des cornes antérieures. Les racines postérieures relient la moelle à ses divers niveaux avec les
ganglions.

Le réflexe se décompose en un courant centripète et en
un courant centrifuge. Le premier aboutit à la moelle
par les racines postérieures, le second quitte la moelle
par les cornes antérieures, le premier vient d'une surface
sensible, le second va jusqu'à une surface musculaire. Si
l'on touche la cuisse d'une grenouille décapitée avec un
acide corrosif, on voit la patte faire des mouvements de

défense appropriés, donc la moelle est un *centre* qui se suffit pour l'accomplissement de certains mouvements normaux, dont on ne peut pas démontrer qu'ils soient accompagnés de conscience, et que l'on nomme pour cela réflexes ordonnés.

Si l'on excite d'abord un tronc moteur, puis une racine motrice correspondante, et que l'on enregistre chaque fois la contraction, la différence des deux courbes obtenues représente le changement introduit dans le phénomène par le passage du courant nerveux dans le centre. Cette différence se manifeste sous la forme d'un retard considérable dans la réaction et d'une durée plus longue de la contraction.

On peut faire l'expérience avec une racine sensible et un tronc moteur situés du même côté, ou avec une racine sensible et un tronc moteur placés chacun à un côté opposé, mais au même niveau (gleichseitige Reflexerregung, querre Reflexerregung), ou enfin avec une racine sensible supérieure et une racine motrice d'une extrémité inférieure (Höhenleitung der Reflexe). Dans ces trois cas différents, le temps du réflexe varie. Il est moindre pour les réflexes du même côté, normalement 0,008 --- 0,015 sec; relativement plus grand lorsque le courant nerveux chemine en surface (par exemple, d'une corne antérieure droite à une corne postérieure gauche), que lorsqu'il progresse verticalement, d'une racine sensible antérieure à une racine motrice d'un niveau inférieur. Il faut donc admettre que les cellules offrent une résistance plus grande que les fibres. Il ressort en outre, de ces faits, que le centre est capable *d'emmagasiner* plus de force, puisque, d'une part, la contraction n'apparaît pas à la

première excitation, et que, d'autre part, le phénomène
une fois déterminé produit un effet plus étendu et plus
durable. *C'est le phénomène de l'addition des excitations.*
L'importance de ce phénomène au point de vue psychologique, consiste d'abord en ce qu'il suppose la coexistence
des vibrations nerveuses. Si, en effet, l'excitation a' produit dans le centre la transformation a inopérante, et si
les excitations a' a'', chacune incapable de susciter une
réaction, en déterminent cependant une, a^1, lorsqu'elles
se succèdent, il faut nécessairement que quelque chose du
mouvement a se soit ajouté à a^1. Cette loi de l'addition
des excitations est particulière au système nerveux, et,
dans les centres supérieurs, elle explique notamment ce
que nous avons appelé après W. James, le « *halo* ». Or,
ce halo apparaît, en somme, comme l'élément de liaison
du flot mental et, sans doute, comme le fond même de
notre vie psychique, la donnée immédiate, pour parler
le langage de M. Bergson (1).

Cependant, la moelle constitue la seule liaison nerveuse
entre le cerveau et les nerfs de la moelle; — il faut donc
qu'elle transmette toutes les influences de la volonté et
des centres cérébraux aux muscles du tronc et des extrémités, et, d'autre part, aussi, toutes les sensations de ces
diverses parties du corps (2). L'anatomie démontre, en
effet, l'existence de fibres verticales dans la substance
blanche de la moelle, et l'expérimentation, ainsi que les
observations pathologiques, établissent que ces fibres

(1) Voyez W. James, *op. cit.*, pp. 82 et suiv.
(2) Lehrbuch der Physiologie. B. Hermann, Berlin, 1900,
p. 407.

constituent, pour partie du moins, la voie d'accès de l'excitation au cerveau.

Comparons, dit à ce propos W. James, les transmissions nerveuses à des courants électriques, il nous sera permis d'interpréter le système situé au-dessous des hémisphères, comme un circuit direct de l'organe sensoriel au muscle. Cependant, le courant pourra être également dirigé le long du circuit où se trouvent les hémisphères, lorsque, pour une raison quelconque, on se trouvera empêché d'employer la ligne directe. « Dans le grand circuit, le long duquel on suppose que se trouvent les souvenirs et les idées de l'avenir, on doit expliquer l'opération, en tant que processus physique, précisément à la façon de celle des centres inférieurs. Si on la regarde ici comme un processus réflexe, il faut, là aussi, la considérer comme telle. Dans les deux cas, le courant ne descend vers les muscles qu'après être parvenu de l'extérieur dans le centre. Mais, au lieu que dans le centre inférieur, le chemin (path) de sortie est déterminé... il ne l'est pas dans les hémisphères. C'est là simplement une différence de degré et non de nature, qui ne change pas le type du réflexe. La conception de toute action sous forme de réflexe est la thèse fondamentale de la physiologie nerveuse contemporaine (1). »

On sait quel parti la philosophie évolutioniste veut tirer de là. Si tous les phénomènes nerveux de réaction sont du type réflexe, et si les réflexes de la moelle produisent des actions ordonnées sans conscience, il est na-

(1) W. James, *op. cit.*, vol. 1, ch. II, pp. 20-23.

turel de considérer que cette conscience, ajoutée aux réflexes des centres plus élevés, n'a aucune efficacité, et
qu'elle présente tous les caractères d'un épiphénomène.
Il peut donc être intéressant de suivre l'évolution de la
conscience au travers des divers centres et d'en déduire
la conclusion qui s'impose. Conclusion, disons-le tout
de suite bien différente de celle que la métaphysique matérialiste propose avec tant de confiance.

Pratiquons des sections successives aux divers niveaux
des centres nerveux d'une grenouille, et cherchons à reconnaître ce qui lui reste *de conscience.*

Si nous privons l'animal de ses hémisphères, il n'est
pas atteint dans sa faculté locomotrice, mais ne manifeste
plus de *spontanéité*. Il nage désespérément, et l'on dirait
une réaction fatale due aux impressions cutanées produites par la matière ambiante. La faim est abolie, la
grenouille laissera la mouche la plus appétissante se promener sur son nez, sans faire un mouvement pour la
happer. Bref, il semble que l'on ait affaire avec une machine très complexe, il est vrai, et dont les actions tendent encore à sa conservation, mais qui ne contient plus,
à proprement parler, d'éléments *incalculables*. En lui ap-
pliquant le stimulus sensoriel approprié, nous sommes à
peu près sûrs d'obtenir une réponse déterminée, tout
comme l'organiste est certain d'entendre le même ton,
lorsqu'il appuie sur la même touche.

Si la section se trouve entre les thalami et les lobes
optiques, la locomotion est conservée, les réactions vo-
cales persistent, l'animal coasse quand on le pince sous
le bras, il compense les mouvements rotatoires, mis sur
le dos, il se retourne, etc. Comme le sens de la vue est

aboli, on ne peut constater s'il est encore capable d'éviter les obstacles.

La section est opérée au-dessous des lobes optiques. La locomotion est diminuée, cependant, l'animal mis sur le dos se retourne; il compense encore les mouvements rotatoires, si l'on élève le support de telle façon que sa tête se trouve en bas, il la retourne en haut, mais le corps est incapable de suivre.

Si, enfin, on décapite la pauvre bête, la locomotion se trouve anéantie, on remarque cependant des réactions réflexes intelligentes, et notamment si l'on applique sur la cuisse un acide corrosif, des mouvements de défense appropriés.

Il ne faudrait peut-être pas, en effet, se hâter de conclure que les centres inférieurs sont absolument incapables de choix dans la réaction. En effet, Schrader, après des opérations pratiquées avec un soin spécial, a constaté chez ses grenouilles privées de leurs hémisphères, des mouvements spontanés, et notamment, elles happaient des mouches et se terraient dans la vase. Les carpes décervelées de Vulpian ne différaient pas non plus sensiblement des autres ; les pigeons de Schrader effectuaient des vols appropriés, etc. Cependant, il ressort assez clairement que du centre le plus bas jusqu'au plus haut, une gradation existe, *où la mémoire augmente*. Après séparation de la moelle allongée « la liaison des impressions précédentes avec les événements passés est abolie, de sorte qu'il n'y a plus ni reconnaissance des personnes, ni penchant, ni aversion, ni joie, etc. » Les centres inférieurs sont donc bien des lieux de liaisons, mais, principalement, de liaisons dans le présent qui, pour cela, et

pour cela seul, peuvent être interprétés comme de simples réflexes. Ce sont pourtant des réactions psychiques,
si l'on appelle de ce nom tout ce qui manifeste un but à
atteindre, ce but serait-il immédiat. A ce compte-là, le
réflexe de la moelle lui-même est intelligent, car il manifeste un choix ; encore une fois, la grenouille décapitée
sait ce qu'elle fait lorsqu'elle frotte sa cuisse endolorie
pour écarter la cause du mal.

Mais, quel que soit le point où apparaît la conscience,
son entrée en scène n'est pas *inutile*, elle est là toujours
pour *régler le mouvement*, qui, sans elle, n'aurait pas
de signification, et pourrait même être nuisible. Plus les
réactions possibles sont nombreuses, plus sa nécessité
devient évidente. Voilà, sans doute, pourquoi elle croît
avec la mémoire, car un être doué d'une mémoire puissante possède un cerveau compliqué, capable de réflexes
multiples, tous égaux du point de vue objectif, mais dont
un seul vaut du point de vue subjectif (1).

Ainsi, partant des mêmes données que l'évolutionisme,
il faut, logiquement, que nous arrivions encore ici à une
conclusion tout opposée.

D'après Meynert, le nombre des fibres nerveuses se
multiplie à mesure qu'elles approchent du cortex. Cette
multiplication ascendante a lieu dans des agglomérations
successives de cellules ganglionnaires (substance grise).

---

(1) Voyez Flourens, Recherches expérimentales sur les fonctions du système nerveux, 1842. Göltz-Beiträge zu der Lehre
von den Fonctionen der Nervencenter des Froches, 1869. Der
hund ohne Grosshirn-Christiani ; zur Physiologie des Gehirns
(1885). — Wundt, *op. cit.,* p. 262.

Ces organes sont comme des stations où les fibres nerveuses pénètrent, se lient et se subdivisent. On distingue
à ce point de vue trois ordres de substance grise, d'abord
le cortex, puis les gros noyaux du cerveau moyen, et
enfin les couches grises de la cavité rhomboïdale. Les
fibres (substance blanche) forment deux systèmes, celui
d'association et celui *de projection*. Le premier lie entre
elles les différentes régions du cortex, le second met
ce même cortex en relation avec le monde extérieur qui,
en même temps, s'y *projette*. Cette hypothèse représente
le cortex comme une *tabula rasa;* son éducation tout entière est l'œuvre des ganglions inférieurs. Rien, dès lors,
de plus facile que de figurer par un schéma *le processus
de l'expérience.*

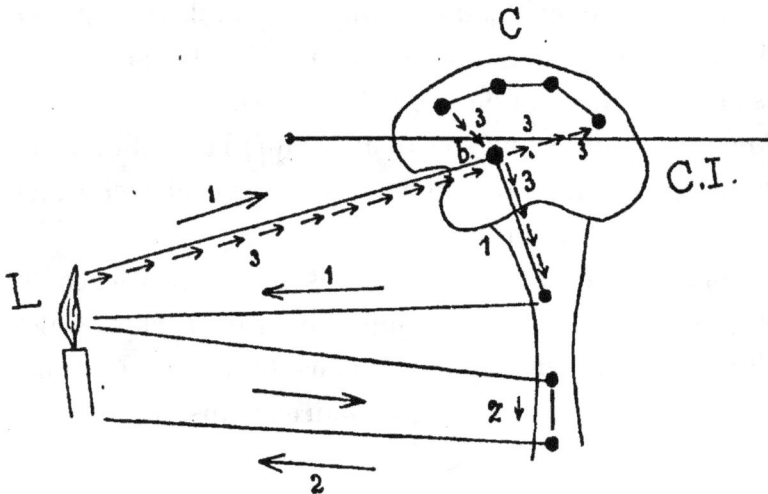

Faisons les suppositions nécessaires suivantes :

1° Une impression reçue tend à se décharger en réflexe,
mais elle laisse aussi sa *trace* dans le cortex.

2° Des impressions reçues simultanément ou en suc-

cession y laissent des traces liées de telle sorte que le
même courant puisse les parcourir toutes.

3° Toute idée tend à produire ou à inhiber un mouvement.

Soit donc un cerveau CI C, où la région C représente
le cortex, la région CI, ce que j'appellerai, pour plus de
simplicité, le cerveau inférieur, c'est-à-dire les thalami,
les corpora trigemina, la medulla oblongata, leurs annexes, et la moelle. Ce cerveau reçoit une impression
L, qui se décharge en un réflexe 1-1-1. L'enfant touche
la flamme brillante ; mais il éprouve au même instant
une impression douloureuse, il retire la main : c'est le
réflexe 2-2-2. Tout ceci s'est passé au-dessous du cortex,
et si l'organisme nerveux n'était pas capable d'autre
chose, nous vivrions toujours dans le présent ; l'enfant
continuerait à se brûler consciencieusement chaque fois
qu'il apercevrait la flamme d'une bougie. Cependant,
toute impression reçue laisse sa trace dans les hémisphères ; de sorte que les quatre impressions précédentes
(deux sensorielles et deux motrices) se trouvent représentées par quatre « idées ». Comme d'ailleurs ces quatre
idées ont été enregistrées en même temps, elles sont liées :
un même courant peut les éveiller toutes. S'il arrive
maintenant que le sujet voie encore une bougie, la nouvelle impression parvenue au point b ne se déchargera
plus immédiatement en 1, mais elle prendra le chemin
3-3-3, et comme toute idée tend à produire ou à inhiber
un mouvement, le courant se déchargera finalement en
3, parallèle au chemin 1, et qui passe par le centre inférieur CI.

Ce ne serait là qu'une vue de l'esprit sans valeur réelle,

si l'anatomie ne démontrait pas, dans de cert ines limites, la légitimité d'une telle interprétation. Cette science
est capable de tracer de façon à peu près certaine, d'une
part le cours des fibres motrices à partir du cortex, et de
l'autre, celui des fibres sensibles dans leur ascension centripète jusqu'à lui. Le *faisceau pyramidal* est, en effet,
constitué par les fibres motrices qui continuent les cordes
latérales et antérieures de la moelle, se croisent dans le
bulbe, puis, traversant le pons Varoli, entrent dans la
capsule interne, d'où elles rayonnent en couronne, dans
la région motrice du cortex.

Le cours des fibres sensibles est plus difficile à suivre.
D'une façon générale, elles pénètrent d'abord entre le nucleus gracilis et le cuneatus, puis se forment en faisceaux
accolés aux pyramides, qui, immédiatement après le croisement de ces dernières, passent à la surface de la moelle
allongée pour y subir un croisement, s'étaler sur le tegumentum pedunculi et enfin dans le laqueus. Il se produit
alors un croisement dit croisement pyramidal supérieur
(obere Pyramidal Kreuzung). Quelques fibres se séparent
des autres et passant dans le tegumentum, se mêlent à
des nerfs moteurs. Le reste des nerfs sensoriels se perd
dans les masses grises des corpora quadrigemina et des
Thalami, d'où s'échappent des fibres terminales, qui
rejoignent le cortex.

De sorte, enfin, que l'on peut proposer le schéma général ci-contre des organes centraux et de leurs liaisons.
La substance grise est représentée par IIII. La partie
pointillée figure les noyaux des nerfs moteurs, la partie
rayée, celle des nerfs sensibles. La liaison de la substance
grise (moelle et moelle allongée), avec le cortex, se pro-

duit, pour les moteurs, directement par les fibres pyrami-
dales (Pyramydenbahn) (2), pour les sensibles apparemment en grande partie, par ce qu'on appelle les ganglions
gris (Gangliengrau) (Thalami, parties du cervelet, etc.)
G, qui sont eux-mêmes liés principalement avec la partie
postérieure du cortex (4), tandis que les fibres pyrami-

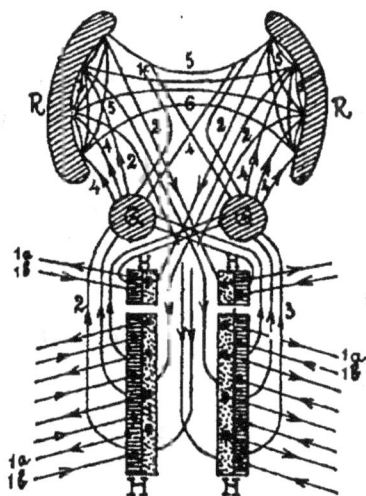

D'après Hermann.
Lehrbuch der Physiologie, p. 432.

dales naissent plus en avant. La liaison entre la substance grise G et celle de la moelle est croisée seulement
pour partie, tandis que le Pyramydenbahn l'est complètement, et cela pour certains faisceaux de fibres à partir
même de la moelle.

La question de la fonction du cortex a particulièrement
attiré l'attention des psychologues, et les physiologistes
ont, quelquefois à leurs dépens, cédé à la tentation de
faire à ce propos de la psychologie. On connaît le succès
passager de Gall et de ses disciples.

« Nous avons un parlement de petits bonshommes, dont chacun, comme cela arrive dans les assemblées délibérantes, a son idée, qu'il cherche sans trêve à faire triompher... Au lieu d'une âme, on nous en propose quarante, dont chacune apparaît aussi énigmatique que l'âme entière. Au lieu d'analyser la vie de l'âme en ses éléments, on la décompose en *personnalités de caractères différents*... Monsieur le Pasteur, il y a donc un cheval dedans ! s'écrièrent un jour les paysans de X..., lorsque le gardien de leurs âmes eût expliqué une heure durant le mécanisme de la locomotive. Avec un cheval dedans, tout est clair, quand même ce cheval-là devrait être quelque peu merveilleux. Le cheval, lui, n'a plus besoin d'explication (1). »

« La science moderne conçoit la chose d'une façon très différente. *Le cerveau, ainsi que l'esprit, consistent en des éléments simples, sensoriels et moteurs.* » Tous les centres nerveux, dit le Dʳ Huglings Jackson (2) « depuis le plus bas jusqu'au plus élevé, ne sont pas autre chose que des combinaisons nerveuses représentant des impressions et des mouvements... je ne vois pas de quoi le cerveau pourrait en outre être composé ». Meynert n'est pas d'un autre avis lorsqu'il nomme le cortex la surface de projection pour chaque muscle et chaque point sensible du corps. Les muscles et les régions sensibles sont alors représentées par des points corticaux et le cerveau n'est que la somme de tous ces points, auxquels, du côté mental autant « d'idées » correspondent. *Des « idées » de*

(1) Geschichte des Materialismus. Zweites Buch., pp. 430-1.
(2) West Riding Azylum. Reports, 1876, p. 267.

sensation, des idées de mouvement, tels sont, d'ailleurs, *les facteurs élémentaires dont la psychologie associationniste construit l'esprit.* « Il y a un parallélisme complet entre les deux analyses, le même diagramme de petits points, de cercles ou de triangles réunis par des lignes, symbolise également bien le processus mental et le processus cérébral : les points figurent des cellules ou des idées, les lignes des fibres ou des associations. Nous avons critiqué cette analyse en tant qu'elle s'applique à l'esprit, mais elle constitue assurément une hypothèse très convenable et qui a fait les preuves de son utilité, pour formuler les faits physiologiques d'une manière extrêmement naturelle (1). »

A vrai dire, le schéma primitif a été fourni, dans l'esp⸱⸱ par la psychologie. On a vu des physiologistes, Münk, par exemple, traiter cette correspondance terme à terme, comme un postulat, et rien ne met plus en évidence l'erreur fondamentale de l'associationnisme. Cependant, on va le voir, l'analyse élémentaire du cortex ne se prête pas aux exigences *d'une localisation rigoureuse.*

Sans m'arrêter aux méthodes, je me contenterai d'abord d'exposer les résultats généraux des expériences. Si l'on combine les localisations, telles qu'elles résultent des observations faites sur le cortex du chien, on obtient un diagramme où il n'est pas difficile de remarquer les empiètements des diverses régions les unes sur les autres. On peut dire pourtant que le centre de l'odorat occupe principalement la région latérale et médiane, le centre moteur, la région médiane supérieure, le centre

(1) W. James, *op. cit.,* vol. 1, p. 30.

de la vue, le lobe occipital, le centre de l'ouïe, le lobe
pariétal.

Le schéma des régions corticales, chez l'homme et
chez le singe, n'est pas essentiellement différent. La région motrice coïncide à peu près avec la sphère du toucher; elles représentent, ensemble, sur la surface corticale, une bande qui, partant de la fissura Sylvii, et
occupant toute sa longueur, monterait en s'élargissant
entre la première circonvolution pariétale et la prolonga-
tion de la troisième frontale, pour enfin s'étaler au milieu
des deux hémisphères, jusqu'à la fissure calloso-margi-
nale. La sphère de la vue est principalement localisée
dans le lobe occipital, la sphère de l'ouïe dans le lobe
temporal, l'odorat réside probablement aux environs de
la fissura Sylvii. Enfin, ce que l'on est convenu d'appeler
les centres du langage, la région de Broca et celle de
Wernicke, se trouvent, l'une près de la troisième circonvolution frontale, et l'autre, sur la première temporale.

L'un des effets les plus curieux des désordres survenus
dans le cortex, consiste assurément dans la cécité mentale. Ce n'est pas précisément une insensibilité aux impressions optiques, mais plutôt une incapacité à les *comprendre*. Du point de vue psychologique, le fait peut être
interprété comme une *rupture des associations* entre *les
sensations optiques et ce qu'elles signifient*. Or, ces sensations optiques signifient *des objets*, c'est-à-dire que la
sensation visuelle est, à l'état normal, accompagnée d'images de reconnaissance fournies par l'expérience des autres sens. Ce n'est donc pas, à proprement parler, la perte
de la mémoire visuelle qui produit le phénomène en question, tout au contraire, il est dû à l'absence d'images

non visuelles. De fait, je serais naturellement aveugle, si j'avais perdu toutes mes images visuelles. Il faudrait, en effet, que mes lobes occipitaux fussent complètement détruits (car une destruction partielle causant seulement l'hémianopsie ne suffirait pas à abolir en moi ces images), et cette destruction complète des deux lobes occipitaux aurait pour conséquence, non pas la cécité mentale, mais la cécité complète ou cécité physique. C.-S. Freund (1) cite un cas où les lobes occipitaux étant atteints, sans toutefois que le cortex fût détruit des deux côtés, il y avait encore vision. Il faut donc expliquer le cas dont il s'agit par une destruction des fibres d'association entre les lobes occipitaux et les autres parties du cerveau, notamment les centres du langage : « Nulle part je ne trouve un fait qui nous oblige à croire (avec Nothnagel) que les images visuelles doivent être perdues dans la cécité mentale, ou que les centres cérébraux de ces images sont distincts de ceux qui servent aux sensations directes, œuvres de l'œil. Là où un objet n'est pas reconnu par la vue, il arrive souvent que le malade peut le nommer dès qu'il le touche avec la main. Ceci est intéressant, parce qu'on y entrevoit quelle multiplicité de fibres d'association relie les centres du langage aux autres parties du cerveau. Le chemin des courants nerveux de la main (hand.path) est ouvert, quoique celui des yeux (eye path) soit fermé. Quand la cécité mentale est tout à fait complète, ni la vue, ni le toucher, ni les sons, ne réussissent à diriger le malade, et il en résulte une espèce de démence, que l'on a appelée *asymbolia* ou *apraxia*. Les

(1) Archiv f. Psychiatrie, vol. 20.

objets les plus communs restent incompris. Le malade
mettra ses pantalons sur une épaule, et son chapeau sur
l'autre, il mordra un morceau de savon et laissera ses
souliers sur la table, ou bien, il prendra sa nourriture
dans la main, puis la rejettera, ne sachant plus qu'en
faire... De pareils désordres ne peuvent provenir que
d'une lésion étendue du cerveau (1). »

Maintenant, comment faut-il interpréter cette *association* ? W. James s'est malheureusement contenté d'effleurer la question, qui, cependant, au regard de sa psychologie, me semble présenter une importance considérable.
En 1842, Flourens admettait déjà que le cerveau travail-
lait d'ensemble, à peu près comme une glande ou le foie,
et il attribuait au cerveau moyen, au cervelet et à la
moelle allongée, des fonctions spécifiques. Cette conclusion à propos du cortex s'appuyait sur le fait que l'extir-
pation complète des hémisphères pratiquée sur les animaux abolissait l'intelligence et la volonté, tandis que
des extirpations partielles les amoindrissaient d'une façon toute générale, sans avoir d'influence spéciale sur
telle ou telle faculté. Cette opinion parut bientôt insoutenable, en présence des nouvelles données de l'anatomie;
elle fut remplacée par les théories de la localisation.

Au lieu d'admettre, comme Gall, des organes distincts,
substrats de facultés, telles que l'amour des enfants, ou
le talent mathématique, les partisans de ces théories n'admettent plus que les deux notions psychologiques de
représentation et de sensation (Vorstellungen Empfindun-

(1) W. James, *op. cit.*, vol. 1, pp. 51-52. Wernicke's Lehrbuch
d. Gehirn Krankeiten, vol. 2, p. 554 (1881).

gen). La représentation équivaut ici à l'image du souvenir (Erinnerungsbild).

Cette « nouvelle phrénologie », comme l'appelle Wundt, s'est développée dans deux directions. On y admet toujours qu'un certain nombre de centres sensoriels se trouvent répartis sur le cortex, centres où des fibres conductrices spéciales déchargent l'excitation spécifique des sensations. Les régions centromotrices sont elles-mêmes considérées comme des centres sensoriels, parce qu'on suppose que l'essence d'un mouvement volontaire consiste dans le fait qu'un réflexe déchargé dans un centre inférieur ou dans le cortex est lié avec une sensation de mouvement et de toucher, accompagnant le mouvement même. Ici, les opinions se partagent. Les uns posent que les centres de sensation et de représentation sont étroitement liés; chaque centre sensoriel est donc, en même temps, représentatif et, par conséquent, la surface corticale paraît uniquement composée de centres sensoriels accolés. A l'intérieur de ces centres, les fonctions différentes de sensation et de représentation sont unies à des éléments, qui diffèrent fonctionnellement, mais non pas morphologiquement. On admet donc deux espèces de cellules corticales: les cellules de sensation (Empfindungszellen) et les cellules de représentation (Vorstellungszellen). Les premières reçoivent directement le contre-coup des excitations périphériques et le transmettent aux secondes, où il reste déposé. C'est le dépôt (déposiren) des représentations dans les cellules de souvenir (Erinnerungszellen). Telle est la *théorie pure* des centres sensoriels (Reine Sinnescentrentheorie); construite d'abord par

Meynert, elle a été ensuite adoptée par H. Münk, comme base de ses recherches sur les animaux.

Les autres distinguent les centres d'association des centres sensoriels. Les centres d'association ont pour office d'unir les sensations, et aussi de les conserver, ils sont mis en communication avec les centres sensoriels par des fibres de liaison. Cette thèse que l'on peut brièvement désigner sous le nom de théorie des centres d'association (Associations centren Theorie) considère que la fonction essentielle du cortex consiste dans celle des centres d'association, tandis que les centres sensoriels ne font que projeter les impressions, dans l'ordre où elles sont données à la périphérie. On donne à l'expression centre d'association un sens psychologique et un sens physiologique. Du point de vue physiologique, ces centres sont caractérisés par la prédominance des « fibres d'association » et ne se trouvent en rapport avec la périphérie, que par l'intermédiaire des centres sensoriels, auxquels ils sont coordonnés. Du point de vue psychologique, on les regarde comme la base des processus d'association entre les sensations, sur lesquels, selon l'associationnisme, reposent toutes les autres fonctions psychologiques.

Goltz a été le premier à combattre ces hypothèses de localisation définie. Il s'est appuyé pour cela sur des expériences analogues à celles de Flourens, mais plus exactes, et s'est trouvé amené à une conclusion analogue. Il insiste sur l'action d'ensemble des différentes régions du cerveau, et admet, en outre, que ces diverses parties ont une égale valeur.

Une critique des théories contraires doit être fondée

sur tous les faits de l'expérience, sans, autant que possible, en omettre aucun ; elle doit s'appuyer également sur
les données de l'anatomie, de la pathologie, de la physiologie et de la psychologie. Des points de vue psychologique et pathologique, la théorie des centres sensoriels
n'est pas soutenable. Les fonctions de la perception ne
sont pas, chez l'homme, des fonctions de simple répétition (Wiederholung). Les surfaces sensorielles constituent, en effet, des *centres*, dans l'acception étroite du
mot, c'est-à-dire des régions où les diverses fonctions
périphériques se trouvent *centralisées*. Si elles n'étaient
pas cela, elles ne représenteraient qu'une doublure inutile des organes périphériques. D'autre part, cette doctrine, en opposant les cellules de représentation aux cellules de sensation, ne considère pas que toute sensation
est aussi, dans une certaine mesure, une représentation;
elle procède donc d'une psychologie spiritualiste et métaphysique qui, en face des sensations nées des excitations physiques, pose les représentations comme des
actes purement psychiques de l'âme même.

La théorie des centres d'association admet, elle aussi,
que les centres sensoriels ne sont que des miroirs de
projection. D'autre part, supposer que les associations
se font dans des centres séparés, distincts et éloignés des
centres sensoriels, c'est oublier, qu'en fait, la plupart des
associations les plus importantes ont lieu entre les éléments d'un même domaine sensoriel, par exemple, les
associations spatiales de la perception visuelle. On pourrait admettre seulement la possibilité de fibres d'association entre les divers domaines sensoriels, comme ser-
vant de substrat à ce qu'on appelle les « complications »

c'est-à-dire, les associations entre des éléments disparates de représentations. Si pourtant, dans ce sens étroit, la notion de fibres d'association conservait encore une signification relativement claire, elle ne saurait cependant, comme telle, correspondre à celle que l'on donne aux centres d'association; à moins que l'on veuille exprimer l'insuffisance des fibres sensorielles pour une telle fonction, et que l'on soutienne la nécessité d'organes spéciaux ne recevant que des fibres d'association pour les combiner. Mais alors, ces centres deviendraient des centres de *facultés*, et l'on retomberait dans l'erreur de la vieille phrénologie.

Goltz et ses disciples ont fait certainement la preuve contre les théories d'une stricte localisation. Au lieu de se demander quelles conséquences peut avoir la suppression d'une région corticale déterminée, et quelles fonctions, par suite, lui sont dévolues, la physiologie moderne pose la question contraire, à savoir : Quels sont les changements centraux qui se produisent lorsqu'une fonction déterminée, celle de la langue ou de l'acte visuel, par exemple, est troublée ? Le progrès consiste, ici, en ce que l'attention n'est plus arrêtée sur tel centre, mais qu'elle en fait abstraction, admettant à l'avance sa confusion possible avec d'autres régions. On supprime ainsi, en quelque manière, non seulement les limites entre ces diverses régions, mais aussi entre les divers cerveaux, car les fonctions compliquées semblent liées à leur action simultanée ou successive (1).

(1) Voyez Wundt. Grundzüge de Phys. Psych, vol. 1, édit. 1902, pp. 289-297.

Il faut donc, si l'on veut se faire une idée à peu près exacte de ce qui se passe dans le cerveau, à l'occasion d'une perception, par exemple, procéder à ce que Wundt appelle une analyse psycho-physique.

Prenons tout de suite un cas type et voyons jusqu'à quel point le cerveau se trouve engagé pour la prononciation d'un *mot* compris. Supposons que P représente le son de la parole, E l'image du mot écrit, S sa signification. Le son P consistera, d'une part, en images acoustiques *a* et, de l'autre, en sensations d'articulation *m* ; l'image du mot écrit E se décomposera en représentations optiques *o* et en sensations de mouvements graphiques *m'*; enfin, la signification S contiendra une représentation de l'objet *r*, un sentiment *s* et tout un contenu de relations avec des images présentes ou passées, *i*, *x*, *y*, etc. Ainsi, la succession P E S n'apparaît pas à l'état isolé, mais dès l'abord, dans un tissu d'associations, dont on ne la distingue que par abstraction. L'association même de P E S peut varier considérablement d'un individu à l'autre dans ses éléments. Ainsi, chez les uns, l'association se fait ordinairement par *a o*, chez d'autres, par *m m'*, chez d'autres, enfin, par *a m'*. Les premiers sont visuels, les seconds moteurs, les derniers auditifs. Lorsque le mot est abstrait, *s* s'associe immédiatement à P E et le contenu *r* demeure au contraire considérablement obscurci.

De sorte que l'on peut proposer le schéma suivant pour le mot *Edelweiss*, par exemple :

$y =$ Collection de souvenirs et d'images.

$x =$ Souvenir d'un voyage
en Suisse.

$i =$ Image des montagnes.

m''
Mouvements
ébauchés.

P		E		S	
a	m	o	m'	r	s
le son	l'articulation	image visuelle	mouvements graphiques	image	sentiment
Edelweis	accomplie ou ébauchée	du mot		de la fleur vue	de cette image ou du mot

Que l'on pourrait traduire approximativement de la manière suivante sur le cerveau.

+ Impressions acous-
   tiques.
⟶ Mouvements d'arti-
   culation.
O Mouvements d'écri-
   ture.
● Images visuelles du
   mot.
▨ Autres images vi-
   suelles.

M Centre moteur (Broca) ; A Centre acoustique (Vernicke) ; S Centre des mouvements de l'écriture ; O Centre optique du langage.

Par où l'on voit que pour un mot prononcé, *le cerveau donne à peu près tout entier*. Les observations faites sur l'aphasie confirment d'ailleurs l'exactitude générale de ce schéma. Il y a une aphasie motrice et une aphasie sensorielle. L'aphasie motrice consiste dans l'impossibilité de l'articulation du mot, qui, cependant, est compris. Le siège de la lésion est alors dans la région de Broca (M). Les malades qui souffrent de cette affection présentent ordinairement des troubles graphiques, ils ne peuvent plus écrire, ils lisent et comprennent, mais sont incapables de tracer le mot qu'ils ont lu. On remarque dans ce cas une lésion secondaire, aux environs de S. L'aphasie sensorielle comprend deux variétés : l'aphasie auditive et l'aphasie visuelle. Dans l'aphasie auditive, signalée par Wernicke, le malade peut lire, parler, écrire, mais il *ne comprend pas ce qu'on lui dit*. La lésion pour les droitiers est située sur le lobe temporal gauche, approximativement entre la première et la deuxième circonvolution, pour les gauchers, au même point, mais à droite. L'audition *du son* n'est cependant pas abolie, probablement en effet que le lobe correspondant de l'autre hémisphère tient ici lieu de suppléant, mais ce son même a perdu son usage linguistique. L'aphasie visuelle correspond à la cécité mentale, dont nous avons parlé plus haut (1).

L'importance de ces considérations, au point de vue de la psychologie de W. James, ne doit pas nous échapper. Dans l'hypothèse que nous exposons, et qui semble la plus vraisemblable, la notion du cerveau n'apparaît

_____

(1) W. James, *op. cit.*, pp. 39 et 40, pp. 54 et 55.

plus, sous la forme d'un schéma composé *de points et de lignes qui les rejoignent.* Elle est beaucoup plus compliquée et confuse ; nous concevons pour la moindre perception *une réaction totale, analogue, pour reprendre l'expression de Flourens, à la réaction d'une glande ou du foie.* Cette réaction peut affecter plus spécialement telle ou telle région ; cependant, il est permis de croire, en fin de compte, qu'elle soulève toute la masse, non pas seulement à sa surface, mais dans sa profondeur, comme semblent l'indiquer, notamment, les phénomènes de restitution des fonctions, après lésion partielle.

Ainsi, la psychose totale répond bien à un fait réel et total, à un mouvement lié, dont la subdivision élémentaire ne traduit aucunement la réalité.

Si l'on veut bien réfléchir, il ressort, en outre, de ce qui précède, que le cortex n'est pas seulement la surface de *projection* que suppose Meynert ; il ne reproduit pas seulement l'ordre des impressions extérieures, il leur applique son travail propre, même lorsque les centres inférieurs les ont déjà élaborées et transformées. Le cerveau est un centre qui naît avec une structure et des aptitudes déterminées. L'expérience ne le façonne que dans une certaine mesure, dans la mesure où il est préparé à la recevoir et à se l'approprier ; et ce que l'on dit ici du cerveau s'applique à l'esprit. « *Loin d'être inorganisés à la naissance, les hémisphères doivent posséder des tendances natives à des réactions d'une certaine sorte* (1). »

W. James prend donc une position nativiste dont il nous faut maintenant étudier en détail le fondement et les conséquences. Ce sera l'objet du chapitre suivant.

(1) W. James, *op. cit.*, vol. 1, p 76.

CHAPITRE VI

L'expérience.

La plasticité du cerveau — l'habitude. — L'association ; par contiguïté ; par ressemblance. — La loi fondamentale de l'association est physiologique. — Le sentiment de familiarité. — Définition de l'expérience au sens adopté par l'école empirique. — Elle n'explique pas la genèse de toutes les psychoses. — Apriorisme naturaliste ; la porte de derrière. — Kant et W. James ; Locke et W. James. — La genèse des axiomes logiques ; ressemblance et identité. — Mathématiques ; arithmétique, géométrie. — L'espace géométrique. — La science physique ; hypothèse. — La solution du problème de la connaissance a-t-elle avancé ? — Le miracle des miracles.

Considérée du point de vue psychologique, l'hypothèse de Meynert est simpliste. On y suppose que nous portons en nous comme un miroir des choses, *une surface de projection*, où les impressions périphériques retentissent dans l'ordre de leur production. Le cortex ressemble donc à une page blanche où notre vie s'inscrit à mesure que nous la vivons. Aucune combinaison n'y est, pour ainsi dire, *autochtone*, ce sont des articles manufacturés importés du dehors. Quant aux centres inférieurs, ils sont essentiellement automatiques; leurs réactions consistaient, à l'origine, en une série de réflexes indifférents, mais ces réflexes ont gravé leurs empreintes dans le centre supérieur, où, grâce *au système d'asso-*

14

ciation, elles se trouvent liées, de telle sorte, enfin, que l'acte intelligent est devenu possible.

L'analyse psycho-physique nous a montré que cette théorie n'était pas admissible. Le cortex n'apparaît pas, comme un simple appareil enregistreur, il a des réactions motrices propres, qui s'expliquent par l'anatomie des fibres du faisceau pyramidal. Cette anatomie n'aurait, en effet, aucune signification si le cortex n'exerçait une action directe sur les mouvements ; et, d'autre part, la physiologie démontre que les réflexes de la moelle sont soumis à l'inhibition des centres supérieurs. Le cortex ne jouit pas seul d'un tel privilège, le cerveau moyen, la moelle allongée et la moelle elle-même sont aussi, à des degrés différents, *des centres*, c'est-à-dire qu'ils *concentrent* et combinent les impressions périphériques et ne se contentent pas de les réfléter dans l'ordre de leur présentation sensorielle. Soutenir qu'il n'en est pas ainsi, c'est commettre une erreur notable, et supposer dans notre organisme une doublure inutile. Bref, nous avons dû conclure que le cerveau réagit d'ensemble tout entier *à sa manière propre*, un peu comme une glande. Objectivement, nous définissons mal ce qu'il produit, subjectivement, son travail nous apparaît, dans de certains cas, sous la forme de psychoses conscientes qui se lient de façon particulière.

La théorie de Meynert est une traduction physiologique de l'empirisme. Elle étaie d'un système scientifique la conception de l'École, qui voit dans *l'expérience* l'unique auteur de toutes les formes de l'esprit.

Voyons d'abord comment W. James définit l'expérience : « *C'est*, dit-il, *l'expérience d'une chose étrangère*

*à nous-même, et qui fait impression sur notre sensibi-
lité* (1). »

Eh bien, la question est de savoir si toutes les *combinaisons* que nous faisons représentent la copie pure et
simple des complications de l'expérience, ou bien si quelques-unes sont dues à des formes propres de notre esprit.
En d'autres termes, y a-t-il, oui ou non, une *structure
mentale ?*

Les empiristes affirment que non, et d'abord, semblent
avoir raison. En effet, un trait prédominant de notre organisme, c'est *sa plasticité.* Il suffit, pour justifier cette
proposition, de nommer *l'habitude.* A vrai dire, c'est
d'abord un phénomène physique. La matière est inerte,
ses éléments sont passifs, et quand une force les fait partiellement céder sans réussir à les briser, leur masse conserve l'empreinte, elle *s'habitue.* Sur nous aussi, l'univers a marqué son empreinte tenace, indélébile, comme
le parfum de la rose de Lahor :

> Les fleuves et la mer inonderaient en vain
> Ce sanctuaire étroit qui la tient enfermée :
> Il garde, en se brisant, son arome divin,
> Et sa poussière heureuse en reste parfumée.

Du point de vue psycho-physiologique, il serait intéressant de savoir comment le monde extérieur parvient à
frapper sa marque sur le cerveau et le système nerveux.
L'énergie développée dans le nerf excité survit à la cause
objective de l'excitation ; si donc on fait suivre plusieurs
excitations à des intervalles tels que chacune coïncide
avec la période de retentissement de la précédente, il y

---

(1) W. James, *op. cit.*, vol. 2, ch. XXVIII, p. 618.

aura *addition des excitations*, phénomène dont nous avons dit un mot dans le chapitre précédent. Ce phénomène, particulièrement accessible à l'expérience dans les réflexes de la moelle, suppose évidemment que chaque excitation laisse quelque chose après elle, qu'elle transforme la matière nerveuse dans le sens d'une moindre résistance aux chocs périphériques, bref, qu'elle augmente l'excitabilité.

On admet généralement aujourd'hui que chaque section de la fibre nerveuse est excitée par la section précédente, absolument comme par une cause extérieure d'excitation, de sorte qu'il faut se représenter le phénomène de conduction nerveuse, à la manière d'une propagation de l'excitation d'une molécule à l'autre. On ignore cependant la nature propre de l'excitation. Toutefois, comme elle est intimement liée à des phénomènes galvaniques, il est permis de conclure à un travail chimique particulièrement actif, et parce que, d'autre part, le nerf ne se fatigue pour ainsi dire pas, on peut considérer que les décompositions y sont rapides et immédiatement compensées.

Les métaphores ne manquent point par lesquelles on essaie de figurer l'habitude nerveuse: « Lorsqu'une masse d'eau, écrit Spencer, coule sur une surface unie, elle s'étend en couches minces dont les bords demeurent presque immobiles, tandis que son mouvement dans la plus grande épaisseur est lui-même à peine sensible. Mais si l'inondation continue, la friction produite par le courant sur les parties centrales les plus profondes où il se meut plus rapidement tend à y creuser un canal. Il arrive ainsi que l'eau se retire des parties plates. Le courant se

concentre. En même temps, les forces de ses parties centrales augmentent, et le creusement du fond s'en trouve
accéléré, ce qui oblige l'eau des bords à s'en éloigner davantage et donne du même coup une puissance nouvelle
au courant excavateur. Ainsi, à mesure qu'il se précise
davantage, le courant acquiert une capacité grandissante
de mieux limiter son canal. » Or, la vague nerveuse est
comparable à ce torrent qui se creuse un lit dont la profondeur augmente par le seul fait qu'il continue à y passer.

Cependant, « le système nerveux, considéré dans son
ensemble, n'est pas autre chose qu'une multiplicité de
voies entre un *terminus a quo* sensoriel et un *terminus ad
quem* musculaire ou glandulaire... Les courants, une fois
entrés dans les centres, cherchent à en sortir. De ce fait,
ils laissent leurs traces sur les chemins (paths) suivis.
Ils ne *peuvent* donc faire autre chose que de creuser davantage les voies battues ou d'en créer de nouvelles; et
toute la plasticité du cerveau se résume en deux mots,
lorsqu'on l'appelle un organe où des courants venus de
la périphérie forment avec une extrême facilité des sen-
tiers (paths), qui ne disparaissent pas aisément. Si nous
qualifions le chemin du nom d'organe et si nous appelons fonction la vague des transformations moléculaires,
il faut évidemment répéter ici la fameuse formule française : « La fonction fait l'organe (1). »

L'anatomie intime du cortex permet assurément de le
regarder comme une masse constituée d'arcs réflexes. En
effet, si le lecteur veut bien considérer les coupes micros-

(1) W. James, *op. cit.*, vol. I, ch. IV, Habit, pp. 107 et 108,
et *passim*.

copiques de Ramon y Cajal, par exemple, il remarquera que le tissu se compose nettement de fibres afférentes ou centripètes, et de fibres de liaison où plongent les dendrites des cellules efférentes ou centrifuges.

Supposons maintenant qu'une impression périphérique parvienne au centre par la couple de neurones s, s'; elle se décharge *naturellement* par le seul effet des conditions de la substance nerveuse, dans les neurones moteurs m, m'. On aura le réflexe S M; mais, la contraction musculaire produira une excitation cinesthésique, qui se propagera jusqu'au centre par les neurones s" et se fixera dans la cellule K. Cette cellule K étant, par définition,

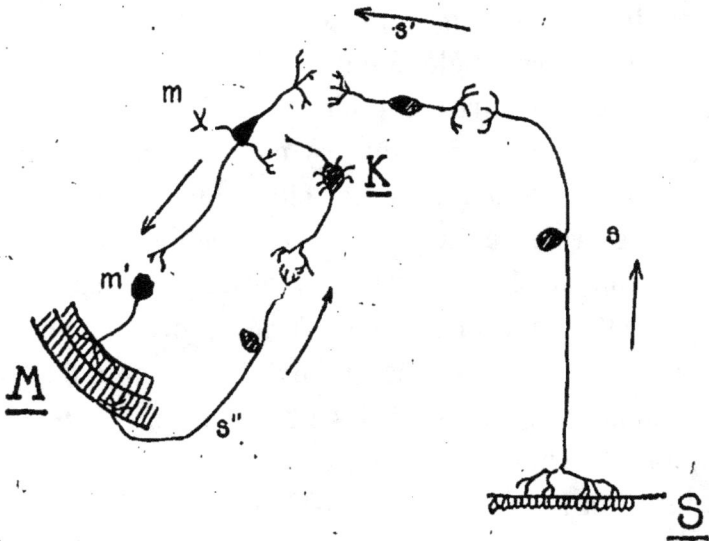

dans la même région motrice que m, tendra à décharger son énergie en m et le courant se trouvera bloqué dans le cercle m, m', M s" K̄, où il coulera indéfiniment; il y aura catalepsie.

Cependant, la cellule K qui, remarquons-le bien, est *sensible*, peut se trouver en relation avec d'autres cellu-

les motrices, telles que M', de sorte que le nouveau réflexe ne sera plus S K M, mais S K M', et ainsi de suite
on aura une série de réflexes enchaînés.

Tant que cette série ne sera pas parvenue à l'état d'habitude, elle restera *consciente* et la conscience y paraîtra
active. Selon l'expression de W. James, elle plombera
les dés, c'est-à-dire qu'elle renforcera ou inhibera quelque chose, corrigeant ainsi, dans une certaine mesure,
le jeu du hasard. Il arrivera pourtant un moment où
l'habitude sera créée. Alors, la série deviendra inconsciente, cessant probablement en même temps d'être psychique. Ceci, remarquons-le en passant, est parfaitement intelligible, si l'on attribue à la conscience un rôle
actif dans l'univers, car on comprend qu'elle s'emploie
là seulement où son intervention est nécessaire. Au contraire, si elle n'était qu'un épiphénomène, on ne verrait
pas de raison plausible à ce qu'un même courant, déchargé dans les mêmes conditions, fût une fois conscient
et une autre fois inconscient, alors que, par définition,
l'excitation se trouverait égale. D'ailleurs, pour éviter
la difficulté, il ne sert de rien de parler de chemins auxiliaires possibles (Nebenbahnen), car ses chemins seraient
construits de la même manière et dans les mêmes conditions que les précédentes, si l'on admet qu'à une excitation égale, correspond dans la matière une production
d'énergie égale. Lorsque le débutant apprend à jouer sur
le piano, chaque déplacement de ses doigts lui coûte un
effort d'attention volontaire, et le mouvement est hésitant,
il semble guidé par un organe qui se sent faillible. Cependant, la peine est bientôt récompensée, les chemins sont
tracés, les routes sont aplanies, la conscience semble

alors se retirer, elle se désintéresse des mouvements pour se retrancher dans la pensée ; l'artiste, désormais libre de toutes les difficultés techniques, pourra se livrer corps et âme au plaisir esthétique.

Mais notre interprétation psycho-physiologique du phénomène de l'habitude n'a pas encore tenu compte de la principale difficulté. En effet, si l'on saisit assez aisément pourquoi un courant reprend facilement une voie par où il s'est écoulé déjà, on ne comprend pas du tout comment il s'y est engagé pour la première fois.

Le système vasculaire du cerveau étant très développé, on peut y concevoir des variations chimiques continuelles; il apparaît ainsi comme une masse en équilibre instable. Imaginons donc deux molécules a b momentanément en équilibre, cela signifiera que la force de résistance dans a égale la force positive dans b. Cependant, la masse étant en équilibre instable, le mouvement de b tendra à se progager dans une autre direction, dans une série c d e de molécules qui représentent un lieu de moindre résistance que a. Ce sera, par exemple, une voie déjà ouverte, un arc réflexe habituel. Il pourra, malgré tout, arriver, à raison même de l'instabilité de l'équilibre, que la série c d e offre une résistance égale à celle de a, ainsi, b sera bloqué, à moins qu'une quantité de force nouvelle, fortuitement parvenue jusque-là, ne réussisse à vaincre l'obstacle a et à propager l'excitation b x en a f g h, car alors un nouveau chemin se trouvera ouvert, un nouvel arc réflexe créé : « Tout ceci est vague au plus haut degré, et revient à peu près à dire qu'un nouveau chemin peut se former, grâce aux *hasards* qui se produisent dans la

matière nerveuse. Mais si vague qu'elle soit, cette explication est le dernier mot de notre sagesse (1). »

Cependant, W. James tente ailleurs une explication
plus complète. Après l'avoir annoncée au chapitre de
l'association, il la formule en détail à celui de la volonté;
suivons-le sur ce terrain (2) Il faut admettre au moins un
arc réflexe original et postuler que cet arc court *de l'élément cellulaire sensoriel à l'élément cellulaire moteur et
jamais du moteur au sensoriel.* Une cellule motrice ne
peut exciter directement une cellule sensorielle, au contraire, une cellule sensorielle tend toujours à se décharger dans une cellule motrice. Appelons cette tendance la
direction en avant (forward direction). A la vérité, ce n'est
pas une hypothèse, car il est absolument certain que
toute idée sensorielle suscite en nous des mouvements à
tout le moins d'accommodation de l'organe. « Une autre
façon d'exprimer la loi consiste à dire que, d'origine,
tous les courants qui traversent le cerveau sont tournés
vers la fissure de Rolando, qu'ils traversent, sans jamais
revenir sur eux-mêmes. De ce point de vue, la distinction
entre les cellules sensorielles et les cellules motrices n'a
pas de signification fondamentale. Toutes sont motrices;
nous appelons simplement celles qui bordent la fissure
de Rolando les cellules motrices par excellence (3). »

Le corollaire de cette loi est que, d'origine aussi, les
cellules sensorielles n'excitent pas d'autres cellules sensorielles. « Aucune propriété réelle des choses ne tend,

(1) W. James, *op. cit.*, p. 109.
(2) Pour ce qui concerne cette discussion, voyez : W. James,
op. cit., vol. 2, ch. XXVII, The Will, pp. 581 et suiv.
(3) W. James, *loc. cit.*, p. 581.

avant l'expérience, à susciter en nous l'idée d'une autre
propriété sensible, qui, dans la nature objective, peut lui
être concomitante. *Il n'y a pas d'accouplement a priori
d'une « idée » avec une autre; les seuls accouplements
a priori sont entre des idées et des mouvements. Toute
suggestion d'un fait sensible par un autre a lieu par des
voies secondaires formées par l'expérience* (1). » C'est-
à-dire, en somme, que *le réflexe*, réaction motrice à une
impression sensorielle, est seul primitif, puisque, d'origine, le courant nerveux ne rétrograde pas.

La figure précédente (p. 214) nous a montré l'encercle-
ment fatal du courant nerveux livré à lui-même. Toute
la question est précisément de le faire sortir convenablement de ce cercle. « Nous serions tous cataleptiques, et
la contraction musculaire une fois commencée, ne pren-
drait jamais fin, si des processus simultanés ne l'inhi-
baient point. *L'inhibition n'est donc pas un accident occa-
sionnel, c'est un élément essentiel et dont l'exercice paraît
constant dans la vie cérébrale* (2). »

« Un obstacle considérable de la décharge de K en M
semble être la qualité douloureuse ou tout au moins désagréable de K; au contraire, la sensation est-elle agréable,
la décharge de K en M s'en trouve activée, de sorte que
la circulation primitive du courant continue. Si grand
que soit le rôle joué par le plaisir et la douleur dans
notre vie psychique, nous devons avouer cependant que
l'on ne connaît absolument rien de leurs conditions cérébrales. Il est difficile d'imaginer qu'l y ait des centres spé-

(1) W. James, *loc. cit.*, p. 582.
(2) W. James, *loc. cit.*, p. 583.

ciaux, plus difficiles encore de découvrir dans les centres
des formes particulières de processus, auxquelles ces émotions seraient dues. Que d'autres s'emploient systématiquement à traduire l'activié cérébrale en termes exclusivement mécaniques, quant à moi, je trouve absolument
impossible de décrire les faits tels qu'ils paraissent, sans
mentionner leur côté psychique. Quoi qu'il en soit des
autres courants de drainage et des autres décharges, les
courants de drainage et les décharges du cerveau ne sont
pas purement physiques. Ce sont des faits *psycho-physiques*, et leur qualité spirituelle semble être un codéter-
minant de leur efficacité mécanique. Si l'augmentation
de l'activité mécanique d'une cellule donne du plaisir, il
semble que cela seul accélère son mouvement; si elle procure du désagrément, ce désagrément paraît, au contraire, le ralentir. Le côté psychique du phénomène semble donc, un peu à la manière des sifflets ou des applau-
dissements prodigués en cours du spectacle, commenter,
en l'encourageant ou en le blâmant, le jeu du mécanisme. L'âme ne *présente* rien elle-même ; elle ne *crée* rien;
elle est à la merci des forces matérielles pour toutes les
possibilités ; mais, choisissant parmi ces possibilités, ren-
forçant les unes, bloquant les autres, elle n'apparaît pas
comme un épiphénomène ; c'est quelque chose dont la
scène qui se déroule reçoit un soutien moral (1). »

Puis, donc, que le pouvoir de la conscience ainsi défini
ne lui permet pas de créer des chemins nouveaux, la question reste tout entière physiologique. Les nouveaux chemins sont en puissance dans les fibres qui relient les cel-

(1) W. James, *loc. cit.*, pp. 583-4.

lules sensorielles entre elles; mais ces fibres telles quelles, constituent des voies fermées Il faut qu'un processus capable de les ouvrir intervienne. Voici donc, d'après W. James, quel pourrait être ce processus : « *Chaque décharge d'une cellule sensorielle dans la direction en avant tend à drainer derrière elle toute la tension des cellules qui s'y trouvent. Le drainage des cellules d'arrière est ce qui rend les fibres pénétrables. Le résultat est la formation d'un chemin (path) nouveau, qui va des cellules de derrière à la cellule de devant. Si, dans d'autres occasions, les cellules de derrière sont excitées indépendamment, elles tendront à porter leur activité dans la même direction, de façon à exciter la cellule avant, ainsi le chemin qui joint ces éléments se creusera davantage* (1). »

Soit donc une cellule S, qui se décharge dans une cellule motrice M, c'est-à-dire selon l'expression de l'auteur, qui se décharge en avant, elle drainera l'énergie ou la tension de la cellule S^1, de sorte que la fibre deviendra perméable et constituera une voie nouvelle de conduction nerveuse. Si donc la cellule S^1 se trouve excitée indépendamment de S, son mouvement tendra cependant à se propager dans la direction S^1 S. Le moins clair de tout ceci, c'est assurément le *drainage*. La transformation subie par la cellule S peut, sans doute, se traduire en vibrations, et ces vibrations se propager en S^1, mais alors, le courant s'écoulera en sens inverse, et ne ressemblera plus, ni de près ni de loin, à un drainage. Il faudra dire simplement que la vibration de la cellule S s'étant com-

(1) W. James, *op. cit.*, pp. 584-585.

muniquée à la cellule S[1] et, par conséquent, les fibres u, u' en ayant retenti simultanément, ce mouvement concordant a déposé dans tout le système une disposition à le renouveler, *disposition dont, au reste, nous ignorons tout.* Si, par conséquent, S[1] vibre pour une cause étrangère à S, le mouvement tendra cependant à se propager jusqu'en S, parce que u et u' auront au moins une fois avant vibré dans un mouvement commun. On ne fait d'ailleurs pas de difficulté d'avouer que cette explication n'en est pas une, puisqu'elle pose précisément ce qu'il faudrait démontrer. Elle a cependant le mérite de ne pas s'appuyer sur une conception physiologique fantaisiste, et, en même temps, d'attirer l'attention sur les conditions anatomiques de la structure du cortex. A considérer les résultats des coupes microscopiques, le problème de la formation des nouvelles voies perd, il me semble, beaucoup de sa valeur. Dans un enchevêtrement pareil et si délicat, la moindre vibration doit avoir un retentissement énorme, de sorte que le *hasard* devient un agent sur lequel on peut définitivement compter. Aussi bien, aurait-on peut-être tort de trop insister. L'hypothèse du drainage n'a, en effet, dans l'esprit de W. James, qu'une valeur heuristique : « Le lecteur, dit-il, dans une note, doit bien comprendre qu'aucune des constructions hypothétiques que je propose et proposerai jusqu'à la fin de ce chapitre, n'est présentée comme une explication définitive de ce qui arrive. Mon but est seulement de montrer que l'on peut concevoir de quelque façon mécanique la formation de nouvelles voies cérébrales, l'acquisition de nouvelles habitudes (1). » C'est d'ailleurs sous le bénéfice de cette remarque, qu'il faut lire la plupart des schémas physiologiques, dont est parsemée la psychologie de W. James, ainsi qu'il ressort d'une autre note du chapitre III sur les conditions générales de l'activité cérébrale.

Continuons donc dans cet esprit.— « Maintenant, poursuit l'auteur, les cellules de derrière, au point où nous sommes arrivés, représentent toutes les cellules sensorielles du cerveau autres que celles qui se déchargent. Mais un chemin aussi large ne sert de rien, autant vaudrait qu'il n'y en eût point. Je me permets donc ici une troisième hypothèse qui, ajoutée aux précédentes, me paraît englober tous les faits. *Les voies les plus profondes se forment en partant des cellules les plus drainables à celles qui drainent le plus; les cellules les plus drainables sont celles qui viennent de se décharger; enfin, les cellules les plus drainantes sont celles qui se déchargent actuellement ou dans lesquelles la tension s'approche du point de décharge* (2). »

Soit donc un réflexe en manège. Arrivé au point K, le mouvement moléculaire rencontrera une cellule qui, se trouvant en vibration, constituera la cellule la plus drainante par rapport à la cellule S, qui, elle, sera la plus drainable, puisqu'elle vient de se décharger. On aura donc, à côté de la voie originale *p*, un chemin auxiliaire acquis *p'*.

En termes psychologiques, cela veut dire : *lorsqu'une sensation a produit un mouvement en nous, elle tend, en se renouvelant, à suggérer l'idée du mouvement, même avant que le mouvement ne soit exécuté.*

(1) W. James, *loc. cit.*, p. 582.
(2) W. James, *loc. cit.*, p. 583.

Les mêmes principes s'appliquent également aux relations de K et de M. « Puisque M se trouve dans la direction en avant il draine K, et la voie K M, même si elle
n'est pas primaire ou originale, devient un chemin secondaire ou habituel. Dès lors, K peut être excité de l'une
ou de l'autre façon (non pas seulement comme auparavant par S ou du dehors), et il tendra encore à se décharger en M ; ou, pour exprimer ceci encore en termes psychologiques, *l'idée des effets sensoriels du mouvement M
sera devenue une condition immédiatement antécédente
de la production du mouvement lui-même.* » Ainsi, un
processus sensoriel qui, d'abord, était l'effet d'un mouvement, a pu devenir la cause de ce mouvement, ce qui
a une importance très grande au regard de la genèse de
la volonté. W. James étudie ensuite les mouvements volontaires composés, je ne le suivrai pas. Il me suffit, pour
le moment, de constater que ces *schémas hypothétiques*
n'ont pas fait avancer la question d'un pas. Comment les
voies secondaires d'association naissent-elles dans le cerveau ? Encore une fois, nous l'ignorons. Tout ce que la
physiologie peut se permettre d'affirmer, c'est que de
telles voies nouvelles *doivent aisément* se former, étant
donné l'équilibre instable de la matière cérébrale. Nous
pouvons symboliser l'habitude, parce que le phénomène
de l'addition des excitations offre une base relativement
solide à l'hypothèse ; quant à dire pourquoi et comment
telle association nouvelle prend naissance, cela, dans
l'état actuel de la science, ne se peut absolument pas.
Tenterions-nous de le faire que tous nos symboles seraient des images en l'air, qu'il paraît plus prudent d'é-

viter. Bref, l'empirisme radical exige que l'on fasse ici la part du hasard.

Cette plasticité de la matière nerveuse a, du point de vue psychologique, une portée extrêmement étendue, puisqu'elle conditionne les phénomène, d'association et de mémoire, qui fondent peut-être toute notre vie mentale.

En tant *qu'effet*, l'association est entre des objets pensés, non pas entre des « idées » en tant que *cause*, elle est entre des processus cérébraux. Nous pensons *deux objets ensemble ou successivement*, parce que notre cerveau a déjà retenti de leurs impressions coexistantes ou simultanées. *L'association de contiguïté*, l'association *externe*, comme l'appelle Wundt, est donc simplement le résultat d'une habitude cérébrale. De même qu'une cellule sensorielle ou cinesthésique et une cellule motrice tendent à vibrer ensemble lorsqu'elles ont une fois déjà composé le même réflexe, ainsi deux cellules sensorielles qui ont été excitées, simultanément ou successivement, sont disposées à renouveler leurs vibrations concomitantes. En effet, si des liaisons sont possibles entre des régions motrices et sensibles, elles doivent l'être aussi entre des régions sensibles, puisque l'anatomie n'y découvre pas de différence morphologique. En conséquence, les transformations moléculaires de deux régions sensibles concorderont d'autant plus facilement qu'elles auront coexisté ou auront été en succession plus souvent. Si les impressions originales ont coexisté, il suffira que l'une d'elles soit renouvelée pour que son irradiation s'opère, dans le sens des centres qui ont autrefois retenti de vibrations simultanées. Si, au contraire, les impressions originales ont été successives, l'évocation des transformations sera, elle aussi, successive, c'est-à-dire que les décharges se poursuivront dans leur ordre acquis et jamais autrement.

La loi fondamentale de toute association est donc la suivante : « Lorsque deux processus cérébraux élémentaires ont été actifs ensemble ou en succession immédiate, l'un d'eux, en se renouvelant, tend à propager son excitation dans l'autre (1). » Mais comme un même élément peut être lié à plusieurs autres, avec lesquels il s'est trouvé à des moments différents en relation constante, la question est de savoir auquel il transportera son mouvement.

Il faut encore tenir compte ici du phénomène de l'addition des excitations. Si le processus *b* est en relation d'habitude avec les processus *a c d*, chacun de ces derniers tendra séparément à éveiller *b*. Il pourra cependant arriver que *a* tout seul ne soit pas ébranlé assez fortement pour réussir à décharger *b*, dont la tension se trouvera seulement augmentée d'une quantité donnée. Si l'on admet la même chose de *c* et de *d*, il est concevable que la décharge de *b* résulte enfin de la combinaison des composantes *a' c' d'* représentant les tensions subliminales produites respectivement par les processus *a c d*. Supposons maintenant que les processus *a* et *b* soient également susceptibles de vibrer avec le processus *c*; d'après le même principe, *a* l'emportera sur *b*, s'il est en même temps lié à un autre processus *d*, en état d'excitation subliminale, à la condition que ce dernier se soit autrefois

(1) W. James, *loc cit.*, p. 566.

15

trouvé en relation avec *c*, sans cependant l'avoir été avec *a*.

De sorte que l'on peut compléter la loi fondamentale par le corollaire suivant : « *La quantité d'activité à un point donné dans le cortex est la somme des tendances qu'ont tous les autres points à s'y décharger, ces tendances étant proportionnelles : 1° au nombre de fois que l'excitation de ces autres points a pu accompagner celle du point en question; 2° à l'intensité de ces excitations locales, et enfin, 3°, à l'absence de toute région fonctionnellement rivale au regard du premier point, et dans laquelle la décharge pourrait passer* (1).* »

Je cite les deux premiers vers de la première strophe de la nuit de Mai :

> Poète, prends ton *luth* et me donne un baiser.
> La fleur de l'églantier sent ses bourgeons éclore.

puis, les deux premiers vers de la seconde strophe :

> Poète, prends ton *luth*; la nuit sur la pelouse
> Balance le zéphyr dans son voile odorant.

Dans l'hypothèse associationniste, on n'explique pas pourquoi l'esprit parvenu au mot luth ne continue pas indifféremment dans le sens du premier couplet ou dans celui du second. Le mot luth est, en effet, une « idée » qui, on le suppose, a été associée le même nombre de fois avec deux « idées » différentes, *et me* d'une part et *la nuit* d'autre part, de sorte, enfin, qu'il n'y a point de raison décisive qui puisse déterminer *la direction* de l'association. L'explication physiologique proposée ici permet au con-

(1) W. James, *loc. cit.*

traire de résoudre la difficulté : en effet, puisque la quantité d'activité en un point donné du cortex correspond à
la somme des tendances qu'ont tous les autres points à
s'y décharger, le mot *luth* sera dans chacun des deux cas
le centre des forces convergentes diverses. Auréolé d'un
« halo (1) » différent, il retentira chaque fois d'une manière propre, et l'association subséquente ne sera, pour
ainsi dire, que le développement nécessaire de son contenu. Admettons maintenant que vous soyez un de ces
amants de la nature, capables, comme on le raconte, du
bonhomme Lafontaine, d'entrer en extase devant une four-
mi ou une fleur, il se pourra que votre esprit soit invin-
ciblement arrêté au mot *églantier*, et qu'il entre dans une
rêverie probablement très différente de celle que suggère
le poète. C'est alors que le processus cérébral qui sert de
substrat au mot luth sera lié à des processus *rivaux*, dont
l'interférence inhibera les autres associations.

Cependant, l'association physiologique, telle qu'on
vient de la définir, est naturellement *impartiale*, c'est-à-
dire, que tous les éléments associés ont pour elle la même
valeur. On rencontre, en effet, de ces esprits *quasi-auto-
matiques* qui semblent *réagir* simplement aux impressions venues du dehors. Leur cerveau n'est qu'un miroir
fidèle où le monde extérieur se reflète, sur un seul plan,
comme dans l'œil panoramique des insectes. Ils ne savent
point juger les détails, tout leur est également intéressant, leur récit se déroule en un fastidieux papotage.

L'association cérébrale fournit une matière *imper-
sonnelle*, une collection d'idées banales, dont la masse

(1) Voyez chap. III de cette étude.

incohérente n'a pas de propriétaire. Du moment où la pensée se les approprie, elle y imprime la marque de son *moi personnel*, pour rappeler la jolie distinction de M. Bergson : « Les lois de l'association, dit Wundt, n'expriment pas autre chose que les liaisons *possibles*, mises à la disposition de la conscience (1). » L'association pure ne peut expliquer « l'apparition d'éléments dominants dans les liaisons. La forme spéciale de l'association est, dans tous les cas, conditionnée par une activité qui *préfère* certaines représentations à d'autres (1). Or, on sait, qu'après Leibnitz, Wundt appelle *aperception* « toute activité interne qui se distingue par la spontanéité » (1).

Sans vouloir discuter ici cette notion de la spontanéité, il me suffit d'insister sur ce fait que nos souvenirs de l'expérience passée ne la reproduisent point à la façon d'une photographie. Ils ne sont pas également dessinés, et certains éléments y occupent une place, dont la prépondérance ne se justifie que d'un point de vue subjectif. Ce point de vue subjectif est *l'intérêt* : « Deux processus, écrit M. Hodgson, se produisent constamment dans l'intégration des souvenirs. L'un est un processus de corrosion, de fusion, de désagrégation, l'autre un processus de rénovation, d'élévation, de régénération... Aucun objet de représentation ne reste longtemps dans le même état devant la conscience, mais il se flétrit, se désagrège

(1) Wundt. Log. V, p. 31. Grundz. d. Physiol. Psych. II, p. 454. Vorles. über A. Mensch., p. 319. Philos. Stud. VII, p. 329. Logik. I, p. 30. D'après Eisler. Wundt's Philosophie u. Psychologie. « Iede innere mit Merkmal der Spontaneität versehene Tätigkeit. ».

et devient indistinct. Cependant, les parties qui, dans l'objet, possèdent un intérêt, résistent à cette tendance générale vers l'évanouissement. Cette inégalité dans l'objet, où les parties non intéressantes se déforment et se désagrègent, tandis que les autres résistent à la ruine — forme finalement un nouvel objet (1). » Et ce nouvel objet, devenu, si je puis dire, *quelque chose de nous-mêmes*, tendra à s'associer avec toute autre impression habituelle, vivante ou émotive. Regardez ce bébé jouer ; il est bien moderne, son petit cerveau est peuplé de roues et de machines, de tuyaux, de cheminées, de morceaux de fer, comme il dit, de pistons, de tampons, que sais-je, tout cela l'intéresse prodigieusement. Vous lui montrez une gravure enfantine où dans une voiturette deux poupées roses ouvrent de grands yeux bleus. Il y a une roue, dit bébé et elle *tourne*. Voilà, sur le vif, la partialité de l'intérêt. Assurément, cette petite tête blonde a déjà ses idées, elle s'est construit un intérêt puissant dans la vie, l'association ne se déroule plus automatiquement en elle, *ses souvenirs* se groupent autour d'un noyau lumineux, qui les éclaire dans la mesure où ils s'en approchent.

Dans le charmant discours qu'il prononçait dernièrement à l'occasion de la réception de M. H. Poincaré à l'Académie française, M. Masson rappelait quelques-unes des meilleures distractions de l'illustre mathématicien, et aussi cette habitude invincible de remarquer dans la rue les numéros des voitures et de les retenir tous. Ce

(1) Cité par W. James, *loc. cit.*, vol. 1, p. 572.

cerveau est, en effet, construit pour les nombres, il s'y *intéresse automatiquement*, il est plein de son sujet.

Supposons maintenant que l'attention née de l'intérêt s'applique à deux objets différents, et qu'elle découvre en eux un point commun, c'est-à-dire une ressemblance. Par le jeu de l'association physiologique, cette ressemblance *discriminée* pourra servir de lien entre deux pensées, d'ailleurs diverses, il y aura ce que l'on appelle communément association par similarité. Mais il importe de bien remarquer que *l'association* n'a pas ici, davantage que dans l'association par contiguïté, le caractère psychique.

Je pense *Berkeley*, et tout de suite l'image d'un petit livre vert se présente à mon esprit, c'est la Raison pure de Kant. La région qui sert de substrat au mot Berkeley est, en effet, liée à celle qui sert de substrat à l'image du livre de Kant. Cela est purement physiologique, c'est l'association. La raison psychologique explique seulement *pourquoi* ces deux idées sont liées dans *mon cerveau*. Elles le sont, parce que j'ai cru découvrir une ressemblance profonde entre le système philosophique de l'évêque de Cloyne et celui du professeur de Königsberg, et que pendant longtemps mon esprit, à la lecture de Kant, a été tout occupé de Berkeley. Le cerveau a pris une habitude, et cette habitude fait que les régions *Berkeley* et *Kant* y travaillent en même temps. Jusque-là, rien qui ne soit physique. Mais c'est moi qui ai *voulu* cette habitude, c'est moi qui l'ai faite, et dans cette mesure, elle m'est personnelle. La personnalité d'un esprit est, en effet, composée pour une bonne part de ces associations voulues. Un esprit original est celui qui, dans les choses,

trouve des ressemblances que d'autres n'y savent point
découvrir. C'est même là toute la poésie, car ce pouvoir
de discrimination imaginative permet au poète de génie
de réaliser le sentiment mystique de ce Tout, au regard
duquel, tour à tour, notre amour-propre se révolte, et
notre humilité se complaît :

Tout est dans l'infini quelque chose à quelqu'un,
Une pensée emplit le tumulte superbe.
Dieu n'a pas fait un bruit sans y mêler le verbe,
Tout, comme toi, gémit, ou chante, comme moi ;
Tout parle. Et maintenant, homme, sais-tu pourquoi
Tout parle ? Ecoute bien. C'est que vents, onde, flammes,
Arbres, roseaux, rochers, tout vit ! Tout est plein d'âmes (1).

C'est aussi toute la science, ou du moins toute la science
en *progrès*, car il est facile de se convaincre que l'hypothèse féconde repose toujours sur une association par
similarité.

W. James insiste particulièrement sur ce point, que la
similarité n'est pas une loi *élémentaire de l'association.*
Cela signifie, je crois, que la cause *immédiate* du retour
de deux psychoses liées dans la conscience est toujours
l'habitude acquise par le cerveau. Il faut bien, en effet,
que les deux pensées associées maintenant par similarité
l'aient d'abord été par contiguïté. « La similarité de deux
choses n'existe pas, avant que ces deux choses ne soient
là. — Il est absurde d'en parler comme d'un *agent de*

(1) Victor Hugo. Contemplations : Ce que dit la bouche d'ombre.

production de quoi que ce soit dans le domaine physique, ou dans le domaine psychique. C'est une relation que l'esprit perçoit après le fait accompli, absolument comme il peut percevoir les relations de supériorité, de distance, de causalité, de contenant et de contenu, de substance et d'accident ou de contraste entre deux objets, que le mécanisme de l'association évoque (1). » Mais, dit-on, si l'impression présente A suggère l'idée *b* de son ancien associé B, c'est qu'elle produit auparavant l'idée *a*, qui lui est semblable, de sorte que l'association, dite par contiguïté, se résout en définitive, en une association par similarité, composée non pas simplement comme A — B, mais comme A — *a* — B. Ce raisonnement suppose que chaque impression éveille dans l'esprit une *image* d'elle-même, à la lumière de laquelle elle est « aperçue » et comprise, image qui sert d'intermédiaire, et entre en relation avec le reste du contenu mental. Ainsi, j'ai une impression visuelle de rouge et de blanc dans une certaine position, puis une *image-souvenir* visuelle de rouge et de blanc, au regard de laquelle l'impression est reconnue. ependant, je le demande, que vient faire ici l'idée *a* près de l'impression A ? Celle-ci ne suffit-elle pas sans sa doublure ?

Si je reconnais A, ce n'est pas qu'une *image de reconnaissance visuelle a*, en tout semblable à A, mais plus faible, s'y associe immédiatement, c'est que A me suggère directement d'autres images *non visuelles*, qui en font un *objet*, et dont les divers substrats physiologiques sont liés avec B. Notez, d'ailleurs, que A tout seul pourra

(1) W. James, *loc. cit.*, vol. 1, p. 591.

bien aussi suggérer immédiatement B, et cela en vertu des lois pures et simples de l'association physiologique.

Les faits cliniques de la cécité psychique doivent ici éclaircir le débat. En effet, dans l'hypothèse de reconnaissance par l'image visuelle, c'est-à-dire du dédoublement de A en A — a, le sujet ne reconnaîtra plus l'objet vu, et ne pourra plus le nommer, quand il aura perdu complètement le pouvoir de rien imaginer visuellement, c'est-à-dire, en somme, lorsque sa cécité sera comme je l'ai déjà remarqué, non pas psychique, mais physique (1). Cependant, d'après les observations de Lissauer (2) et de Müller, les malades peuvent évoquer l'image intérieure de l'objet qu'on leur nomme, et ne savent plus le reconnaître quand on le leur présente. Ils ne sont donc pas privés *d'images visuelles,* et si la reconnaissance s'expliquait, simplement, par la rencontre de l'image perçue avec l'image-souvenir, il n'auraient pas perdu la faculté de voir *l'objet.* Ils éprouvent assurément une sensation, mais cette sensation ne se transforme pas en perception, parce que *l'objet* ne peut pas être constitué. Faisons réflexion, sur la manière dont cet objet se constitue. Je vois une tache marron, cette tache revêt une ou plusieurs teintes déterminées, *elle a une forme,* elle me paraît *à telle distance,* je sais qu'elle est *en bois,* et je dis : voilà une armoire. Cette opération suppose que la sensation de marron est associée à des impressions tactiles et cinesthésiques compliquées. Admettez donc que

(1) Voyez ch. IV de cet ouvrage.
(2) Ein Beitrag. zur Kenntniss der Seelenblindheit (Arch. f. Psychiatrie, t. XXIV, 1892).

la communication soit coupée, entre les centres visuels et les centres du toucher ou du mouvement, je ne pourrai plus reconnaître l'objet ; il sera pour moi vide de sens, car il n'est *objet* qu'en vertu de cette combinaison mentale entre l'impression reçue et les associations qui le *déterminent*. Ce que vous appelez l'image visuelle de la table ne serait enfin que le retentissement d'une impression visuelle, autrefois reçue; or, n'est-il pas au moins inutile que cette vibration affaiblie vienne s'ajouter à la vibration actuelle plus forte et qui la contient toute ? « Dans un cas étudié par Wildebrand, la malade pouvait, les yeux fermés, décrire la ville qu'elle habitait, et s'y promener en imagination; une fois dans la rue, tout lui semblait nouveau (1). » C'est donc encore que l'impression visuelle ne pouvait plus s'associer aux représentations tactiles, motrices ou auditives, qui l'auraient définie. On connaît le cas étudié par Charcot, d'un homme dont toutes les images visuelles étaient abolies, et qui pouvait cependant encore reconnaître. Il ne reconnaissait plus les rues de sa ville natale, mais, en les parcourant, se savait dans des *rues* et devant des maisons. Il ne reconnaissait plus sa femme, et cependant disait en l'apercevant, que c'était une femme. Dans la thèse de W. James, on serait peut-être embarrassé par l'affirmation de cette suppression complète de toute image visuelle, et l'on soutiendrait que, puisque les centres visuels n'étaient pas détruits, quelque chose devait leur rester, qui permettait encore des représentations, mais

---

(1) Cité par M. Bergson. Matière et mémoire, p. 91.

extrêmement vagues et fugitives. On insisterait au contraire sur l'autre face du phénomène, qui semble bien prouver que la reconnaissance de la chose vue n'a pas besoin d'images visuelles pour se produire. On rendrait compte de l'imperfection même de cette reconnaissance en l'attribuant à des lésions, capables d'interrompre, partiellement seulement, la liaison des centres optiques avec les centres moteurs et auditifs. En somme, je reconnais ce tapis rouge et blanc, parce que cette *impression*, cette *sensation* de rouge et de blanc se trouve liée dans mon cerveau avec des représentations tactiles; si ces représentations tactiles manquaient, je ne reconnaîtrais pas mon impression, je ne pourrais pas dire que cette tache rouge est un tapis. « A *remplace a, fait tout ce que fait a, et plus encore, je ne concevrai jamais que le processus plus faible coexiste ici avec le plus fort* (1). »

Les partisans de l'association par similarité insistent sur le cas où la perception d'un objet n'est pas assez nette pour que nous puissions la définir, elle apparaît alors dans un halo de *familiarité ;* nous éprouvons que nous l'avons déjà sentie, mais ne la reconnaissons pas complètement. W. James (2) explique ce sentiment par la présence d'un trop grand nombre de chemins d'association, dont les interférences occasionnent des barrages partiels. Cela pourrait signifier que l'impression antérieure aurait eu pour effet une réaction cérébrale mal définie, trop étendue et trop égale sur les différents points, de sorte qu'aucune vibration n'y aurait été franchement

(1) W. James, *loc. cit.*, vol, 1. p. 392.
(2) Voyez ch. XVI, vol. 1, p. 673.

dominante. Bref, pour aller tout d'un coup au fond de la question, l'intérêt aurait manqué au début, ou du moins un intérêt assez puissant pour renforcer les associations physiologiques primitives.

Le professeur Höffding considère que l'absence d'associés contigus *distinctement pensés*, est une preuve que l'association n'a rien à faire dans les cas de reconnaissance instantanée, où nous éprouvons un fort sentiment de familiarité à la vue d'un objet, sans toutefois pouvoir dire ni le lieu ni le temps où nous l'avons rencontré pour la première fois. Il pense qu'alors l'objet A éveille une image vague, *a* de lui-même, tel qu'il a été perçu dans le passé. Ainsi, la qualité de familiarité serait due simplement à une sorte de coalescence actuelle des processus semblables A + *a* dans le cerveau (1).

Wolff et Lehmann ont fait, dans le laboratoire de Wundt, des expériences intéressantes sous ce rapport. On présente au sujet plusieurs impressions très semblables, et on lui demande de reconnaître parmi elles celle qui est identique à une autre de même nature, survenue l'instant d'avant. Il semble bien alors que la reconnaissance soit conditionnée par la *persistance du processus de l'impression passée avec le processus de l'impression présente.* Cette explication est plausible, car une reconnaissance de cette sorte ne peut se produire qu'entre deux impressions très rapprochées. Pour cela même aussi, on ne saurait adopter l'opinion de Höffding, puisque le sens de familiarité que nous discutons nécessite généralement un intervalle de temps considérable.

(1) Psychologie, p. 188.

Ces mêmes expériences ont d'ailleurs démontré que l'identification était beaucoup plus aisée et moins indépendante du temps, lorsque les impressions étaient mentalement classées, si, par exemple, on choisissait diverses teintes de gris, si on les nommait, ou si on les comptait, en d'autres termes, si on les *associait*.

Toutes les fois que le sentiment de familiarité se produit, son objet est *complexe*. Chacun des éléments de son substrat physiologique ayant été associé avec les autres éléments, tend à ébranler ses anciens associés, de sorte que l'on peut se représenter comme une tension intérieure, à laquelle correspond une tension externe, occasionnée par la vue de l'objet familier. Vous dites : voilà une figure que je connais. Analysez l'état de votre *tendance, de direction*. Vous n'êtes pas *satisfait*. Vous regardez encore cette figure familière; *le sentiment se précise*, il vous semble que quelque chose est sur le point *d'en sortir*, que vous allez pouvoir y mettre un nom. Vous sentez une convergence vers un point qui vous semble vide. Cependant, des associations se présentent à la conscience, vous avez vu cette figure dans un décor de verdure; c'est bien cela, dans un village, mais quel village ? Il y avait une ferme blanche, une grande cour ensoleillée; une vigne encadrait une porte basse... mais oui, c'est X... Vous l'avez *reconnu*. Votre pensée a progressé, et ce sentiment de reconnaissance vous procure un soulagement, un repos; il met fin à votre attente. L'attente était donc dans le sentiment de familiarité. Et comment, du point de vue physiologique, expliquer l'attente autrement que par une tension sentie. Quand le chien de chasse prend l'arrêt, il se trouve dans un état d'attente au paroxysme; tout son corps est tendu, chaque muscle travaille ; l'animal se ramasse, prêt à bondir. Votre cerveau attendait tout à l'heure, il se ramassait, c'est-à-dire que, des points, des mouvements, y tendaient à se rapprocher d'autres points, d'autres mouvements, réunis autrefois dans l'expérience. Cette *neurose totale* explique votre *psychose totale de familiarité*, car, assurément, cette psychose totale ne connaissait pas les *idées* qui se sont successivement manifestées dans le travail volontaire de la reconnaissance. Quand ces diverses idées se sont présentées à votre conscience, le sentiment de *familiarité* était déjà passé, ou du moins, il était en voie de disparaître, il se transformait.

Nous venons, du même coup, de donner un exemple de l'association volontaire, du *Nachdenken* des Allemands. Il s'agissait de retrouver un nom *oublié* : quel a été notre premier acte pour le retrouver ? Un acte d'attention ; mais cette attention a-t-elle eu le *pouvoir de suggérer* les associations qui ont enfin déterminé notre reconnaissance ? Il semble que non. Les images se succèdent autour d'un vide *senti*, d'un vide qui vous fait mal (aching void). Ce vide senti représente une région cérébrale en tension, et le jeu des associations paraît encore ici purement physiologique, c'est un phénomène d'habitude. Cependant, entre les éléments physiologiquement indifférents qui se présentent, l'attention choisit, car le choix représente un caractère essentiel de la pensée. *Elle choisit, mais n'évoque pas.* La psychose choisie, est alors comme renforcée, elle ne s'évanouit point si vite que les autres, elle demeure et travaille plus activement dans le sens désiré ; y tendant jusqu'à ce que sa tension se décharge dans le vide qui l'attire, et, qu'à l'indisposition de l'effort succède la satisfaction du repos : « *Les associations se produisent indépendamment de la volonté*, par le processus automatique que nous connaissons bien. *L'opération de la volonté se réduit à s'attarder (linger) sur ceux qui paraissent pertinents, et à ignorer le reste.* C'est parce que l'attention voltige ainsi dans le voisinage de l'objet désiré, que l'accumulation des associés devient assez grande pour que les tensions combinées de leurs processus nerveux crèvent le barrage, et que la vague s'engouffre dans le canal, qui attend depuis si longtemps son arrivée. Lorsque cette sorte de démangeaison subconsciente se transforme en un sentiment plein et vivant, l'esprit trouve un soulagement inexprimable (1).

« L'étudiant comprend maintenant, je l'espère, ajoute W. James, qu'une étude approfondie de l'ordre de présentation de nos idées doit être entièrement dirigée du côté de la physiologie. Le processus élémentaire de renouvellement (revival) ne peut pas être autre chose qu'une loi de l'habitude. Assurément, le jour est encore loin où les physiologistes pourront tracer avec quelque sûreté les irradiations que nous avons supposées d'un groupe de cellules à l'autre. Cela n'arrivera probablement jamais. En outre, le schématisme dont nous avons fait usage est emprunté directement à l'analyse des objets en leurs parties élémentaires, et étendu seulement par analogie au cerveau. Et pourtant, si on ne le considère pas comme incorporé dans le cerveau, il ne saurait

(1) W. James, *loc. cit.*, vol. 1, p. 581.

absolument rien représenter de *causal*. C'est la raison qui m'oblige à affirmer que l'ordre de présentation *des matériaux de l'esprit* est due à la seule physiologie... Cependant, *les effets de l'attention intéressée et de la volonté restent*. Ces activités paraissent s'emparer de certains éléments, et en les accentuant, en y insistant, faire que seuls leurs associés soient évoqués. C'est là qu'une psychologie antimécanique doit, en traitant de l'association, prendre son point d'appui. Tout le reste est assurément dû à des lois cérébrales. »

Telle qu'on vient de l'exposer, la théorie insiste d'abord sur l'origine exclusivement physiologique de l'association. Il n'y a pas entre les psychoses de *raison psychologique* pour qu'elles forment tel ou tel complexus, plutôt que tel autre, elles se lient dans l'ordre de leur présentation cérébrale. On ne découvre pas non plus *d'éléments psychiques* composant la psychose totale. Les possibilités de la psychose, c'est-à-dire les éléments auxquels correspondent les parties de son objet, peuvent et doivent être représentées en termes cérébraux. Ces termes cérébraux forment, par leur réaction vivante, la neurose totale décomposable et analysable, comme tout phénomène étendu. *La loi de similarité* n'est pas une loi primitive de l'association, car, pour que deux pensées soient perçues comme semblables, il faut qu'elles aient d'abord été données ensemble, c'est-à-dire que leurs substrats physiologiques respectifs aient retenti simultanément. S'il y avait une association originale de similarité, il faudrait admettre, avec M. Cosh (1), des *associations d'identité de*

---

(1) Et Renouvier, par exemple.

tout et de partie, d'espace, de temps, de quantité, de cause et d'effet, bref, de toutes les catégories de l'entendement. L'association par similarité est simplement un cas *d'association mixte,* c'est-à-dire qu'elle implique après l'apparition de plusieurs pensées simultanées ou successives, un jugement de choix, œuvre de la pensée *intéressée.* Cet acte de la pensée, accentuant telle psychose représentée au détriment de telle autre, est aussi la condition de l'association volontaire. C'est l'ouvrier qui utilise la matière et lui donne *sa forme.*

Cette doctrine se distingue de l'associationnisme vulgaire, d'abord parce qu'elle rejette l'atomisme psychique, ensuite parce qu'elle refuse d'admettre dans ce cas particulier la causalité psychique, enfin, parce que, tout en reconnaissant l'importance de l'habitude cérébrale, et en la considérant comme une condition nécessaire de la vie mentale, elle nie que l'on puisse ainsi expliquer toute cette vie mentale.

En effet, si l'esprit consistait dans l'intégration consciente des processus de l'habitude cérébrale, il ne serait jamais que le reflet de l'univers, l'épiphénomène d'une réaction automatique et déterminée. L'expérience, au sens que lui donne l'empirisme, serait seule déterminante de notre intelligence. Et c'est bien aussi la conclusion qu'adoptent les associationistes. Pour rappeler une comparaison de M. Ribot, de même que la gravitation explique le monde physique, ainsi l'association donne la raison du monde psychologique. Les deux lois sont universelles, élémentaires, le problème est enfin résolu, *la science* de l'esprit devient possible.

Une psychologie qui insiste sur le rôle de *l'apercep-tion* (1), de l'attention, de l'élément de choix, rejette du même coup la conception déterministe de l'école empiri-que; son attitude est, en effet, nettement opposée, puis-que dans la réaction du sujet à l'objet, elle introduit une variable. La statue de Condillac s'anime, elle est *organi-sée a priori* et donc ne réagira pas nécessairement, mais spontanément.

Les empiristes ne prétendent pas cependant que l'ex-périence de chaque individu explique toutes les formes de la pensée humaine. Ils font appel à un autre principe, d'ailleurs extrêmement commode, celui de l'hérédité. Il est donc bien entendu que nous naissons avec un cerveau prédisposé, mais cette prédisposition n'est, en définitive, que le résultat de l'expérience ancestrale. « Ainsi arrive-t-il, s'écrie Spencer, que l'Européen a sur le Papou l'avantage d'hériter de vingt à trente pouces cubiques de plus de matière cérébrale. Ainsi arrive-t-il que des facultés, comme celle de la musique, qui existe à peine dans certaines races humaines inférieures, devient con-génitale dans les races supérieures. Ainsi arrive-t-il que des sauvages incapables de compter leurs doigts, et qui parlent une langue composée seulement de noms et de verbes, sont le tronc d'origine, d'où on pu sortir nos Newton et nos Schakespeare (2). » Newton et Schakes-peare ne sont que des Singes ou des protozoaires, dif-férenciés par l'ambiance, héritiers de l'évolution ances-trale, et cela remet joyeusement en mémoire les solutions

(1) Voyez Wundt.
(2) Spencer. Principles of Psychlogy, § 207, ch. Reason.

que propose aux énigmes de l'univers Hæckel, ce dieu des bibliothèques populaires. Cependant la question, même au regard d'un examen superficiel, ne paraît pas aussi simple.

Par la branche paternelle, Napoléon appartenait, je crois, à une famille ancienne de notaires et de syndics italiens, et l'on a peine à croire que le génie du « vainqueur des nations alliées » soit la fleur de ces cerveaux moulés aux exigences de la plus pacifique des professions.

Dans une conférence faite à la Société d'histoire naturelle de Harward, puis publiée dans l'*Atlantic Monthly* (octobre 1880), et finalement éditée dans *The Will to believe*, etc. (1902), sous ce titre : « Les grands hommes et leur ambiance (Great men and their environment) », W. James a insisté sur ce fait que le génie et le talent ne sont point un produit fatal des conditions sociales géographiques et autres, mais que l'on doit plutôt attribuer leur apparition à des circonstances *accidentelles*. « Les causes de la production des grands hommes occupent une sphère absolument inaccessible au sociologue. Il doit simplement admettre les génies comme des *données*, justement, comme Darwin accepte les variations spontanées. » « Si Bismark était mort au berceau, les Allemands représenteraient encore une race de *Gelehrter* en lunettes, d'herbivores politiques, et, pour les Français, ces *bons* ou ces naïfs Allemands. La volonté de Bismark leur montra, à leur grand étonnement, qu'ils pouvaient jouer un rôle beaucoup plus actif. La leçon ne sera pas oubliée. L'Allemagne pourra passer par bien des vicissitudes, mais elles n'effaceront certainement jamais les traces autrefois imprimées par l'initiative de Bismark, nommément de 1860 à 1873 (1). »

Comment expliquer le génie de l'invention par l'hérédité ? Un esprit fécond est celui qui fait des hypothèses capables d'être vérifiées, et ces hypothèses semblent naître par un heureux coup du hasard, elles sortent toutes faites on ne sait d'où. « Mais la chose importante à remarquer ici, est que les inspirations heureuses, comme les malheureuses, les hypothèses triomphantes et les conceptions absurdes ont exactement la même origine. La physique ridicule d'Aristote et son immortelle logique découlent de la même source, celle qui produisit l'une produisit l'autre. Au cours d'une promenade dans la rue, tout entier à la pensée du ciel bleu et du soleil printanier, je puis sourire à quelque fantaisie grotesque qui me traverse l'esprit, ou bien, tout d'un coup, voir surgir en moi la solution d'un problème longtemps obscur, qui, à ce moment-là, semblait bien loin de ma pensée. Ces notions sont, l'une et l'autre, tirées du même réservoir — le réservoir d'un cerveau où la reproduction des images dans les relations de leur persistance ou de leur fréquence extérieure a cessé depuis longtemps d'être la loi dominante (2). »

C'est en effet, dit ailleurs W. James, « que la nature a plusieurs méthodes de produire le même effet. Elle fait un « dessinateur de naissance » ou un chanteur, en dirigeant au moment opportun les molécules d'un ovule dans une certaine direction, ou bien, elle produit un enfant

(1) The will to believe, *loc. cit.*, p. 228.
(2) The will to believe, *loc. cit.*, pp. 249-50.

sans talent, qui passera à l'école des années de travail
fructueux. Elle fait teinter nos oreilles au moyen du son
d'une cloche ou d'une dose de quinine; nous donne l'impression du jaune en parsemant un champ de boutons
d'or, ou en mêlant un peu de poudre de santonine dans
notre nourriture. Elle nous remplit de terreur au regard
de certaines choses environnantes en les rendant vraiment dangereuses, ou simplement par un choc capable
de produire quelque désordre pathologique dans le cerveau. Il est manifeste qu'il nous faut deux mots pour désigner ces deux modes d'opération. *Dans un cas, les perceptions prennent connaissance de leurs agents naturels;
dans l'autre, ces mêmes perceptions connaissent autre
chose.* Dans le premier cas, l'expérience apprend à l'esprit *l'ordre de l'expérience même.* La relation interne,
comme parle Spencer, correspond à la relation externe
par le souvenir et la connaissance qu'elle en a. Mais dans
l'autre cas, l'esprit n'apprend rien qui corresponde à
l'agent, il connaît une relation extérieure absolument différente. On peut exprimer facilement les deux alternatives par un schéma :

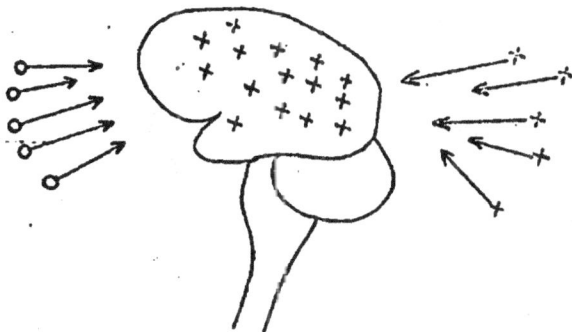

B figure le cerveau humain. Tous les *o*, ainsi que les
flèches qui en sortent, sont des objets naturels (comme

des levers de soleil, etc.) qui l'affectent, et, au sens strict du mot, lui donnent *l'expérience*, lui apprennent au moyen de l'habitude et de l'association quel est leur ordre et quelle est leur manière. Toutes les + à l'intérieur du cerveau et toutes les petites + au dehors sont d'autres objets et d'autres processus naturels (dans l'ovule, dans le sang, etc.), qui modifient également le cerveau, mais ne lui donnent pas une connaissance de ce qu'ils sont. Le *tinnitus aurium* ne découvre aucune propriété de la quinine, le talent musical n'apprend pas l'embryologie, la peur morbide (par exemple de la solitude) ne renseigne pas sur la pathologie cérébrale. Au contraire, la façon dont un coucher de soleil obscurci de nuages et une matinée pluvieuse s'associent dans l'esprit, copient et représentent les successions de tels levers de soleil et de la pluie comme elles se manifestent dans le monde extérieur (1). »

Darwin distingue deux facteurs de l'évolution des races, l'adaptation et la variation accidentelle. Le cerveau s'adapte par l'habitude, par l'association, par l'expérience, au contraire, la variation accidentelle est le résultat des « accidents moléculaires contemporains de la génération... de combinaisons collatérales, involontaires, pourrait-on-dire, d'effets plus directs, produits dans le tissu cérébral instable et compliqué. La susceptibilité musicale que certains individus possèdent de nos jours est assurément un résultat de ce genre. Elle n'a aucune utilité zoologique, elle ne correspond à rien dans l'ambiance. C'est un accident lié au fait de l'existence de l'ouïe, un

(1) W. James, *loc. cit.*, vol. 2, p. 626.

accident qui dépend de conditions si instables et si peu
essentielles, qu'entre deux frères il arrive que l'un adore
la musique, et l'autre n'y entende rien. On peut dire la
même chose de la susceptibilité au mal de mer, qui, loin
d'être engendrée par une longue expérience de son « objet » (si l'on peut appeler un objet le tangage et le roulis
d'un pont) finit à la longue par diminuer et disparaître.
Les plus hautes aspirations de notre vie esthétique, morale et intellectuelle, semblent consister en de telles dispositions collatérales et accidentelles, entrées pour ainsi
dire dans l'esprit par l'escalier de service, ou plutôt nées
clandestinement dans la maison. On ne peut pas traiter
de la psychogenèse ou des facteurs de l'évolution mentale
sans distinguer entre ces deux manières, dont est constitué l'esprit. La voie de « l'expérience » proprement
dite est la porte de devant, la porte des cinq sens. Les
agents qui affectent ainsi le cerveau sont en même temps
des *objets* pour l'esprit; on ne saurait en dire autant des
autres agents. Il serait simplement absurde d'affirmer,
à propos de deux dessinateurs également habiles, dont
l'un possède un talent naturel et l'autre doit uniquement
son art au travail et à l'assiduité, qu'ils sont, à un titre
égal, les élèves de l'expérience. Les raisons de la même
habileté ocupent donc ici des sphères de causalité tout
à fait différentes (1). »

Goltz et Loeb ont découvert que certains chiens changent de caractère et s'adoucissent lorsqu'on opère la
section de leurs lobes occipitaux, qu'ils deviennent au
contraire méchants quand on pratique la même opération

(1) W. James, *loc. cit.*, pp. 627-8.

sur leurs lobes frontaux : « Un chien qui, d'origine, était extrêmement hargneux et ne souffrait pas qu'on le touchât, refusant, même après deux jours de jeûne de prendre la nourriture qu'on lui présentait à la main, devint, après l'ablation bilatérale des lobes occipitaux, absolument confiant et inoffensif. Il supporta cinq opérations successives, dont chacune augmenta son bon naturel (1). »
Il est probable, fait remarquer à ce propos W. James, que de bons traitements et un dressage en règle auraient eu le même résultat. Mais n'est-ce pas une fâcheuse inconséquence que de désigner par un même nom deux causes aussi opposées, et de dire que dans les deux cas l'expérience des relations entre les choses extérieures a formé le caractère de l'animal ? C'est pourtant l'erreur virtuellement commise par tous les auteurs ignorants de la distinction entre la porte de derrière et celle de devant.

Il ajoute dans la même note : « Une des affections les plus frappantes parmi celles qui sont entrées par la porte de derrière, est assurément la susceptibilité aux *charmes de l'ivrognerie*. Ce penchant (pris dans un sens large et tel que l'entendent les sociétés de tempérance) est une des fonctions les plus profondes de l'humanité. La moitié de la poésie et de la tragédie de la vie humaine s'évanouirait si l'alcool disparaissait. La soif qu'il excite est telle, que dans les États-Unis, la valeur monétaire de sa vente égale celle de la viande et du pain pris ensemble. Cependant, quelle réaction ancestrale antérieure pourrait donc répondre de cette réaction particulière ? La seule relation extérieure pourrait être l'alcool lui-même, qui, relative-

(1) Loeb. Pfluger's Archiv. XXXIX, 300.

ment parlant, n'est connu que d'hier, et qui, en outre,
loin de créer, tend au contraire à déraciner l'amour de
lui-même, puisqu'il ne laisse survivre que les familles où
il n'est pas en honneur. L'amour de l'ivrognerie est une
susceptibilité purement accidentelle d'un cerveau développé pour des usages absolument différents, et l'on doit
chercher ses causes dans le domaine des variations moléculaires, plutôt que dans un ordre quelconque de relations extérieures (1). »

L'objet de ces citations assez étendues a été de mettre
en lumière le caractère particulier de cet apriorisme.
C'est un *apriorisme naturaliste*, dont on pourrait traduire
ainsi le principe essentiel : Le cerveau, condition de notre
vie mentale, n'est pas un réceptacle passif des impressions extérieures, il possède une organisation propre,
sujette *à des variations accidentelles indéfinissables*, de
telle sorte que ses réactions revêtent aussi une forme propre, ne correspondant à rien dans l'expérience.

Cette thèse ressemble à celle que F.-A. Lange a esquis-
sée dans son *histoire du matérialisme* : « A proprement
parler, écrivait-il, les notions ne sont pas données avant
l'expérience, seuls des arrangements (Einrichtungen) préexistent, par lesquels les impressions du monde extérieur
sont immédiatement liées et ordonnées, selon les lois de
ces notions. On pourrait dire : *le corps est a priori*, s'il
n'était pas lui-même simplement une manière *a priori*
d'embrasser des rapports purement psychiques. Peut-
être trouverait-on le fondement de la catégorie de causalité dans les mouvements réflexes et sympathiques.

(1) W. James, *loc. cit.*, vol. 2, p. 628.

Nous aurions alors traduit la raison pure de Kant en termes physiologiques, la rendant en même temps plus compréhensible (1). »

La doctrine de W. James se distingue de celle de Kant à plusieurs autres points de vue. Une *critique* doit se prononcer sur la *valeur* de son objet. Aussi bien, le but de la critique de la raison pure est-il tout particulièrement de rechercher ce que valent les catégories. La solution proposée consiste précisément en ceci, que les catégories sont des formes de l'entendement, qui rendent possibles la conception de *l'objet* et, par conséquent, l'expérience elle-même. Il importe, avant tout, d'assurer cette possibilité et tout l'effort de Kant tend dans cette direction. W. James se place sur un terrain différent, son étude n'est pas *critique*, elle reste *psychologique*. De ce point de vue, il semble inutile d'insister sur les relations communes que peuvent avoir les notions pures avec l'expérience. Il importe au contraire de *prouver* clairement que le cerveau et l'esprit ont une spontanéité vraiment propre, c'est-à-dire qu'ils réagissent de manière inexplicable, par la seule expérience empirique. On ne s'attachera donc pas à souligner les points où l'expérience et les notions *a priori* se rencontrent, mais plutôt ceux où elles ne peuvent pas se rencontrer. Les idiosyncrasies, les tendances esthétiques, morales et métaphysiques auront, dès lors, une importance plus considérable que les catégories; la dialectique vaudra plus que la logique transcendentale. La question étant ainsi posée, on trouvera peut-être, avec W. James, que Kant a commis une erreur de

(1) Geschichte des Materialismus. Zweites Buch Erstes Abchnitt (1874), p. 69.

tactique considérable, « puisqu'il a insisté sur les formes
de pensée avec lesquelles l'expérience s'accorde largement, oubliant que les seules formes qui ne peuvent
absolument pas venir de l'expérience sont précisément
celles qui paraissent *contraires* à l'expérience. Le premier devoir qui incombe à un kantien consiste au contraire à découvrir des formes de jugement, auxquelles
aucun ordre dans les choses n'est parallèle. »

En effet, il ne faut pas l'oublier, W. James entend le
mot *expérience* dans un sens tout différent de celui qu'a
adopté Kant. Il lui donne une signification empirique,
elle est pour lui la représentation de l'ordre réel des choses, conditionnée par l'habitude cérébrale ou association.
Ainsi, les relations d'espace et de temps sont-elles des
données de l'expérience, et l'on en tire aussi les jugements fondés sur la coexistence ou la succession. La
thèse de W. James n'implique donc pas *l'idéalisme*. Il y
a des relations véritables entre les choses, et ces relations
sont senties, puis conservées dans la mémoire, mais il y
a aussi des relations entre les idées, relations qui ne
s'appliquent pas nécessairement aux choses, et dont il
faut toujours démontrer qu'elles s'y appliquent. W. James a l'habileté ici de se référer à Locke. En effet, Locke
admettait en quelque manière des « vérités éternelles »
à côté de l'expérience. Mais ces vérités éternelles n'a-
vaient plus de la vérité que le nom, puisqu'elles consti-
tuaient « des propositions universelles... qui ne concernent pas l'existence... des principes universels et évi-
dents en soi, qui sont tout simplement la *connaissance
claire et distincte de nos propres idées...* et ne peuvent,

par conséquent, nous assurer rien en dehors de l'esprit (1). » Entrons dans le détail.

« LES SCIENCES PURES EXPRIMENT EXCLUSIVEMENT DES RÉSULTATS DE COMPARAISON. *Or, la comparaison n'est pas concevable comme un effet de l'ordre dans lequel nous parviennent les impressions. — C'est un résultat de notre structure mentale. Elle est née à la maison; par conséquent, les sciences pures reposent sur un ensemble de propositions dont on ne saurait découvrir la genèse dans l'expérience* (2). »

Nous disons que les choses diffèrent entre elles ou se ressemblent, mais, en réalité, elles ne diffèrent ou ne sont semblables que par rapport à nous. Que le blanc et le noir me soient donnés une fois ou dix fois, si j'ai eu le temps normal de percevoir, j'affirmerai qu'ils diffèrent. Les empiristes disent : Le sens de la différence en ce qui concerne blanc et noir est devenu forme nécessaire de ma pensée, parce qu'ils se sont toujours suivis, ou ont toujours coexisté différents. Ainsi, d'une part, les deux couleurs, et, de l'autre, leur différence, se sont indissolublement associées dans mon expérience doublée de l'expérience ancestrale. « Cependant, une telle explication de nos jugements de différence paraît absolument inintelligible. Nous trouvons maintenant que blanc et noir sont différents, parce que, dit-on, nous avons *toujours trouvé qu'ils l'étaient.* Mais pourquoi les avons-nous donc toujours trouvés ainsi. Pourquoi la différence est-elle survenue dans nos cerveaux si invariablement avec leur pensée ? Il doit y avoir une raison subjective

(1) Of Human Understanding B. IV.
(2) W. James, *loc. cit., vol.* 2, p. 641.

ou une raison objective. La raison subjective peut consister simplement en ceci, que nos esprits se trouvaient
construits de telle sorte, qu'un sens de la différence fût
la seule sorte de transition consciente possible entre noir
et blanc ; la raison objective peut être simplement que la
différence demeurait toujours là, avec ces couleurs, hors
de l'esprit, comme un fait objectif. La raison subjective
explique la fréquence extérieure par la structure intérieure, non pas la structure intérieure par la fréquence
extérieure ; elle offre ainsi une théorie de l'expérience.
La raison objective dit uniquement, que, si une différence extérieure existe, il faut que l'esprit la connaisse,
ce qui n'est pas une explication du tout, mais un simple appel au fait, que d'une façon ou d'une autre l'esprit
connaît ce qui est là (1). »

Je regarde ces deux livres, dont l'un est rouge, l'autre
vert. Mes sens me donnent deux images, le cerveau, s'il
n'était qu'un miroir, reproduirait simplement rouge et
vert, et par les lois de l'association réduites à leur plus
simple expression, quand *rouge* me serait donné, *vert* sur-
girait immédiatement. Mais il faut que je puisse faire
attention, que je puisse *apercevoir* rouge, puis vert, pour
que ma compréhension de la *différence* soit possible.
Objectivement, il n'y a pas de différence dans la *juxta-*
position de vert et de rouge, subjectivement cette juxtaposition, en la supposant littéralement traduite sur le
cortex et ensuite dans l'esprit (ce qui, d'ailleurs, n'est
pas très compréhensible), demeure une relation de juxtaposition entre rouge et vert, une relation, dans l'espace,

(1) W. James, *loc. cit.*, p. 623.

de deux taches colorées, séparées sans doute par d'autres taches colorées. Comment, de pareilles données, tirer la relation de *différence* ?

Le pouvoir de *discrimination* n'est autre que le *choix* conscient. La conscience, puisqu'elle n'est pas un épiphénomène, puisqu'elle guide nos réactions, doit savoir distinguer, et cela d'autant mieux que le nombre des réactions possibles est plus grand. Dans l'esprit du bergsonnisme, on pourrait, je crois, traduire cela, en disant que l'image de notre corps est, par rapport au reflet des autres images, un lieu d'indétermination, c'est-à-dire, que la perception y est en même temps *discernement*, discernement et choix des réactions intéressantes à accomplir (1). La différence existe seulement entre les choses que je *signifie*, c'est-à-dire que je regarde sous un certain *angle*, auxquelles je prête une certaine attention, en vue probablement d'une action future. « Ce que *je signifie* par noir diffère de ce que je *signifie* par blanc, que ces couleurs existent *extra mentem meam* ou non. Si jamais elles existent ainsi, elles différeront. Des choses blanches peuvent noircir, mais leur noir différera de leur blanc, aussi longtemps que je signifierai quelque chose de défini par ces trois mots (2). »

Les propositions qui expriment des relations de temps et d'espace *sont empiriques*, au contraire, celles qui traduisent des relations de ressemblance ou de dissemblance et qui sont le résultat de la discrimination ou comparaison, sont des propositions rationnelles.

(1) Voyez Matière et Mémoire, ch. II, *passim*. Alcan, 1908.
(2) W. James, *loc. cit.*, p. 644.

« *Les mêmes objets comparés de la même façon don-nent toujours les mêmes résultats; si le résultat n'est pas le même, c'est alors que les objets ne sont pas ceux que l'on a d'abord signifiés.* »

C'est ce que W. James appelle « *l'axiome de résultat constant,* qui est à la base de toutes nos opérations mentales, et dont l'expression la plus générale pourrait être « *Le même traité de la même façon donne le même* ».

« *Mais la comparaison peut se continuer et l'esprit pose alors des successions de différences semblables; il forme ainsi des séries de termes, avec, entre eux, la même espèce et la même quantité de différence. Les termes progressent alors dans une même direction* (1). » Dès que l'esprit embrasse une telle série dans sa totalité, il aperçoit immédiatement ceci : *deux termes éloignés diffèrent davantage entre eux que deux termes plus rapprochés.* De là naît le principe de *comparaison moyenne,* « que l'on pourrait exprimer brièvement par la formule un peu obscure « le plus que le plus est plus que le moins » --- les mots *plus* et *moins* représentant simplement des degrés d'accroissement le long d'une direction constante de différences. Le principe peut se traduire par $a < b < c < d$, où le signe vaut toujours, quel que soit le nombre des termes retranchés, par exemple, $a < d$, $b < d$. C'est le principe de la *transposition des relations.* « *Tout bien considéré, il semble que ce soit la loi la plus large et la plus profonde de la pensée humaine.* » Dans certaines séries de termes, le résultat de la comparaison peut être qu'il n'y a pas différence, mais *égalité.* Le prin-

(1) W. Ja... s, *loc. cit.*, p. 645.

cipe de la *transposition des relations* est alors remplacé par l'axiome *d'égalité moyenne* (mediate equality) « des égaux d'égaux sont égaux » $a = b = c = d$, où l'on a aussi $a = b$, $b = d$, $c = a$.

Cette puissance qu'a l'esprit de comparer et de sérier les résultats de ses comparaisons permet la *classification;* c'est-à-dire le groupement des choses en genres et en classes, par rapport à leurs *caractères* et à leurs attributs. La comparaison est alors, à proprement parler, un *jugement,* et la série des différences ou des ressemblances devient une série de prédicats. Si l'on transpose les relations, on obtient le principe suivant : « *Tout ce qui a un attribut a tous les attributs de cet attribut* (1); *ou, plus brièvement encore : tout ce qui est d'une espèce est de l'espèce de cette espèce.* »

Le motif subjectif de l'abstraction étant l'intérêt, nous distinguons les attributs, suivant *nos besoins* pratiques. « *Pour le but spécial que nous nous proposons, un aspect particulier peut être* substitué au tout, et les deux traités comme le même. Le mot *est* (qui unit le tout avec son aspect ou attribut dans le jugement catégorique) exprime donc, entre autres choses, une opération d'identification voulue. La série de prédicats a est b, b est c, c est d, ressemble étroitement par rapport au but que l'on se propose à l'équation sériée $a = b$, $b = c$, $c = d$, etc. (1). » Car si a est b, il est aussi c, et il est également d.

Mais qu'est-ce donc qui détermine notre propos ? La satisfaction d'une *curiosité,* « la curiosité de savoir si l'objet traité est, ou n'est pas, *d'une espèce liée* » à tel

(1) W. James, *loc. cit.*

objet qui nous intéresse. Souvent la liaison n'est pas directe, nous trouvons alors par l'intermédiaire de M que S est de l'espèce de P. Ce transport de *est* dans la série, constitue une transposition de relations, qui vaut toujours entre les termes que nous avons *posés* égaux ou de même espèce. Dans ces limites, il est *nécessaire*, et ne le serait jamais en tant qu'effet de l'habitude ou de l'association. « Car à chaque heure du jour, nous rencontrons des choses que nous considérons être de cette espèce-ci ou de cette espèce-là, et nous apprenons ensuite qu'elles n'ont aucune des propriétés nécessaires pour cela, qu'elles *n'appartiennent* pas à l'espèce de l'espèce. Au lieu de corriger le principe par ces cas, nous corrigeons ces cas par le principe. Nous disons que si la chose nommée M n'a pas les propriétés de M, c'est, ou bien que nous nous sommes trompés en l'appelant M, ou bien que nous avons commis une erreur sur les propriétés de M, ou enfin, que ce n'est plus M et qu'il a changé. Au contraire, nous n'affirmons jamais que c'est un M sans les propriétés de M. Car, en concevant une chose comme de l'espèce de M, je signifie qu'elle *doit* avoir les propriétés de M, être de l'espèce de M, quand même je n'aurais jamais trouvé dans le monde réel quoi que ce fût qui ressemblât à M. Le principe a pour fondement mon aperception de ce qu'un ensemble de *est* successifs signifie (1). »

Le schéma abstrait des prédicables successifs étendu indéfiniment, avec toutes les possibilités de substitution qu'il implique, est ainsi un système immuable de *vérités*, qui a ses attaches dans la structure, dans la forme origi-

(1) W. James, *loc. cit.*, p. 650.

17

nelle de notre pensée : *Si* des termes réels peuvent entrer
dans un tel schéma, ils se plient à ses lois. — Y entrent-
ils ? C'est une question à décider empiriquement, puisqu'elle dépend de la nature des faits, au sujet desquels
les notions *a priori*, ne nous enseignent évidemment rien.
La logique formelle est la science, qui établit le schéma
de toutes les relations de termes liés, par des *est* successifs, et énumère les possibilités de leur substitution mu-
tuelle. Voici le principe qui la fonde : « *Le même peut
être substitué au même dans toute opération mentale.* »
« Les réalités ne se rangent sous ce principe que dans la
mesure où elles sont démontrées *être* les mêmes. Dans
la mesure où elles ne peuvent pas être substituées l'une
à l'autre, pour le but qu'on se propose, elles ne sont pas
les mêmes, quoique, pour d'autres buts, et sous d'autres
rapports, elles puissent être substituées, et ensuite être
traitées comme semblables. Evidemment, en dehors des
buts précis que l'esprit humain se propose, aucune réalité
n'est une autre réalité, ni ne lui paraît semblable (1). »

Les jugements mathématiques n'expriment pas autre
chose que des résultats de comparaison. En effet, la mathématique traite des égalités; or, le concept d'égalité
n'est absolument pas contenu dans celui de coexistence
ou de succession. En réalité, les choses ne sont jamais
égales qu'à un point de vue, et ce point de vue c'est nous
qui le posons. On sait que les empiristes le nient. « Les
sciences déductives elles-mêmes procèdent par induction,
leurs premiers principes sont des généralisations de l'expérience (2). « Tous les nombres, ajoute J. Mill, doivent

(1) W. James, *loc. cit.*
(2) John Mill. Logic, l. II, ch. VI, § 2.

être des nombres de quelque chose; il n'y a pas de nombres abstraits. Dix, signifie dix corps, ou dix sous, ou dix battements du pouls. » Les objets nous sont donnés dans des coexistences différentes '.' ... par exemple; mais en même temps, l'expérience nous apprend que '.' peut être écrit dans l'ordre ... de sorte que nous concluons '.' = ... c'est-à-dire 2 + 1 = 3. L'idée *d'unité* est ainsi créée.

Cependant, si l'on nous suppose *passifs*, il ne nous est jamais rien donné à l'état discret. La première impression que reçoit l'enfant en venant au monde est assurément celle d'un tout confus, dont il ne se distingue même pas. Du point de vue objectif, les formes '.' ... n'existent pas, elles ne représentent que des *coups d'attention* et, par conséquent, des marques imprimées par *le choix*. Si notre image corporelle n'apparaissait pas comme un *centre* où quelque chose refuse et accepte, elle ne se distinguerait pas des images qui composent l'univers. Les images de l'univers sont liées, elles forment un plein que nous scindons pour les besoins de notre réaction (1). Il faut donc bien admettre, de prime abord, que *la discrimination* n'est pas dans les choses, mais en nous. C'est pour employer l'expression de W. James, parce que la pensée distingue toujours un ci et un là (2), un maintenant et un après, parce qu'elle *accentue* que le tout confus est dissocié, que la notion de nombre devient possible.

En d'autres termes, nos sens nous donnent le continu psychique, dont la formule est, nous l'avons vu (3) :

(1) Voyez M. Bergson, *Matière et Mémoire*, ch. I, *passim*.
(2) Voyez ch. III de cette étude.
(3) Voyez ch. II, d°.

A = B, B = C, A < C, formule qui contient une contradiction. Telle est la *réalité* de l'expérience. A cette réalité, nous substituons une vue de *l'esprit*, et disons : A < B, B < C, A < C. Par quelle voie y sommes-nous parvenus ? Tout simplement en transformant le progrès confus des données brutes de la sensibilité en une série de termes, divisible à l'infini, d'abord suivant la loi des nombres commensurables, puis suivant celle des incommensurables. Comment l'expérience nous donnerait-elle les éléments d'une construction destinée précisément à la corriger ? La mathématique n'existerait pas si notre esprit s'accommodait de la contradiction.

Pour réfuter J. Mill, W. James insiste, comme tous les aprioristes, sur le caractère de nécessité des axiomes arithmétiques : « Comment notre notion que un et un sont éternellement et nécessairement deux, pourrait-elle jamais se maintenir dans un monde où, chaque fois que nous ajoutons une goutte d'eau à une autre, nous en obtenons non pas deux, mais une ? Dans un monde où toutes les fois que nous ajoutons une goutte à un morceau de chaux, nous en obtenons douze ou davantage ? Admettons même que nous ayons de meilleurs témoins que ces expériences-là, tout au plus nous serait-il permis de conclure que un et un font *ordinairement deux*. Nos propositions arithmétiques ne seraient jamais affirmées sur le ton confiant qu'elles possèdent. Ce ton de confiance est dû au fait qu'elles ont affaire exclusivement avec des nombres *abstraits*. Ce que nous *signifions* par un plus un *est deux*, même dans un monde où *physiquement* (suivant une conception de Mill), une troisième chose résulterait toujours de la rencontre de deux autres choses. Nous sommes maîtres de nos significations, nous faisons la discrimination des choses que nous signifions suivant notre manière de les envisager (1). »

En effet, la *nécessité* du nombre vient de la signification que nous lui donnons, puisque, enfin, la construction du continu mathématique a pour condition notre faculté de créer des symboles. « C'est ainsi, conclut M. H. Poincaré, que l'esprit a construit le continu mathématique, qui n'est qu'un système particulier de symboles. Sa puissance n'est limitée que par la nécessité d'éviter toute contradiction (2).»

En ce qui concerne la géométrie, la conclusion de W. James se rapproche encore singulièrement de celle de M. H. Poincaré. La géométrie implique d'abord le principe d'identité, et tous les principes logiques qui en dépendent, mais elle s'appuie en outre sur des axiomes particuliers à la forme de l'espace. « Trois d'entre eux donnent des marques d'identité parmi les lignes droites; les plans et les parallèles. Les lignes droites qui ont deux points communs, les plans, qui ont trois points communs, les parallèles à une ligne donnée, qui ont un point commun, se confondent. Quelques-uns disent que la certitude de notre croyance dans ces axiomes est due à des expériences répétées de leur vérité; d'autres, qu'elle vient d'une connaissance (acquaintance) intuitive des propriétés de l'espace. Ce n'est ni l'un ni l'autre. Nous avons l'expérience d'assez de lignes qui passent par deux points pour se séparer ensuite, seulement, nous ne les

(1) W. James, *loc. cit.*, vol. 2, p. 655.
(2) Science et hypothèse, p. 10.

appelons pas droites. Il en est de même des plans et des parallèles. Nous avons une idée définie de ce que nous signifions par chacun de ces mots, et lorsque quelque chose de différent nous est présenté, nous voyons la différence. Les lignes droites, les plans et les parallèles tels qu'ils figurent dans la géométrie, sont de pures inventions de notre faculté de saisir l'accroissement série. Les continuations de ces formes, disons-nous, *doivent* garder entre leurs dernières parties visibles la relation qu'elles avaient entre les précédentes. Il suit donc, en vertu de l'axiome du transport des relations (qui s'applique à toute série régulière) que des parties de ces figures séparées par d'autres parties doivent s'accorder dans leur direction, tout comme les parties contiguës (1). » Ainsi, cela n'implique aucune propriété de l'espace environnant : il suffit d'une conception définie de direction uniforme.

Il y a encore deux axiomes particuliers à la géométrie : 1° les figures peuvent être transportées dans l'espace sans changer; 2° aucune variation dans la manière de subdiviser une quantité donnée d'espace n'altère sa quantité totale. Ce second axiome revient à poser que les parties sont égales au tout, il implique manifestement le postulat que les parties sont le tout, il fonde le nombre. Le continu mathématique est, en effet, divisible à l'infini, et les parties additionnées y sont égales au tout. Or, il n'en est pas de même dans la réalité. Si je coupe le corps humain en deux, les deux tronçons ne seront pas le corps humain; et si j'abats une maison, les matériaux gisant

(1) W. James, *loc. cit.*, p. 657.

à terre ne seront plus la maison. Le premier axiome concerne la superposition des figures. Comment doit se faire cette superposition ? A la façon de celle d'un solide invariable. *Mais le transport des solides dans l'espace* RÉEL *change leur forme.* La possibilité du mouvement d'une figure invariable n'est donc pas une vérité évidente par elle-même, ou du moins elle ne l'est qu'à la façon du postulat d'Euclide, et non comme le serait un jugement analytique *a priori.*

« *Les axiomes géométriques ne sont donc ni des jugements synthétiques a priori, ni des faits expérimentaux.* Ce sont des *conventions* (1). »

« Le résultat est un nouveau système d'objets mentaux qui peuvent être traités comme identiques, pour certains buts (purposes), bref, une nouvelle série de *est* indéfiniment prolongée, tout à fait analogue aux séries d'équivalence, parmi les nombres, dont la table de multiplication exprime une partie. Et tout cela est absolument indépendant (regardless) des coexistences ou des successions naturelles (2). »

Cependant, et W. James oublie de le dire, l'expérience fournit quelque chose à la géométrie, à savoir, les propriétés des corps solides, ainsi que la propagation rectiligne des rayons lumineux. Mais ces propriétés n'ont été que son point de départ, elles ont fondé l'intention, *non pas le symbole.* On peut concevoir, et l'on a d'ailleurs conçu divers systèmes de symboles géométriques, les géométries de Louvatchewsky et de Riemann en sont la

(1) H. Poincaré. Science et hypothèse, p. 66.
(2) W. James, *loc. cit.*, p. 658.

preuve. L'étude de l'espace géométrique auquel W. James semble ne pas avoir pensé, nous montrerait que, malgré son origine expérimentale tirée de notre déplacement par rapport aux objets et de leur déplacement par rapport à nous, son homogénéité et son isotropie ne peuvent résulter que d'une abstraction des qualités irrelevantes dans les diverses impressions d'étendue qui nous sont données. L'expérience ne nous donne, en effet, jamais deux apparences de mouvements égales, et il faut encore ici que dans des ensembles différents, nous choisissions l'égalité sous le point de vue qui nous intéresse. En un mot, de la succession hétérogène fournie par l'expérience, il faut que nous fassions un *continu homogène*, opération qui, de toute évidence, ne peut être expliquée par l'expérience.

W. James ne s'explique pas sur la distinction entre les jugements synthétiques et analytiques *a priori*, et voici la raison qu'il en donne : « Il me semble que cette distinction doit être comptée parmi les legs les moins heureux dont nous ayons hérité de Kant, et cela pour le motif qu'il est impossible de la définir avec certitude. Personne ne dira que des jugements analytiques tels que celui-ci, « des lignes équidistantes ne peuvent se rencontrer nulle part », sont de pures tautologies. Le prédicat constitue, en effet, une nouvelle façon de concevoir en même temps que de nommer le sujet. Il y a *quelque chose de nouveau*, dans les plus grands truismes; notre état d'esprit est plus riche après qu'avant leur énonciation. S'il en est ainsi, la question posée, « à quel point le nouvel état d'esprit cesse-t-il d'être impliqué dans l'ancien ? » est trop vague pour recevoir une réponse. La

seule façon claire de définir les propositions synthétiques
serait de dire qu'elles expriment une relation entre deux
données au moins. Mais il est difficile de découvrir une
proposition qui ne remplirait pas ces conditions. Les définitions verbales elles-mêmes y satisfont. Les tentatives
laborieuses, telles que celle faite dernièrement par M. D.-
G. Thompson, pour démontrer que tous les jugements
sont analytiques (system of Psychology II, pp. 232 et s.)
ne me paraissent donc être que des *nugæ difficiles*; elles
ne valent pas l'encre et le papier qu'on y dépense. L'intérêt philosophique disparaît d'ailleurs de la question,
du moment où l'on n'attribue plus à aucune *des vérités a
priori* (analytiques ou synthétiques), ce caractère légis-
latif à l'égard de toute expérience possible, que Kant
semblait leur attribuer. Nous leur avons refusé ce caractère, et soutenu que c'était à l'expérience de prouver si
ses données cadraient oui ou non avec les termes abstraits
entre lesquels valent ces relations. Le débat est donc pour
nous vide de toute signification (1). »

Quand on passe aux conceptions, ou plutôt à ce que
M. H. Poincaré appellerait les hypothèses de la physique, la relativité de nos connaissances se manifeste plus
nettement encore. Mais ce qui frappe davantage ici, c'est
leur caractère *sentimental*. W. James y a insisté particulièrement au cours d'un article paru dans l'*Unitarian
review*, en 1881, traduit dans la critique philosophique
(janvier-février 1882), puis publié dans la *Volonté de
Croire* (2), sous le titre de : « Réflexe et déisme ». « Les

(1) W. James, *loc. cit.*, vol. 2, p. 662 (note).
(2) The will to believe. Longmans Green a. Cᵒ, 1902.

contenus de l'univers, écrit-il, nous sont donnés dans un ordre si étranger à nos intérêts subjectifs, que nous pouvons difficilement nous figurer par un effort d'imagination à quoi ils ressemblent. Il faut que nous brisions cet ordre ; — en choisissant parmi les éléments qui nous concernent, en les liant avec d'autres très éloignés, qui, disons-nous, sont en rapport avec eux, nous faisons le chemin que réclament nos tendances ; nous pouvons alors prévoir des possibilités (liabilities) spéciales, nous y préparer, et jouir de la simplicité et de l'harmonie à la place de ce qui était le chaos... Le monde réel, tel qu'il est donné objectivement, est la somme totale de tous ses êtres, de tous ses événements à l'instant actuel. Mais pouvons-nous penser un pareil ensemble ? Sommes-nous capables de réaliser, un seul instant, ce que représenterait une coupe de toute l'existence à un point du temps ! Pendant que je parle et que la mouche bourdonne, une mouette attrape un poisson à l'embouchure de l'Amazone, un arbre tombe dans les sombres forêts de l'Adirondack, un homme éternue en Allemagne, un cheval crève en Tartarie, et des jumeaux naissent en France. Qu'est-ce que cela veut dire ? La coexistence discrète de ces faits et d'un million d'autres dans le temps, forme-t-elle un lien rationnel, et les unit-elle entre eux dans un tout qui ait pour nous la signification d'un monde ? C'est au contraire là un ordre dont nous n'avons rien à tirer, il faut nous en débarrasser le plus tôt possible. Comme je le disais, nous le brisons, nous le divisons en histoires, en arts, en sciences, et alors seulement nous commençons à nous trouver à l'aise. Nous découvrons des relations qui ne furent jamais données à nos sens... Ces relations sont essentielles, mais simplement pour *le but que nous nous proposons* ; les autres relations étant précisément aussi réelles et présentes que celle-ci. Notre but consiste simplement à *concevoir* et à *prévoir*. Or, la conception et la prévision ne constituent-elles pas des fins subjectives pures et simples ? Ce sont les fins de ce que nous appelons la science, et le miracle des miracles, un miracle qu'aucune philosophie n'a encore complètement expliqué, c'est que l'ordre donné se prête à un tel modelage, qu'il se découvre plastique à l'égard d'un grand nombre de nos fins scientifiques esthétiques et pratiques (1). »

L'essence des choses pour la science consiste précisément à n'être pas ce qu'elles paraissent. Et comme leur raison serait complètement trouvée, si on pouvait les résoudre en équivalences mathématiques, la physique y tend de toutes ses forces en passant par les tourbillons, les molécules et les atomes. *Faire l'unité, la simplicité,* tel est le projet qu'elle médite, le désir qu'elle parvient en quelque mesure à satisfaire (2).

« Une fois pour toutes, écrit Helmholtz, la tâche des sciences physiques consiste à chercher des lois, par lesquelles les processus particuliers de la nature puissent être rapportés à des règles générales et en être déduits. Ces règles (par exemple les lois de la réflexion ou de la réfraction de la lumière, ou celle de Mariotte et de Gay-Lussac pour les volumes des gaz) ne sont évidemment pas autre chose que des concepts de genre, propres à em-

(1) W. James, *loc. cit.,* pp. 118-120. Voyez aussi Lotze Logik, §§ 342-351. Sigward Logik, 60-63, p. 105.
(2) Voyez H. Poincaré, Science et hypothèse, *passim.*

brasser des classes entières de phénomènes. La recherche de telles lois est affaire à la partie expérimentale de la science. Sa partie théorique s'efforce de découvrir les causes inconnues des processus, d'après leurs effets visibles ; elle essaie de les comprendre par le principe de causalité... Le but ultime de la physique théorique consiste à trouver les causes *immuables* des processus naturels. Ce n'est pas ici le lieu de déterminer si tous les processus sont réellement attribuables à ces causes, si, en d'autres termes, la nature est *complètement intelligible*, ou s'il y a des changements qui éluderaient la loi de la causalité nécessaire, pour tomber dans le domaine de la spontanéité ou de la liberté ; mais du moins il est clair que la science dont le *but* est de faire que la nature apparaisse intelligible (die Natur zu begreifen) doit s'appuyer sur le *postulat* de son intelligibilité, et tirer les conclusions conformes à ce postulat, jusqu'à ce que des faits irréfutables aient montré les limites certaines, on devrait s'arrêter à cette méthode (1). »

Il ressort de tout cela que pour W. James, la science, dans sa partie théorique tout au moins, représente simplement une *hypothèse vivante;* c'est-à-dire une hypothèse qui traduit une possibilité réelle à l'égard de celui qui l'a faite. Nous avons *un besoin* théorique, que le multiple soit réduit à la simplicité et à l'uniformité, aussi « notre plaisir en découvrant qu'un chaos de faits est la conséquence d'un seul fait sous-jacent (underlying) ressemble au soulagement éprouvé par un musicien qui

---

(1) Helmholtz, die Herhaltung der Kraft. 1847, p. 2. Cité par W James.

réduit une masse confuse de sons en un ordre mélodieux .
et harmonique » (1).

On aurait tort, cependant, de confondre la position de
W. James avec celle du nominalisme (2). Dans l'esprit
de W. James, le savant n'est pas dupe de ses définitions,
ou du moins, il n'en est dupe que s'il le veut bien, si,
adoptant une thèse matérialiste, il admet que la nécessité
de la science s'impose *ab extra*, bref, si au lieu d'être un
savant averti, il n'est qu'un demi-savant.

La science est une interprétation des faits naturels, elle
doit donc induire et généraliser; or, l'induction et la généralisation supposent toujours une hypothèse. En con-
cluant d'un nombre quelconque de phénomènes en succession, qu'ils sont unis par le rapport de causalité, en
affirmant que ce rapport vaudra pour tous les cas semblables, on admet implicitement la persistance de quelque chose dans la nature. C'est là, du point de vue scientifique, une supposition légitime et même nécessaire, car
ce point de vue est précisément, selon Helmholtz, de
rendre la nature intelligible; or, elle ne serait pas complètement intelligible, si elle renfermait des éléments de
hasard. Mais parmi les points de vue qui peuvent intéresser l'humanité, celui de la science n'est pas le seul légitime. La devise de l'empiriste radical pourrait être aussi :
« Homo sum et nil humani a me alienum puto. » L'uniformité, l'intelligibilité de la nature sont des *besoins* im-
périeux chez certains, nuls chez les autres. François
d'Assise, Emerson ou G. Fox, n'avaient pas, comme

(1) The will to believe, p. 65.
(2) Voyez notamment : M. Le Roy, Science et philosophie (*Revue de métaphysique et de morale*, 1901).

Helmholtz ou Spencer, besoin de l'uniformité; ils se complaisaient, au contraire, dans le merveilleux. A côté d'un monde compréhensible, il y en a sans doute un ou plusieurs d'incompréhensibles, en face desquels il nous est loisible d'adopter l'attitude qui nous convient davantage. Le critérium de la valeur de nos hypothèses morales, est le même, en somme, que celui de la valeur de nos hypothèses scientifiques. *Nous les jugeons par leurs œuvres.* Une hypothèse scientifique nous permet-elle d'expliquer les faits et de les prévoir, nous conduit-elle, enfin, à des résultats pratiques, assure-t-elle davantage notre emprise sur la nature, elle est bonne. Une hypothèse morale ou religieuse nous rend-elle meilleurs, nous fait-elle plus hommes, au sens complet du mot, elle est bonne aussi. Il se peut assurément que ces deux attitudes soient incompatibles dans le même cerveau; mais ce ne sera là encore qu'un demi-malheur, si par l'une *ou* par l'autre nous devenons des hommes réellement utiles à d'autres hommes. C'est le *pragmatisme moral* auquel doit aboutir l'empirisme radical. Il me suffira d'en avoir esquissé l'idée, car ce n'est point ici le lieu de l'approfondir. Il faudrait pour cela étudier tout au long cette autre œuvre remarquable de W. James, qui a pour titre : « Les Expériences religieuses » (1).

Au regard de la théorie de la connaissance, la doctrine de W. James peut paraître hybride. Elle emprunte au relativisme sa conception des notions *a priori*, sans leur attribuer, d'ailleurs, aucune valeur régulative, et elle

(1) C'est l'objet que je me suis proposé dans mon étude sur les expériences religieuses.

garde de l'empirisme, son idée de la réalité extérieure,
son respect pour l'expérience, qui peut seule consacrer
la vérité des relations établies entre les choses. Le monde
se prête assurément à plusieurs de nos transformations,
et notamment à la plupart de nos combinaisons scientifiques, mais l'expérience seule, et l'expérience, au sens
empirique du mot, doit dire jusqu'où peut aller cette
plasticité. Cette conception n'est originale que par la
forme psycho-physiologique de son exposition. Si l'on
ne veut pas qu'il y ait des « *idées innées* », il faut bien
dire que l'organisme, ou du moins une partie de l'organisme est innée. Nous naissons avec un cerveau préformé, capable de répondre aux excitations extérieures
d'une certaine manière et non pas d'une autre, capable
d'embrasser la réalité *à sa* manière. Ce faisant, on *n'ex-*
plique rien de la connaissance, elle demeure le grand
mystère. C'est vraiment, comme l'avoue W. James, le
miracle des miracles, que la réalité semble si souvent
entrer dans la forme imposée par l'esprit. Le problème
serait peut-être résolu, si l'on découvrait le point de contact de l'esprit et de la matière. C'est dans cette direction
qu'il faut maintenant pousser l'investigation.

Nous allons donc remonter jusqu'au point d'attache,
jusqu'à la perception, et tenter de lire W. James au travers de la doctrine de M. Bergson.

CHAPITRE VII

Matière et mémoire.

Le problème de la connaissance ; matière et esprit. — Nature pratique de la connaissance ; pragmatisme de W. James et de M. Bergson. — Rôle exclusivement sensori-moteur du cerveau. — Le cerveau ne cause pas les images, il les conditionne. — On ne déduit pas les images ; il faut les supposer données. — La perception pure. — La sensation pure de W. James ; extensité. — La perception et le souvenir. — Y a-t-il deux mémoires, l'une motrice, et l'autre spirituelle ? — La reconnaissance ; l'attention, la spontanéité. — Comparaison de la théorie physiologique avec la thèse de M. Bergson. — Les maladies de la reconnaissance démontrent-elles la thèse de M. Bergson — W. James admet le dualisme vulgaire ; que faut-il penser du dualisme de M. Bergson ?

La métaphysique pivote sur le problème de la connaissance. De la solution qu'elle en propose dépend notre conception de l'univers tout entier, et notamment celle de l'esprit et de la matière, du corps et de l'âme, ainsi que de leurs relations.

C'est dire, en même temps, que le *fond* de la question ne peut ressortir à une étude psychologique. Cependant, il y a des choses dont l'humanité moderne ne parvient pas à se désintéresser, et où elle demande mieux que les rêves berceurs de sa robuste jeunesse.

Une métaphysique, dont la base ne repose pas sur le roc solide des faits, est un château construit dans le sable, qu'emportera la première vague montante. Elle ne représente qu'une illusion de l'humanité, fleur fanée à peine éclose, parfum décevant, dont la pensée se trouve alanguie, prête à glisser dans le scepticisme. La science doit guider l'esprit au cours de l'ascension pénible qu'il entreprend dans les ténèbres. Elle est alors comme une lampe dont la pâle clarté permettrait au « rescapé » de tracer des points de repère dans le dédale des galeries.

W. James n'a pas encore, à la manière de M. Bergson, couronné sa psychologie par une métaphysique (1). Il n'est pourtant pas sans intérêt de se demander si, par hasard, la doctrine éparse dans les deux livres des *Principes*, ne fournirait pas les éléments d'une solution plus élégante que celle de l'École, solution d'ailleurs analogue à celle que propose l'auteur de *Matière et Mémoire*.

Il ne s'agit pas, bien entendu, de voiler W. James sous le bergsonnisme, en atténuant des différences essentielles qui, sous de certains rapports, départagent très nettement les deux théories. Je m'appliquerai, au contraire, à représenter la doctrine telle qu'elle se trouve dans les *Principes*, en insistant sur les divergences qu'elle offre avec celle de M. Bergson; mais je me demanderai, en même temps, si l'essentiel de l'une n'est pas dans l'autre, et si l'on ne pourrait pas, de l'une comme de l'autre, tirer la même conclusion métaphysique.

M. Bergson a fait ressortir nettement les difficultés insurmontables que soulèvent tour à tour les conclusions du réalisme, de l'idéalisme et du dualisme vulgaire. « L'idéalisme ne peut passer de l'ordre qui se manifeste dans la perception à l'ordre qui réussit à la science dans la réalité. Inversement, le réalisme échoue à tirer de la réalité la connaissance immédiate que nous avons d'elle. Se place-t-on, en effet, dans le réalisme vulgaire ? On a d'un côté une matière multiple, composée de parties plus

(1) Ces lignes étaient écrites avant l'apparition de « a pluralistic Universe ».

ou moins indépendantes, diffuse dans l'espace, et de l'autre, un esprit qui ne peut avoir aucun point de contact avec elle, à moins qu'il n'en soit, comme veulent les matérialistes, l'inintelligible épiphénomène. Considère-t-on, de préférence, le réalisme kantien ? Entre la chose en soi, c'est-à-dire le réel et la diversité sensible avec laquelle nous construisons notre connaissance, on ne trouve aucun rapport concevable, aucune commune mesure. Maintenant, en approfondissant ces deux formes extrêmes du réalisme, on les voit converger vers un même point : l'une et l'autre dressent l'espace homogène comme une barrière entre l'intelligence et les choses. Le réalisme naïf fait de cet espace un milieu réel où les choses seraient en suspension, le réalisme kantien y voit un milieu idéal où la multiplicité des sensations se coordonne ; mais pour l'un et pour l'autre, ce milieu est donné *d'abord* comme la condition nécessaire de ce qui vient s'y placer (1). » Quant au dualisme vulgaire, il pousse le conflit entre la matière et l'esprit jusqu'à l'état aigu, de sorte que la connaissance y est plus encore que dans les autres systèmes le miracle des miracles. Du reste, à y regarder de plus près, comme l'a fait encore remarquer M. Bergson, le dualisme se laisse facilement résoudre en l'une ou l'autre des doctrines précédentes : « Je vais mettre d'un côté la matière, et de l'autre l'esprit, et supposer que les mouvements cérébraux sont la cause ou l'occasion de ma représentation des objets. Mais s'ils en sont la cause, s'ils suffisent à la produire, je vais retomber de degré en degré sur l'hypothèse matérialiste

(1) Bergson. Matière et Mémoire, pp. 257-8.

de la conscience épiphénomène. S'ils n'en sont que l'occasion, c'est qu'ils n'y ressemblent en aucune manière, et
dépouillant alors la matière de toutes les qualités que
je lui ai conférées dans ma représentation, c'est à l'idéalisme que je vais revenir. Idéalisme et Matérialisme sont
donc les deux pôles entre lesquels ce genre de dualisme
oscillera toujours; et lorsque, pour maintenir la dualité
des substances, il se décidera à les mettre l'une et l'autre
sur le même rang, il sera amené à voir en elles deux
traductions d'un même original, deux développements
parallèles, réglés à l'avance, d'un seul et même principe (1). » Bref, le conflit réside tout entier entre les deux
termes : matière et esprit, qui, paraissant irréductibles
l'un à l'autre, ne sauraient offrir le point de contact élémentaire à une connaissance.

Cependant, une discussion réelle, et qui veut aboutir,
doit partir d'une conception nette de son objet. Et puisqu'il s'agit de la connaissance au sens le plus large du
mot, c'est le caractère commun à toute connaissance qu'il
faut avant tout dégager. Lorsque la grenouille décapitée
exécute un réflexe pour écarter la cause du mal qu'elle
souffre, elle témoigne d'une intelligence qui connaît;
lorsque l'amibe s'étend, puis se contracte pour saisir sa
proie minuscule, lorsque le vers ronge la racine qu'il a
su discriminer entre mille autres, lorsque l'hirondelle
poursuit au ras de l'eau les insectes qui dansent dans
un rayon de soleil, l'amibe, le vers et l'hirondelle connaissent et tirent parti de leur connaissance. Qu'est-ce à
dire, sinon qu'elle est une fonction vitale, et donc, qu'elle

(1) Bergson. Matière et Mémoire, p. 253.

doit servir d'abord à la vie, être *utilitaire*, se rapporter essentiellement à *l'action* et accidentellement à la spéculation.

C'est un point de vue que M. Bergson et W. James font également ressortir : « On ne tient pas assez compte, écrit ce dernier, du fait que notre intellect est tout entier construit d'intérêts pratiques. La théorie de l'évolution commence à rendre de très bons services en réduisant toute mentalité au type de l'action réflexe. *La connaissance à ce point de vue n'est qu'un moment rapide, une section de ce qui, dans sa totalité, apparaît comme un phénomène moteur* (1). Dans les formes les plus basses de la vie, personne ne prétendra que la connaissance soit autre chose qu'un guide nécessaire pour l'exécution appropriée de l'action. La question posée à la conscience primitive n'est pas théorique : « Qu'est-ce que c'est donc que cela ? C'est une question pratique. « Qu'est-ce qui vient là ? Ou plutôt, comme Horwicz l'a fort bien dit : « Que dois-je faire ? » — (« Was fang' ich an ? ») Dans toutes nos discussions concernant l'intelligence des animaux inférieurs, le seul critérium dont nous usions est celui de leur *action* apparemment ordonnée pour un but. En un mot, la connaissance semble incomplète tant qu'elle ne s'est pas terminée dans l'action. Et quoique le développement mental ultérieur, qui atteint son maximum avec le cerveau hypertrophié de l'homme, donne naissance à une quantité considérable d'activité théorique, dépassant de beaucoup celle qui pourrait servir immédiatement à la pratique, cependant, le but primaire

(1) Ce passage n'est pas souligné dans le texte.

est simplement différé, non pas effacé, car, la nature active affirme à la fin tous ses droits. » Lorsque le cosmos, dans sa totalité, est l'objet offert à la conscience, la relation ne s'en trouve pas, pour cela, le moins du monde, altérée. Nous devons y réagir de quelque façon appropriée (congenial).

« Les œuvres immortelles de Helmholtz sur l'œil et l'oreille, ne sont guère autre chose qu'un commentaire de cette loi : que l'utilité pratique détermine complètement et les éléments sensoriels dont nous prenons conscience et ceux que nous ignorons. Nous remarquons et discriminons un trait de la chose sentie dans la mesure seulement où nous en dépendons pour modifier notre action. Nous *comprenons* une chose, lorsque, par le moyen d'une synthèse, nous l'identifions avec une autre chose. Mais dans l'autre grand domaine de nôtre entendement, la simple connaissance (acquaintance), (les deux domaines étant reconnus dans toutes les langues par l'antithèse de mots tels que wissen et kennen ; scire et noscere, etc.), n'est-elle pas la synthèse d'une perception passive avec une certaine tendance à la réaction ? Nous connaissons (We are acquainted) une chose dès que nous savons comment nous comporter à son égard, ou comment supporter l'attitude que nous en attendons. Jusqu'à ce point elle nous reste encore étrangère (1). »

M. Bergson oriente la discussion du côté des données physiologiques. Si l'on se reporte au cinquième chapitre de cet ouvrage, on verra que j'y ai admis, après W.

---

(1) The will to believe. The sentiment of rationality, pp. 84 et suiv.

James, le réflexe des hémisphères à côté de celui de la moelle. J'ai notamment insisté sur ce fait, que le cortex lui-même doit être considéré comme un complexus de systèmes où s'enchevêtre la multitude des réflexes. Aussi bien, la description de M. Bergson répond-elle, terme pour terme, à celle de W. James : « Le cerveau ne doit pas être autre chose, à notre avis, qu'une espèce de bureau téléphonique central; son rôle est de « donner la communication » ou de la faire attendre. Il n'ajoute rien à ce qu'il reçoit, mais, comme tous les organes perceptifs y envoient leurs derniers prolongements, et que tous les mécanismes moteurs de la moelle et du bulbe y ont leurs représentants attitrés, il constitue bien réellement un centre, où l'excitation périphérique se met en rapport avec tel ou tel mécanisme moteur, choisi, non plus imposé (1). »

W. James emploie quelque part une comparaison identique. D'ailleurs, poser comme il le fait, cette loi générale, que le courant va toujours de la cellule sensorielle à la cellule motrice, et jamais dans le sens inverse, c'est admettre qu'à l'origine, au moins, le cerveau est un appareil moteur, rien de plus : « Tous les courants se dirigent dans le cerveau vers la région de Rolando, et ils en sortent sans jamais retourner sur eux-mêmes. De ce point de vue, la distinction des cellules motrices et des cellules sensorielles n'a pas de signification fondamentale. Toutes les cellules sont motrices, nous appelons simplement celles qui se trouvent plus proches de la fissure les cellules motrices par *excellence* (2). »

(1) Matière et Mémoire, p. 17.
(2) W. James, Principles, vol. 2, p. 581.

Pour cette raison, sans doute, il insiste sur le fait que toutes nos impressions, quelles qu'elles soient, toutes nos images, déterminent des mouvements complets ou seulement esquissés. « Le Dr Carpenter qui, le premier, je crois, employa le nom d'action idéo-motrice, la plaça, si je ne me trompe, parmi les curiosités de notre vie mentale. *La vérité est que ce n'est pas une curiosité, mais simplement le processus normal dépouillé de son déguisement* (1). » Toutes nos idées résultent en action « et là même où l'opposition d'autres idées empêche le mouvement de se produire *complètement*, il a lieu à l'état *naissant* (incipiently) » (2).

Pourtant, on a le droit de se demander si *l'apriorisme naturaliste*, tel qu'on l'a exposé au cours du chapitre précédent, laisse intacte la conception du bureau téléphonique. Il semble que oui, car le bureau téléphonique n'est pas complet sans le téléphoniste. M. Bergson le reconnaît, tout au moins implicitement, lorsqu'il ajoute : « Le cerveau nous paraît être un instrument d'analyse par rapport au mouvement recueilli, et un instrument de *sélection* par rapport au mouvement exécuté (3). »

Dans cette hypothèse, on pourrait, je crois, traduire ainsi l'apriorisme naturaliste : Le cerveau n'est pas une table rase, un lieu *indifférent* où passent les arcs nerveux, il a ses mouvements propres, capables de modifier la direction des courants, de les combiner en quelque sorte.

---

(1) W. James, *loc. cit.*, p. 522. Ce passage n'est pas souligné dans le texte.
(2) W. James, *loc. cit.*, p. 523.
(3) Matière et Mémoire, p. 17.

Il réagit *à sa manière* aux impressions du dehors, « et choisit son effet » (1). Le corps vivant ne serait d'ailleurs pas l'image privilégiée apte à « exercer sur d'autres images une influence réelle », s'il ne pouvait « se décider entre plusieurs démarches matériellement possibles » (2). Or, le choix n'a, dans l'espèce, aucune signification, si on ne le traduit point dans les termes d'une structure cérébrale donnée, qui, de l'ensemble des images, réfléchit seulement la face qu'elles présentent à son action possible.

A vrai dire, on ne saurait décider que W. James entende précisément cela. Le dernier chapitre des *Principes* ressemble trop à une ébauche, pour que l'on puisse absolument faire fond sur lui. Si la seule tentative de fournir à la psychogenèse une base *scientifique* est déjà par elle-même fort intéressante, il faut avouer, cependant, que l'effort y paraît assez court, et que l'on est quelque peu déçu, quand, au lieu d'une interprétation vraiment nouvelle des *catégories*, on découvre, en fin de compte, une sorte d'hybride de la doctrine de Locke et de celle de l'innéité.

Quoi qu'il en soit, un fait reste certain, les deux auteurs s'accordent au moins sur ce point : le caractère essentiel de la connaissance est d'être *pratique*.

L'avantage de l'attitude adoptée par cette doctrine consiste précisément en ceci, qu'elle peut se placer d'emblée au point de contact de l'esprit et de la matière, c'est-à-dire à *la perception pure*.

Pour M. Bergson : « il n'y a qu'une différence de degré,

(1) Matière et Mémoire, p. 16.
(2) W. James, *loc. cit,*, p. 5.

il ne peut y avoir une différence de nature entre la faculté
dite perceptive du cerveau et les fonctions réflexes de la
moelle épinière. » En effet, d'une part, le système nerveux, nous venons de le voir, est tout entier monté sur
le même plan, c'est un appareil sensori-moteur et rien
de plus; d'autre part, il ne saurait produire l'image.
« Les nerfs afférents sont des images, le cerveau est une
image, les ébranlements transmis par les nerfs sensitifs
et propagés dans le cerveau sont des images encore. Pour
que cette image, que j'appelle ébranlement cérébral, en-
gendrât les images extérieures, il faudrait qu'elle les
contînt d'une manière ou d'une autre, et que la représentation de l'univers tout entier fût impliquée dans celle de
ce mouvement moléculaire. Or, il suffirait d'énoncer une
pareille proposition pour en découvrir l'absurdité. » Cependant, l'image du corps est privilégiée, elle semble
exercer une influence réelle sur les autres images : « *Tout
se passe, en effet, comme si, dans cet ensemble d'images,
que j'appelle l'univers, rien ne se pouvait produire de
réellement nouveau, que par l'intermédiaire de certaines
images particulières, dont le type m'est fourni par mon
corps* (1). » En général, une image quelconque influence
les autres images d'une manière déterminée calculable,
selon les lois de la nature, c'est le domaine de la nécessité,
au contraire, l'action qu'exerce mon corps ne semble pas
nécessaire : « Et puisque ces démarches lui sont sans
doute suggérées par le plus ou moins grand avantage
qu'il peut tirer des images environnantes, il faut bien
que ces images dessinent en quelque manière, sur la face
qu'elles tournent vers mon corps, le parti que mon corps

(1) *Op. cit.*, p. 2

pourrait tirer d'elles... *Les objets qui entourent mon corps réfléchissent l'action possible de mon corps sur eux* (1). » Étudiez ce corps, vous y découvrirez des appareils de r on aux influences extérieures, un réseau centripète rejoignant au travers d'un centre un réseau centrifuge, et rien de plus. Coupez la communication entre les deux réseaux, la perception s'est, du même coup, évanouie, il faut donc qu'elle en dépende. Mais « la fiction d'un objet matériel isolé n'implique-t-elle pas une espèce d'absurdité, puisque cet objet emprunte ses propriétés physiques aux relations qu'il entretient avec tous les autres, et doit chacune de ses déterminations, son existence même, par conséquent, à la place qu'il occupe dans l'ensemble de l'univers ? Ne disons donc pas que nos perceptions dépendent simplement des mouvements moléculaires de la masse cérébrale. Disons qu'elles varient avec eux, mais que ces mouvements eux-mêmes restent inséparablement liés au reste du monde matériel (2). »

Ainsi, voilà posés l'un en face de l'autre deux systèmes d'images. D'un côté des images indifférentes, influant les unes sur les autres, de manière à ce que l'effet reste toujours proportionné à la cause, de l'autre, « des images, que j'appelle mes perceptions de l'univers, et qui se bouleversent de fond en comble, pour des variations d'une certaine image privilégiée, mon corps. Cette image occupe le centre, sur elle se règlent toutes les autres, à chacun de ses mouvements, tout change, comme si l'on avait tourné un kaléidoscope (2). »

(1) *Loc. cit.*, pp. 5-6.
(2) *Op. cit.*, p. 10.

Puisque le système nerveux est construit d'un bout à l'autre de la série animale en vue de l'action, et puisque le progrès de la perception est solidaire de sa plus grande complexité, ne doit-on pas en conclure qu'elle est, elle aussi, orientée vers l'action. « Et dès lors, la richesse croissante de cette perception elle-même ne doit-elle pas symboliser simplement la part croissante d'indétermination laissée au *choix de l'être vivant* dans sa conduite vis-à-vis des choses ? (1) » Donnons-nous donc parmi ces images solidaires et liées qu'on appelle le monde matériel des *centres d'action réelle* représentés par la matière vivante : supposon- que l'un de ces centres réels est un organisme rudimentaire, il réagira au contact, pour ainsi dire automatiquement : posons, au contraire, un organisme supérieur, il ne réagira plus aussi simplement ; l'indétermination de sa réaction grandira dans la mesure où s'accroitra la distance à laquelle pourra se faire sentir l'excitation. « La part d'indépendance dont un être vivant dispose, ou, comme nous dirons, la zone d'indétermination qui entoure son activité, permet donc d'évaluer *a priori* le nombre et l'éloignement des choses avec lesquelles il est en rapport. Quel que soit ce rapport, quelle que soit donc la nature intime de la perception, on peut affirmer que l'amplitude de la perception mesure exactement l'indétermination de l'action consécutive, et, par conséquent, énoncer cette loi : *la perception dispose de l'espace dans l'exacte proportion où l'action dispose du temps* (2). » Ainsi, la perception se

(1) *Op. cit.*, p. 18.
(2) *Op. cit.*, p. 19.

déduit de l'indétermination introduite par la seule présence de l'être vivant, dans l'univers d'ailleurs déterminé. Elle représente une relation variable entre cet être et « les influences plus ou moins lointaines des objets qui l'intéressent » (1).

Mais d'où vient que cette relation est *consciente* ? Il y a, par définition, des images *non perçues* et des images *perçues*. Si l'image perçue impliquait plus que l'image non perçue, on ne pourrait passer de la seconde à la première, « le passage de la matière à la perception resterait enveloppé d'un impénétrable mystère » (1). Mais il en serait autrement si l'on pouvait passer du premier terme au second par voie de diminution. Voici l'image d'un objet matériel. Solidaire de la totalité des autres images, « elle se continue dans celles qui la suivent, comme elle prolongerait celles qui la précèdent. Pour transformer son existence pure et simple en représentation, il suffirait de supprimer tout d'un coup ce qui la suit, ce qui la précède, et aussi ce qui la remplit, de n'en plus conserver que la croûte extérieure, la pellicule superficielle » (2). Cette image contiendrait virtuellement la représentation; et cette représentation ne serait empêchée de se réaliser que par la nécessité où se trouverait l'image de transmettre la totalité de ce qu'elle reçoit des utres images, et d'opposer à chaque action une réaction égale et contraire. Ainsi, la représentation serait comme neutralisée; mais cette « neutralisation » même disparaîtrait, si l'on parvenait à *l'isoler*, et, donc, à la dimi-

(1) *Op. cit.*, p. 20.
(2) *Op. cit.*, p. 23.

nuer de la plus grande partie d'elle-même, « de manière
que le résidu, au lieu de demeurer emboîté dans l'entourage, comme une *chose*, s'en détachât comme un *tableau* (1). » Or, si les êtres vivants constituent dans l'univers des « centres d'indétermination », « on conçoit que
leur seule présence puisse équivaloir à la suppression
de toutes les parties des objets auxquelles leurs fonctions
ne sont pas intéressées » (2). La représentation naîtrait
donc immédiatement de la spontanéité de notre réaction.
« La réalité de la matière consiste dans la totalité de ses
éléments et de leurs actions de tout genre. *Notre représentation de la matière est la mesure de notre action
possible sur les corps, elle résulte de l'élimination de
ce qui n'intéresse pas nos besoins et plus généralement
nos fonctions* (3). » « La conscience, dans le cas de la
perception, consiste précisément dans ce choix (4) » La
perception pure est déjà un discernement.

En somme, donc, le cerveau ne peut donner l'image,
puisqu'il est lui-même une image dans la masse des autres images qui le dépassent. Si l'on étudie sa structure,
on se persuade facilement qu'il n'est qu'un instrument
d'action et, comme dans la série animale, la faculté perceptive grandit parallèlement avec le développement et
la complication du système nerveux, une conclusion s'impose, c'est que la perception à l'état pur doit être définie
en *fonction de l'action*. La représentation consiste dans
la limitation que le vivant impose à l'image, limitation

(1) *Op. cit.*, p. 24.
(2) *Loc. cit.*
(3) *Loc. cit.*, p. 25.
(4) *Loc. cit.*

par le moyen de laquelle il parvient à l'isoler du reste
de l'univers, au profit de l'intérêt. La conscience, qui est
un choix, résulte de cette limitation.

Ce raisonnement, lavé de sa couleur métaphysique,
pourrait enfin, je crois, se condenser ainsi : Les images
sont des données ultimes, qu'il faut accepter sans essayer
de les déduire; le cerveau ne peut pas être la cause des
images, il conditionne seulement la réaction ; ce qui distingue la réaction du vivant conscient, c'est qu'elle est
guidée par l'intérêt, c'est qu'elle discerne. La perception
pure est le premier discernement de ce genre, opéré par
le vivant sur la matière. Bref, nous vivons; la condition de
cette vie est notre réaction appropriée au reste de l'univers, et cette accommodation se traduit par le choc conscient.

Le choix est aussi, pour W. James, un élément essentiel de la pensée (1) : « L'accentuation apparaît dans chacune des perceptions que nous avons... Mais nous faisons
beaucoup plus que d'accentuer les choses, d'en unir quelques-unes, et d'écarter les autres. Nous *ignorons* effectivement la plupart de celles qui nous sont présentes.
Montrons brièvement comment.

« Pour commencer par le commencement, que sont
donc nos sens mêmes, sinon des organes de sélection ?
Dans le chaos infini de mouvements, dont la physique
nous apprend que l'univers est composé, chacun de nos
organes sensoriels cueille ceux qui se trouvent être dans
de certaines limites de vitesse. A ceux-là, chacun d'eux
réagit, ignorant tout le reste aussi complètement que s'il

_____

(1) Voyez le ch. III de cet ouvrage.

n'existait pas. Chacun accentue de la sorte certains mouvements particuliers, de manière qu'il ne semble pas y avoir de raison objective capable d'expliquer un tel procédé. De ce qui est en soi un *continuum* fourmillant, dénué de distinction ou d'accentuation, nos sens font... un monde plein de contrastes, d'accents tranchés, de changements abrupts, de lumière et d'ombre pittoresques...

« Helmholtz dit que nous remarquons seulement les sensations qui sont pour nous signes de *choses*. Mais que sont donc les choses ? Rien... que des groupes spéciaux de qualités sensibles, qui nous intéressent au point de vue pratique ou esthétique, auxquelles, en conséquence, nous donnons des noms substantifs et que nous élevons à ce statut d'indépendance et de dignité (1). »

Dans les sensations que nous recevons de chaque chose distinguée, l'esprit choisit encore. Il en met certaines à part pour leur attribuer la réalité, tandis que le résidu est considéré comme une simple apparence. Ainsi, l'objet reste *carré*, quoique la *perspective* change sa forme géométrique, la brique est *rouge brique*, quoique, suivant les jeux d'ombres et de lumière, elle puisse être rose ou brune. Si, dans la sensation et la perception, le choix se manifeste assez clairement, son évidence éclate dans le domaine plus élevé de la pensée.

Concluons donc que « l'esprit, à ses divers plans, est un théâtre de possibilités simultanées. La conscience consiste dans la comparaison qui est faite des unes avec les autres, le choix de quelques-unes et la suppression

(1) Princ. of Psych., vol. 1, p. 285.

du reste, par l'opération de renforcement et d'inhibition de l'attention (1). »

On pourrait sans doute dire, en suivant l'esprit des deux doctrines comparées, que, dans de certaines conditions, nous communions avec la matière, au point de nous confondre avec elle. De ce point de vue, l'état de distraction peut paraître instructif. Nous avons alors, pour ainsi dire, perdu la conscience de nous-mêmes. Nos yeux voient sans regarder, nos oreilles entendent sans écouter, nous subissons l'impression confuse d'une confusion de sons, de lumière, de couleurs et d'odeurs, une sensation vague de notre corps, comme d'un tout qui aurait perdu son caractère et son intérêt particuliers. À chaque moment, le charme est sur le point de s'évanouir, il dure pourtant, les moments se succèdent et leur mouvement nous berce à peu près comme la vague bleue d'une mer calme roulerait un cadavre. On peut assez facilement produire cette psychose en fixant les yeux dans le vide. Certaines personnes arrivent, par un effort de volonté, à vider leur esprit, et à ne plus penser à rien. C'est pour elles le meilleur moyen de s'endormir. Il est probable que le chien qui somnole au soleil se trouve dans un état analogue. La fatigue, une occupation monotone et mécanique tendent à le susciter chez l'homme. Ce n'est pas le sommeil, et cependant, lorsqu'on en sort, il est souvent impossible de dire à quoi la pensée a été occupée. Dans l'hypnose, le sujet semble se trouver dans la même situation, car, lorsqu'on lui demande quel est l'objet de sa pensée, il répond ordinairement : « Je ne

(1) *Loc. cit.*, p. 288.

pense à rien de particulier » (1). On arrive aussi, par
des procédés artificiels, à réduire la conscience à son
minimum. Elle prend alors une certaine connaissance de
l'objet *sans la rapporter aucunement au moi*. « Pendant
la syncope, écrit le professeur Herzen, il y a annihila-
tion complète de vie psychique, absence de toute conscience ; cependant, au moment d'y entrer, on éprouve à
un certain moment *un sentiment vague*, illimité, indéfini,
un sens de *l'existence en général*, sans la moindre trace
de distinction entre le moi et le non-moi. » Voici, d'autre part, une vision obtenue par l'éther ; la description
est du Dr Schœmacker de Philadelphie : « Deux lignes
parallèles infinies en mouvement longitudinal rapide...
sur un fond uniformément nuageux... en même temps,
un bruit continu comme un bourdonnement, non pas
fort, mais distinct... qui semblait en connexion avec les
lignes parallèles. Ces phénomènes occupaient le champ
tout entier. Il n'y avait aucun rêve, aucune vision, mar-
quant quelque relation avec des affaires humaines, aucune idée ou impression offrant une parenté avec une
expérience passée, quelle qu'elle fût, aucune émotion,
et assurément *aucune idée de personnalité*. On ne distinguait aucune conception concernant l'être qui regar-
dait les deux lignes, ou même l'existence possible d'un
tel être ; les lignes et les ondes sonores emplissaient
tout. » Un sujet, cité par H. Spencer, parle d'une « tran-
quillité qui aurait été toute vide, sans une sorte de présence stupide, qui apparaissait comme une intrusion pénible *quelque part* — une tache dans le calme. « Ce sen-

_____

(1) Voyez W. James, vol. 1, p. 401.

timent d'objectivité avec *absence de subjectivité*, même lorsque l'objet reste presque indéfinissable, est, me semble-t-il, ajoute W. James, une phase assez commune de la chloroformisation. Chez moi, pourtant, cette phase est trop profonde pour qu'il en demeure quelque mémoire. Cependant, lorsqu'elle s'évanouit, je crois m'éveiller au sentiment de ma propre existence, comme de quelque chose qui surviendrait, et qui n'aurait pas été là auparavant (1). »

W. James insiste sur ces derniers faits, parce qu'ils démontrent que la connaissance est possible, sans que le moi prenne conscience de lui-même. On doit admettre cependant que cette conscience du moi accompagne la connaissance normale à ses divers degrés, et qu'elle se manifeste d'autant plus clairement que l'effort d'attention est plus grand, quoique d'ailleurs, on n'ait pas le droit d'affirmer de la pensée qu'elle puisse jamais se saisir agissante, et que probablement, tout se réduise ici, nous l'avons vu, à un jugement de ressemblance rapporté à des impressions corporelles élémentaires. Or, une telle conscience n'aurait aucune signification, si elle n'indiquait pas la présence d'un centre d'action réelle, autour duquel « *se disposent des images subordonnées* » (2) ; si, en d'autres termes, elle n'était pas l'expression de l'intérêt que le vivant prend aux choses. Plus cet intérêt est aiguisé, plus il pénètre profondément dans ces choses, plus il les scinde, plus aussi, pourrait-on dire, il les déforme ; plus, au contraire, il s'émousse,

(1) W. James, *op. cit.*, vol. 1, p. 273.
(2) Matière et Mémoire, p. 17.

moins il se les subordonne, moins il entame leur aspect intégral. Or, l'intégralité des images non déterminées par le choix conscient n'est-elle pas l'idée de la matière ? Et, dès lors, ne peut-on pas dire que, dans l'état de distraction, la pensée se confond avec la matière, dans la mesure même où elle perd conscience d'elle-même.

L'argumentation de M. Bergson suppose d'abord l'existence des images. La psychologie classique adopte pour l'ordinaire une démarche contraire. Elle se donne, en effet, un monde matériel, et dans ce monde matériel, un système nerveux qui transmet jusqu'au centre l'excitation venue d'un point quelconque de l'espace; puis fait sortir de cet ébranlement nerveux l'image, et en même temps, tout ce qu'elle s'était d'abord donné. Pourquoi donc s'arrêter en chemin ? Pourquoi ne pas suivre l'ébranlement nerveux qui se continue : « Le mouvement va traverser la substance cérébrale, non sans y avoir séjourné, et s'épanouir alors en action volontaire. Voilà tout le mécanisme de la perception. *Quant à la perception même,* EN TANT QU'IMAGE, *vous n'avez pas à en tracer la genèse, puisque vous l'avez posée et que vous ne pouviez pas, d'ailleurs, ne pas la poser : en vous donnant le cerveau, en vous donnant la moindre parcelle de matière, ne vous donniez-vous pas la totalité des images ?* (1). »

L'Ecole déduit l'image. L'associationnisme pose des impressions élémentaires *inextensives,* dont l'intégration produirait, on ne sait comme, une image extensive. La contradiction s'accuse plus fortement encore, lorsque

(1) Matière et Mémoire.

l'évolutionisme vient, comme chez Spencer, renforcer l'associationnisme. On aboutit alors à l'atomisme psychologique (Mind-stuff Theory), qui compose la représentation avec des *chocs psychiques*, dont le trait caractéristique est précisément de n'avoir plus rien conservé de la représentation. L'intellectualisme distingue soigneusement la sensation de la connaissance. Comme la sensation n'y est qu'un élément inerte, une qualité pure sans extension, il faut que l'image extensive de l'objet soit l'œuvre d'un acte pur, qui opérerait, lui aussi, sur des éléments inextensifs, pour créer l'extensif.

Or, nous l'avons vu, W. James rejette également l'intellectualisme et l'associationnisme. L'image totale ne s'explique donc, pour lui, ni par une intégration d'éléments psychiques, ni par l'acte ineffable d'une entité hypothétique opérant sur des éléments inextensifs. En d'autres termes, sa doctrine ne s'occupe point de *construire* l'image et donc la suppose. Le flot de la conscience est donné, il emporte avec lui le flot des images. Ces images sont des psychoses totales indivisibles, où l'on ne saurait distinguer des unités élémentaires, qui, par conséquent, ne s'analysent *point par le dedans*. On ne peut les expliquer que par le *dehors*, c'est-à-dire en décrivant les conditions où elles apparaissent comme *nos* images.

Evidemment, le point de vue de W. James n'est pas métaphysique. Loin d'affirmer, comme M. Bergson, que tout soit image, il insiste sur l'attitude *naïve* que doit adopter la science psychologique. Il y a la pensée, et il y a des choses qui peuvent être l'objet de cette pensée. Quand, donc, nous affirmons que W. James ne déduit pas l'image, cela revient à dire qu'il la considère comme donnée de soi avec la pensée, et qu'il estime que l'on ne saurait expliquer son extension en termes inextensifs, c'est-à-dire par une composition de psychoses qui n'auraient pas primitivement la qualité de l'extension. L'extension est donnée au même titre que la connaissance dans chaque psychose, dont l'objet est ce que nous appelons le monde extérieur. Je ne crois même pas qu'il puisse se contenter de l'argument par lequel M. Bergson démontre l'impossibilité pour le cerveau de causer les images, parce qu'il est lui-même une image. Cet argument, pour irréfutable qu'il soit logiquement, est peut-être trop métaphysique pour satisfaire à l'empirisme radical. Quoi qu'il en soit, W. James ne pense pas non plus que le cerveau puisse créer les images, il en est seulement la condition, en ce sens général que le flot conscient s'écoule *parallèlement* aux variations intervenues dans le système nerveux. Le cerveau ne fait pas l'image, il n'y a pas d'images dans le cerveau, mais *nos* images sont consécutives à certaines réactions sensori-motrices qui, tout au moins, les actualisent. Ceci, d'ailleurs, deviendra plus clair à mesure que nous avancerons dans cette étude.

Certaines de nos images apparaissent avec la *sensation*. Ce sont les moins définies, celles, pour employer la terminologie de M. Bergson, qui se distinguent le moins nettement des images objectives, celles enfin où l'esprit se dégage de la matière. La théorie de la sensation est donc, chez W. James, l'équivalent de la théorie de la perception pure chez M. Bergson. La doctrine de W. James vaut qu'on s'y arrête, car elle peut paraître fondamentale.

« Les mots sensation et perception signifient l'un et l'autre des processus dans lesquels nous connaissons un monde objectif... Ce sont des noms pour *des fonctions de connaissance différentes*, mais non pas pour des espèces différentes de faits psychiques. Plus l'objet connu ressemble à une qualité simple, telle que « chaud », « froid », « rouge », « bruit », « douleur », saisie sans relation avec d'autres choses, plus l'état d'esprit approche d'une sensation pure. Plus, au contraire, l'objet est plein de relations, plus il est quelque chose de classé, de localisé, de mesuré, de comparé, de rapporté à une fonction, etc., etc., plus il est perception, et moindre est, relativement, le rôle qu'y joue la sensation (1). »

La sensation est une *connaissance*. « Etant donné que l'on ne saurait parler de relation entre les objets, ou y penser qu'après en avoir pris conscience de quelque manière (with wich we have acquaintance already), on est obligé de postuler dans la pensée une fonction par laquelle nous prenons d'abord contact (become aware), avec les natures immédiates toutes nues, par où se distinguent nos divers objets. Cette fonction est la sensation. »

Mais il faut tout de suite couper court à un malentendu possible. L'attitude adoptée par W. James au regard de la connaissance est purement *empirique*, nullement métaphysique, il la considère comme un fait, comme une *relation dernière* que le psychologue, en tout état de cause, doit simplement accepter. L'étude psychologique, encore une fois, se limite (2) aux *conditions de la con-*

---

(1) Principles of Psych., vol. 2, p. 2.
(2) Voyez notamment vol. 2, pp. 216 et suiv.

naissance. Pourtant, nous devons avoir un moyen *pratique* de distinguer l'état de connaissance. « A quels signes reconnaîtra-t-on si l'état mental dont on s'occupe renferme de la connaissance, ou si, au contraire, il représente un fait purement subjectif, ne se rapportant à rien d'extérieur à lui-même ?

« On aura recours au critérium dont nous faisons tous usage dans la vie courante. La psychose en question sera réputée connaissance lorsqu'elle ressemblera à l'idée que nous nous faisons nous-mêmes d'une certaine réalité, ou lorsque, sans ressembler à cette idée, *elle paraîtra impliquer cette réalité et s'y référer en opérant sur elle par les organes corporels* (1). »

Or, si nous admettons que la sensation pure est une connaissance, ce ne peut être, il me semble, que parce qu'elle opère ou tend à opérer sur la réalité. Avant qu'apparaissent les premières lueurs de la conscience, le nouveau-né a, sans doute, l'impression de l'épanouissement confus d'un tout, dont il ne se distingue pas. Quelques mois passent, et voici qu'un jour il fixe avec de grands yeux étonnés le gland rouge d'un rideau, et allonge sa petite main maladroite pour le prendre. *Il* vient de prendre *contact* avec la matière. Sa connaissance du monde commence, puisqu'il a pour la première fois choisi l'objet de sa réaction, puisqu'il s'est taillé une représentation dans l'image universelle.

Nous avions donc raison de dire que la sensation pure de W. James était analogue à *la perception pure* de M. Bergson. Sensation pure et perception pure se dis-

(1) *Loc. cit.*

tinguent du réflexe simplement par ce fait, que ce sont des réactions *choisies*, appropriées plus ou moins habilement à un but.

La *représentation* naît alors de l'image : « La nature et la cause cachée des idées ne pourront être démêlées avant que l'on ait expliqué le *nexus* qui lie le cerveau et la conscience. Tout ce que nous pouvons dire maintenant, c'est que les sensations sont les premières choses qui se présentent sous la forme consciente. Avant que les conceptions puissent se produire, des sensations doivent s'être produites; mais avant que les sensations se présentent, il n'est pas nécessaire que d'autres faits psychiques aient existé, il suffit d'un courant nerveux. Si le courant nerveux n'est pas donné, rien ne pourra le remplacer... Le cerveau est ainsi fait, *que tous les courants y courent dans un sens* (1). Une conscience de quelque espèce accompagne tous les courants, mais c'est seulement lorsque de nouveaux courants y entrent, que cette conscience prend *la forme* d'une sensation (it is only when new currents are entering that it has the sensational *tang*). Et c'est alors seulement (pour employer une expression de M. Bradley) que la conscience *rencontre* (encounters) une réalité hors d'elle-même (2). » *Ainsi, la première sensation de l'enfant est pour lui l'univers* : « Dans son éveil muet, à la conscience de *quelque chose là*, qui est encore simplement cela (ou quelque chose pour quoi le terme cela serait peut-être même trop discriminé, et dont la connaissance intellectuelle serait mieux

(1) Ce passage n'est pas souligné dans le texte.
(2) W. James, vol. 2, pp. 7-8.

exprimée par la simple interjection « voilà »), l'enfant *rencontre* (1) un objet où (quoiqu'il soit donné dans une pure sensation) toutes « les catégories » de l'entendement se trouvent contenues. *Il a l'objectivité, l'unité, la substantialité, la causalité exactement dans le sens où les aura plus tard, n'importe quel autre objet, ou n'importe quel système d'objets.* Ici, le jeune connaisseur *rencontre et accepte son monde* (2), et le miracle de la connaissance surgit, comme dit Voltaire, aussi bien dans la sensation la plus obscure de l'enfant, que dans l'opération la plus haute du cerveau d'un Newton. La condition physiologique de cette première expérience sensible consiste probablement en des courants nerveux qui viennent à la fois de plusieurs organes périphériques. Plus tard, dans le fait confus et unique causé par ces courants, la perception distingue plusieurs faits et plusieurs qualités. Car, en même temps que les courants varient, et qu'ils laissent de nouvelles traces dans la matière cérébrale, d'autres pensées naissent avec d'autres « objets », et la « même chose » qui était saisie comme un *ceci* présent, apparaît comme un *cela* passé (3). »

Remarquons-le bien, c'est *la même chose* qui apparaît dans le passé, et non pas *la même sensation. Le cerveau ne conserve donc pas les sensations à l'état de représentations ou d'images confuses, sur lesquelles l'entendement travaillerait à loisir.* Comment cela se pourrait-il, puisque, W. James y a surabondamment insisté (4), la

---

(1) Ce mot n'est pas souligné dans le texte.
(2) Ce passage n'est pas souligné dans le texte.
(3) *Loc. cit.*, p. 8.
(4) Voyez le ch. II de cet ouvrage.

même psychose ne se présente jamais deux fois : « Il n'y a, d'ailleurs, pas de raison de supposer que lorsque des psychoses différentes connaissent différentes choses à propos du même mal de dents, elles le font parce qu'elles *contiennent*, à l'état faible, ou à l'état vivace, la douleur originale. Tout au contraire, comme Reid le remarque quelque part, la sensation passée de ma goutte était pénible, tandis que la *pensée* de cette même goutte, en tant que passée, est agréable et ne ressemble en aucune façon au premier état mental (1). »

Appliquée aux sensations, la théorie de la *relativité de la connaissance* consiste à considérer que leur essence est d'être des relations, et qu'elles ne contiennent rien d'absolu (2). Une conséquence logique de cette doctrine, est évidemment que la réalité, l'objet, et donc la représentation, doivent être déduits en termes non extensifs. Supposons, en effet, que deux psychoses, A et B ne vaillent que par leurs relations. Ces relations seront, d'une part, internes à A et B, et, d'autre part, entre A et B. A sera donc un agrégat de termes qui s'appuiera sur un autre agrégat de termes, et comme ces termes eux-mêmes ne seront que relations, leur division pourra se poursuivre *ad infinitum*. En d'autres termes, il n'y aura pas de points *substantifs* dans le flot de la conscience. Tout y sera littéralement insaisissable. Ce que vous appelez vert, sera le rapport senti entre des ondes lumineuses, mais ces

---

(1) *Loc. cit.*, p. 6.
(2) Voyez Green Intr. to Hume §§ 146-188. J. S. Mill. Examin. of Hamilton, p. 6. Bain (Senses and Intellect, p. 321) Emotions and Will, pp. 550-570-2.

ondes lumineuses senties sont elles-mêmes des rapports entre des mouvements moléculaires, et ces molécules elles-mêmes sont des complexus, etc. On aboutit fatalement à l'atomisme psychique le plus radical, atomisme où le dernier atome est encore un rapport. Vous serez bien alors obligé de reconstruire l'image, et, pour cela, vous n'aurez qu'un moyen, celui de remonter des derniers rapports jusqu'aux premiers, cherchant encore une fois dans l'inextensif la raison de l'extensif. Si, au contraire, vous admettez que chaque sensation donne d'abord un absolu, un tout qualitatif irréductible, vous ne serez pas tenté de déduire l'image, puisque vous aurez posé la représentation en même temps que la sensation.

M. W. James repousse de la façon la plus catégorique la théorie de la relativité fondamentale de notre connaissance, théorie d'ailleurs qui, de prime abord, ne paraît pas admissible. Si nous sentions seulement la différence entre mi et fa, dans la troisième octave et mi à fa dans la seconde, par exemple, cette différence étant la même dans les deux cas, il n'y aurait pas de distinction possible entre les deux octaves.

Les partisans de la relativité insistent particulièrement sur le phénomène de contraste. On en distingue deux espèces : le contraste *simultané* et le contraste *successif*. Regardez une surface, puis détournez les yeux pour les porter sur une autre surface, la couleur complémentaire et le degré de clarté opposés à ceux de la première surface se mêleront à la clarté et à la couleur de la seconde. C'est le contraste successif qui peut, en somme, s'expliquer par la fatigue de l'organe.

Cependant, « *une image visuelle est modifiée non seulement par les sensations éprouvées l'instant d'avant,
mais aussi par toutes celles qui surviennent simultanément et spécialement par celles qui procèdent des parties contiguës de la rétine* (1). »

On propose deux explications, l'une psychologique et
l'autre physiologique. D'après Helmholtz, qui adopte la
première, ces phénomènes sont dus à des *erreurs de
jugement*. W. James n'accepte pas ces conclusions. Il
se range au contraire à l'avis de Hering, qui assigne au
phénomène de contraste une raison purement physiologique, fondée sur l'analyse élémentaire de la rétine.
« Si ce processus psychologique est produit, comme il
arrive ordinairement, par des rayons lumineux impres-
sionnant la rétine, sa nature dépend non seulement de
ces rayons, mais aussi de la constitution de l'appareil
nerveux tout entier, lié à l'organe de la vision, et de l'état
dans lequel il se trouve (2). »

Du point de vue psychologique, les expériences de
Hering imposent deux conclusions : 1° les sensations ne
coexistent pas avec l'aperception; 2° lorsque deux objets
agissent ensemble, la sensation qui en résulte n'est pas
con   e par la simple addition des sensations qu'ils
produiraient séparément.

Si le phénomène de contraste était une erreur de jugement, cette erreur ne pourrait venir que d'une comparaison entre deux sensations, comparaison ayant pour
condition nécessaire, *l'aperception* de deux termes

(1) W. James, *op. cit.*, vol. 2, p. 11.
(2) E. Hering. Hermann's Handbuch d. Physiologie, III,
p. 565.

coexistant qui, *eux, ne connaîtraient pas* : «Cette manière
de prendre les choses, s'écrie W. James, est le propre
d'une philosophie qui regarde les données des sens
comme quelque chose de terrestre et de servile, et, au
contraire, « l'acte de les mettre en relation » comme quelque chose de spirituel et de libre... Mais, n'est-il pas
manifeste que les relations font partie du « contenu » de
la conscience, partie de « l'objet », précisément comme
les sensations ? Pourquoi attribuer les premières exclusivement au *connaissant* et les autres au *connu* ? Le connaissant est, dans tous les cas, un battement unique de
pensée, correspondant à une réaction unique du cerveau
dans des conditions données (1).» Pour comprendre toute
la signification de ce passage, il faut se reporter à la
doctrine de l'auteur sur le flot de la pensée (Stream of
Thought). Le propre de cette pensée paraît, en effet,
d'être dans un écoulement continu, tout y passe, rien n'y
demeure, ce qui est donné deux fois, c'est *l'objet*. Sans
doute, à propos d'un même objet, pourrons-nous avoir
une sensation, une perception, faire un jugement, mais,
ni la perception, ni le jugement ne *contiendront* la sensation, ce seront trois psychoses totales, qui correspondront à trois neuroses totales, et qui n'auront de commun que leur objet. Supposer que la sensation peut
entrer dans la perception, puis dans le jugement, c'est
admettre implicitement qu'elle est conservée *identique*
à elle-même, pour devenir, à l'occasion, matière de synthèse. Affirmer que le contraste résulte d'un jugement,
c'est poser la permanence de deux sensations aveugles

(1) *Loc. cit.*, p. 28.

accouplées par un acte de spontanéité plus relevé. Cependant, les psychoses se *déplacent*, elles se poussent dans un flot , en battements plus ou moins pressés, *qui connaissent*, car s'ils ne connaissaient pas, nous n'aurions pas le sentiment du moi. *Dans ce sens, elles sont complètes, elles représentent bien la réaction du vivant sur l'image brute qui lui est donnée.* Chacune d'elles *prend possession* de la réalité, chacune d'elles la scinde, en fait un objet qui se limite et se définit, il est vrai, davantage, à mesure que la pensée s'enrichit de l'expérience passée, mais qui est tout de même un objet, dès l'instant que la connaissance naissante y a mis la marque de son intérêt.

La seconde des conclusions exprimées plus haut est, elle aussi, fondée sur la constitution réelle du flot de la conscience, et sur le principe que la psychose totale correspond à la neurose totale. Dans le cas où deux sensations simultanées contrastent, le phénomène psychique qui en résulte n'est pas l'addition pure et simple des deux précédents, il implique une *synthèse* primitive et sentie, synthèse qui *est* la sensation résultante. Prenons quelques exemples. Coupez dans une feuille de papier gris des bandes larges de 5 millimètres, de telle façon qu'un vide de 5 millimètres alterne avec un plein de largeur égale. Placez cette sorte de grille sur un fond vert, couvrez le tout d'un papier transparent. Vous obtenez une série alternée de barres vertes et de barres grises, *ces dernières sont teintées par contraste.* Du point de vue physiologique, on explique ainsi le phénomène : lorsqu'un point déterminé de la rétine est excité, les autres points, et spécialement les plus voisins, tendent aussi à réagir

de façon à produire la sensation du degré de clarté opposé, et de la couleur complémentaire. Que se passe-t-il
donc au point de vue psychologique ? Pour résoudre la
question, il suffira sans doute de définir la neurose totale.
Eh bien, la *neurose totale* résulte ici de l'action concomitante du point de la rétine excité et de son voisin, *car, en
réalité, ce point ne peut être isolé.* Si donc, fixant une
ligne verte, la voisine me paraît rose, je n'aurai pas une
sensation de gris + une sensation de rouge, mais une
sensation totale de vert bordé d'un « halo » rose. Ce
« halo » représentera bien quelque chose de séparable
dans *l'objet senti*, mais il fera corps avec la sensation
subjective, il formera un tout avec elle, un tout qui ne
contiendra ni la sensation du vert, ni la sensation du
gris, ni la sensation du rouge, mais qui sera un autre état
mental, une sensation de contraste. Comme d'ailleurs ce
contraste sera *senti*, il impliquera une *connaissance* et
une connaissance de contraste, c'est-à-dire que *la réaction organique posera dans le monde des images un contraste où le jugement ultérieur de ressemblance et de différence trouvera peut-être son origine.*

Les phénomènes de contraste ne sont pas les seuls qui
mettent ce fait en évidence. Plongez l'extrémité de votre
doigt dans de l'eau tiède, vous obtenez une certaine qualité de sensation, enfoncez tout le doigt, l'eau vous paraît
plus chaude. Est-ce donc qu'à la sensation éprouvée par
le bout de votre doigt, une autre s'est ajoutée, et qu'à
leur somme correspond une impression plus intense ?
Mais la sensation passée n'est plus, et vous avez maintenant une nouvelle psychose totale, qui correspond à
une neurose totale. Cette neurose totale intéresse votre

doigt tout entier et, en outre, probablement les vibrations persistantes de la première impression. Cependant,
la sensation que vous ressentez maintenant est absolument nouvelle, c'est une qualité *sui generis irréductible
à la première; une nouvelle manière dont vous scindez
la réalité.*

Ce concours physiologique des éléments nerveux résultant pour nous en sensations différentes, s'étend assez
curieusement d'un sens à un autre : Brauler et Lehmann
ont, depuis quelques années, attiré l'attention sur une
idiosyncrasie bizarre, découverte chez quelques personnes, et consistant dans le fait que des impressions reçues
par l'œil, par la peau, etc., sont accompagnées de sensations auditives distinctes. On donne quelquefois à ce
phénomène, le nom *d'audition colorée.* Le praticien vien-
nois Urbantschitsch a prouvé que ces cas sont simplement des exemples extrêmes d'une loi très générale et
que tous nos organes sensoriels influent mutuellement
sur leurs sensations (1). Des points colorés assez éloignés
pour que les sujets ne puissent d'abord en reconnaître la
teinte, sont immédiatement identifiés lorsqu'on fait résonner le diapason. L'acuité de la vision augmente, en sorte
que des lettres trop éloignées pour être distinguées, le
sont lorsqu'on ajoute la perception d'un ton, etc.

« Tout le monde accordera probablement que la meilleure manière de formuler tous ces phénomènes consiste
à le faire en termes physiologiques. C'est sans doute
que le processus cérébral de la première sensation est
remplacé ou altéré de façon quelconque par le courant

(1) Pflüger's Archiv. XLII, p. 154.

qui survient. Personne, assurément, ne préférera ici
une explication psychologique. Eh bien, il me semble que
tous les cas de réaction mentale à une pluralité d'excitations doivent ressembler à ces cas, et que la formule
physiologique est partout la plus simple et la meilleure.
Si la couleur simultanée rouge et verte nous fait voir
jaune, si trois notes de la gamme nous donnent un accord, ce n'est pas parce que les sensations de rouge et
de vert, et de chacune des trois notes entrent comme telles dans l'esprit et là s'y « combinent » ou « sont combinées par son activité synthétisante» en jaune ou en accord,
c'est parce que la somme la plus élevée des ondes lumineuses et des ondes sonores produit de nouveaux processus dans le cortex, processus auxquels le jaune et
l'accord correspondent directement. Même lorsque les
qualités sensibles des choses entrent dans les objets de
notre pensée la plus élevée, il en est assurément de même.
Leurs diverses *sensations* ne continuent pas à subsister
en magasin. Elles sont *remplacées* par la pensée plus élevée qui, tout en étant une unité psychique différente, connaît les qualités sensibles que les sensations connaissaient (1). »

Pour *déduire l'image*, on a coutume encore de prétendre que chaque sensation apparaît d'abord comme
subjective ou interne pour être ensuite *projetée* dans le
monde extérieur.

« Il me semble, déclare W. James, qu'il n'y a pas trace
d'évidence en faveur de cette opinion. Elle est en relation
étroite avec la théorie que nos sensations sont primitive-

(1) *Loc. cit.*

ment vides de tout contenu extensif, opinion, je l'avoue, que je ne puis absolument pas comprendre. Quand je regarde ma bibliothèque en face de moi, il m'est impossible de me figurer une idée même imaginaire d'un sentiment (feeling) qu'elle aurait pu me procurer, différent de celui de ce fait extérieur largement étendu que je perçois maintenant. Bien loin que nous sentions d'abord les choses, comme subjectives et mentales, c'est précisément l'opposé qui semble vrai. Notre conscience primitive, la plus instinctive, la moins développée est de l'espèce objective. Il faut que la réflexion se soit développée, pour que nous remarquions (become aware) l'existence d'un monde intérieur (1). »

La raison de cette *objectivité* originelle de la sensation se laisse assez facilement deviner, lorsqu'on a posé le principe *du pragmatisme.* En effet, comme l'a fait remarquer A. Riehl : « Une sensation qui ne produirait aucune impulsion au mouvement ou à quelque tendance en vue de produire un mouvement extérieur serait évidemment inutile à l'animal. D'après les principes de l'évolution, une telle sensation ne se serait jamais développée. Il faut donc que toute sensation se réfère primitivement à quelque chose d'externe et d'indépendant de la créature qui sent. Les Rhizopodes (selon les observations de Engelmann) rétractent leurs pseudopodes toutes les fois qu'ils touchent des objets étrangers, même lorsque ces corps étrangers sont les pseudopodes d'autres individus de leur propre espèce; tandis que le contact mutuel de leurs propres pseudopodes n'est pas suivi d'une telle con-

_____

(1) *Loc. cit.*, p. 32.

traction (1). Ces animaux inférieurs doivent donc sentir
un monde extérieur, sans cependant avoir l'idée innée de
causalité, et probablement même sans posséder une conscience claire de l'espace. A la vérité, la conviction que
quelque chose existe en dehors de nous ne vient pas de
la pensée. Elle vient de la sensation...»

Il existe, concernant la sensation, une opinion encore
plus commune. On prétend souvent, en effet, qu'elle est
d'abord localisée *dans le corps* (2). M. Bergson a justement relevé cette erreur : « Les objets extérieurs, dit-il,
sont perçus par moi où ils sont, en eux et non pas en
moi (3).» Ce qui est localisé dans le corps, c'est l'affection,
parce que, à vrai dire, elle se passe dans le corps. Si la
perception traduit notre action ou notre tendance à agir
sur les images, plus grande sera la puissance d'agir du
corps, plus vaste aussi sera le champ que la perception
embrassera : « La distance qui sépare notre corps d'un
objet perçu, mesure donc, véritablement, la plus ou moins
grande imminence d'un danger, la plus ou moins prochaine échéance d'une promesse (4). » Plus la distance
décroît entre l'objet et le corps, plus le danger devient
urgent, la promesse immédiate. « Passez maintenant à
la limite, supposez que la distance devienne nulle, c'est-

(1) Der philosophische Kriticismus B. II. Theil II, p. 64.
Voyez pour un raisonnement tout à fait analogue Matière et
Mémoire, p. 18.
(2) Voyez notamment Taine, Intelligence, II⁰ partie, livre 2,
ch. II, §§ VII, VIII. Schopenhauer, Satz von Grunde, p. 58.
Helmoltz, Tonempfindungen (1870), p. 101. Sergi, Psychologie
Physiologie (Paris, 1888), p. 189. Liebmann, Der Objective An-
blick, 1869, pp. 67-72.
(3) Matière et Mémoire, p. 46.
(4) *Op. cit.*, p. 48.

à-dire que l'objet à percevoir coïncide avec notre corps, c'est-à-dire, enfin, que notre propre corps soit l'objet à percevoir. Alors, ce n'est plus une action virtuelle, mais une action réelle que cette perception toute spéciale exprimera : l'affection consiste en cela même... (1). »

A vrai dire, W. James n'établit pas une distinction nette, entre la sensation et l'état purement affectif, puisqu'il nomme pêle-mêle, en parlant de la sensation, l'impression du rouge et celle de la douleur. Mais comme la sensation du rouge est objective, celle de la douleur doit l'être aussi, en quelque manière. Il ne semble donc pas que W. James puisse, en principe, contredire à cette conclusion de M. Bergson, que « nos états affectifs sont éprouvés là où ils se produisent, c'est-à-dire en un point *déterminé* du corps ». Peut-être, cependant, aurait-il quelque raison de chicaner sur le mot *déterminé*, car une telle *localisation* impliquerait, sans doute, la présence de relations, qui n'apparaissent pas davantage dans l'affection primitive que dans la sensation pure.

C'est, en effet, que si la sensation pure est extériorisée, elle ne paraît cependant en aucune manière *localisée*. Plus spécialement, quand on affirme de la sensation qu'elle est localisée dans le corps, on la confond avec *l'impression physique*. Celle-ci se produit dans le système nerveux, mais l'autre est un état mental, dont on ne peut pas dire qu'il a une place, qu'il habite les fibres ou les centres nerveux. La conscience n'occupe, à proprement parler, aucune place : « Elle a des rapports dynamiques avec le cerveau, et des relations de con-

---

(1) *Loc. cit.*

naissance avec toutes les choses. » Du premier point de
vue, elle est, si vous voulez, à la même place que le
cerveau; mais du second, elle se trouve à la même place
que les diverses qualités dont elle peut connaître.

Il ne faut donc pas demander : *où est la sensation pure*,
mais plutôt : où sentons-nous son objet ?

« Assurément, répond W. James, un enfant nouveau-
né à Boston, qui a la sensation d'une bougie allumée
dans sa chambre ou d'une épingle piquée dans ses langes
ne sent pas que l'un ou l'autre de ces objets est situé
au 72° de longitude ouest et au 41° de latitude nord. Il
ne sent pas non plus qu'ils occupent le troisième étage de
la maison, ni, d'une manière distincte, qu'ils se trouvent à droite ou à gauche de telle ou telle autre sensation
coexistante, produite par quelque autre objet situé dans
la chambre. En un mot, il ne sait rien des relations que
ces objets peuvent avoir avec d'autres objets dans l'espace. La flamme occupe *sa place*, la douleur occupe la
sienne, mais jusque-là, ces places ne sont ni identifiées,
ni distinguées des autres. Cela vient plus tard... L'espace signifie seulement l'agrégat de toutes nos sensations
possibles. Il n'y a pas de duplicat connu *aliunde* ou
créé par une opération complémentaire faisant époque,
où nos sensations d'abord inextensives seraient transformées en étendue. Les sensations *apportent* l'espace et
toutes ses places à l'intellect dont, par conséquent, ni
celui-ci, ni celles-là ne sont le produit (1). »

Par son corps, l'enfant signifie plus tard, simplement
cette place où la piqûre de l'épingle et où une collection

(1) *Loc. cit.*, p. 35.

d'autres sensations analogues ont été ou sont senties. « Il n'est pas plus juste de dire qu'il localise cette douleur dans son corps, que de dire qu'il localise son corps dans cette douleur. Les deux propositions sont vraies. Cette peine fait partie de ce qu'il *signifie par le mot corps*. De même, par monde extérieur, l'enfant ne signifie pas autre chose que *cette place où* la flamme de la bougie et une collection d'autres sensations semblables sont senties. Il ne localise pas plus la chandelle dans le monde extérieur qu'il ne localise le monde extérieur dans la chandelle. Encore une fois, il fait les deux, car la bougie est partie de ce qu'il *signifie* par monde extérieur. » Or, que peut être cette *signification*, si ce n'est *un choix* qui, d'abord imprécis et immédiat, dessine chaque jour davantage les contours des objets. De sorte que vraiment la représentation de l'univers matériel ne sort pas de nous, c'est nous qui nous dégageons d'elle » (1).

M. Bergson a fait, de cette extension de la sensation pure et de la perception en général, un des points cardinaux de son argumentation. « Notre perception à l'état pur, fait véritablement partie des choses (2). » « *Toutes* les sensations participent de l'étendue, toutes poussent dans l'étendue des racines plus ou moins profondes... L'idée que toutes nos sensations sont extensives à quelque degré, pénètre de plus en plus la psychologie contemporaine. On soutient, non sans quelque apparence de raison, qu'il n'y a pas de sensation sans « extensité »,

(1) Voyez Matière et Mémoire, p. 45.
(2) Matière et Mémoire, p. 57.

ou sans un « sentiment volume... (1) » Une psychologie
attentive « nous révèle, et révélera sans doute de mieux
en mieux, la nécessité de tenir toutes les sensations pour
primitivement extensives, leur étendue pâlissant et s'ef-
façant devant l'intensité et l'utilité supérieures de l'étendue tactile, et sans doute aussi de l'étendue visuelle (2). »

C'est bien là, en effet, le nœud de la question. Si la
perception n'est pas autre chose que l'action du vivant
taillée dans la matière, la marque de son origine doit
consister précisément dans ce caractère extensif. On
n'éprouvera pas alors de difficultés à montrer que l'espace des philosophes et des géomètres est une simple
vue de l'esprit, cristallisant dans un symbole la multitude
vivante des phénomènes. Il n'y aura plus de « distance
infranchissable, plus de différence essentielle, pas même
de distinction véritable entre la perception et la chose
perçue. Les perceptions de divers genres marqueront
bien véritablement autant de directions vraies de la réalité » (3).

Cependant, cette doctrine de l'extensité originelle de
la sensation pure et de la perception pure ne va pas sans
quelques difficultés, qu'il faut au moins indiquer. — Le
premier opéré de Che-selden croyait toucher les objets
avec son œil, comme vec sa peau. C'est probablement
qu'il n'avait pas eu le temps *d'apprendre à extérioriser*
ses impressions visuelles. Le dessinateur sent avec le bout

(1) Ce sont les propres termes de W. James, cités d'ailleurs en
note par M. Bergson. Principles of Psychology, t. II, pp. 134-
135.
(2) Matière et Mémoire, *passim*.
(3) Matière et Mémoire, *passim*.

de son crayon, et cependant, l'impression est dans la main ; c'est donc qu'une longue pratique lui permet de la *projeter* là précisément où elle doit agir. Les amputés éprouvent parfois une sensation nette de leur membre coupé ; n'est-ce pas la preuve qu'ils avaient une vieille habitude de traduire en impressions périphériques des affections purement internes ? Le Dr Mitchell cite, à ce propos, un fait caractéristique : « Je traitais récemment par la faradisation, dit-il, un cas de désarticulation de l'épaule, sans avoir d'ailleurs donné aucun renseignement au malade sur le phénomène qui pouvait se produire. Depuis deux ans, le membre atteint ne lui avait donné aucune sensation d'aucune sorte. Au moment où le courant atteignit le faisceau des nerfs intéressés, le sujet s'écria tout à coup : « Oh ! la main, la main ! » Essayant en même temps de saisir le membre absent. Le fantôme que j'avais évoqué s'évanouit bientôt, mais la vue d'un revenant n'aurait pas étonné davantage le pauvre homme, tant la vision lui parut réelle. » La position de l'extrémité amputée varie. Souvent, le pied semble toucher le sol, mais quelquefois, lorsqu'il s'agit de la perte d'un bras, le coude paraît se replier et la main reposer sur la poitrine. D'autres fois, la main tient immédiatement au moignon, ou le pied au genou. Il arrive aussi, que la position reste vague et se déplace suivant les circonstances.

Voici encore un malade du Dr Mitchell : « Il perdit sa jambe à l'âge de 11 ans, et se souvient que le pied s'approcha petit à petit du genou, jusqu'à l'atteindre. Lorsqu'il commença à porter une jambe artificielle, le membre amputé parut reprendre son ancienne position. Il ne lui semble plus, maintenant, que la jambe soit raccourcie, à moins qu'il ne parle du moignon ou qu'il y pense. Alors, l'attention dirigée vers ce point produit un sentiment de gêne accompagné de la sensation subjective d'un mouvement déplaisant des orteils. En même temps que cette impression, revient l'illusion du pied attaché immédiatement au genou. »

Enfin, on insiste sur la nécessité d'une éducation de nos sens. Si l'enfant veut toucher tout ce qu'il voit, quand même ce serait la lune, c'est parce que l'expérience ne soutient pas encore son jugement, et ne lui permet pas de *proje'er* convenablement l'impression.

M. Bergson répond d'abord sur cette dernière objection. Il fait remarquer que, dans son hypothèse, les sens auront aussi besoin d'une éducation, « non pas, sans doute, pour s'accorder avec les choses, mais pour se mettre d'accord entre eux ». Parmi les images, les divers sens découpent, en effet, ce qui les intéresse particulièrement, ils font, chacun à sa manière, une analyse de l'objet, qui ne concorde pas nécessairement avec celle du sens voisin; on conçoit dès lors parfaitement la possibilité d'un désaccord, et donc aussi d'une éducation capable d'aplanir des divergences nuisibles.

En ce qui concerne les erreurs de localisation, l'auteur de *Matière et Mémoire* s'en débarrasse peut-être un peu légèrement. « On allègue encore, dit-il, les localisations erronées, l'illusion des amputés (qu'il y aurait lieu, d'ailleurs, de soumettre à un nouvel examen). Mais que conclure de là, sinon que l'éducation subsiste une fois reçue et que les données de la mémoire, plus utiles dans la vie pratique, déplacent celles de la conscience immédiate. Il nous est indispensable, en vue de l'action, de traduire notre expérience affective en données possibles de la vue, du toucher, et du sens musculaire. Une fois cette traduction établie, l'original pâlit, mais elle n'aurait jamais pu se faire si l'original n'avait été posé d'abord, et si la sensation affective n'avait pas été, dès le début, localisée par sa seule force et à sa manière (1). »

Cette réponse suppose d'abord que l'éducation du sens, par rapport aux relations de l'espace, nécessite dans les sensations pures, l'existence d'une *couleur locale* qui permette de les distinguer. C'est, je crois, ce qu'exprime W. James, lorsqu'il répète que la sensation de la bougie allumée est là où se trouve cette bougie. Sans que son extensité soit rapportée à d'autres extensités, elle est pourtant déjà cette extensité-ci et non pas celle-là. M. Bergson attribue ensuite à l'habitude le fait que l'amputé ressent une affection hors de son corps, c'est-à-dire dans un membre absent. Cette explication peut paraître un peu courte, aussi bien la thèse de M. Bergson, doit-elle être complétée ici par celle de W. James.

« L'objectivité avec laquelle chacune de nos sensations nous parvient dès l'origine, le caractère spacieux et étendu (roomy and spatial), qui fait partie de son contenu primitif, n'est d'abord en relation avec aucune autre sensation. La première fois que nous ouvrons les yeux, nous obtenons un objet visuel qui *est une place*, mais qui n'est pas encore placé, par rapport à un autre objet quelconque, ni identifié avec une autre place quelconque autrement connue. C'est une place avec laquelle, jusque-là,

(1) Matière et Mémoire, p. 52.

nous avons seulement une « acquaintance ». Lorsque,
plus tard, nous savons que cette même place est « devant » nous, cela signifie simplement que nous avons
appris quelque chose à *son sujet* (about it), à savoir,
qu'elle est *en conformité avec cette autre* place, appelée
« devant », qui nous est donnée par certaines sensations
du bras et de la main, de la tête et du corps (1). » Lors
donc que le bébé tend la main pour attraper la lune, cela
signifie simplement que la sensation visuelle de la lune
ne lui donne pas la *perception* de distance, qu'il n'a pas
appris à quelle distance du toucher se trouvent les objets
qui apparaissent à cette distance visuelle. Et il en est
absolument de même lorsqu'une personne nouvellement
opérée de la cataracte, tâtonne pour toucher des objets
qui, cependant, sont loin de son visage.

Les autres cas, et spécialement ceux d'amputation,
s'éclaireraient davantage si nous avions le loisir d'étudier
la perception d'espace dans le détail. Nous verrions alors
que nous choisissons toujours certaines de nos sensations
pour en faire des *réalités* pour réduire les autres au rôle
de *signes*, qui sont réputés représenter ces réalités. Lorsque nous rencontrons un de ces signes, nous pensons à la
réalité signifiée qui, déplaçant le signe, envahit toute la
conscience. Or, les sensations auxquelles donne naissance le jeu de nos jointures, sont le *signe* de ce que nous
avons ensuite appris à connaître, comme le mouvement
de tel ou tel membre. C'est ce mouvement que nous pensons lorsque les nerfs de la jointure sont excités, et sa
place étant de beaucoup plus importante que celle de la

(1) *Op. cit.*, vol. 2, p. 40.

jointure, recouvre, à raison de la loi de l'intérêt, celle de la sensation, qui n'a aucune utilité pratique. « Ainsi, la sensation du mouvement semble couler jusque dans les doigts et les orteils (1). » En d'autres termes, et d'une façon générale, nous éprouvons la sensation A et confondons son contenu avec un objet B, qui nous est, par ailleurs, connu, et cela, évidemment parce que A suggère B et que B est plus intéressant que A. « Mais, dans tout cela, il n'y a pas de *projection* de A hors d'une place *originelle*... Une telle projection impliquerait que d'origine, A nous est apparu dans des relations locales définies avec d'autres sensations, car être *hors* de B et de C, ou être dans B et C, c'est avoir également des relations locales avec eux. Cependant, la sensation A n'était d'abord ni hors, ni dans B ou C. Elle n'avait pas affaire avec eux... » Elle était simplement là sans relation définie avec les autres. Ces relations n'ont été connues que plus tard, à mesure que l'attention, éclairée par son intérêt, a mieux discriminé les éléments de la réalité extensive qui lui était donnée.

Résumons ce qui précède. W. James et M. Bergson s'accordent à reconnaître le caractère pratique de la connaissance, qui est active avant d'être spéculative. Ils se refusent l'un et l'autre à déduire l'image, et reconnaissent que la représentation n'est qu'une section opérée dans l'image totale par la conscience intéressée. Ils insistent enfin tout particulièrement sur ce fait que la sensation pure, ou la perception pure, sont extensives. Cette théorie fait peut-être disparaître une grosse difficulté du pro-

(1) *Loc. cit.*, p. 41.

blème de la connaissance, puisqu'elle permet de saisir le point où l'esprit rencontre la matière.

Mais, pour nous du moins, la sensation pure n'existe pas; quant à la théorie de la perception pure, elle ne présente, de l'aveu de M. Bergson, qu'une vue schématique de la perception extérieure. « Le moment est venu de réintégrer la mémoire dans la perception...»

La perception diffère essentiellement de la sensation par la *mémoire*; elle implique *la reconnaissance* et *l'attention*, c'est donc à ce triple point de vue qu'il nous faut maintenant comparer les doctrines mises en présence.

M. Bergson expose une théorie très particulière de la mémoire. « L'erreur capitale, l'erreur qui, remontant de la psychologie à la métaphysique, finit par nous masquer la connaissance du corps aussi bien que celle de l'esprit, est celle qui consiste à ne voir qu'une différence d'intensité, au lieu d'une différence de nature, entre la perception pure et le souvenir (1). » C'est en effet qu'on risque alors de méconnaître le caractère essentiel de la perception pure. Elle est d'abord action ou réaction. Raisonnant sur elle comme si elle nous était donnée à la manière d'un souvenir, on n'y voit qu'une *hallucination* supposée vraie. Le lien qui unit l'esprit à la matière se trouve alors coupé, et les deux tronçons flottent dans le vide, incapables de se retrouver jamais. La perception pure nous a placés d'emblée dans la réalité, c'est une conquête qu'il ne faut pas abandonner, et nous l'abandonnerions si nous la déduisions du souvenir, c'est-à-dire, en somme, si

(1) Matière et Mémoire, p. 60.

nous en faisions « un état intérieur, une simple modification de notre personne » (1).

L'originalité de M. Bergson consiste principalement ici
dans la distinction qu'il établit entre la *mémoire pure* et
la *mémoire motrice*. Vous étudiez une leçon pour la répéter par cœur. Au moment où vous la répétez, c'est votre
mémoire *motrice* qui donne. Votre cerveau a emmagasiné un travail négatif, dont la tension se décharge. C'est
un fait pur et simple d'habitude cérébrale. Le cerveau est
dans son rôle d'appareil sensori-moteur, puisqu'il n'a
enregistré que du mouvement. Mais indépendamment de
la leçon apprise, vous vous souvenez que vous l'avez
relue trois, quatre, cinq fois, et chacune de ces lectures
vous apparaît avec une teinte particulière. Chacune d'elles est un souvenir, mais absolument différent de celui
de la leçon récitée par cœur. Il n'a aucun des caractères
de l'habitude : « L'image s'en est nécessairement impri-
mée du premier coup dans la mémoire, puisque les autres
lectures constituent par définition même des souvenirs
différents. C'est comme un événement de ma vie, il a pour
essence de porter une date, et de ne pouvoir, par conséquent, se répéter. Tout ce que les lectures ultérieures y
ajouteraient ne ferait qu'en altérer la nature originelle; et
si mon effort pour évoquer cette image devient de plus
en plus facile à mesure que je le répète plus souvent,
l'image même, envisagée en soi, était nécessairement
d'abord ce qu'elle sera toujours (2). » Il y a, d'après
M. Bergson, une différence profonde, « une différence

(1) *Op. cit.*, p. 61.
(2) *Op. cit.*, p. 76.

de nature » entre le souvenir de la leçon récitée et celui
de chacune des lectures qui ont servi à l'apprendre. Le
souvenir de chaque lecture est une *représentation* qui
tient dans une intuition : « Au contraire, le souvenir de la
leçon apprise, même quand je me borne à répéter cette
leçon intérieurement, exige un temps bien déterminé, le
même qu'il faut pour développer un à un, ne fût-ce qu'en
imagination, tous les mouvements d'articulation nécessaires : *ce n'est donc pas une représentation, c'est une
action. Et, de fait, la leçon une fois apprise, ne porte
aucune marque sur elle qui trahisse ses origines et la
classe dans le passé, elle fait partie de mon présent au
même titre que mon habitude de marcher ou d'écrire;
elle est vécue, elle est « agie », plutôt qu'elle n'est représentée* (1). »

Ainsi, toute la mémoire ne s'explique pas par l'habitude, puisqu'il y a des souvenirs qui sont parfaits tout
à coup, et qui, ayant une date, ne peuvent supporter
qu'il leur soit rien ajouté, sous peine d'être, par le fait
même, dénaturés.

La mémoire motrice est, si l'on veut, la mémoire *utile*,
elle tend de toutes ses forces vers l'avenir, et ne regarde
du passé que ce qui peut favoriser son épanouissement
dans le présent. La mémoire pure, au contraire, regarde
le passé, elle ne tend pas vers l'action, mais vers le rêve.
Cependant, ces deux mémoires collaborent. Ou plutôt, à
l'état normal, la mémoire motrice inhibe continuellement
l'autre, et c'est pour cela que nous ne rêvons pas toujours.

(1) Matière et Mémoire, p. 77. Ce passage n'est pas souligné
dans le texte.

Arrêtons-nous à cette distinction, avant que d'en étudier les conséquences avec plus de détail.

W. James fait partie du *vulgum pecus*, puisqu'il n'a pas soupçonné l'ingénieuse distinction de M. Bergson.

J'ai eu l'occasion déjà (1) de parler de la mémoire primaire ou élémentaire. Elle consiste, d'une façon générale, dans le fait que toute réaction nerveuse se prolonge au delà de l'excitation. Ce phénomène *essentiel*, et qui fonde, nous l'avons vu, notre première perception du temps, est notamment la cause des *images consécutives*. Fixez un objet modérément éclairé, puis, fermez les yeux et couvrez-les de façon à obtenir une obscurité complète, vous le reverrez se détacher sur le fond noir, à la manière d'un fantôme, et vous y découvrirez sans doute des détails qui vous avaient d'abord échappé. C'est une *image consécutive positive*. La condition la plus favorable pour l'obtenir, est, d'après Helmholtz, une exposition d'un tiers de seconde à la lumière qui doit la produire. Une exposition plus longue a généralement pour résultat l'image consécutive négative et complémentaire, qui peut durer plusieurs minutes, lorsque l'impression est venue d'un objet brillant que l'on a fixé longtemps. Ce phénomène, dans ce qu'il a d'essentiel, n'est pas particulier au sens de la vue. En effet, si l'on applique à un sens quelconque, une excitation intermittente, on obtient dans de certaines conditions une sensation continue; or, cela tient assurément au fait que l'image consécutive de l'impression qui vient de passer se confond avec l'impression qui se produit. C'est enfin, on le voit, un processus

(1) Voyez chap. III de cet ouvrage.

apparenté de très près à l'addition des excitations. La matière nerveuse *garde* les impressions passées, en ce sens que leurs ébranlements y subsistent de façon à pouvoir se mêler aux ébranlements nouveaux qu'ils renforcent. « *A chaque moment, il se produit une accumulation de processus cérébraux qui chevauchent les uns sur les autres et parmi lesquels les plus faibles représentent les dernières phases des processus qui, l'instant d'avant, étaient à leur maximum d'activité. La mesure où le second processus chevauche sur le premier détermine le sentiment de la durée occupée* (1). » On y reconnaît aussi la condition indispensable de la *continuité* de notre conscience, la base du sentiment de notre personnalité ; sans cette accumulation nous serions irrémédiablement condamnés à ne vivre que dans le présent (2).

Cette *mémoire élémentaire*, comme l'appelle le professeur Richet, ne représente, en somme, qu'un fait élémentaire de l'habitude. Elle nous donne ce qui vient justement de·passer, elle fonde l'intuition du *faux présent*, mais non pas de ce que nous appelons communément le passé. Le passé doit être renouvelé, repêché, pour ainsi dire. *Il n'est pas continu* avec le présent. Cependant, on peut découvrir un phénomène nerveux intermédiaire, au travers duquel nous parvenons à entrevoir le lien qui unit la mémoire primaire ou habitude primaire à la mémoire secondaire ou vraie mémoire. Lorsque nous avons été exposés à une excitation d'une intensité ou d'une forme inusitée pendant plusieurs minutes ou

(1) W. James, vol. 1, p. 635.
(2) Voyez aussi : Herman's Handbuch, II, 2, p. 282.

plusieurs heures, il en résulte un processus nerveux dont la contre-partie est une sorte de *hantise*, qui peut se perpétuer assez longtemps. Après un grand voyage en chemin de fer, les oreilles bourdonnent, et l'on se croit encore secoué sur les banquettes. Quand on descend du bateau après une traversée considérable, on conserve le roulis dans les jambes, impression qui se termine parfois de la façon la plus désagréable, etc. Les Allemands appellent *Sinnesgedächtniss*, mémoire des sens, ce *retentissement* prolongé des impressions passées (1).

Cependant, pour que la mémoire proprement dite apparaisse, il faut que l'image successive se transforme en image *récurrente*. L'image récurrente se distingue essentiellement de l'image consécutive, en ce qu'elle n'accompagne pas, généralement, les impressions fugitives, et qu'elle peut reparaître après s'être une ou plusieurs fois évanouie. Cette image ne prend d'ailleurs jamais naissance, lorsque l'excitation primitive n'a pas duré suffisamment pour être remarquée.

Ainsi, la mémoire secondaire « est la connaissance d'un état mental précédemment éprouvé, après qu'il a déjà disparu de la conscience; ou plutôt, *c'est la connaissance d'un événement ou d'un fait auquel, pendant un certain temps, nous n'avons pas pensé, avec, en outre, la conscience que nous l'avons pensé ou que nous en avons fait l'expérience précédemment* (2). »

Une telle connaissance semblerait impliquer l'apparition dans l'esprit, d'une image ou d'une copie du fait

(1) Voyez notamment Fechner, Psychophysik, II, p. 499.
(2) *Loc. cit.*, vol. 2, p. 648.

original. Dans le cas de la mémoire intuitive, une image est assurément nettement présente et l'on prétend que le phénomène de mémoire s'explique tout entier par ce retour de l'image. Il apparaît d'abord que les partisans de cette théorie simpliste doivent se trouver bien embarrassés pour expliquer le souvenir d'une chose qui n'est *pas arrivée*. Par exemple, lorsque je me rappelle que je n'ai pas remonté ma montre. L'image de remonter la montre est également présente dans le cas où je me rappelle avoir remonté ma montre, et dans celui où je me souviens que je ne l'ai pas remontée. Il faut donc que les deux images soient *senties différemment* pour que je puisse en tirer deux conclusions aussi différentes. « Lorsque je me souviens que je l'ai remontée, je sens que l'image est grossie de ses associés de la date passée et de la place autrefois occupée. Lorsque je me souviens de ne l'avoir pas remontée, elle est, pour ainsi dire, solitaire, les associés se joignent entre eux, mais sont séparés d'elle. Ce sentiment de fusion, de la qualité qu'ont les choses de se joindre, est une relation extrêmement subtile, il en est de même du sentiment contraire. L'une et l'autre de ces relations exigent, pour être connues des processus mentaux très complexes, processus tout à fait différents de cette simple présence ou absence d'une image, qui rend tant de services à une psychologie peu avertie (1). » Le fait même qu'il existerait un duplicata de cette sorte, n'expliquerait pas *la mémoire*. La pendule sonne aujourd'hui, elle sonnera demain de la même façon, à la même heure ; cependant, elle ne se souvien-

_____

(1) W. James, *op. cit.*, vol. 1, p. 649 (note).

dra pas. Ne dites pas que la raison en est dans la nature purement physique des deux phénomènes, « car des objets psychiques (des sensations, par exemple) apparaissant simplement comme des éditions successives, ne se souviendront pas plus, pour cela seul, les uns des autres, que ne le font les coups répétés d'une pendule. Aucune mémoire n'est impliquée dans le seul fait de la récurrence. Les éditions successives d'une psychose sont autant d'événements indépendants, dont chacun est enfermé dans sa peau. La psychose d'hier est morte et enterrée, et la présence de celle d'aujourd'hui n'est pas une raison pour qu'elle ressuscite (1). »

Une autre condition paraît nécessaire : le fait imaginé doit être *expressément rapporté* au *passé*, être pensé *dans le passé*. Mais comment pouvons-nous imaginer une chose dans le passé, à moins que ce passé ne soit actuellement pensé en même temps qu'elle. Notre intuition du passé, nous l'avons vu (2), ne s'étend pas au delà de quelques secondes, il faut pour représenter une durée plus étendue, que nous fassions usage d'un symbole, que nous échelonnions le temps dans l'espace, que nous lui donnions une date, et c'est précisément cette date qui doit *s'associer* à l'image rappelée, pour qu'elle devienne un souvenir. Pourtant, ce ne serait pas encore là *mon souvenir*, si je n'y reconnaissais en même temps ce caractère de chaleur et d'intimité, sur lequel est fondé le sentiment de la personnalité. Donc, « un sentiment général de la direction passée dans le temps, puis une

(1) *Loc. cit.*, p. 650.
(2) Voyez le ch. III de cet ouvrage.

date particulière conçue comme se trouvant dans le sens
de cette direction, et définie par son nom ou son contenu
et considéré comme une partie de mon expérience, —
tels sont les éléments qui constituent tout acte de mémoire ».

« En conséquence, ce que nous avons d'abord appelé
« image » ou « copie » du fait dans l'esprit, n'y est pas
du tout sous la forme simple d'une « idée » séparée. Ou
du moins, si elle est là à l'état d'idée séparée, il ne suit
pas pour cela qu'elle soit mémoire. Ce qui est accompagné de mémoire, c'est au contraire une représentation
très complexe, celle d'un fait à rappeler (to be recalled)
plus ses associés, le tout formant un « objet » connu dans
un battement intégral de conscience, et exigeant probablement un *processus cérébral* (1) beaucoup plus compliqué que celui dont peut dépendre une simple image sensorielle (2). »

Ce qui distingue essentiellement l'image remémorée
de l'image simplement imaginée, c'est que nous *croyons*
à la première et non pas à la seconde. Tout objet représenté qui se trouve en relation médiate ou immédiate
avec nos sensations présentes ou nos activités émotionnelles, tend à devenir pour nous une réalité (3). Le sentiment d'une relation actuelle entre l'objet et nous, est
ce qui lui donne la qualité caractéristique de la réalité.
Un passé simplement imaginé serait celui où manquerait
précisément ce sentiment de relation particulière. « Mais
dans leurs autres déterminations, le passé remémoré et

(1) Ces mots ne sont pas soulignés dans le texte.
(2) *Loc. cit.*, p. 651.
(3) Voyez Principles of Psychol., vol. 2, ch. XXI.

le ,passé simplement imaginé, peuvent être tout à fait
semblables. En d'autres termes, il n'y a rien d'unique
dans *l'objet* de la mémoire; et aucune faculté spéciale
n'est nécessaire pour expliquer sa formation. C'est une
synthèse de parties pensées en relations mutuelles; la
perception, l'imagination, la comparaison, le raisonnement sont des synthèses analogues de parties ou d'objets complexes. Les objets de ces diverses facultés peuvent éveiller la croyance ou ne pas réussir à la produire:
*bref, l'objet de la mémoire est seulement un objet imaginé
dans le passé, auquel adhère l'émotion de la croyance* (1). »

Les conditions du phénomène de mémoire sont la *rétention* du fait remémoré, *et la réminiscence ou rappel.*
Eh bien, la cause de la rétention, comme celle du rappel,
n'est autre que la loi de l'habitude dans le système nerveux (2).

W. James explique le rappel par l'association des
idées. « Nous cherchons dans notre mémoire pour y
découvrir une idée oubliée, précisément comme nous fu-
retons dans notre maison pour y trouver un objet perdu.
Dans les deux cas, nous visitons ce qui nous paraît être
le *voisinage* immédiat de l'objet auquel s'applique notre
enquête. Nous remuons les choses sous lesquelles, dans
lesquelles ou le long desquelles il pourrait bien être. S'il
se trouve près d'elles, nous finirons par le découvrir.
Est-ce un objet mental ? Nous remuons ses *associés. Le
mécanisme du rappel est donc identique au mécanisme
de l'association,* et le mécanisme de l'association, nous

(1) *Loc .cit.,* p. 652.
(2) *Loc. cit.,* p. 653.

le savons, n'est pas autre chose que la loi élémentaire de l'habitude dans les centres nerveux (1). »

L'habitude constitue également le mécanisme de la rétention. Cette rétention ne signifie que la *possibilité* du rappel. La rétention d'une expérience est tout simplement la tendance que nous avons à la penser encore avec son « environnement » passé. Quel que soit le fait accidentel qui transforme en acte cette tendance, « *la raison* » (ground) « de la tendance elle-même, se trouve dans les courants nerveux organisés », grâce auxquels le fait nouveau évoque l'expérience passée, avec le sentiment que cette expérience fut nôtre, accompagné de la croyance dans la réalité de l'événement. « Que le rappel soit lent ou prompt, la condition de sa possibilité réside dans les courants cérébraux, qui *associent* l'expérience avec l'occasion du rappel. *Lorsqu'ils sommeillent, ces courants constituent la condition de la rétention, lorsqu'ils sont en activité, ils deviennent la condition du rappel* (2). »

W. James propose alors le schéma suivant :

Soit N, un événement passé, O ses concomitants (date, moi, chaleur et intimité, etc.), M une pensée présente ou un fait quelconque propre à devenir l'occasion du rappel de N. Représentons les centres nerveux parallèlement actifs par trois cercles : M, N, O. L'existence des « chemins » de communication M $\rightarrow$ N, N $\rightarrow$ O, sera la rétention de l'événement N dans la mémoire, et l'excitation actuelle de ces mêmes centres liés sera la condition de son rappel. « On remarquera que la rétention de N n'est

---

(1) *Loc. cit.* Ce passage n'est pas souligné dans le texte.
(2) *Loc. cit.*, p. 655.

pas l'emmagasinage mystérieux d'une « idée », à l'état inconscient. Ce n'est pas du tout un fait d'ordre mental. Il faut y voir un phénomène purement physique, une particularité morphologique, à savoir, la présence de ces « traces » (paths) dans les replis les plus ténus du tissu cérébral. Le rappel, d'autre part, est un phénomène psycho-physique présentant, à la fois, un côté mental et un côté corporel. Le côté corporel est l'excitation fonctionnelle des fibres de liaison en question, le côté mental est la vision consciente de l'événement passé, et la croyance que nous l'avons expérimenté auparavant (1). »

La *condition* de la mémoire est donc essentiellement *l'association* d'une psychose présente avec des faits qui la placent dans le passé. Sans cette association, l'idée ou l'image peut être revécue, elle n'est pas rappelée, on ne se souvient pas qu'on l'a eue. Il n'y a pas d'exception à cette règle. Tâchez de vous *abstraire* et répétez à mi-voix : a... a... a... a... le dernier *a* de la série peut paraître différent du premier, et il semble d'abord ici que le souvenir se soit opéré sans association. Mais si l'on y regarde de près, il y a des associations particulières à chacun des *a*, quand ce ne serait que l'impression de chaque respiration, le sentiment général de l'organisme, et des pensées successives du flot conscient, qui, malgré le plus grand effort d'abstraction, arrivent toujours à s'insérer dans les moments de la série; quand ce ne serait enfin que l'intensité croissante de l'effort. Il arrive d'ailleurs ordinairement que nous comptons malgré nous, les

(1) *Loc. cit.*, p. 655.

éléments d'une succession monotone, créant de toutes piè-
ces une association simple et commode.

Telle est, dans ses grandes lignes, la théorie de W.
James. Elle s'oppose très nettement à celle de M. Bergson. En effet, l'un admet que l'habitude et, spécialement,
l'association physiologique est la seule condition de tous
les phénomènes de mémoire, tandis que l'autre propose
une distinction qui, en définitive, assigne à l'habitude
un rôle très secondaire.

Voyons d'abord si la distinction de M. Bergson est
fondée. L'exemple de la lecture paraît, de l'aveu de
M. Bergson, assez superficiel. Après dix heures faites
pour apprendre une leçon, chacune d'elles ne me laisse
pas une idée assez nette pour qu'il soit possible de la discuter. Je ne crois même pas, qu'à moins d'une attention
spéciale, déterminée dans un but d'observation, ces souvenirs existent, et il me semble plutôt qu'ils se fondent
en un tout confus où rien n'est démêlé. Prenons donc
d'autres exemples. Au mois d'août de l'année 1904, je
me vois à Amsterdam, un soir, dans la Yodenstraat ; au
mois de décembre 1907, je me vois encore au débarca-
dère d'Alger, dans la nuit, sous une pluie torrentielle,
enfin, en mars 1908, je me vois, le matin, après un voyage
fatigant, dans une ville allemande, à la recherche d'une
adresse que l'on m'avait donnée. Voilà des exemples
communs, tout le monde peut, en effet, évoquer des souvenirs analogues. Il faut, et il suffit, par hypothèse,
qu'ils représentent des faits uniques dans notre existence, apparaissant sous une teinte spéciale et suffisamment
caractérisée, enfin, qu'ils soient approximativement da-
tés. M. Bergson attribuerait, je pense, ces souvenirs à

la mémoire qui *imagine* et non pas à celle qui *répète*.
Il est certain que chacun des souvenirs évoqués « constitue avec toutes les perceptions concomitantes un moment irréductible de mon histoire (1). » Et l'auteur de
Matière et Mémoire ferait en même temps remarquer
qu'on ne saurait y découvrir aucun des traits de l'habitude, puisque « l'image s'en est nécessairement im-
primée du premier coup dans la mémoire... » Bref, ce
sont « des événements de ma vie » qui ont « pour essence
de porter une date et de ne pouvoir, par conséquent, se
répéter ».

Mais d'abord, avant d'attaquer le fond du procès, je
demande un jugement préparatoire. Comment, dans
l'hypothèse de la mémoire pure, explique-t-on les *variétés* de la mémoire ? La manière dont je me figure les
choses est probablement très différente de celle dont
vous les imaginez. Si vous avez vingt ans et que vous
soyez visuel, votre image-souvenir apparaît dessinée, dé-
taillée, haute en couleurs. Si, au contraire, vous faites
partie de la catégorie de ces esprits abstraits, incapables
d'images visuelles, qu'a décrits Galton, elle prend une
forme, dont je n'ai aucune idée, ou se réduit peut-être
au sentiment du chiffre de la date. Mes images présentent
un caractère assez vague, les contours y sont mal dessinés, j'ai d'abord l'impression de quelques taches colorées, mais si je m'y *arrête*, j'en vois sortir, à la manière
d'une floraison spontanée, mille détails qui ne tardent pas
à s'ordonner en un tout, d'une précision parfaite. Ces
différences entre les images s'expliquent assez clairement

(1) *Matière et Mémoire*, p. 77.

si l'on admet qu'elles ont pour substrat des variations moléculaires de la matière cérébrale. En effet, il y a dans nos cerveaux tout ce qui y est entré par la « porte de derrière », ou plutôt tout ce « qui est né clandestinement à la maison ». Si, par exemple, vous êtes myope, vos images ne ressemblent probablement pas à celles que peut avoir un chasseur de chamois. Si vous n'avez « que la musique en tête », il se pourra qu'elles soient relevées d'une « frange » musicale que je ne connais point aux miennes. Car, on conçoit parfaitement que tous les cerveaux vivants ne réagissent pas aux mêmes mouvements par les mêmes *formes* de mouvement, donc aussi que les tranches qu'ils taillent dans la réalité diffèrent, pour cela, grandement les unes des autres. On conçoit d'ailleurs également que l'expérience passée ait pu modeler ces mêmes cerveaux de manières tout à fait diverses, ou, si l'on veut, que tel ou tel système d'associations domine ici plutôt que là, déterminant du même coup des réactions dans un sens et non dans l'autre. On vient de prononcer le mot « éléphant », j'ai vu instantanément une petite silhouette grise et, barrant l'image, l'écriture du mot lui-même; une autre personne qui se trouve à côté de moi n'a vu au même moment que les *oreilles*. N'est-il pas évident que sa manière générale de saisir les *choses* doit différer pour autant de la mienne. La structure cérébrale ne fournit-elle pas, enfin, je ne dis pas la meilleure, mais la moins mauvaise explication de ces *idiosyncrasies*, puisqu'elles dépendent pour la plupart du tempérament de l'individu, de son organisme et de la façon particulière dont il découpe l'univers.

Passons au fond, M. Bergson pense d'abord que l'ha-

bitude ne saurait expliquer des images, dont la caractéristique consiste précisément en ceci qu'elles sont par-
faites du premier coup, puisqu'elles représentent un événement unique et daté.

Il importe, avant tout, de s'entendre sur le sens du
mot *habitude*. Si vous avez maintenant l'habitude de vous
lever à huit heures, elle n'est probablement pas née d'un
coup; la répétition de l'acte a été nécessaire. Vous avez
dû vous y *exercer*. Il y a pourtant des *habitudes* qui semblent naître tout d'un coup. Je ne puis m'empêcher de
penser ici à ces *conversions* dont W. James a décrit
quelques-unes dans « les *variétés des expériences religieuses* ». « Rien qu'à Londres, écrivait John Wesley,
j'ai trouvé 652 membres de notre société qui avaient eu
une expérience très claire de ce fait, et dont le témoignage
à mon sens présente les garanties nécessaires. *Tous, sans
exception, déclarent que leur délivrance du péché a été
instantanée; que le changement s'est opéré en un moment...* (1). » Or, le propre de ces phénomènes est de
détruire en un instant *des habitudes invétérées* pour en
créer de nouvelles; et comme dans bien des cas on ne
*saurait les expliquer par un travail subconscient prépa-
ratoire,* il ne serait peut-être pas téméraire de les considérer comme des *impressions* assez fortes pour laisser
d'un coup dans le cerveau leur marque indélébile, pour
le transformer en un instant, pour enfin, dans l'espace de
quelques minutes, dépouiller le vieil homme et créer le
nouveau.

Car, pour que l'habitude physique soit créée, il faut
et suffit que la *transformation dure*. L'habitude matérielle

(1) The Varieties of Religious experience, p. 227.

n'est, à la vérité, qu'un phénomène *d'inertie*. Si vous froissez une étoffe, elle s'assouplit, si vous appliquez un cachet sur de la cire fraîche, elle en garde l'empreinte, et la conservera tant que ses molécules résistant à des forces contraires demeureront dans la position où votre opérations les aura mises. Eh bien, quand on parle de l'habitude cérébrale, on ne se représente pas autre chose. *La façon la plus générale et la plus vague aussi d'exprimer le fait consiste à dire que chaque impression transmise au cerveau y laisse sa marque ou son empreinte.* Si l'on serre la réalité de plus près, l'expérience physiologique démontre qu'après chaque excitation, quelque chose demeure dans la matière nerveuse. Exprime-t-on, pour plus de commodité, le travail moléculaire sous la forme de vibrations, il faut dire que la vibration nerveuse dépasse l'excitation, et que les centres conservent une tension dans une certaine direction, tension qui pourrait être traduite chimiquement par la notion du travail négatif. De cette continuation de la vibration résulte le phénomène très significatif de l'accumulation (summation) des stimuli. Le fait physiologique des images consécutives, positives ou négatives, vient encore appuyer les considérations ; il prouve spécialement que toute sensation, même celle où l'attention s'applique le moins, laisse après elle une *représentation, quand bien même elle ne s'est produite qu'une fois.*

Cependant, ces empreintes ne durent pas, elles ne sont pas encore de la mémoire, il y faut autre chose, *l'attention.* J'aurai à discuter tout à l'heure la nature de ce phénomène, mais il me suffit, pour le point tout particulier où je me suis placé ici, que M. Bergson reconnaisse son efficacité sur la perception et donc, indirectement au moins, sur la neurose qui la soutient. On ne saurait nier, en effet, que son apparition ne renforce d'une façon quelconque l'impression produite, et qu'elle puisse, par conséquent, en augmenter l'effet. Dans les conditions ordinaires, nous nous rappelons des choses vues une seule fois lorsqu'elles nous ont *frappés*, et c'est peut-être simplement pour cela que les souvenirs de ce que M. Bergson appelle la mémoire pure ont un caractère de personnalité très particulier. Je suis resté un mois en Hollande, et quand je cherche à me souvenir de ce que j'y ai vu, je ne saisis que quelques tableaux instantanés, un soir, dans la brume rose, le dôme de Saint-Pierre; deux filles blondes et rieuses de l'île de Marken, l'entrée tumultueuse de la mer du Nord, derrière, un haut paquebot rouge, qui semble venir droit sur notre frêle embarcation; un canal silencieux où l'eau glauque dort sous des arbres rabougris, à l'ombre de maisons bizarres, toutes de travers, etc. J'ai vu bien d'autres choses, j'ai eu bien d'autres images consécutives, mais ces quelques tableaux ont seuls revêtu le caractère de *récurrence* qui en fait des souvenirs. Et c'est assurément parce qu'ils m'ont frappé. Il semble donc, en définitive, que la théorie physiologique de W. James permette une explication suffisante de ces souvenirs *purs*, que M. Bergson déclare incompatibles avec une représentation fondée sur les lois de l'habitude.

La raison principale qui conduit M. Bergson à nier ici le concours matériel du système nerveux est fondée, je crois, sur la conception de cet organe, considéré exclusivement sous l'aspect sensori-moteur. Cette vue ne paraît pas contestable. La structure du cerveau ne permet pas, en effet, de lui attribuer un autre rôle, et W. James, je l'ai montré au commencement de ce chapitre même, n'y contredit point. Les données de l'anatomie, aussi bien que de la physiologie, nous imposent de le concevoir comme un système *d'arcs réflexes;* or, l'essence de l'arc réflexe est de constituer une réaction, et il n'entre pas dans l'esprit de W. James que le cerveau « emmagasine des images ». Il le dit d'ailleurs expressément. « La rétention n'est pas l'emmagasinage d'une idée dans un état inconscient. Ce n'est pas le moins du monde un fait d'ordre mental. » (The retention is no mysterious storing up of an « idea » in an inconscious state. It is not a fact of the mental order at all.) Essayons alors de comprendre ce qui peut se passer dans le cerveau.

Revenons au cas typique d'un nouveau-né. Il voit la lune et tend les bras pour l'attraper. C'est le premier réflexe. Sa nourrice lui dit en même temps : « Voilà la lune. » Ce complexus, voilà la lune, *s'associe ave* celui qui sous-tend la représentation de l'astre en question. Plus tard, quand l'enfant verra un disque brillant et jaune dans le ciel noir, il dira : « Voilà la lune », il reconnaîtra la lune et fera longtemps encore le geste de l'attraper. Cependant, ce geste s'atténuera, il deviendra bientôt un signe d'indication débordant, puis, avec le temps, cette sorte de mouvement même disparaîtra; la lune *n'intéressera* plus. Cependant, d'autre part, l'image s'entourera d'une auréole différente, elle signifiera la mélancolie, le rêve, et symbolisera certaines attitudes corporelles ou émotionnelles qui, dès lors, lui deviendront concomitantes, et ce seront bien encore des réflexes ébauchés, des tendances inhibées, simplement par d'autres tendances réflexes, notamment, par cette idée pratique et motrice que l'on a tort de rêver à la lune, puisqu'il y a mieux à *faire*, idée qui s'achèvera probablement par une action réputée sérieuse. Qu'on me permette encore un schéma :

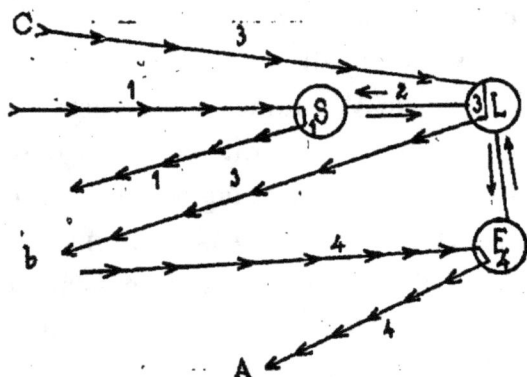

S signifie la sensation visuelle de la lune, et le cercle indique le centre nerveux intéressé. La première sensation reçue produit le réflexe immédiat 1-1-1. En même temps, la nourrice prononce le mot lune, et le centre L se trouve, du même coup, associé avec le centre S par le chemin 2. Dorénavant, l'excitation du centre L pourra se décharger en 2 puis en 1, ou bien directement en *b* et en *c* par les lignes 3-3. Ce qui signifiera que l'excitation de L sera accompagnée de mouvements d'accommodation de l'œil et de geste de la main. Mais il arrivera un moment où le centre d'expérience E se trouvera constitué assez solidement pour qu'il lui soit possible d'inhiber la décharge en 2-2 ou en 3-3, le réflexe primitif se transformera alors en un réflexe secondaire 4-4, où A représentera l'ensemble des attitudes corporelles qui correspondent à la vision, ou à la pensée du clair de lune. Nous n'avons là qu'une succession de *réflexes* ; ces réflexes ne

donnent pas *l'image*, car dans la théorie de W. James,
aussi bien que dans celle de M. Bergson, nous nous plaçons d'emblée dans les images et ne les déduisons pas ;
ils sous-tendent la représentation, c'est-à-dire, en somme,
l'emprise que nous choisissons d'avoir sur la matière ou
la sélection que nous faisons parmi les images.

M. Bergson fait remarquer avec juste raison que le
souvenir pur, c'est-à-dire, en somme, le souvenir daté
d'un événement unique, n'est pas et ne peut pas être simplement la sensation affaiblie, comme l'associationnisme,
notamment, semble l'admettre.

La sensation existe dans mon présent ou plutôt dans
ce « *faux présent* (1) » dont parle W. James, faux présent
qui « est tout à la fois une perception du passé immédiat
et une détermination de l'avenir immédiat ». Dans ce
sentiment *sui generis*, la sensation traduit le passé immédiat parce qu'elle représente « une très longue succession
d'ébranlements nerveux, et l'avenir immédiat en tant que
se déterminant, est action ou mouvement. Mon présent
est donc à la fois sensation et mouvement; et puisque mon
présent forme un tout indivisé, ce mouvement doit tenir
à cette sensation, la prolonger en action. D'où je con-
clus que mon présent consiste dans un système combiné
de sensations et de mouvements. Mon présent est, par
essence, sensori-moteur (2). » Les adversaires pourraient,
il me semble, faire remarquer que, puisque la sensation
représente le passé immédiat, dans le faux présent, il suffirait sans doute de l'en séparer pour que ce caractère

(1) Voyez ch. III de cet ouvrage.
(2) Matière et Mémoire, p. 149.

s'accentuât. Cette séparation consisterait précisément à retarder sa réaction motrice, à la reculer de telle façon qu'il ne restât plus au lieu de la sensation prête à réagir dans le moment, qu'une tension capable, à l'occasion, de se décharger en action. Cependant, l'hypothèse de W. James nous dispense de trop appuyer sur ces distinctions fragiles. En effet, si l'on y regarde de près, les sensations ne sont en aucune sorte conservées. Aucun état psychique n'est, à proprement parler, *retenu*, puisque les états psychiques se distinguent *précisément par ceci, qu'ils ne sauraient se représenter une fois évanouis.* Leur essence est, pourrait-on dire, de passer et de passer complètement. La sensation ne laisserait rien si, parallèlement à elle, ne se produisait une transformation cérébrale. Cette transformation cérébrale n'est évidemment pas la sensation, elle ne la traduit même en aucune manière, puisque la sensation correspondait, par définition, à l'état *nerveux précédant la transformation*, et que, d'ailleurs, nous l'avons appris, la matière mobile du cerveau, étant en équilibre instable, ses éléments n'apparaissent jamais dans la même situation. Ne perdons pas de vue notre formule : à la psychose totale répond la neurose totale. Eh bien, la neurose totale est différente dans la sensation et dans le souvenir. Dans la sensation, c'est un arc sensori-moteur actuel, dans le souvenir, ce n'est qu'une tension réflexe. S'il n'était qu'une sensation atténuée, le souvenir d'une vive douleur devrait être moins pénible que la douleur vécue, mais il serait encore à quelque degré désagréable; or, nous éprouvons au contraire un soulagement à songer que nous ne souffrons plus. C'est en effet, que la *neurose totale* de cette psychose, que j'appelle mon souvenir pur, ne contient pas les vibrations *actuelles* parallèles au sentiment de douleur. Ces vibrations n'étaient douloureuses que parce qu'elles traduisaient « un effort impuissant » *et l'effort impuissant est passé*. Il n'y a plus d'effort impuissant, vous direz que je m'en souviens, et donc que cet effort a laissé une trace dans mon cerveau, oui, mais cette trace n'est *plus douloureuse*, précisément parce qu'elle ne traduit plus un effort impuissant, dont le propre est d'être actuel. On pourrait exprimer encore la même chose en disant que la sensation représente une décharge *actuelle* du courant centripète dans un ou plusieurs courants centrifuges, au lieu que le souvenir traduit la décharge actuelle de l'énergie latente d'une multiplicité de courants associés. Mais il faudrait toujours insister sur cette notion de la neurose totale et rappeler une comparaison familière à W. James. Les transformations cérébrales se succèdent comme des vagues et, de même que deux vagues ne se ressemblent jamais complètement; ainsi deux complexus nerveux ne se reproduisent jamais exactement, et donc, la vague nerveuse qui nous apparaît comme sensation n'est pas la vague nerveuse qui nous apparaît comme souvenir; elle est une autre vague, et n'a de commun avec elle que la matière dont elle est composée.

Cependant, M. Bergson ne saurait adopter cette solution moyenne. Pour lui, la mémoire motrice seule, c'est-à-dire celle qui se manifeste dans la *récitation* de la leçon, peut avoir affaire avec l'appareil exclusivement sensorimoteur qu'est le cerveau. Or, ce n'est point là, proprement, une vraie mémoire, puisqu'elle se *joue* dans le présent. La vraie mémoire est celle qui soutient ces représentations datées et vécues une seule fois : celles-là sont bien réellement le passé et n'offrent aucun intérêt immédiat pour l'action. C'est le pays du rêve où la fonction cérébrale ne peut plus correspondre à rien.

Quand on a coupé toute communication entre *le souvenir pur et le corps*, il reste pourtant à expliquer le phénomène de conservation ou de rétention, et comment se tirer de ce mauvais pas sans admettre *l'inconscient*.

Une discussion de l'inconscient suppose que l'on a d'abord défini la conscience. On connaît, déjà, dans ses traits essentiels, la doctrine de W. James sur ce point.

Le développement de la conscience semble être parallèle à la complication croissante du cerveau, ce qui signifie que son efficacité doit augmenter précisément dans la mesure où l'organe central s'éloigne davantage du type automatique, pour prendre de plus en plus le caractère d'un centre de possibilités. Ce parallélisme même nous oblige à conclure qu'elle représente autre chose qu'un reflet passif, elle est active, et agit sur les mouvements cérébraux. Cependant, ce n'est point une fonction créatrice. Elle se borne à choisir entre ce qui lui est présenté. Ce choix est d'ailleurs un trait essentiel de la pensée en général, il n'y a pas de pensée sans choix. L'intérêt guide le choix, ils sont *solidaires* l'un de l'autre. La difficulté consiste à définir la façon dont cette conscience agit sur le cerveau. Mais il ne faut pas se laisser arrêter par la quasi-impossibilité où nous sommes de nous représenter son *modus operandi* (1), car si l'on étudie de près la notion de causalité, on a bientôt fait

(1) Voyez notamment le ch. IV de cet ouvrage.

de s'apercevoir que nous ne concevons jamais distinctement le *modus operandi*. Le rôle de la conscience ressemble à celui d'un spectateur qui approuverait ou désapprouverait la scène déroulée devant lui. L'effet de cette approbation ou de cette désapprobation serait évidemment d'encourager ou d'arrêter le jeu des acteurs. Ainsi, les courants nerveux semblent inhibés ou au contraire renforcés, suivant qu'ils font échec à nos intérêts ou qu'ils les favorisent. *L'existence actuelle suffit, d'ailleurs, à la conscience, elle est à chaque moment présent la pensée choisissant* (1).

Pour M. Bergson, la conscience est aussi « une certaine faculté de dissocier, de distinguer et d'opposer logiquement, mais non pas de créer ou de construire... (2). Elle a surtout pour rôle de présider à l'action et d'éclairer un choix (3). Pour cela même, « elle projette sa lumière sur les antécédents immédiats de la décision et sur tous ceux des souvenirs passés qui peuvent s'organiser utilement avec eux; le reste demeure dans l'ombre » (4).

Mais, d'après M. Bergson, la conscience ne constitue point la propriété essentielle des états psychologiques, elle « n'est que la marque caractéristique du *présent*, de l'actuellement vécu, c'est-à-dire enfin de *l'agissant* » (5). *Le passé* pourra, dès lors, être inconscient, sans cesser de faire partie du domaine psychologique. Ce sera un état psychologique *impuissant*.

(1) Voyez notamment W. James, Principles of Psychology, vol. 1, pp. 139-41-225-284 et suiv., 402-594, vol. 2, p. 584.
(2) Matière et Mémoire, p. 200.
(3) *Op. cit.*, p. 153.
(4) *Loc. cit.*
(5) *Loc. cit.*

En effet, si la conscience a pour rôle essentiel de « présider à l'action et d'éclairer son choix », c'est une faculté pratique qui s'exercera uniquement dans le présent et qui laissera échapper « les connaissances qu'elle tient », lorsque ces connaissances n'offriront pas un intérêt direct par rapport à l'action. Si vous rendez à la conscience son véritable rôle : « Il n'y aura pas plus de raison pour dire que le passé, une fois perçu, s'efface, qu'il n'y en a pour supposer que les objets matériels cessent d'exister quand je cesse de les percevoir (1). »

Car, « l'idée d'une représentation inconsciente est claire en dépit d'un préjugé répandu » (2). Il n'y a même pas de « conception plus familière au sens commun ». Tout le monde admet que les images actuellement perçues ne sont pas toute la matière. Or, « que peut être un objet matériel non perçu, une image non perçue, sinon une espèce d'état mental inconscient ? » « Peu importe la théorie de la matière à laquelle vous vous ralliez : réaliste ou idéaliste, vous pensez évidemment, quand vous parlez de la ville, de la rue, des autres chambres de la maison, à autant de *perceptions absentes* (3) de votre conscience, et pourtant données en dehors d'elle. Elles ne se créent pas à mesure que votre conscience les accueille, elles étaient donc déjà, en quelque manière, et, puisque par hypothèse, votre conscience ne les apréhendait pas, comment pouvaient-elles *exister en soi* (4), sinon à l'état inconscient (5). »

(1) *Loc. cit.*, p. 153.
(2) *Loc. cit.*, p. 154.
(3) Ces mots ne sont pas soulignés dans le texte.
(4) Ces mots ne sont pas soulignés dans le texte.
(5) *Op. cit.*, p. 154.

D'où vient donc qu'une existence en dehors de la conscience soit claire pour l'objet, obscure pour le sujet ?
Dans la figure ci-contre, la ligne horizontale A B représente la série spatiale, tandis que la ligne verticale C I
exprime la série temporelle.

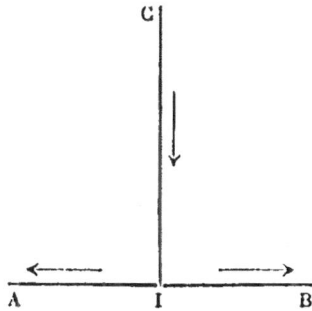

La conscience est à l'intersection des deux lignes, ou
point I. Eh bien, pourquoi reconnaissons-nous facilement
la réalité de la série AB, et refusons-nous, au contraire,
d'admettre celle de CI ? Tout simplement parce que la
ligne AB se colore pour nous d'un intérêt actuel. En
effet, les objets situés autour de nous « représentent, à
des degrés différents, une action que nous pouvons accomplir sur les choses, ou que nous devons subir d'elles».
« L'échéance de notre action possible est justement marquée par le plus ou moins grand éloignement de l'objet
correspondant, de sorte que la distance dans l'espace
mesure la proximité d'une menace ou d'une promesse
dans le temps (1). » L'espace nous fournit ainsi le « schéma de notre avenir prochain, et comme cet avenir doit
s'écouler indéfiniment, cet espace qui le symbolise a pour
propriété de demeurer dans son immobilité, indéfiniment

(1) *Op, cit.*, p. 156.

ouvert » (1). Au contraire, nos souvenirs, en tant que
passés, « sont autant de poids morts que nous traînons
avec nous »; ils n'offrent aucun intérêt au point de vue
de l'action immédiate. Aussi, aimons-nous mieux « nous
en feindre débarrassés ». Mais c'est là seulement une
distinction relative à l'utilité pratique, qui ne saurait
fonder une distinction métaphysique. Or, nous tirons
une conclusion métaphysique lorsque nous affirmons la
permanence du monde objectif, et le caractère purement transitoire du monde subjectif. « Alors, quand un
souvenir reparaît à la conscience, il nous fait l'effet d'un
revenant dont il faudrait expliquer par des causes spéciales l'apparition mystérieuse. En réalité, l'adhérence
de ce souvenir à notre état présent est tout à fait comparable à celle des objets inaperçus aux objets que nous
percevons, et *l'inconscient* joue dans les deux cas un
rôle du même genre (2). »

La difficulté que nous éprouvons à nous représenter
ainsi les choses vient de ce que nous avons contracté
l'habitude de souligner les différences, et d'effacer les
ressemblances qui peuvent exister entre la série spatiale
et la série temporelle. Dans la série spatiale, l'ordre des
représentations est *nécessaire*, tandis que dans la série
temporelle, il est contingent et « c'est cette nécessité que
j'hypostasie en quelque sorte, quand je parle de l'existence des objets en dehors de toute conscience » (3). Ils
m'apparaissent, en effet, comme une chaîne dont la perception présente ne serait qu'un anneau. Cependant, en

(1) *Loc. cit.*
(2) *Op. cit.*, p. 157.
(3) *Loc. cit.*, p. 157.

y regardant de près, « on verrait que nos souvenirs forment une chaîne du même genre, et que notre *caractère*
toujours présent à toutes nos décisions est bien *la synthèse actuelle de tous nos états passés* » (1). Ce n'est, il
est vrai, qu'un *abrégé*, et nos anciennes perceptions nous
font l'effet de disparaître totalement ou de ne reparaître
qu'au gré de leur fantaisie. Or, cela tient uniquement
à ce que « la conscience actuelle accepte à chaque instant l'utile, et rejette momentanément le superflu » (2).
Ainsi, la raison pour laquelle nos perceptions se disposent en continuité rigoureuse dans l'espace fait que « nos
souvenirs s'éclairent d'une manière discontinue dans le
temps. Nous n'avons pas affaire, en ce qui concerne les
objets inaperçus dans l'espace et les souvenirs inconscients dans le temps, à deux formes radicalement différentes de l'existence, mais les exigences de l'action sont
inverses dans un cas, de ce qu'elles sont dans l'autre » (3).

Les conditions de l'existence des faits d'expérience
sont : 1° la présentation à la conscience; 2° la connexion
logique ou causale de ce qui est ainsi présenté à la conscience. Pour les faits psychiques, la présentation à la
conscience est parfaite, la connexion logique ou causale
très imparfaite. Au contraire, pour les objets, c'est la
connexion qui est parfaite, tandis que la présentation à
la conscience « n'est jamais que partiellement remplie,
car l'objet matériel, justement en raison de la multiplicité
des éléments inaperçus qui les rattachent à tous les au-

(1) *Loc. cit.*, p. 159.
(2) Ce passage n'est pas souligné dans le texte.
(3) *Loc. cit.*

tres objets, nous paraît renfermer en lui et cacher derrière lui infiniment plus que ce qu'il nous laisse voir » (1).
Il faudrait dire, par conséquent, que l'existence, au sens
empirique du mot, implique à la fois, mais à des degrés
différents, l'appréhension consciente et la connexion régulière. Mais notre entendement « qui a pour fonction d'établir des distinctions tranchées », pose que l'existence
psychique consiste dans la conscience, et l'existence physique dans la connexion nécessaire. Pourtant, « *notre
vie psychologique passée, tout entière, conditionne notre
état présent, sans le déterminer d'une manière nécessaire;
tout entière aussi elle se révèle dans notre caractère, quoique aucun des états passés ne se manifeste dans le caractère explicitement* (2). Réunies, ces deux conditions assu-
rent à chacun des états psychologiques passés une existence réelle, quoique inconsciente » (3).

Obsédés par les images tirées de l'espace, nous ne pouvons nous retenir de demander *où* se conserve le souvenir. « Le mettre à l'état de modification moléculaire, dans
la substance cérébrale, cela paraît simple et clair, parce
que nous avons alors un réservoir actuellement donné,
qu'il suffirait d'ouvrir pour faire couler les images laten-
tes dans la conscience. Mais si le cerveau ne peut servir
à un pareil usage, dans quel magasin logerons-nous les
images accumulées (4) ? » Mais le rapport de *contenant*
à *contenu* est purement spatial. « Il emprunte sa clarté
et son universalité apparentes à la nécessité où nous som-

(1) *Op. cit.*, p. 160.
(2) Ce passage n'est pas souligné dans le texte.
(3) *Op. cit.*, p. 161.
(4) *Loc. cit.*

mes d'ouvrir toujours devant nous l'espace, de refermer
toujours derrière nous la durée (1). » On n'a pas éclairé
le phénomène de la *conservation* d'une chose, parce que
l'on a montré qu'elle est *dans* une autre. « Bien plus,
admettons un instant que le passé se survive à l'état de
souvenir emmagasiné dans le cerveau. Il faudra alors
que le cerveau, pour conserver le souvenir, se conserve
tout au moins lui-même. *Mais ce cerveau, en tant qu'i-
mage étendue dans l'espace, n'occupe jamais que le moment présent, il constitue avec tout le reste de l'univers
matériel une coupe sans cesse renouvelée du devenir universel. Ou bien donc, vous aurez à supposer que cet univers périt et renaît par un véritable miracle à tous les
moments de la durée, ou vous devrez lui transporter la
continuité d'existence que vous refusez à la conscience,
et faire de son passé une réalité qui se survit et se prolonge dans son présent (2).* » Ainsi, la survivance *en soi*
du passé s'impose. La difficulté que nous éprouvons tient
uniquement à ce que « nous transportons à la durée
même, en voie d'écoulement, la forme des coupes instan-
tanées que nous y pratiquons » (3.

Mais comment le passé qui, par hypothèse, a cessé
d'être, pourrait-il, par lui-même, se conserver ? N'y a-t-il
pas là une contradiction véritable ? La question est précisément de savoir si le passé a cessé *d'exister*. Nous
définissons à tort le présent ce qui *est*, alors qu'il est simplement *ce qui se fait*. Du point de vue psychologique,

(1) *Loc. cit.*
(2) *Op. cit.*, p. 162.
(3) *Loc. cit.*

rien *n'est* moins que le moment présent, puisque « le moment où je parle est déjà loin de moi ». Il suffit pour cela de se reporter à la théorie du « faux présent » (1), telle que l'a exposée W. James, théorie dont M. Bergson tire ici parti pour soutenir son hypothèse. « *Nous ne percevons pratiquement que le passé*, le présent pur étant l'insaisissable progrès du passé rongeant l'avenir (2). »

W. James se refuse nettement à admettre qu'il y ait des psychoses inconscientes, parce que leur existence n'est pas *démontrée* (3). M. Bergson s'attache à faire ressortir *la possibilité* de l'inconscient psychique, parce que la nécessité de cet inconscient s'impose dans la théorie de *la mémoire pure*. Les deux points de vue sont, on le voit, tout à fait différents. A la discussion psychologique et « naïve » de W. James, M. Bergson oppose une conception critique qui doit nous conduire jusqu'au « cœur de la métaphysique ».

La psychologie, si elle veut être une *science*, ne doit pas se poser d'autre question que celle-ci : la réalité de l'inconscient psychique est-elle démontrée ? L'inconscient psychique est-il nécessaire ou même utile pour expliquer certains phénomènes particuliers ? W. James a pu répondre en s'appuyant sur des faits par la négative. On comprend d'ailleurs que l'empiriste radical éprouve quelque répugnance à accepter sans raisons solides une réalité qui, par définition, n'est accessible ni à l'expérience objective, ni à l'expérience subjective.

L'idée de l'inconscient psychique n'est probablement

(1) Voyez ch. III de cet ouvrage .
(2) Matière et Mémoire, p. 163.
(3) Voyez ch. II de cet ouvrage.

pas aussi claire que M. Bergson le prétend. Il ne semble
pas, dans tous les cas, que le sens commun en fasse un
usage constant. Pour un esprit qui ne s'est pas posé la
question, le sentiment est ce qui est senti, *son être est
d'être senti.* Tout le monde admet, assurément, « que les
images actuellement présentes à notre perception ne sont
pas le tout de la matière ». Suit-il de là que l'image
non perçue actuellement par moi ne puisse être autre
chose qu'un état psychologique inconscient ? Non. Ce
que je ne perçois pas est pour moi simplement une non-
perception. L'image est, par définition, autre chose que
moi, et que ma représentation ; si je comprends bien
M. Bergson, elle consiste même, précisément, dans le
choix de mon point de vue parmi ces images. Je sens en
moi la puissance d'apercevoir, c'est-à-dire de réagir sur
les images et d'y opérer une sélection conforme à mon
intérêt. Cette puissance n'a pas, dans ma vie passée, rencontré d'obstacle, et l'expérience m'a, en outre, appris
que, dans de certaines conditions, ma perception avait
toujours le même résultat; pour cela, et pour d'autres
raisons peut-être, je crois que je pourrais percevoir la
chambre et la rue voisines, si j'étais placé dans des conditions qui me permissent de les percevoir. Vous deman-
dez votre chemin dans une ville étrangère, votre interlocuteur vous répond selon la formule, prenez la première rue à gauche, puis la première rue à droite, vous
vous trouverez en face de l'hôtel Z.., le numéro que vous
cherchez se trouve vis-à-vis. Pourquoi vous fournit-il ces
indications, sinon parce qu'il sait que vous pourrez les
reconnaître ? Il ne pense assurément pas à des perceptions *absentes,* mais à des perceptions *possibles.* Il croit,

en d'autres termes, que si vous *rencontrez* la première
rue à gauche, vous la reconnaîtrez, et qu'ensuite vous
marcherez jusqu'à ce que. vous ayez rencontré la première rue à droite, etc. Tout cela signifie que vous n'avez
pas ces perceptions, mais que vous les aurez, parce qu'il
est possible que vous les ayez. Comment, d'ailleurs, peut-
on parler d'une *perception absente* comme d'un état psychique inconscient ? La perception n'est-elle pas, en définitive, ma réaction sur les images, qu'elle me sert à *déterminer* ou à définir ? Les images non déterminées, non
définies, sont la matière, elles se reflètent toutes les unes
dans les autres sans choix. L'image sans perception n'est
plus subjective, elle est objective, elle n'est pas une perception absente, mais *l'absence* d'une perception. Les
images ou les objets préexistent à ma perception, mais
ma perception est mon œuvre, elle est mon travail, ma
réaction sur les choses. Elle devient au moment où ma
conscience l'accueille.

Assurément, la conscience s'exerce dans le « faux
présent », et c'est là tout ce qui nous est donné immédiatement. Aussi bien, toute existence hors de ce moment
ne peut-elle être jamais qu'un objet *de croyance*. Nous
croyons naturellement à tout ce qui n'est pas contredit,
et rien, ou presque rien, ne vient contredire notre
croyance à une réalité extérieure. En effet, notre faculté
perceptive ne se sent pas limitée, et cette possibilité indé-
finie de la réaction suffit à fonder la conclusion qu'il y a
une infinité d'objets de réactions. Mais avons-nous les
mêmes raisons de croire à la série temporelle inconsciente ? Je ne le crois pas, et il me semble que le raisonnement de M. Bergson le prouve admirablement, lors-

qu'il traite ces souvenirs passés, conservés à l'état inconscient, « de poids morts », que nous traînons après
nous. L'auteur s'empresse, il est vrai, de faire remarquer qu'il ne s'agit là que d'une distinction *pratique*, à
laquelle nous donnons un sens métaphysique. Mais enfin, si les souvenirs inconscients sont des poids morts,
s'ils ne représentent même pas une possibilité d'action ou
de réaction, quelle raison donnera-t-on de leur existence,
si ce n'est que l'on doit les admettre *a priori*, parce que,
dans le cas où on ne les supposerait pas, ils ressemble-
raient à des revenants, « dont il faudrait expliquer par
des causes spéciales l'apparition mystérieuse ».

Peut-être est-ce le nœud de la question. C'est aussi ce
que j'appellerais le mystère de la mémoire, mystère que
l'on n'est point encore parvenu à éclairer. Oui, les
souvenirs apparaissent comme des revenants, et on ne
rend pas leur évocation plus naturelle, en imaginant une
conscience toute puissante, qui va les chercher dans un
passé inconscient, où leur existence fantomale tient toute
dans le mot qui l'a créée. Mot, qui ne représente d'ailleurs lui-même qu'une négation, puisque la psychose inconsciente est, par définition, une chose subjective, qui
n'est pas sentie par le sujet. C'est, en effet, que le rapport
du moment présent au souvenir du passé n'est pas plus
clair dans la théorie de M. Bergson que dans les autres.
Supposons un instant que les souvenirs soient conservés
à l'état inconscient; leur inconscience signifie *impuissance*, ce sont des morts qui attendent la résurrection.
Comment donc parviennent-ils à *s'insérer* dans l'action
présente ? Si « la mémoire du passé présente aux mécanismes sensori-moteurs tous les souvenirs capables de

les guider dans leur tâche et de diriger la réaction motrice dans le sens suggéré par les leçons de l'expérience...» (1), il y a nécessairement autre chose que la
multiplicité des souvenirs inconscients. En effet, un souvenir inconscient étant, par définition, *impuissant*, ne
saurait ni *discerner* sa propre utilité par rapport à un
moment donné, ni se présenter de lui-même aux mécanismes sensori-moteurs. Le choix ne peut évidemment
s'exercer que dans le présent, c'est-à-dire dans la conscience, et nous entendons bien que M. Bergson ne fait
intervenir le discernement du souvenir qu'au moment
de l'action; mais c'est la raison même de cette intervention que nous cherchons, car, pour qu'elle constitue une
présentation utile, il faut que les souvenirs purs connaissent quelque chose de l'intention sensori-motrice, qu'ils
soient penchés sur les mécanismes, attendant le moment
propice de les pousser dans la direction convenable à
leurs vues. Or, cela, des souvenirs inconscients ne peuvent absolument pas le faire, à moins qu'on ne leur suppose quelque faculté occulte, d'autant plus mystérieuse
qu'elle est contradictoire avec la définition même de l'inconscient. Ainsi, nous semble-t-il, se rapproche-t-on dan-
gereusement de l'hypothèse spiritualiste d'une faculté de
mémoire. « Enfin, si les appareils sensori-moteurs four-
nissent aux souvenirs impuissants, c'est-à-dire inconscients, le moyen de prendre un corps, de se matérialiser »,
ne faut-il pas admettre qu'il existe entre ces appareils
et les souvenirs une *liaison* capable de se manifester à
tous les instants. Or, les souvenirs purs, ceux qui cons-

(1) *Op. cit.*, pp. 165-6.

tituent le fond de l'inconscient sont, par définition, nés
sans le concours du corps, en dehors des lois de l'habitude, ils sont esprit pur, de sorte que l'on est fatalement
conduit à imaginer une sorte d'harmonie préétablie entre
les diverses réactions des appareils sensori-moteurs, et
tel ou tel des souvenirs inconscients.

D'autre part, la conversation des souvenirs purs à l'état
inconscient implique peut-être une autre conséquence
tout aussi dangereuse. Le souvenir pur est celui qui porte
une date. Son caractère essentiel consiste à être parfait
du premier coup, et à se conserver ainsi. Notre passé
inconscient est donc peuplé d'entités *immuables*, qui attendent le moment de monter sur la scène du présent,
pour, leur rôle une fois joué, rentrer dans la coulisse,
prêts à reparaître lorsque leur tour de réplique sera
de nouveau venu. Or, cette notion d'immobilité est absolument contraire à tout ce que l'expérience nous révèle
concernant le psychique. Les psychoses que nous saisissons nous apparaissent en perpétuel changement, et le
même état psychique ne nous est jamais donné deux fois.
Lorsque les associationnistes supposent que nos complexus psychiques comportent des sensations élémentaires irréductibles, ils sont, nous l'avons vu, fatalement
amenés à concevoir l'existence des psychoses inconscientes, et la logique de leur doctrine les pousse jusqu'à l'atomisme mental. Certes, on me ferait justement le reproche de n'avoir pas compris la philosophie de M. Bergson, si je m'avisais d'y trouver quelque chose qui ressemblât à cet associationnisme dont il est un des plus élo-
quents adversaires. J'ai voulu seulement faire remarquer jusqu'où peut conduire la supposition d'entités

psychologiques imperceptibles, indéfinissables, où, pour cela même, on ne saisit pas la possibilité d'un changement, et dont, en dehors de tout contrôle expérimental, on peut être porté à exagérer les *facultés*.

Cependant, un trait caractéristique, dans le système de M. Bergson, est précisément qu'aucune psychose présente ou passée, n'existe à l'état isolé. Il n'y a pas, dans leur masse, de divisibilité possible, la juxtaposition contredit à la durée pure. Chaque psychose forme, avec les autres psychoses, une multiplicité confuse, que l'on ne saurait dissocier. La vie psychique constitue un progrès sans succession, où chaque psychose apparaît comme un abrégé de toutes les autres. Nous avons vu jusqu'à quel point cela était vrai du *flot conscient* (1). Il est certain que nous ne pensons jamais deux fois le même objet de la même façon, et cette vue s'éclaire admirablement lorsqu'on se rend compte des changements incessants que subit la matière cérébrale. Mais a-t-on le droit de transporter à une série *invérifiable*, ce qui est vrai d'une série vérifiable ? Le progrès de la conscience est celui de notre *vie même, telle que nous la saisissons*, ce n'est pas autre chose, et l'on n'a aucune raison suffisante de prononcer *a priori* que ce que nous ne saisissons pas est aussi un progrès, car, à la vérité, cette notion de progrès est purement empirique. Elle nous est fournie uniquement par ce que nous *sentons*. Ce que nous ne *sentons pas*, pourrait-on dire, n'est pas un progrès, simplement parce que nous ne le sentons pas. Or, nous ne sentons pas l'inconscient psychique.

(1) Voyez ch. III de cet ouvrage.

On ne saurait nier que notre caractère influe sur chacune de nos décisions. Cela prouve simplement qu'à chaque moment notre vie psychique tout entière est *présente*
et donc, que dans cette mesure, elle est consciente; cela
ne prouve absolument rien, concernant l'existence de
l'inconscient, puisqu'on a posé que cet inconscient était
un passé impuissant. En d'autres termes, nous ne saisissons ce passé que dans le moment où il agit, et nous
n'avons pas le droit de conclure de là qu'il était là, quand
il n'agissait pas. Du reste, si l'on y regarde de près, on
verra que les souvenirs du passé, au sens bergsonnien du
mot, ne jouent qu'un rôle tout à fait accessoire dans la
formation de notre *caractère*. La vieille médecine avait
confusément compris la part prépondérante qu'il faut
attribuer au corps en cette matière, lorsqu'elle confondait
le caractère avec le tempérament. Il est certain que les
symptômes organiques prennent ici une signification
toute particulière, et qu'une classification méthodique ne
saurait trouver ailleurs de base solide. Mais la science
moderne nous enseigne que l'on aurait tort de s'arrêter
à mi-chemin dans cette voie, et les faits abondent, d'où
l'on serait tenté de conclure que l'état variable du système nerveux fait le tout d'un caractère. Du point de vue
sentimental, cela n'est guère contestable. De sorte qu'il ne
reste, en somme, que l'originalité spéciale de l'esprit, où
l'on aurait quelque raison de rechercher les effets d'une
détermination purement spirituelle, telle qu'elle émane-
rait vraisemblablement de la série temporelle des souvenirs purs conservés à l'état inconscient. Mais ici encore,
le corps règne en maître. Il faut d'abord tenir compte de
la structure cérébrale que chacun de nous a apportée en

naissant : *Nascuntur poetæ, fiunt oratores;* il aurait été plus juste de dire: *nascuntur poetæ, nec minus autem oratores.* On naît musicien, peut-être aussi mathématicien. Nous apportons tous une tournure d'esprit dont l'explication *naturelle* ne peut-être qu'une manière spéciale de la composition de nos molécules cérébrales. Pour parler comme W. James, on ne saurait trop appuyer sur les conditions créées au déploiement de notre activité par tout ce qui est entré « par la porte de service », ou plutôt « par tout ce qui est né à la maison » (1). Les enquêtes instituées par Galton, et continuées depuis, ont établi le fait que le pouvoir de l'imagination diffère énormément d'un individu à l'autre. On naît assurément, avec une tendance à être visuel ou non, et l'expérience a simplement pour effet de hâter les effets de cette tendance, qui est « un don naturel dont héritent souvent les descendants ». Or, on ne saurait assurément découvrir de limite certaine où s'arrêterait l'influence possible de ces dispositions organiques. Il se pourrait que V. Hugo n'ait été qu'un visuel de génie, et Lamartine, avec une imagination plus précise, aurait-il étalé les charmes de sa langueur ? Il faut aller beaucoup plus loin, et dire que si nous avons des souvenirs purs, cela tient surtout à ce que la vue de ces objets nous a intéressés et que cet intérêt même que nous prenons aux choses est principalement conditionné par une tournure d'esprit, qui, la plupart du temps, doit être innée. Si vous avez un tempérament d'artiste, un contraste d'ombre ou de couleur vous frappera suffisamment pour laisser dans votre esprit ou dans

(1) Voyez le chapitre précédent de cet ouvrage.

votre cerveau sa trace indélébile, vous retiendrez ce que
votre voisin ne remarquera même pas. Si vous êtes musicien, un son de cloche parlera à votre âme, qui, s'élevant sur l'aile de la contemplation, conservera le son banal enchâssé dans la mélodie née de l'inspiration. Cependant, si vous n'êtes pas artiste, tout cela passera sans
vous effleurer et le trésor de vos souvenirs purs en sera
réduit d'autant.

Si *l'expérience passée* ne fait pas le caractère, il est du
moins incontestable qu'elle le favorise ou le retarde dans
son développement. Or, cette expérience passée est surtout le résultat de *l'habitude* au sens même où l'entend
M. Bergson. Cependant, nous l'avons vu, l'auteur de
Matière et Mémoire n'attribue pas à la notion d'habitude
sa véritable portée. En effet, l'habitude n'est pas nécessairement précédée de *l'exercice* et, dans certains cas,
peut s'installer d'un coup. Nous la considérons essentiellement comme *l'empreinte* faite sur nous par le monde
extérieur. L'expérience psycho-physiologique prouve
surabondamment que chaque impression laisse un retentissement après elle, et l'attention renforce l'effet produit
par l'objet, de telle manière qu'il puisse, dans des circonstances données, laisser de son passage unique une
trace indélébile.

Dans tout cela, on voit nettement l'influence de l'organisme, l'œuvre de la chair et non pas celle de l'esprit.
Aussi bien ne faut-il peut-être pas dire que l'esprit est
tout entier dans chacune de nos psychoses présentes,
mais plutôt que notre corps donne tout entier à chacun
des moments de notre existence.

Le raisonnement de M. Bergson nous conduit jusqu'au

seuil du problème de l'existence. D'après lui, les conditions de l'existence de tous les faits d'expérience sont, à la fois, quoique à des degrés différents : 1° la présentation à la conscience; 2° la connexion logique et causale; or, ces deux conditions se trouveraient essentiellement dans les faits psychiques comme dans les faits physiques. Une doctrine plus banale, distingue au contraire ces deux caractères de l'existence, attribuant le premier exclusivement au monde subjectif, et le second exclusivement au monde objectif. Eh bien, je ne comprends pas dans quel sens on peut dire, avec quelque exactitude, que le monde objectif, comme tel, participe à la conscience. Dans le système bergsonnien, les images sont données, mais cela n'implique pas du tout la conscience, au sens psychologique du mot. Elle n'apparaît qu'avec la *perception*, et la perception consiste dans une réaction personnelle, dans *un choix*. L'avantage de la théorie consiste précisément en ceci, que la représentation y est, dans un sens, moins que l'image. Mais enfin, ne nous payons pas de mots, il faut aussi, dans un autre sens, qu'elle soit plus que l'image, puisqu'elle est l'image découpée pour nos besoins, en vue de l'action dirigée par l'intérêt. La matière se prête passivement au jeu de la conscience, mais elle n'y *participe* point et il restera toujours à expliquer pourquoi elle s'y prête. On a montré comment les deux existences, celle de la conscience et celle des objets, se rencontraient, mais malgré le rapprochement tenté, elles restent distinctes, puisque, par définition, chacune des images qui composent l'univers reflète toutes les autres, tandis que, par définition aussi, le premier acte conscient, le plus simple, la perception pure, consiste dans une sélection opérée sur le reflet intégral de ces images. C'est parce que chaque image de la matière reflète toutes les autres, qu'elle en est l'effet nécessaire, qu'elle entre avec elles en connexion logique. Or, il n'en va pas ainsi des psychoses; la série psychologique consciente n'offre pas le caractère d'une connexion logique et nécessaire, mais d'une connexion contingente, et qu'est-ce donc, enfin, qu'une connexion *contingente*, sinon une absence de connexion ? Ou bien,. le terme *a* conditionne le terme *b* de telle façon, que *b* soit toujours donné quand *a* est donné ou bien, si *b* n'est pas nécessairement donné quand *a* est donné, il ne le conditionne pas. Entre les deux alternatives, on ne voit pas de milieu, à moins que l'on attribue au mot condition un sens qu'il n'a pas ordinairement. Dans le flot conscient, les termes psychologiques se *succèdent* et, dans *chaque cas particulier*, on peut, si l'on y tient, trouver la raison du fait *b* dans le fait *a*, mais les faits *b* et *a* étant donnés une fois seulement, la conclusion que l'on aura tirée tant bien que mal ne servira de rien, *a* n'aura pas le caractère d'une condition, car pour cela, il faudrait, en fin de compte, que quelque chose restât de *a* et de *b*, tandis qu'il ne reste rien (1). Si la connexion est aussi précaire dans le système conscient, que peut-elle être dans un système de psychoses inconscientes ? Ces psychoses sont mortes, elles ne reflètent plus l'univers à leur point de vue, et si l'on veut qu'elles soient pourtant plus ou moins logiquement liées, on en arrivera, je crois, à se les représenter comme *des images* où la sélection n'opère pas; or, n'est-

(1) Voyez ch. V de cet ouvrage.

ce pas là précisément dans le bergsonnisme une définition possible de la matière, de sorte qu'en admettant l'inconscient psychologique, nous nous serions enfermés dans un cercle.

« Nous pataugeons dans un marais de liquéfaction logique (1). » C'est où l'on est infailliblement conduit, lorsqu'on abandonne le point de vue de l'empirisme radical. Au début de cet ouvrage, j'ai, à la suite de W. James, discuté la théorie de l'inconscient psychique *en fait* et non pas *en droit*. Et c'est encore ici la position qui me paraît être la plus solide. *En fait*, la vie psychique s'explique suffisamment, sans qu'il soit utile de poser l'existence de psychoses inconscientes, il faut donc repousser l'envahissement de la science par cet invérifiable, par cette *vis occulta*, « qui offre le moyen par excellence de croire ce que l'on veut en psychologie, et de transformer ce qui pourrait être une science, en un terrain ouvert aux fantaisies les plus désordonnées » (2).

La théorie particulière de M. Bergson sur la mémoire le conduit naturellement à présenter une définition nouvelle du phénomène de *la reconnaissance*.

On explique ordinairement la reconnaissance par l'association. Les uns veulent que ce soit un résultat de l'association par contiguïté; les autres, de l'association par ressemblance. Cependant, on a, d'après M. Bergson, fait observer avec raison (3) qu'une perception renouve-

---

(1) W. James, *op. cit.*, vol. 1, p. 165.
(2) *Loc. cit.*
(3) Pillon. La formation des idées abstraites et générales (Crit. philos., 1885), t. I, pp. 208 et suiv. Ch. Ward, Assimilation and Association (Mind. Juillet 1883 et octobre 1894).

lée ne saurait suggérer les circonstances concomitantes
de la perception primitive avant que celle-ci n'ait été évo-
quée d'abord par l'état actuel qui *lui ressemble*. Soit A
la perception première; les circonstances concomitantes
B C D y restent associées par contiguïté. Si j'appelle A'
la même perception renouvelée, comme ce n'est pas à A',
mais à A que sont liés les termes B C D, il faut bien, pour
évoquer les termes B C D, qu'une association par ressemblance fasse surgir A d'abord. « *En vain on soutien-
dra que A' est identique à A. Les deux termes, quoique
semblables, restent numériquement distincts, et diffèrent
tout au moins par ce simple fait que A' est une perception,
tandis que A n'est plus qu'un souvenir* (1). » Ainsi, l'association par contiguïté se laisse ramener à une association
par ressemblance. On suppose alors, pour expliquer la
ressemblance, que la perception présente va d'abord
chercher dans la mémoire le souvenir de la perception
antérieure, qui lui ressemble. Sans doute, la ressemblance étant un rapport entre deux termes, suppose l'existence préalable de ces termes, « de sorte que la perception d'une ressemblance est plutôt un effet de l'association que sa cause (2). *Mais à côté de cette ressemblance
définie et perçue, qui consiste dans la communauté d'un
élément saisi, il y a une ressemblance vague, et en quelque sorte objective, répandue sur la surface des images*

---

(1) Matière et Mémoire, p. 20. Ce passage n'est pas souligné
dans le texte.
(2) *Loc. cit.* M. Bergson cite Brochard, La loi de similarité
Revue Philosoph., 1880, t. IX, p. 288. M. Rabier se rallie à
cette opinion dans ses leçons de philosophie, t. I, Psychol.,
pp. 187-197.

*elles-mêmes, et qui pourrait agir comme une cause phy-
sique d'attraction réciproque* (1). » Si l'on fait remarquer
que l'on reconnaît souvent un objet sans l'identifier avec
une ancienne image. « On se réfugiera dans l'hypothèse
commode de traces cérébrales qui coïncideraient, de mouvements cérébraux que l'exercice faciliterait, ou de cellules de perception communiquant avec des cellules où
reposent les souvenirs (2). »

Cependant, l'association d'une perception à un souvenir ne suffit pas à expliquer la reconnaissance. Si la reconnaissance se faisait ainsi, elle serait abolie en même
temps que les anciennes images; or, les cas de cécité psychique rapportés notamment par Wildbrand, Fr. Müller,
Lissauer et Charcot, démontrent le contraire.

Qu'est-ce donc, enfin, que la reconnaissance ? Il y a
d'abord une reconnaissance *instantanée*, dont le corps
seul est capable. « Elle consiste dans une action, et non
dans une représentation (3). » Je me promène dans une
ville que je ne connais pas, mon action est incertaine,
des alternatives se posent à mon corps, mon mouvement
est discontinu, « il n'y a rien dans une des attitudes qui
annonce et prépare les attitudes à venir (4). » Plus tard,
après un long séjour, mon action devient automatique,
l'habitude est acquise : « Dans l'intervalle a pris place un

(1) *Loc. cit.*, p. 421. Voyez Helmholtz. Physiolog. Optik, § 32.
Voyez Pillon, article cité, p. 207. James Sully. The human Mind.
London, 1892, t. I, p. 331, cités par M. Bergson.
(2) Höffding. Activität Ueber wiedererkennen, Association
u. psychisch. (Viertel jahrs schrif. f. Wissenschaftliche Philosophie, 1899.
(3) *Op. cit.*, p. 91.
(4) *Op. cit.*, p. 93.

état mixte, une perception soulignée par un automatisme
naissant. Or, si les perceptions ultérieures diffèrent de
la première perception, en ce qu'elles acheminent le corps
à une réaction machinale appropriée, si, d'autre part,
ces perceptions renouvelées apparaissent à l'esprit avec
cet aspect *sui generis* qui caractérise les perceptions familières, ou reconnues, ne devons-nous pas présumer
que la conscience d'un accompagnement moteur bien
réglé, d'une réaction motrice organisée, est ici le fond
du sentiment de la familiarité ? *A la base de la reconnaissance, il y aurait donc bien un phénomène d'ordre
moteur* (1). »

Toute perception usuelle a son accompagnement moteur organisé, « le sentiment de reconnaissance usuel à
sa racine dans la conscience de cette organisation ».
« C'est-à-dire que nous jouons ordinairement notre reconnaissance avant de la penser. »

Mais il s'y ajoute autre chose. Tandis que, sous l'influence de la perception, nos appareils moteurs se mon-
tent chaque jour plus parfaitement, notre vie psychologique antérieure est là. « Sans cesse inhibée par la conscience pratique et utile du moment présent, c'est-à-dire
par l'équilibre sensori-moteur d'un système nerveux
tendu entre la perception et l'action, *cette mémoire attend
simplement qu'une fissure se déclare entre l'impression
actuelle et le mouvement concomitant pour y faire passer
ses images* (2). » L'ensemble de nos images passées demeure présent, mais « encore faut-il que la représenta-

_____

(1) *Op. cit.*, p. 94. Cette dernière phrase n'est pas soulignée
dans le texte.

(2) Ce passage n'est pas souligné dans le texte. *Op. cit.*, p. 96.

tion analogue à la perception actuelle soit *choisie* parmi
toutes les représentations possibles » (1). Les mouvements accomplis ou naissants préparent cette sélection :
« *Si d'anciennes images trouvent aussi bien à se prolon-*
ger en ces mouvements, elles profitent de l'occasion pour
se glisser dans la perception actuelle et s'en faire adop-
ter (2). »

W. James marche encore ici dans des voies plus battues. Le phénomène de reconnaissance se réduit à un fait
d'association *physiologique*. Nous connaissons sa doctrine concernant cette matière (3). L'habitude est la loi
élémentaire de l'association, toute association procède
par contiguïté. La similarité n'est qu'un « résultat — l'effet de l'agent causal ordinaire lorsqu'il opère d'une façon
particulière (4). Car, « la similarité de deux choses n'existe
pas, avant que les deux choses n'aient été présentées, —
de sorte qu'il est absurde d'en parler comme *d'un agent*
de production, de quoi que ce soit dans le domaine physique, comme dans le domaine psychique » (5). En ce
qui concerne la prétention que la perception A, pour
éveiller B C D doive d'abord susciter A', son semblable,
que « chaque impression, en entrant dans l'esprit, éveille
nécessairement une image de son propre passé, à la
lumière de laquelle elle est « aperçue », ou comprise » (6); — nous avons vu que W. James repousse

(1) *Loc. cit.*
(2) *Loc. cit.* Ce passage n'est pas souligné dans le texte.
(3) Voyez le chapitre précédent de cet ouvrage.
(4) W. James, *op. cit.*, vol. 1, p. 591.
(5) *Loc. cit.*
(6) *Loc. cit.*

énergiquement cette solution. A n'éveille pas son image A', mais entre immédiatement en association avec B C D. Certains cas de cécité psychique prouvent nettement que la reconnaissance se fait indépendamment de *l'image* visuelle correspondante à la perception, puisque la destruction ou la conservation de la faculté imaginative y est sans aucun effet (1).

Cependant, W. James n'échapperait pas tout à fait au reproche de M. Bergson, car, il se réfugie bien, en fin de compte, dans l'hypothèse commode de traces cérébrales. Comparons donc les deux hypothèses et tirons de la théorie physiologique toutes les conséquences qu'elle comporte.

La distinction que fait M. Bergson entre la reconnaissance instantanée et la reconnaissance accompagnée de souvenir peut paraître suggestive. Tenons d'abord fortement à ce principe, que la connaissance est essentiellement pratique, nous n'aurons plus alors de difficulté à comprendre que la reconnaissance le soit aussi. Si le type de la connaissance est dans l'action, ou plutôt dans la réaction du vivant sur ce qui l'entoure, le mécanisme de la reconnaissance doit, lui aussi, se rapprocher du type réflexe, il doit être sensori-moteur.

L'enfant voit devant lui un objet inconnu, c'est une prune, il tend la main pour la prendre, il la touche, il la porte instinctivement à la bouche, il la mord, il la connaît. Sa connaissance est absolument pratique, elle se réduit à une prédisposition cérébrale telle, que lorsque

(1) Voyez chapitres V et VII de cet ouvrage. Matière et Mémoire, p. 91.

la prune lui sera encore donnée, il y réagira encore par des mouvements variés, dont le but sera l'appropriation. En d'autres termes, lorsque l'impression d'un objet bleu et rond ébranlera la matière cérébrale, des décharges auront lieu dans des arcs réflexes correspondant aux mouvements utiles. L'image A, qui, au milieu des autres images de l'univers, reflétait tout, sans rien distinguer, aura rencontré un centre d'indétermination, c'est-à-dire de réaction spontanée, elle sera maintenant distinguée, puisqu'elle suscitera une réaction déterminée, qui n'embrassera d'elle précisément que ce qui est utile au vivant. Et il n'y aura là *que des mouvements*, dont l'enchaînement s'expliquera par l'habitude, par la *mémoire motrice*. Voyons comment on peut se représenter un tel mécanisme.

Lorsque l'objet O frappe les regards du sujet, le courant se propage de la périphérie jusqu'aux centres en A; ce centre A se trouve lui-même en liaison avec le centre moteur K. Nous obtenons la réaction du type réflexe O A K M, qui représente ce que j'appellerai la connaissance primaire. La condition de la reconnaissance sera simplement l'habitude prise par le courant, de suivre le circuit décrit, de sorte que quand M ou O seront donnés, O ou M suivront immédiatement. Notons encore une fois qu'il ne s'agit à aucun moment de placer l'image en A ou en K, l'image est supposée donnée. Dans K et dans A, il n'y a que du mouvement. A reçoit l'impression de O et tend à propager son ébranlement en K, qui le propage en M. La représentation n'est ni en A, ni en K, elle est bien plutôt en M et en O, c'est-à-dire là où l'image totale se trouve découpée par l'action.

On ne saurait trop insister sur le fait que toutes nos idées sont motrices, ce qui revient à dire, si je ne me trompe, que tout mouvement traduit une idée ; de là à dire que tout mouvement sous-tend une idée, il n'y a qu'un pas. En soi, la prune est un agrégat de molécules qui subissent le contre-coup de l'univers tout entier, par rapport à l'enfant, la prune est un objet velouté, arrondi au toucher, bleu à la vue, doux au goût, agréable à manger ; telles sont les impressions que l'organisme a choisies parmi une infinité d'autres possibles. Comment les a-t-il choisies? Par une suite de réflexes ordonnés. La vue de la tache colorée a suscité le mouvement de la main, le mouvement de la main a suscité l'impression du velouté et de l'arrondi, l'impression du velouté et de l'arrondi a suscité le mouvement d'approche à la bouche, etc. Cependant, l'idée de la prune est née *sans qu'on lui découvre d'autre antécédent*. Nous ne disons pas qu'elle a été créée par le cerveau, parce que cela est indémontrable. Le cerveau étant lui-même une image, ne peut pas être le créateur d'une autre image, tout ce que nous affirmons, c'est que les variations purement motrices de son image correspondent à l'apparition de cette autre image spéciale, que j'appelle une prune, et que les variations de l'une sont les conditions de la naissance de l'autre. Pour que la représentation de la prune soit, il faut et il suffit que des mouvements appropriés aient été exécutés dans cette autre image que nous appelons le système nerveux.

Encore une fois, si vous regardez attentivement un bébé auquel on montre un objet nouveau, vous aurez, je crois, l'intuition très nette que sa première connaissance n'est pas autre chose qu'une réaction motrice compliquée. Il ne se contentera pas, en effet, de regarder l'objet, il voudra le saisir, il le prendra à pleine main, et finalement le portera à la bouche pour mieux le sentir et aussi pour mieux se l'approprier. Ces impressions et ces mouvements sont pour lui l'objet tout entier, ils constituent sa *représentation*. Comme d'ailleurs, *l'expérience* prouve que tout mouvement et toute impression laissent leur trace dans la matière cérébrale, et que des centres, qui ont été ébranlés en même temps ou successivement, tendent à vibrer ensemble ultérieurement, l'habitude expliquera très naturellement ici la reconnaissance. A vrai dire, la difficulté de la doctrine consiste précisément dans cette notion de trace cérébrale. Le mot *retentissement* traduirait peut-être mieux la réalité. Il faut, si l'on veut se faire une idée de la chose, revenir au phénomène primaire de l'accumulation des excitations et des images consécutives, qui prouvent nettement la survivance de l'excitation subjective à l'excitation objective. C'est le point capital, car si les vibrations durent après l'excitation, il n'est pas impossible de concevoir, étant donnée l'inertie de la matière, qu'elles se perpétuent *indéfiniment*.

A quoi bon, dès lors, supposer avec M. Bergson, que notre vie psychique se survit à elle-même sous la forme inconsciente, ce qui, nous venons de le voir, est absolument invérifiable. Pour mon compte, je ne concevrai jamais clairement cet amas d'inconscient « attendant qu'une fissure se déclare entre l'impression actuelle et le mouvement concomitant, pour y faire passer ses images ». L'inconscience signifie l'impuissance, comment cette impuissance peut-elle avoir la puissance de faire

passer *ses images* entre l'impression et le mouvement ?
Comment l'inconscience connaît-elle *ses* images, et parmi
ses images, celles qui conviennent à l'instant présent ?
Il faut que cette image soit choisie, et comment les mouvements de la perception peuvent-ils préparer cette sélection ? On ne voit pas par quel bout l'inconscient psychique pourrait tenir à la réaction nerveuse. Sa définition
tient toute dans la négation de la psychose consciente,
et donc, l'expérience qui me découvre l'existence d'un
parallélisme frappant entre la conscience et les réactions
de l'organisme ne me donne aucun renseignement tou-
chant les rapports de la psychose inconsciente avec cet
organisme.

Il faudra, dès lors, *inventer* un moyen de réaliser l'inconscient. On lui redonnera donc la puissance qu'on lui
avait d'abord refusée, puis, après l'avoir haussé au-dessus du corps, et l'avoir placé dans le domaine intangible
de la mémoire pure, on consentira qu'il se compromette
avec ce même corps et qu'il reçoive de lui les avertisse-
ments nécessaires pour guider sa sélection. Ainsi, les anciennes images pourront « profiter de l'occasion pour se
glisser dans la perception actuelle, et s'en faire adopter ».
Ou plutôt, on aura trouvé le moyen de les y glisser. Car
il faut, en fin de compte, qu'une puissance vienne suppléer à l'impuissance radicale des entités qu'on suppose,
il faut qu'une puissance souffle la vie à ces choses mortes,
et ce ne peut être qu'une puissance invérifiable à laquelle
on est libre, en l'absence de tout contrôle, d'attribuer
toutes les facultés jugées utiles au système que l'on soutient.

Cependant, nous n'avons étudié jusqu'à présent que

24

« la reconnaissance automatique » où le rôle des mouvements est très apparent.

A côté de la « reconnaissance par distraction », il y a ce que M. Bergson appelle la *reconnaissance attentive* : « Elle débute, elle aussi, par des mouvements. Mais tandis que dans la reconnaissance automatique, nos mouvements prolongent notre perception pour en tirer des effets utiles, et nous *éloignent* ainsi de l'objet aperçu, ici, au contraire, ils nous ramènent à l'objet pour en souligner les contours. De là vient le rôle prépondérant et non plus accessoire que les souvenirs-images y jouent. Supposons, en effet, *que les mouvements renoncent à leur fin pratique, et que l'activité motrice, au lieu de continuer la perception par des réactions utiles, rebrousse chemin pour en dessiner les traits saillants : alors, les images analogues à la perception présente, images dont ces mouvements auront déjà jeté la forme, viendront régulièrement et non plus accidentellement, se couler dans ce moule, quittes, il est vrai, à abandonner beaucoup de leurs détails pour s'en faciliter l'entrée* (1). »

Dans l'hypothèse de M. Bergson, il existe une différence de nature entre la perception et le souvenir, de sorte que la difficulté y est précisément d'expliquer comment celui-ci se coule dans celle-là. Après avoir supposé l'image-souvenir conservée à l'état inconscient, on doit montrer comment elle revient à la conscience, comment la perception se trouve, petit à petit, développée en images qu'elle ne contenait pas d'abord. L'hypothèse physiolo-

---

(1) Matière et Mémoire, p. 100. Ce passage n'est pas souligné dans le texte.

gique, si elle a, une fois pour toutes, renoncé à déduire
l'image, si elle a défini la représentation comme une
sélection exercée par le vivant sur les images de l'univers,
doit faire voir comment cette réaction particulière qu'est
la perception, livre peu à peu son contenu et se déploie
en une série d'autres réactions ébauchées, correspondant
à de nouvelles présentations de l'objet. Cela revient à
dire que chacune des deux thèses a sa manière propre
d'expliquer l'attention, dont le rôle détermine ici la nature du phénomène.

W. James et M. Bergson conçoivent l'attention d'une
manière très différente.

Pour W. James, elle est une manifestation du choix
de la conscience entouré de certaines circonstances spéciales. En effet, la pensée accentue et choisit toujours
plus ou moins, c'est une manière qui lui est propre, et la
distingue essentiellement de l'élément objectif. « Des mil-
lions de composants de l'ordre extérieur sont présents à
mes sens, et n'entrent point cependant dans mon expérience. Pourquoi ? Parce qu'ils n'ont point *d'intérêt* pour
moi. *Mon expérience est ce à quoi je veux bien faire attention.* Seuls, les composants que je *remarque* forment mon
esprit — sans l'intérêt qui choisit, l'expérience est un
pur chaos. L'intérêt seul donne l'accentuation, la lumière
et l'ombre, le plan et l'arrière-plan, — bref, la perspective intelligible. Il varie suivant chaque créature, mais,
sans lui, la conscience de toute créature serait une indis-
crimination grise et chaotique, que nous ne pouvons
même pas concevoir... L'intérêt subjectif peut, en appuyant son doigt lourd sur des points particuliers de
l'expérience, les accentuer, jusqu'à donner aux associa-

tions les plus rares, une puissance bien supérieure à celle des plus fréquentes. L'intérêt, dont, au reste, la genèse est *naturelle*, fait l'expérience plus qu'il n'est fait par elle (1). »

Tout le monde a éprouvé le sentiment de l'attention. On ne peut l'exprimer autrement que par une sorte de concentration consciente.

Il faut distinguer l'attention passive de l'attention active ou volontaire. L'attention sensorielle passive, se produit immédiatement lorsque l'impression sensorielle est intense, volumineuse ou soudaine. Dans d'autres cas, elle apparaît tout simplement parce que l'excitation intéresse l'instinct ou les tendances natives du sujet. Cette attention spontanée est très développée chez l'enfant. On peut dire, en quelque manière, que tout l'étonne, et qu'il s'intéresse à tout. On dit que l'attention sensorielle passive est dérivée lorsque l'impression, sans être ni forte, ni instinctivement excitante, se trouve liée par l'expérience antérieure et l'éducation avec des choses qui le sont, et en deviennent, par le fait même, les motifs.

L'attention intellectuelle passive est immédiate, lorsque nous suivons par la pensée une suite d'images intéressantes *par elles-mêmes*.

L'attention *volontaire* dure seulement quelques secondes. Ce que l'on appelle l'attention volontaire soutenue consiste en une répétition d'efforts successifs qui ramènent le thème (topic) devant l'esprit. Le thème une fois posé, s'il est sympathique, *se développe* d'abord de lui-même; si son développement est intéressant, l'attention

(1) W. James, *op. cit.*, vol. 1, p. 403.

se trouve engagée passivement pour un temps... Cet intérêt passif peut s'évanouir rapidement ou, au contraire demeurer. Au moment où il diminue, où quelque chose détourne l'attention, il faut un effort volontaire pour ramener de nouveau l'esprit au sujet. Si les conditions sont favorables, cela peut durer des heures. Notez cependant que, durant tout ce temps, l'attention n'est point fixée sur un objet identique, au sens psychologique du mot, mais sur une succession d'objets en relations mutuelles, objets qui constituent le thème (topic). *Personne ne peut faire attention d'une façon continue, c'est-à-dire prêter attention à un objet qui ne changerait pas* (1). » Ainsi, la condition *sine qua non* d'une attention soutenue à un thème de pensée donné, consiste dans ce fait que nous le ruminons pour ainsi dire incessamment, pour en considérer tour à tour les différents aspects et les différentes relations.

« Lorsque nous attendons une excitation en y prêtant attention, écrit Wundt, il arrive souvent qu'au lieu d'enregistrer les stimuli, nous réagissons à une impression entièrement différente. — Cela ne vient pas d'une confusion entre les deux excitations. Au contraire, nous savons parfaitement, au moment d'accomplir le mouvement, que nous ne réagissons pas au stimulus qu'il faudrait. Quelquefois même, quoique moins fréquemment, l'excitation peut venir d'une autre espèce de sensation, absolument différente. Il arrive, par exemple, que dans des expériences sur les sons, on réagisse à une étincelle, produite soit par accident, soit à dessein. La raison de ces résultats

(1) *Loc. cit.*, p. 421. Voyez Helmholtz. Physiolog. Optik, § 32.

est probablement que l'effort attentif, dirigé vers l'impression attendue, coexiste avec une innervation préparatoire du centre moteur pour la réaction, innervation grâce à laquelle le choc le plus léger suffit à déterminer une décharge actuelle. Le choc peut être produit par n'importe quelle impression de hasard, même par celle à laquelle nous n'avons jamais eu l'intention de réagir. Lorsque l'innervation préparatoire a une fois atteint ce summum d'intensité, le temps qui intervient entre le stimulus et la contraction des muscles qui réagissent, peut devenir assez petit pour n'être plus perceptible.

« La perception d'une impression est facilitée quand elle est précédée par un avertissement qui annonce son imminence. On ne voit pas d'autre antécédent possible à ce phénomène, qu'une tension préparatoire (Vorbereitende Spannung). Il est aisé de comprendre que le temps de réaction puisse être ainsi raccourci, mais on peut s'étonner qu'il tombe quelquefois à zéro et prenne même une valeur négative. Ce dernier fait trouve pourtant son explication dans ce qui arrive au cours des simples expériences sur le temps de réaction. Lorsque l'effort de l'attention a atteint son maximum, le mouvement que nous sommes prêts à exécuter échappe parfois au contrôle de la volonté et nous enregistrons un faux signal. Quand l'avertissement présage le moment de l'excitation, il est également évident que l'attention s'accommode à la réception probable, de telle manière que l'objet soit aperçu au moment précis où il est donné, *et que la décharge motrice coïncide avec l'aperception* (1). »

(1) Physiol. Psych. 2ᵉ éd., vol. 2, pp. 226-239.

Les observations de Münsterberg sont plus suggestives encore. *L'expérimentation prouve que le temps de réaction est plus court lorsqu'on concentre l'attention sur le mouvement attendu, que lorsqu'on l'applique au signal attendu.* Or, Münsterberg a prouvé qu'il en est de même lorsque la réaction ne consiste pas dans un simple réflexe, mais nécessite d'abord une opération intellectuelle. Dans une série d'expériences, le sujet doit réagir suivant le signal, avec l'un ou l'autre de ses cinq doigts. Si, par exemple, le mot est prononcé au nominatif, il baissera le pouce, pour le datif, il remuera un autre doigt. On fait de même avec les adjectifs, les substantifs, les pronoms, les adjectifs numéraux, etc., ou encore avec des noms de rivières, d'animaux, de plantes, d'éléments, de poètes, de musiciens, de philosophes, etc. Dans une seconde série, la réaction consiste à prononcer un mot, en réponse à une question telle que « nommez un poisson comestible », etc., « nommez le premier drame de Schiller », etc. « Quel est, à votre avis, le plus grand de ces deux auteurs, Hume ou Kant ? », etc. Dans ces séries de réactions, *le temps était beaucoup plus court lorsque le sujet tournait à l'avance son esprit du côté de la réponse.*

« Pour comprendre ces résultats, ajoute W. James, il faut se rappeler que le sujet savait toujours à l'avance, d'une façon générale, de quelle *espèce* serait la question demandée, et conséquemment aussi, *la sphère où se trouvait* la réponse possible. Dès lors donc, qu'il tournait son attention vers la réponse, les processus cérébraux associés en lui avec cette « sphère » entière se trouvaient en état de sub-excitation, et la question pouvait, avec un minimum de perte de temps, décharger hors de cette sphère spéciale, sa réponse particulière. Quand, au contraire, l'attention se trouvait exclusivement concentrée sur la question et détournée de la réponse possible, toute cette sub-excitation préliminaire des fibres motrices n'avait pas lieu, et le processus de la réponse devait se développer tout entier *après* que la question avait été entendue. Il n'était pas étonnant, dans ces conditions, que le temps fût prolongé. C'est un bel exemple de l'accumulation des excitations, et de la manière dont l'attention expectante, même lorsqu'elle n'est pas très vigoureusement concentrée, *prépare les centres moteurs*, et diminue le travail que doit accomplir une excitation pour produire un effet donné (1). »

Maintenant, quelle est la nature intime de l'attention ? L'analyse des faits nous amène à y distinguer deux processus physiologiques : 1° d'abord l'accommodation ou ajustement des organes sensoriels, et ensuite, 2°, une sorte de préparation anticipée venue du dedans, partant des centres, ayant quelque rapport avec l'objet auquel on fait attention.

1° Il est inutile d'insister sur l'accommodation des organes et des muscles dans l'attention sensorielle immédiate ou dérivée. Mais on a de sérieuses raisons de croire que l'attention intellectuelle elle-même, l'attention à *l'idée* d'un objet sensible, est aussi accompagnée par des mouvements intéressant les organes qui pourraient avoir affaire avec la perception de cet objet.

Fechner a décrit ces mouvements : « Lorsque nous transportons notre attention des objets d'un sens à ceux

(1) W. James, *op. cit.*, vol. 1, pp. 433-4.

d'un autre, nous éprouvons un sentiment indescriptible (quoique, en même temps, parfaitement déterminé, et capable d'être reproduit à plaisir), d'une *direction* altérée ou d'une tension (Spannung) différemment localisée. Nous ressentons une tension en avant dans les yeux, une autre, dirigée de côté, vers les oreilles. Cette impression croît dans la mesure, où augmente l'attention, et se transforme suivant que l'on regarde ou que l'on écoute attentivement. Nous disons alors que *notre attention est tendue*. La différence est sentie beaucoup plus clairement quand l'attention oscille rapidement entre l'œil et l'oreille. Maintenant, lorsque j'essaye de me *rappeler* vivement l'image d'un objet vu ou celle d'un objet imaginé, j'éprouve un sentiment tout à fait analogue à celui que j'ai, si je m'efforce de saisir exactement une chose par l'œil ou par l'oreille, mais ce sentiment analogue est très différemment localisé. Dans l'attention la plus aiguisée, concernant des objets réels (aussi bien que des images consécutives), la tension est clairement en avant, et lorsque l'attention se transporte d'un sens à l'autre, il n'y a de changé que la direction vers les divers organes sensoriels externes; le reste de la tête ne subit pas de tension. Le cas est différent dans la mémoire, ou l'imagination, car, ici, le sentiment se retire entièrement des organes sensoriels externes pour se réfugier dans cette partie de la tête qu'occupe le cerveau. Si, par exemple, je veux me rappeler directement un lieu ou une personne, la clarté de la représentation ne dépendra pas de la mesure dans laquelle je tendrai mon attention en avant, mais plutôt de celle où, pour ainsi dire, je la retirerai en arrière... Ce n'est pas, dans mon cas, une impression de tension

à l'intérieur de la tête, mais une sensation de contraction dans le cuir chevelu, et de pression du dehors sur
tout le crâne (1)...»

« En moi, ajoute W. James, la « rétraction en arrière »
sentie pendant l'attention aux idées de la mémoire, etc.,
paraît être principalement constituée par le sentiment
d'un roulement actuel des globes oculaires en dehors et
en haut, tel qu'il se produit dans le sommeil. Leur position est alors précisément contraire à celle qu'ils occupent lorsque je regarde des choses situées en face de
moi (2). »

2° Le second processus de l'attention consiste dans un
sentiment d'effort. Il apparaît dans l'attention sensorielle
elle-même. On dirait une tension du dedans au dehors,
une préparation grâce à laquelle une représentation surgit dans l'esprit, analogue à celle de l'objet à percevoir.

C'est *l'aperception* (3) de Wundt et la *préperception* de
Lewes : « Une observation exacte, dit Wundt, démontre
que l'on cherche toujours à rappeler dans la mémoire
l'image du ton cherché, et qu'alors, on le perçoit dans le
son total. On peut remarquer la même chose dans des
impressions visuelles faibles ou fugitives. Éclairez un
dessin avec des étincelles électriques séparées par des
intervalles considérables; après la première, et souvent
après la seconde et la troisième étincelle, presque rien

(1) Psychophysik. Bd. II, pp. 475-6. Cité par W. James, *op.
cit.*, vol. 1, pp. 435-6.

(2) *Ibid.*, pp. 490-1. Voyez aussi Mach Wien Sitzungsberichte
Math. Naturwiss. XLVIII, 2, 297 (1863).

(3) Voyez notamment Wundt. Grund. d. Psych., p. 245. Vorlesungen über d. Mensch., p. 263. Grundz. d. Phys. Psych., II,
pp. 367-69, etc.

ne sera reconnu. Mais l'image confuse est gardée par la mémoire; chaque illumination successive la complète, de sorte qu'à la fin, nous obtenons une perception plus claire. Le motif originel de cette activité interne procède ordinairement de l'impression externe elle-même. Nous entendons un son où, d'après certaines associations, nous soupçonnons un certain ton complémentaire; l'affaire est alors de rappeler ce ton complémentaire dans la mémoire; y avons-nous réussi, nous le saisissons dans le son perçu. Dans ces conditions, chaque idée prend un certain temps pour pénétrer jusqu'au foyer de la conscience, et pendant ce temps, nous découvrons toujours en nous le *sentiment* particulier de l'attention (1). » ·

« Lorsque, dit Helmholtz, j'ai devant les yeux une couple de dessins stéréoscopiques, dont la combinaison demande un effort, la difficulté consiste à trouver les lignes et les points qui correspondent, car le moindre mouvement des yeux les sépare. *Mais si j'essaye d'obtenir une représentation mentale* (Anschauungsbild) *de la forme solide* (ce que souvent, d'ailleurs, un heureux hasard peut produire), il m'arrive alors de mouvoir les yeux avec une parfaite précision sur la figure, sans que les dessins se séparent (2) .»

« La manière naturelle de concevoir tout cela, ajoute W. James, consiste à adopter la forme symbolique d'une cellule nerveuse où se combineraient des forces venues de deux directions. Tandis que l'objet l'exciterait du dehors, d'autres cellules nerveuses, ou peut-être une activité spirituelle, l'exciteraient du dedans. »

(1) Physiol. Psych., II, 209.
(2) Physiol. Optik, 741, 728.

Ainsi, pas d'acte d'attention sans *des accommodations organiques* et sans la *préperception*. Bain, Ribot et Lange soutiennent que la préperception elle-même n'est qu'une conséquence de l'accommodation musculaire, de sorte que ces réactions organiques seraient, en fin de compte, l'essence même de l'attention. Lange essaye, par exemple, de se représenter un cercle coloré déterminé. Il trouve en lui des mouvements oculaires correspondant au cercle, mouvements auxquels l'image de la couleur est consécutive : « Que le lecteur, ajoute-t-il, ferme les yeux et pense à un objet étendu, par exemple, à un crayon. Il remarquera facilement un léger mouvement des yeux correspondant à la ligne droite, accompagné souvent d'un faible sentiment d'innervation dans la main. Il lui semblera toucher la surface du crayon. De même, si nous pensons à un certain son, nous nous tournons dans sa direction, nous répétons son rythme par des mouvements musculaires, nous en articulons l'image. »

Cependant, W. James n'admet pas que l'on tire de ces faits toutes leurs conséquences. Si la concomitance de ces contractions musculaires paraît démontrée, cela ne prouve pas qu'elles *causent* la pensée. « Il se peut bien, en effet, que là où l'objet de la pensée est composé de deux parties, dont l'une se trouve perçue par le mouvement et l'autre non, la partie perçue par le mouvement soit ordinairement rappelée et fixée d'abord par l'exécution du mouvement, au lieu que l'autre partie n'apparaît qu'après, en qualité de simple associé du mouvement. Mais, alors même que ce serait la règle générale pour tous les hommes (ce dont je doute), cela ne constituerait qu'une habitude pratique et non pas une nécessité dernière (1).» Aussi bien, la signification de ces phénomènes est-elle ailleurs. Ils ne sont pas *la cause* de l'attention, mais *font partie intégrante de l'attention* et spécialement du phénomène de préperception. L'image du crayon, dans l'exemple de Lange, n'est pas conditionnée par le mouvement des yeux, que vous faites, mais ce mouvement forme le dernier stade de l'arc sensori-moteur qui la soustend. En d'autres termes, ces phénomènes moteurs impliqués dans toutes les psychoses me semblent être la base solide d'une doctrine physiologique de la mémoire de la reconnaissance et de l'attention, ils sont, pourrait-on dire, la marque de fabrique du cerveau. J'aurai bientôt l'occasion d'y insister.

En outre de l'accommodation et de la perception, W. James admet l'existence d'un troisième processus, qui consisterait dans l'inhibition (2) des mouvements et des idées contraires. Cette inhibition se manifeste tout spécialement dans l'action volontaire, et nous l'étudierons en son temps.

Nous venons de voir que W. James symbolise le phénomène de préperception sous la forme d'une cellule cérébrale influencée par le dedans. Il ajoute que cette cellule reçoit alors le contre-coup d'autres chocs nerveux ou peut-être l'impulsion d'une force spirituelle. Nous sommes ainsi mis en présence d'un mystère psychologique, qui divise les écoles : « Lorsque nous réfléchissons à ce fait, que l'attention forme le noyau de notre moi interne, lorsque nous nous rendons compte (comme nous

(1) W. James, *op. cit.*, vol. 1, p. 445.
(2) W. James, *op. cit.*, vol. 1, p. 445.

le verrons dans le chapitre sur la volonté), que volition
est synonyme d'attention, quand, enfin, nous concevons
que notre autonomie au milieu de la nature dépend de
ce que nous ne sommes pas un pur effet, mais une cause.
*Principium quoddam quod fati fœdera rumpat Ex infi-
nito ne causam causa sequatur* — il nous faut admettre
que la question de savoir si l'attention implique ou non
un tel principe d'activité est métaphysique encore plus
que psychologique. On doit avouer aussi, qu'elle mérite
toute la peine que nous nous donnons pour la résoudre.
De fait, elle constitue le pivot de la métaphysique, autour
duquel tourne notre conception de l'univers, nous ame-
nant, suivant la réponse adoptée, à embrasser le matérialisme, le fatalisme, le monisme ou, au contraire, le spiritualisme, la liberté, le pluralisme (1). »

C'est donc une fois encore, la question de l'automatisme
que nous avons eu déjà l'occasion de rencontrer (2).

S'il faut voir un épiphénomène dans ce sentiment de
l'effort, la cellule cérébrale reçoit son ébranlement d'autres cellules cérébrales, et par conséquent, les divers
processus de l'attention (adaptation sensorielle, préperception), ne sont tout simplement qu'un effet déterminé
de la matière. Si, au contraire, ce sentiment coexistant
à l'activité cellulaire, a sur cette activité même quelque
pouvoir dynamique, capable de l'accélérer, ou de la retarder, l'attention est *une cause.* « Évidemment, ce sentiment n'est pas pour cette seule raison, « libre », dans
le sens que sa quantité et sa direction soient absolume

(1) *Op. cit.*, vol. 1, pp. 447-8.
(2) Voyez ch. V de cet ouvrage.

indéterminées, car le contraire reste possible. Dans ce cas, notre attention, quoiqu'elle ne fût pas déterminée *matériellement*, n'apparaîtrait pas comme une cause « libre ». On ne pourrait pas, à proprement parler, la dire spontanée, ni prétendre à l'impossibilité de rien y prévoir à l'avance. La question est assurément purement spéculative, car nous n'avons pas de moyen d'assurer objectivement si nos sentiments réagissent ou non sur nos processus nerveux. Ceux qui répondent à la question dans un sens ou dans l'autre, le font en vertu d'analogies générales et de présomptions tirées d'ailleurs. En tant que *pures conceptions*, la théorie de l'effet et celle de la cause concernant l'attention, sont également claires. Celui qui affirme de l'une ou de l'autre qu'elle est exclusivement vraie, le fait en s'appuyant sur des raisons générales ou métaphysiques, plutôt que sur des raisons particulières et scientifiques (1). »

Au regard de l'attention sensorielle immédiate ou dérivée, les partisans de l'automatisme n'ont pas de difficulté à démontrer leur thèse. L'accommodation et le sentiment qui en résulte sont ici le *tout* de l'attention. Nous *ne faisons* pas attention, les objets nous *font faire* attention. Il est extrêmement difficile de savoir si l'attention précède ou suit le mouvement. Mais, serait-il démontré qu'elle le précède, on pourrait encore la considérer comme un pur effet du stimulus ou de l'association (2). En ce qui concerne plus particulièrement l'attention sensorielle déri-

_____

(1) W. James, *op. cit.*, vol. 1, p. 448.
(2) Voyez encore : Mach's Beiträge zur Analyse der Empfindungen (1886, pp. 55 et suiv).

vée, c'est encore l'objet qui prend ici l'initiative, non plus
à cause de son intérêt intrinsèque, mais parce qu'il est
lié avec une autre chose intéressante. Le processus
cérébral qui le soutient se trouve en relation avec un
autre processus excité ou tendant vers l'excitation; cette
tendance même explique la préperception. « Pour comprendre le processus de l'attention involontaire dérivée,
il suffit d'admettre qu'une chose peut contenir en elle
assez d'intérêt pour éveiller et fixer la pensée de tout ce
qui lui est associé. Cette fixation même, *est* l'attention,
elle entraîne un vague sens d'activité, d'acquiescement,
de poussée, d'adoption, qui nous fait croire que l'activité
vient de nous (1). »

En ce qui concerne l'attention volontaire, il n'est pas
impossible de la concevoir comme un *effet*. Les choses
auxquelles nous faisons attention, nous parviennent conformément à des lois qui les régissent. L'attention ne *crée
rien;* l'idée doit être présente pour que nous y fassions
attention. Elle fixe simplement les idées qui lui sont présentées par l'association. « Mais dès l'instant que nous
admettons cela, on comprend aisément que l'attention
même, le sentiment de faire attention, ne soit pas davantage capable de fixer et de retenir les idées, que de les
apporter. » Les associés qui présentent les idées, peuvent aussi les fixer conformément à l'intérêt qu'elles en-
traînent après elles. De sorte, enfin, qu'il n'y a pas de
raison décisive d'où l'on ait le droit de conclure à une
différence essentielle, entre l'attention volontaire et l'attention involontaire.

(1) W. James, *op. cit.*, p. 450.

Reste l'effort. « L'effort est senti, là seulement où apparaît un conflit d'intérêts dans l'esprit. L'idée A, par exemple, est pour nous intrinsèquement excitante. L'idée Z, au contraire, peut tirer son intérêt d'une association avec un élément extrinsèque... Dans ces conditions, si nous arrivons à faire attention à Z, ce sera toujours avec une dépense d'effort. La perception de A va de soi, tandis que celle de Z nécessite le renforcement continuel de battements volontaires — c'est-à-dire, que nous avons *le sentiment* de renforcement volontaire ou d'effort à chaque moment successif où la pensée de Z paraît clairement dans notre esprit. Du point de vue dynamique, cependant, cela peut signifier simplement que les processus d'association par lesquels triomphe Z sont réellement plus forts, et qu'ils produiraient en l'absence de A, une attention passive. Cependant, aussi longtemps que dure la présence de A, une partie de leur force est employée à inhiber les processus intéressés dans A. Une telle inhibition neutralise partiellement l'énergie cérébrale qui, dans d'autres conditions, se résoudrait en un écoulement pur et simple de la pensée. Mais ce qui est perdu pour la pensée est converti en sentiment, et ici, en un sentiment particulier d'effort, de difficulté, de tension. »

Telles sont les raisons *solides* qui appuient la théorie de l'automatisme. Nous avons donc le droit de regarder l'attention comme une superfluité ou un luxe.

Cependant, « si les lois de l'excitation et de l'association sont des acteurs indispensables dans toutes les scènes jouées par l'attention... il se pourrait également que, dans de certaines conditions, elles formassent simplement un fond, devant lequel évoluerait une étoile... Cette étoile,

ce premier sujet serait l'effort volontaire pour faire attention. Il représenterait une force psychique originale. La
nature *peut*, dis-je, se permettre ces complications, et
la conception qu'elle en use ainsi précisément dans ce
cas, est aussi claire (sinon logiquement, aussi parcimo-
nieuse) que la conception contraire (1). »

Si cette force originale existait, elle prolongerait dans
la conscience l'existence d'idées innombrables qui, autrement, s'évanouiraient plus promptement. Le délai ainsi
obtenu ne dépasserait peut-être pas une seconde de durée, mais cette seconde serait *critique*, au sein de l'équilibre instable où se meuvent les éléments nerveux, auxquels les considérations diverses de l'esprit sont parallèles. « Le sentiment de la réalité, l'aiguillon et l'excitation de notre vie volontaire supposent ce sentiment que
des choses y sont réellement décidées d'un moment à
l'autre, et que nous n'entendons pas seulement le stupide
bruissement d'une chaîne forgée dans les âges passés.
Cette apparence, qui donne à la vie et à l'histoire son
relief tragique, pourrait bien n'être pas une illusion.
De même que nous accordons à l'avocat de la théorie
mécanique que ce peut être une illusion, ainsi doit-il nous
accorder que ce peut n'en être *pas* une. Ces deux conceptions se trouvent en face l'une de l'autre sans aucun
fait connu d'une façon assez définie pour décider entre
elles (1). »

Voici comment je comprends W. James. L'existence
des images est un postulat nécessaire, on ne saurait

(1) W. James, *op. cit.*, p. 453.
(2) W. James, *op. cit.*, vol. 1, p. 454.

les déduire, puisque la pensée les suppose. D'autre part, la connaissance consiste essentiellement dans une réaction du vivant sur des images ou des éléments d'images qui l'intéressent plus ou moins directement. Il faut donc qu'à tous ses degrés, depuis la perception pure jusqu'au souvenir pur, *la représentation traduise cette réaction.* Dans une pareille hypothèse, l'attention aura pour substrat physiologique un système de mouvements centrifuges *du dedans au dehors,* reproduisant ou ébauchant les mouvements qui seraient nécessaires ou utiles pour saisir un objet proche ou lointain. *Ainsi, l'attention, comme la mémoire et comme la perception, sera conditionnée par le cerveau qui restera dans son rôle exclusivement sensorimoteur.* On ne dira pas que le cerveau emmagasine des images, il n'emmagasine que de l'énergie; on ne dira pas que le cerveau produit des images, il ne produit directement que du mouvement; mais on dira que certaines réactions motrices y sont *parallèles* à certains sentiments et à certaines représentations découpées dans les images confuses de l'univers. Ces représentations seront, si l'on veut, *nos* images.

Examinons cette thèse avec quelques détails.

Avez-vous jamais regardé un chat pendant qu'il guette une souris, ou un chien de chasse pendant qu'il tient l'arrêt ? Chaque muscle du corps est tendu, l'animal tout entier esquisse le mouvement d'ensemble qui se développera ensuite dans un bond. En même temps, les yeux fixent le point d'où pourrait venir la proie, les oreilles se dressent pour mieux écouter, le nez se meut délicatement pour saisir le vent. *Le corps fait attention.* Que le chat ait vu la souris, que le chien ait senti la perdrix ou qu'ils les cherchent, le mécanisme est essentiellement le même, il est réflexe; seulement, dans le second cas, le réflexe part du centre au lieu de partir de la périphérie. Le chat et le chien ont vu la souris et le perdreau, ils les ont entendus, ils les ont sentis, et ont exécuté des mouvements appropriés pour les saisir. Ces mouvements ont achevé leur connaissance. Qu'est-ce donc que cette expérience a laissé dans leur système nerveux ? Une énergie latente qui comporte le résidu des impressions et des mouvements consécutifs, c'est-à-dire, le résidu du réflexe. Les fibres efférentes ont maintenant une tendance à vibrer avec les fibres afférentes. A l'endroit où l'impression visuelle a abouti, elle n'a point laissé d'image *dans le cerveau*, mais une tension vers des fibres motrices correspondantes. Lorsque, d'autre part, l'action de saisir et de croquer la souris a été exécutée, elle a laissé également après elle des tensions vers des fibres sensorielles correspondantes. Voilà donc un complexus sensori-moteur, qui conditionne la représentation. *L'image* que le chien et le chat ont du perdreau ou de la souris, *leur image* correspond à une neurose totale fort compliquée, mais que l'on peut analyser en résidus de sensations et de réactions. Cette image n'a donc que cela en elle, elle est ce qui reste d'un choix opéré par le vivant sur la totalité des images. Et maintenant, en quoi consiste l'accommodation, sinon dans une décharge incomplète de la région sensori-motrice vers la périphérie ? *Et que peut être la préperception, sinon une tendance des résidus sensoriels vers les résidus moteurs ?*

Supposons un cas plus compliqué, où l'on puisse mieux distinguer aussi le mécanisme de la *préperception.*

Voici un accordeur. Il est assis devant le piano et touche le do, répétant le son jusqu'à ce que la note objective corresponde à sa note subjective. L'attention s'exerce ici sur le ton juste de la note à obtenir. La préperception est évidente; l'accordeur fait appel à *l'idée du ton* pour le saisir dans le son produit par la pression de la touche du clavier. Que se passe-t-il donc du côté physiologique ? Il n'y a pas d'image de ton conservée dans le centre. Lorsque l'accordeur *a écouté* pour la première fois le ton actuellement recherché, il a éprouvé une impression. Cette impression était liée à divers mouvements musculaires des oreilles, de la tête et de la gorge. Une région sensori-motrice s'est développée. Que maintenant il fasse résonner un diapason près de son oreille, l'excitation se propagera dans un arc réflexe qui, passant par le centre, tendra vers la périphérie. Il n'y aura pas, à proprement parler, préperception, mais plutôt accommodation. Cependant, nous avons affaire avec un accordeur expérimenté, qui n'a plus besoin de diapason; le ton entendu si souvent est parfaitement défini dans sa mémoire; autrement dit, il a laissé une *impression* profonde dans la région sensorielle, une tension latente qui s'actualisera dans des conditions données; de cette tension de la région sensorielle dépend le phénomène de la préperception, lequel, on le voit nettement, est lié de tout près à celui de l'accommodation.

Lors même que l'attention porte sur un objet abstrait, le caractère sensori-moteur de son substrat apparaît assez clairement. Les descriptions de Fechner, de W. James et de Lange montrent la forme que prend ici l'accommodation. Il semble que l'être veuille regarder en soi, il se contracte. Une image se produit-elle, il la suit du regard, de l'oreille, du toucher. Les mouvements ne sont qu'ébauchés, mais ils existent et leur présence nous explique, en même temps que l'accommodation, le mécanisme de la *préperception*. Car ici, comme dans les cas précédents, les représentations qui apparaissent tour à tour ont pour substrat des neuroses *sensori-motrices*. Il n'existe pas, entre le premier cas et celui-ci, de différence de nature, mais seulement de degré. La partie motrice du phénomène est plus contenue, moins dessinée, plus accessoire, parce que la réaction possible paraît plus lointaine, l'avantage à recueillir ou le danger à éviter plus éloignés. Mais la *connaissance* n'a pas perdu pour cela son caractère essentiel; elle tend vers une action quelconque, et cette fin pratique fonde le critérium de la vérité, ou du moins, de sa valeur réelle.

Cette théorie, on ne saurait trop le répéter, ne suppose pas autre chose qu'un *parallélisme* entre des neuroses totales et des psychoses totales. Le flot de la conscience s'écoule à côté de la série physiologique, et l'on peut, jusque-là, adopter le fond de la pensée de Wundt, qui les considère, en somme, comme deux manières, l'une objective, et l'autre subjective de concevoir la même chose.

Cette explication laisse pourtant un point indécis, celui-là même du sentiment de *spontanéité* qui accompagne spécialement l'exercice de la *préperception*. L'effort que nous sentons nécessaire pour appeler les représentations utiles à la connaissance de l'objet, ou pour écarter celles qui ne le sont pas, nous apparaît comme le déploiement d'une *activité propre*, nous croyons nous sentir agissant.

Ce n'est pourtant qu'une illusion, puisque la conscience
saisit toujours l'objet, et jamais, à proprement parler,
le sujet dans son action. Le dernier mot de l'introspection est la perception du « faux présent » (1). Or, l'intervalle entre l'avant et l'après y est rempli par des sensations organiques, par un battement de vie objectivement
saisi. Dans le cas où l'attention paraît volontaire, le sentiment *d'effort moral* lui-même résulte de contractions
musculaires très subtiles. Ainsi, disons-le, enfin, une fois
pour toutes : « *Ce sentiment de notre activité spirituelle*
ou de ce qui se passe communément pour tel, résulte en
réalité de l'impression produite par des activités corpo-
relles dont la plupart des hommes ignorent la vraie na-
ture (2). »

Cependant, l'explication mécanique ne saurait satisfaire complètement. On ne voit pas, surtout, *à qui*, dans
de telles conditions, *l'intérêt* pourrait bien s'adresser. La
conscience choisit, c'est un fait que nous saisissons, et
si elle choisit, ce ne doit point être *platoniquement*, il
faut qu'elle ait un moyen de fixer *son choix*. W. James
nous a indiqué ailleurs (3), quelle pourrait être l'utilité
d'un organe capable d'imposer son choix au mécanisme
cérébral. Assurément, il ne nous vient pas à l'esprit de
prétendre que cette raison soit décisive, mais elle offre,
du moins, les éléments d'une conviction raisonnable.
En tous cas, si la conscience agit, ce ne peut être en
présentant des idées qu'elle irait chercher, par exemple,
dans le temps pur; *l'association physiologique telle que*

(1) Voyez ch. III de cet ouvrage.
(2) W. James, vol. 1, p. 302.
(3) Voyez le ch. V de cet ouvrage.

l'entend W. *James suffit à cette besogne*, et, de fait, les représentations nous arrivent sans que nous le voulions, au hasard des combinaisons cérébrales. Mais, si, d'une façon générale, l'idée devient efficace lorsqu'elle est claire, c'est-à-dire, lorsqu'elle occupe tout le champ de la conscience, on comprend que l'œuvre essentielle d'une conscience active puisse être de peser sur l'idée, en exerçant un *arrêt* sur les forces moléculaires qui lui serviraient de substrat. Dans ces conditions, la conscience, *le flot conscient toujours intéressé* ne serait pas un simple effet, il aurait *sa causalité propre*, qui s'exercerait tout spécialement dans l'attention. Il faudrait adopter *le dualisme*.

Pour M. Bergson, l'attention consiste dans un « certain grossissement intellectuel, constitué par une certaine attitude adoptée par l'intelligence ». « Mais ici, ajoute-t-il, on parlera d'une « concentration » de l'esprit (1) ou bien encore d'un effort « aperceptif » (2) pour amener la perception sous le regard de l'intelligence distincte; quelques-uns matérialisant cette idée, supposeront une tension particulière de l'énergie cérébrale (3) ou même une dépense centrale d'énergie, venant s'ajouter à l'excitation reçue (4). *Mais où l'on se borne à traduire ainsi le fait psychologiquement constaté en un langage physiologi-*

---

(1) Hamilton. Lectures on Metaphysics, t. I, p. 247.

(2) Wundt. Psychol. Phys., t. II, pp. 231 et suiv.

(3) Maudsley. Physiologie de l'esprit, pp. 300 et suiv. Ch. Bastian, Les processus nerveux dans l'attention (*Revue philosophique*, t. XXXIII, pp. 360 et suiv.).

(4) W. James. Principles of Psychology, vol. 1, p. 441.

que qui nous paraît encore moins clair, ou c'est toujours
à une métaphore qu'on revient (1). »

De degré en degré, on sera amené à définir l'attention
par une adaptation générale du corps plutôt que de l'esprit et « à voir dans cette attitude de la conscience, avant
tout, la conscience d'une attitude »(2). M. Bergson estime
que les mouvements décrits ne sont que la condition négative du phénomène. « A supposer, en effet, que les mouvements concomitants de l'attention volontaire fussent
surtout des mouvements d'arrêt, il resterait à expliquer
le travail de l'esprit qui y correspond, c'est-à-dire, la
mystérieuse opération par laquelle le même organe *per-*
cevant dans le même entourage le même objet, y découvre un nombre croissant de choses (3). » Ces mouvements
d'inhibition ne sont peut-être même qu'une préparation
aux mouvements effectifs de l'attention volontaire. Si,
en effet, cette attention implique « *un retour en arrière de*
l'esprit qui renonce à poursuivre l'effet utile de la percep-
tion présente (4)», il se produira une inhibition, un arrêt:
« *Mais sur cette attitude générale viendront bien vite se*
greffer des mouvements plus subtiles, dont quelques-uns
ont été remarqués et décrits (5) et qui ont pour rôle *de*
repasser sur les contours de l'objet aperçu. Avec ces

---

(1) Matière et Mémoire, p. 102. Ces dernières lignes ne sont
pas soulignées dans le texte.

(2) Voyez Ribot. Psychologie de l'attention. Paris, 1889, Alcan.

(3) *Op. cit.*, p. 103.

(4) *Loc. cit.* Ce passage n'est pas souligné dans le texte.

(5) N. Lange. Beitr. zur Theorie der sinnlichen Aufmerk-
(Philos. Studien), t. VII, pp. 390-422.

mouvements, commence le travail positif, et non plus simplement négatif, de l'attention. Il se continue par les souvenirs. »

La perception extérieure provoque de notre part des mouvements qui en dessinent les grandes lignes, *tandis que « la mém ire dirige sur la perception reçue les anciennes images qui y ressemblent et dont nos mouvements ont déjà tracé l'esquisse. Elle crée ainsi à nouveau la perception* présente ou plutôt, elle double cette perception en lui *renvoyant*, soit sa propre image, soit quelque image-souvenir du même genre. Si l'image *retenue* ou remémorée n'arrive pas à couvrir tous les détails de l'image perçue, *un appel est lancé* aux régions plus profondes et plus éloignées de la mémoire, jusqu'à ce que d'autres détails connus viennent se projeter sur ceux qu'on ignore (1). »

Pour réfléchir la perception, il faut que nous puissions la reproduire « *par un effort de synthèse* ». En réalité, ces synthèses sont partielles, elles se résolvent en une série d'hypothèses. Notre mémoire *choisit* tour à tour diverses images analogues, qu'elle *lance* dans la direction de la perception nouvelle. » Cette sélection est guidée « par les mouvements d'imitation par lesquels la perception se continue, et qui serviront de cadre commun à sa perception et aux images remémorées » (2).

Ainsi toute perception attentive suppose, au sens étymologique du mot, une *réflexion « c'est-à-dire la projection extérieure d'une image activement créée, identique*

---

(1) *Op. cit.*, p. 104. Rien n'est souligné dans le texte.
(2) *Op. cit.*, p. 104-5.

ou semblable à l'objet, et qui vient se mouler sur ses contours ». M. Bergson voit un indice en faveur de sa théorie dans le fait de l'image consécutive : « Ne devons-nous
pas supposer, ajoute-t-il, que cette image se produisait
déjà quand nous regardions ? La découverte récente de
fibres perceptives centrifuges nous inclinerait à penser
que les choses se passent régulièrement ainsi, et qu'à côté
du processus afférent qui porte l'impression au centre, il
y en a un autre inverse qui ramène l'image à la périphérie (1). » Toutes les images se portent ainsi à la rencontre
de la perception « et nourries par la substance de celle-ci,
elles acquièrent assez de force et de vie pour s'extérioriser
avec elles ». Les expériences de Münsterberg, de Külpe,
de Goldscheider et de Müller prouvent que « toute image-
souvenir capable d'interpréter notre perception actuelle
s'y glisse si bien que nous ne savons plus discerner ce
qui est perception et ce qui est souvenir » (2). « Nous
créons et reconstruisons sans cesse. Notre perception distincte est véritablement comparable à un cercle fermé, où
l'image-perception dirigée sur l'esprit et l'image-souvenir
lancée dans l'espace courraient l'une derrière l'autre (3).»
Chacun de ces *circuits* est fermé, de sorte que « le progrès de l'attention aurait pour effet de créer à nouveau
non seulement l'objet aperçu, mais les systèmes de plus
en plus vastes auxquels il peut se rattacher... La même
vie psychologique serait donc répétée un nombre indéfini de fois, aux étages successifs de la mémoire, et le
même acte de l'esprit pourrait se jouer à bien des hau-

(1) *Loc. cit.*
(2) *Loc. cit.*
(3) *Loc. cit.*

leurs différentes (1). » En haut, ce serait le souvenir pur, en bas la perception présente. Le souvenir pur, seul vraiment personnel, ne se matérialise que par hasard ; « mais cette enveloppe extrême se resserre et se répète en cercles intérieurs et concentriques, qui, plus étroits, supportent les mêmes souvenirs diminués, de plus en plus éloignés de leur forme personnelle et originale, de plus en plus capables, dans leur banalité, de s'appliquer sur la perception présente, et de la déterminer à la manière d'une espèce englobant l'individu. Un moment arrive où le souvenir ainsi réduit s'enchâsse si bien dans la perception présente qu'on ne saurait dire où la perception finit, où le souvenir commence. A ce moment précis, la mémoire, au lieu de faire paraître et disparaître capricieusement sa représentation, se règle sur le détail des mouvements corporels (2). »

Telle est, dans ses grandes lignes, la doctrine de M. Bergson, concernant l'attention. Elle comporte une partie négative et une partie positive. Après avoir critiqué toutes les autres théories, et. notamment, celles qui s'appuient sur l'hypothèse physiologique, l'auteur propose une conception originale, dont les traits essentiels sont les suivants : 1° *Réflexion active de la mémoire sur la perception ;* 2° *Choix opéré par cette même mémoire parmi les images aptes à s'insérer dans le mouvement actuel par lequel la perception se continue ;* 3° Processus en circuit où pour chaque nouvel effort, un système est créé comprenant à un niveau différent de l'esprit, la perception, l'objet et son image.

(1) *Loc. cit.*
(2) *Op. cit.*, p. 109.

Une thèse physiologique de l'attention ne pense pas
que la *mémoire* se projette sur la perception ; mais elle
insiste sur *la tension* sensori-motrice où se trouve la région qui reçut autrefois une impression analogue à la
perception présente. La réflexion qu'elle suppose n'est
pas celle d'une *image* sur un mouvement, mais celle d'un
mouvement sur un autre mouvement qui pourra bien
alors, sans métaphore, être conduit par les fibres centrifuges. Elle n'admet pas non plus que cette mémoire choisisse des images aptes à s'insérer dans le mouvement actuel. *L'insertion* des impressions conservées est automatique. L'excitation actuelle, si elle entre par un système
d'associations quelconque en relation avec une ou plusieurs régions autrefois excitées, y occasionne des décharges actuelles, qui, ayant leur répercussion dans les
mêmes centres y entretiennent sans discontinuer des
ébranlements auxquels est dû le développement de la perception. Ainsi la perception qui est essentiellement une
réaction sensori-motrice, se continue par des réactions
sensori-motrices, et l'on ne suppose point que des souvenirs conservés à l'état inconscient viennent, on ne sait
comme, *s'adapter à des mouvements* avec lesquels ils
n'ont *pas été liés dès l'origine*.

Aussi bien, l'attention ne procède-t-elle pas non plus
« comme une série de processus qui chemineraient le long
d'un fil unique, l'objet excitant des sensations, les sensations faisant surgir devant elles des idées, chaque idée
ébranlant de proche en proche des points plus reculés de
la masse intellectuelle ». Il n'y a pas là « une marche en
ligne droite, par laquelle l'esprit s'éloignerait de plus en
plus de l'objet pour n'y plus revenir ». Tous les mouve-

ments cérébraux étant au contraire sensori-moteurs, ont pour résultat d'obliger l'esprit *à repasser continuellement sur les contours de l'objet, à y revenir pour les dessiner et les redessiner par le moyen des mouvements achevés ou ébauchés.* Ce sont bien des circuits successifs et *véritables* où l'on n'a pas, il est vrai, le spectacle peu banal d'une image-perception dirigée sur l'esprit et d'une image-souvenir lancée dans l'espace, qui courraient l'une derrière l'autre ; mais où l'on voit une réaction sensori-motrice sous-tendant une perception qui éveille d'autres réactions sensori-motrices sous-tendant le souvenir ; réactions véritablement lancées dans l'espace, procédant du centre à la périphérie, tandis que les premières procédaient de la périphéric au centre, se continuant d'elles-mêmes, s'enrichissant automatiquement, grâce aux impressions cinesthésiques qui font retour au centre après les mouvements ébauchés. Au milieu de ces divers mouvements, la conscience, si l'on admet qu'elle puisse avoir une efficacité propre, pourrait produire des inhibitions, des arrêts capables dans la lutte moléculaire d'éléments aveugles, de donner l'avantage à la réaction la plus intéressante.

Tout en se plaignant du rôle que joue trop souvent la métaphore dans les explications psychologiques, M. Bergson use lui-même d'un style rehaussé de fleurs où l'éloquence gagne ce que perd la clarté. La difficulté principale de la thèse proposée par M. Bergson consiste dans le rôle actif que l'on y fait jouer à la mémoire. Nous n'avons pas conscience d'une activité qui irait chercher les souvenirs aux divers niveaux où ils se trouvent échelonnés dans l'esprit. L'aspect de la mémoire, tel qu'il ressort à l'introspection, n'est pas celui d'une puissance dont nous sérions maîtres. Il suffit de s'arrêter un instant devant le flot de la conscience, pour y saisir sur le vif le jeu du hasard. Les images, les souvenirs, surgissent sans ordre, sans que, bien souvent, on puisse trouver de raison à leur apparition. Il semble que l'on ait alors comme une intuition de cet équilibre instable du cerveau où les éléments s'associent et se dissocient continuellement, produisant à chaque instant de nouvelles neuroses, où entrent toujours en jeu des éléments marqués à l'empreinte d'impressions antérieures. M. Bergson suppose notre *activité* démontrée, or, dans l'acte d'attention le plus intense, nous n'arrivons à saisir que des impressions venues de la périphérie. On a beau faire et beau dire, nous ne nous saisissons jamais agissant, et le sentiment de l'effort moral peut avoir une raison purement physique. Au cas même où l'on admet la spontanéité, il ne nous apparaît pas qu'elle puisse avoir d'autre effet que celui *de grossir* l'objet, c'est-à-dire de lui faire occuper le champ de la conscience tout entier, en inhibant, par une opération incessamment répétée, les neuroses qui sous-tendent des psychoses contraires.

En distinguant sa doctrine de celle de Wundt, M. Bergson nous livre peut-être son secret. Wundt découvre dans l'aperception un sentiment de spontanéité qui lui suffit à distinguer *empiriquement* certaines psychoses des autres, et il imagine pour leur servir de substrat un organe général d'aperception occupant le lobe frontal. Ce centre de l'aperception agit sur les autres centres particuliers qui, incapables d'emmagasiner des images conservent cependant des tendances ou dispositions à les reproduire.

Eh bien, l'auteur de Matière et Mémoire nie qu'il puisse rien rester d'une image dans la substance cérébrale. Le cerveau ne représente qu'un organe de perception virtuelle, *mais cet organe est influencé par l'intention du souvenir*, comme il y a à la périphérie des organes de perception réelle, influencés par l'action de l'objet. Or, il nous semble que dans l'hypothèse de W. James, si l'on y tient compte de l'efficacité de la spontanéité, l'intention *actuelle* du souvenir puisse influer aussi les centres nerveux, mais non pas précisément dans les conditions posées par M. Bergson. Pour celui-ci, le cerveau ne soutient aucunement l'image, il ne soutient que la perception actuelle ou la virtuelle. Mais enfin, si l'on s'en tient aux faits, cette perception ne crée-t-elle pas *notre* image ? Cette image n'est-elle pas le simple résultat, le reflet subjectif de la réaction, du choix qui nous la font découper dans la confusion impartiale des images de la matière ? Et comment peut-on dire alors qu'elle ne correspond à rien dans le cerveau ? Il faut bien avouer au moins, qu'elle se produit à *l'occasion* de la perception, de sorte qu'il reste tout au moins curieux que ces *images* produites en même temps que les réactions sensori-motrices s'en dégagent complètement sans pourtant les perdre absolument de vue.

Dans la thèse de M. Bergson, comme dans celle de Wundt, comme dans celle de W. James, l'attention implique une action *centrifuge*. D'après l'interprétation que nous avons donnée de W. James, l'action centrifuge est conditionnée par la nature même de l'appareil sensori-moteur, où les impressions *conservées* tendent les unes après les autres à s'extérioriser virtuellement pour saisir

et embrasser l'objet. Cette extériorisation a pour conséquence l'accommodation et pour antécédent la préperception ; *les deux phénomènes sont intimement liés, au point,
parfois de se confondre.* D'après Wundt, l'action centrifuge consiste dans une *stimulation aperceptive,* qui, partant du centre aperceptif stimule les centres particuliers
où se conservent des tendances ou dispositions à reproduire les images : c'est une explication purement verbale.
L'activité *apparait* subjectivement dans l'une et l'autre
théorie au moment où se produit l'aperception ou préperception, mots qui traduisent vaguement le concept lui-
même obscur de la fixation de l'attention. Cette fixation.
W. James incline à l'attribuer à une cause subjective dont
l'effet serait vraiment de fixer l'idée pour la forcer à remplir la conscience. Wundt exprime à peu près la même
chose lorsqu'il attribue à l'aperception le pouvoir de rendre l'idée plus claire, mais fidèle au *parallélisme,* il (1)
se refuse absolument à admettre que l'aperception puisse
agir d'une façon quelconque sur les centres nerveux, tandis que W. James, suivant en cette matière si obscure la
voix du bon sens, ne croit pas impossible que la conscience s'impose *effectivement* au mécanisme physique
par une inhibition *sui generis,* qui l'aiderait à actualiser
son intérêt. Avec M. Bergson, nous nous trouvons en présence de deux systèmes absolument distincts. Le premier
consiste en des mouvements où se produisent la perception actuelle et la perception virtuelle. Ce sont des réactions présentes ou des réactions possibles, rien de plus.
Le second consiste en des souvenirs inconscients logés

(1) Voyez le ch. V de cet ouvrage.

dans le temps pur. Ces souvenirs demeurent à l'état inconscient, attendant qu'une action ait lieu dans l'autre système. Comme ils sont-aveugles et impuissants, il
faut qu'une *faculté active*, qui elle, a l'intention de se souvenir, choisisse les souvenirs-images, qu'elle fait revivre,
et qui, projetés hors de l'inconscient s'enchâssent dans
les mouvements de la perception, complétés eux-mêmes
et développés, grâce au souvenir devenu conscient, en
d'autres mouvements ébauchés de perception virtuelle.
Ce qu'il y a de mythologique dans cette exposition, c'est,
il ne faut pas se lasser de le répéter, la conception de la
mémoire comme une *entité* active capable d'aller chercher les souvenirs et de les lancer dans la direction de la
perception. En effet, ces souvenirs étant par définition
inconscients, et n'ayant, par définition aussi, rien de
commun avec le système sensori-moteur, ne peuvent
choisir eux-mêmes le moment propice à leur insertion,
ni agir directement sur les centres. Il faut dire alors que
« les organes de perception virtuelle sont influencés par
l'intention du souvenir » (1), ce qui, avouons-le, n'est pas
très facile à comprendre. Et la difficulté vient, sans doute,
du fait que l'on a coupé toute communication entre le
cerveau et l'esprit, en imaginant deux mémoires spéci-
fiquement différentes, l'une du corps, l'autre de l'esprit.

M. Bergson prétend découvrir la confirmation de sa
doctrine dans le mécanisme du langage et dans les faits
concernant les diverses maladies de la reconnaissance.

Les impressions auditives organisent des mouvements
naissants « capables de scander la phrase écoutée et d'en

(1) Matière et Mémoire, p. 137 (note).

marquer les principales articulations » (1). C'est le
schème moteur qui s'imprime dans le cerveau, conformément aux lois de l'habitude physique. « Former son
oreille aux éléments d'une langue nouvelle, ne consisterait alors ni à modifier le son brut, ni à lui adjoindre un
souvenir ; ce serait coordonner les tendances motrices
des muscles de la voix aux impressions de l'oreille, ce
serait perfectionner l'accompagnement moteur (2). »

Pour apprendre un exercice physique, nous commençons par imiter le mouvement dans son ensemble. Mais,
au lieu que notre perception visuelle était celle d'un continu, « le mouvement par lequel nous cherchons à en
reconstituer l'image, est composé d'une multitude de contractions et de tensions musculaires »... de sorte que « le
mouvement confus qui imite l'image en est déjà la décomposition virtuelle ». La répétition a pour effet « de *décom-*
poser d'abord, de recomposer ensuite, et de parler à l'intelligence du corps. Elle développe, à chaque nouvel essai, des mouvements enveloppés ; elle appelle *chaque*
fois l'attention du corps, sur un nouveau détail qui avait
passé inaperçu ; elle fait qu'il souligne et qu'il *classe,* elle
lui souligne l'essentiel, elle retrouve une à une dans le
mouvement total, les lignes qui en marquent la structure
intérieure. En ce sens, un mouvement est appris dès que
le corps l'a compris (3). »

D'ailleurs, « le schème, au moyen duquel nous scan-
dons la parole entendue, en marque seulement les contours saillants ». Il ne suffit pas au corps pour répéter

(1) Matière et Mémoire, p. 114.
(2) *Op. cit.,* p. 125.
(3) *Loc. cit.*

distinctement les sons articulés. L'articulation doit lui
.être enseignée par une analyse *complète* qui sera suivie
d'une *synthèse actuelle* ne négligeant rien.

Ces mécanismes montés sont liés avec la perception
auditive des mots. « Parmi les nombreuses variétés d'a-
phasies décrites par les cliniciens, on en connaît d'abord
deux (4ᵉ et 6ᵉ formes de Lichtheim), qui paraissent impliquer une relation de ce genre. Ainsi, dans un cas observé
par Lichtheim lui-même, le sujet, à la suite d'une chute,
avait perdu la mémoire de l'articulation des mots, et, par
conséquent, la faculté de parler spontanément ; il répé-
tait pourtant avec la plus grande correction ce qu'on lui
disait (1). »

Les phénomènes d'*écholalie* signalés par Romberg,
Voisin, Winslow et que Kussmaul qualifiait de réflexes
acoustiques peuvent être interprétés dans le même sens.
Ils témoignent « d'une *tendance* des impressions verbales auditives à se prolonger en mouvement d'articulation,
tendance qui n'échappe sûrement pas au contrôle habituel
de notre volonté, qui implique peut-être un discernement
rudimentaire et se traduit à l'état normal par une répétition intérieure des traits saillants de la parole entendue.
Or, notre schème moteur n'est pas autre chose » (2).

Comment, dans cette hypothèse, expliquer les faits,
d'ailleurs assez rares, de surdité verbale avec conservation des souvenirs acoustiques ? « Le fait s'éclaircira, si
l'on remarque que la perception auditive brute est véritablement celle d'une continuité sonore, et que les con-

(1) Lichtheim. An Aphasia (Brain, janvier 1885), p. 447. Cité
par M. Bergson, *op. cit.*, p. 118.
(2) *Op. cit.*, p. 119.

nexions sensori-motrices établies par l'habitude doivent
avoir pour rôle à l'état normal de la décomposer : une
lésion de ces mécanismes conscients, en empêchant la
décomposition de se faire, arrêterait net l'essor des souvenirs qui tendent à se poser sur les perceptions correspondantes (1). » Ce serait donc, dans ce cas, que la perception auditive ne trouverait plus son écho moteur. « Le
sujet qui a perdu l'intelligence de la parole entendue la
récupère, si on lui répète le mot à plusieurs reprises, et
surtout si on le prononce en scandant syllabe par syllabe.
Ce dernier fait, constaté dans plusieurs cas absolument
nets de surdité verbale avec conservation des souvenirs
acoustiques, n'est-il pas particulièrement significatif (2)? »

Je ne vois pas en quoi la thèse de W. James pourrait
jusqu'ici contredire à celle de M. Bergson. Il est certain
que les conditions mêmes où travaille l'appareil sensori-
moteur veulent que l'impression auditive y soit liée avec
des réactions motrices, ces réactions motrices produisent
à leur tour des impressions cinesthésiques, dont la complication augmente à mesure que les mouvements se mul-
tiplient en se précisant. Ainsi, le cerveau analyse l'impression continue qu'il avait d'abord reçue à mesure qu'il
enregistre les mouvements par lesquels nous détaillons
l'objet. On conçoit dès lors, que si un substrat de l'impression auditive consciente ne parvient pas à se décharger dans le schème moteur, la reconnaissance de l'articulation ne puisse avoir lieu. Cependant, d'après M. Bergson, le souvenir ne tenant en aucune façon au cerveau,

(1) *Op. cit.*, p. 120.
(2) *Op. cit.*, p. 121.

« une lésion des mécanismes conscients, en empêchant
la décomposition de se faire arrêterait net l'essor des souvenirs qui tendent à se poser sur les perceptions correspondantes ». La difficulté consiste précisément à comprendre ce que pourrait bien être cet *essor* d'un souvenir
qui *tend* à se poser. Le concept de tension est assez clair
quand on lui donne un sens physiologique, il ne l'est plus
du tout quand on l'emploie pour signifier un état mental.

Le conflit entre les deux doctrines va d'ailleurs s'exas-
pérer. Il faut, en effet, arriver à la reconnaissance attentive, parvenue à la pleine conscience d'elle-même.

D'une façon générale, « faire attention, reconnaître
avec intelligence, interpréter, se confondraient en une
seule et même opération par laquelle l'esprit, ayant fixé
son niveau, ayant choisi en lui-même, par rapport aux
perceptions brutes, le point symétrique de leur cause plus
ou moins prochaine, laisserait couler vers elles les souvenirs qui vont les recouvrir » (1).

Les théories qui procèdent de l'associationnisme ima-
ginent des sons qui évoqueraient par contiguïté des souvenirs auditifs, et des souvenirs auditifs qui, à leur tour,
appelleraient des idées, et quand on traduit ces doctrines
en termes cérébraux, on conçoit qu'il y aurait « sous forme des modifications physico-chimiques, des cellules, par
exemple, des représentations auditives assoupies dans
l'écorce : un ébranlement du dehors les réveille, et par
un processus intra-cérébral, peut-être par des mouvements transcorticaux qui vont chercher les représentations complémentaires, elles évoquent des idées » (2).

(1) *Op. cit.*, p. 122.
(2) *Op. cit.*, p. 129.

M. Bergson n'a pas de difficulté à confondre cet associationnisme naïf. En effet, l'image auditive d'un mot,
n'est pas un objet dont les contours soient définitivement
arrêtés, puisque le même mot prononcé par des voix différentes donne des sons différents. Y aura-t-il donc autant de souvenirs auditifs d'un mot qu'il y a de hauteurs
de sons et de timbres de voix ? Toutes ces images s'entas-
seront-elles dans le cerveau, ou, si le cerveau choisit,
quelle est celle qu'il préférera ? Admettons pourtant qu'il
ait ses raisons pour en choisir une ; comment ce même
mot, prononcé par une nouvelle personne ira-t-il rejoin-
dre un souvenir dont il diffère ? Notons, en effet, que ce
souvenir est, par hypothèse, chose inerte et passive, incapable, par conséquent, de saisir, sous des différences
extérieures, une similitude interne. On nous parle de
l'image auditive du mot comme si c'était une entité ou
un genre : ce genre existe, sans aucun doute, pour une
mémoire active qui schématise la ressemblance des sons
complexes ; mais, pour un cerveau qui n'enregistre et
ne peut enregistrer que la matérialité des sons perçus,
il y aura du même mot mille et mille images distinctes.
Prononcé par une nouvelle voix, il constituera une image
nouvelle qui s'ajoutera purement et simplement aux autres (1). »

M. Bergson fait en outre très justement remarquer,
que le mot n'acquiert d'individualité pour nous, que du
jour où on nous enseigne à l'abstraire. Nous apprenons
d'abord à prononcer des phrases. En admettant donc
« qu'il y ait des souvenirs auditifs modèles, figurés par

(1) Matière et Mémoire, p. 124.

certains dispositifs intra-cérébraux, et attendant au passage les impressions sonores, ces impressions passeront sans être reconnues. Où est en effet la commune mesure, où est le point de contact entre l'image sèche, inerte, isolée, et la réalité vivante du mot qui s'organise avec la phrase (1) ? »

S'il y a véritablement des souvenirs déposés dans l'écorce, on constatera, dans l'aphasie sensorielle, la perte irréparable de certains mots, la conservation intégrale des autres. Or, en fait, les choses se passent tout autrement. On assiste tantôt à la disparition de tous les souvenirs, tantôt à un affaiblissement général de la fonction.

Dans certains cas, cependant, des groupes déterminés de représentations sont effacés de la mémoire. M. Bergson distingue ici deux catégories. « Dans la première, la perte des souvenirs est généralement brusque ; dans la seconde, elle est progressive. Dans la première, les souvenirs détachés de la mémoire sont quelconques, arbitrairement et même *capricieusement* choisis : ce peuvent être certains mots, certains chiffres, ou même souvent tous les mots d'une langue apprise. Dans la seconde, les mots suivent pour disparaître, un ordre méthodique et grammatical, celui-là même qu'indique la loi de Ribot ; les noms propres s'éclipsent d'abord, puis les noms communs, puis les verbes (2). » Dans les amnésies du premier genre, M. Bergson pense que les *souvenirs* sont conservés et que leur disparition est seulement *apparente*.

(1) *Loc. cit.*, p. 124.
(2) *Op. cit.*, p. 126. Ribot, Les maladies de la mémoire, Paris, 1881, pp. 131 et suiv. Alcan.

Un sujet de Winslow (1) avait oublié la lettre F et rien
que la lettre F : « Nous nous demandons, si l'on peut
faire abstraction d'une lettre déterminée partout où on la
rencontre, la détacher, par conséquent, des mots parlés
ou écrits avec lesquels elle fait corps, si on ne l'a pas
d'abord implicitement reconnue (2). » Le même auteur
cite encore le cas d'un homme qui avait oublié les langues qu'il connaissait et aussi les poèmes qu'il avait
écrits ; s'étant remis à composer il refit à peu près les
mêmes vers. « Sans vouloir nous prononcer trop catégoriquement sur une question de ce genre, nous ne pouvons
nous empêcher de trouver une analogie entre ces phénomènes et les scissions de la personnalité que M. Janet a
décrites. »

Les aphasies du second genre, *tiennent à la diminution
d'une fonction bien localisée, la faculté d'actualiser les
souvenirs de mots* (3). » Comment, en effet, expliquerait-
on que l'amnésie suive ici une marche méthodique, si
les images verbales étaient véritablement déposées dans
le cortex (4) : « Mais le fait s'éclaircira si l'on admet avec
nous que les souvenirs pour s'actualiser ont besoin d'un
adjuvant moteur, *et qu'ils exigent, pour être rappelés, une
espèce d'attitude mentale insérée* elle-même dans une attitude corporelle (5). »

Interrogeons notre conscience au moment où nous
écoutons la parole d'autrui avec l'idée de la comprendre.

(1) Winslow. On obscure diseases of the brain.
(2) *Op. cit.*, p. 126.
(3) *Op. cit.*, p. 127.
(4) Voyez Wundt. Psychol. Phys., t. I, p. 239.
(5) *Op. cit.*, p. 127. Ce passage n'est pas souligné dans le
texte.

Ne nous plaçons-nous pas alors dans une certaine *disposition* par rapport à la parole à entendre, ne réglons-nous pas le ton de notre travail intellectuel et « le schème moteur soulignant ses intonations, suivant de détour en détour la courbe de sa pensée, ne montre-t-il pas à notre pensée le chemin ? *Il est le récipient vide, déterminant par sa forme, la forme où tend la masse fluide qui s'y précipite* (1). »

Ainsi, nous partons de l'idée que nous développons en souvenirs-images auditifs, capables de s'insérer dans le schème moteur pour recouvrir les sons entendus. « Il y a là un progrès continu par lequel la nébulosité de l'idée se condense en images auditives distinctes, qui, fluides encore, vont se solidifier enfin dans leur coalescence avec les sons matériellement perçus (2). » « Essentiellement discontinue, puisqu'elle procède par mots juxtaposés, la parole ne fait que jalonner de loin en loin les principales étapes du mouvement de la pensée. C'est pourquoi je comprendrai votre parole si je pars d'une pensée analogue à la vôtre pour en suivre les sinuosités à l'aide d'images verbales destinées, comme autant d'écriteaux, à me montrer de temps en temps le chemin (3). » La thèse contraire voile simplement la conception associationniste de la vie de l'esprit sous « un langage emprunté à l'anatomie et à la physiologie ».

Si la perception, une fois acquise, demeure dans le cerveau à l'état de souvenir emmagasiné, ce ne peut être que comme *une disposition acquise* des éléments mêmes

(1) *Op. cit.*, p. 128.
(2) *Op. cit.*, p. 129.
(3) *Op. cit.*, p. 133.

qu'elle a impressionnés (1). Mais, la pathologie nous enseigne que la totalité des souvenirs d'un certain genre peut nous échapper alors que la faculté correspondante de percevoir demeure intacte. « La cécité psychique n'empêche pas de voir, pas plus que la surdité psychique d'entendre. Plus particulièrement, en ce qui concerne la perte des souvenirs auditifs de mots..., il y a des faits nombreux qui la montrent régulièrement associée à une lésion destructive de la première et de la deuxième circonvolutions temporo-sphénoïdales gauches, sans qu'on connaisse un seul cas où cette lésion ait provoqué la surdité proprement dite (2). » Il faudra donc assigner à la perception et au souvenir des éléments nerveux distincts. « Mais, cette hypothèse aura alors contre elle l'observation psychologique la plus élémentaire, car nous voyons qu'un souvenir, à mesure qu'il devient plus clair et plus intense, tend à se faire perception, sans qu'il y ait de moment précis où une transformation radicale s'opère et où l'on puisse dire, par conséquent, qu'il se transporte des éléments imaginatifs aux éléments sensoriels (3). »

En somme donc, la perception distincte se définit par sa coalescence avec une image souvenir que nous *lançons* au-devant d'elle. « Virtuel, ce souvenir ne peut devenir actuel que par la perception qui l'attire. *Impuissant, il emprunte sa vie et sa force à la sensation présente où il se matérialise. Cela ne revient-il pas à dire que la perception distincte est provoquée par deux courants de*

(1) Voyez B... Sens et intelligence, p. 304. Spencer, Principles, t. I. Rib..., Maladies de la mémoire, p. 15.
(2) *Op. cit.*, p. 135.
(3) *Loc. cit.*

sens contraires, dont l'un centripète, vient de l'objet ex-
térieur, et dont l'autre, centrifuge a pour point de départ
ce que nous appelons le souvenir pur. »

Arrêtons ici cet exposé, et voyons si l'interprétation
que donne M. Bergson est, je ne dis pas la plus vraie,
mais la plus vraisemblable.

Evidemment, c'est une vue presque naïve que de supposer les images auditives emmagasinées dans le cerveau, de telle sorte que chaque cellule *y contienne une*
image ou un élément d'image. Une pareille opinion semble ignorer que le moindre fait psychologique exige parallèlement à lui la présence d'un phénomène physiologique très compliqué. J'ai essayé, au chapitre V de cette
étude, de montrer comment le cerveau s'intéresse tout
entier à la simple conception d'un mot. Il nous a semblé,
en fin de compte, qu'il fallait, d'une façon générale,
revenir à l'hypothèse de Flourens et considérer que le
cerveau travaille d'ensemble comme une glande ou le
foie. J'ai en même temps combattu avec Wundt, et en
m'inspirant des conclusions de W. James, les diverses
théories de localisation. Aussi bien, le reproche de
M. Bergson ne nous atteint-il pas, d'avoir emmagasiné
des images dans des cellules ou dans des régions cérébrales. Mais, à la différence de M. Bergson, nous avons
refusé de reconnaître deux mémoires, l'une motrice,
l'autre purement spirituelle ; pour nous, toute mémoire
est sensori-motrice, puisqu'elle est toujours conditionnée par le cerveau. Il faut donc que les sensations laissent des *impressions* dans la matière cérébrale, et, il
faut que chacune de ces impressions corresponde à la totalité du mouvement impliqué dans la sensation ou la per-

ception pure. Or, ce mouvement complet implique une
réaction du vivant sur la confusion des images, réaction
par laquelle il choisit *son* point de vue dans l'univers,
il est donc ou tend à être sensori-moteur. Une de nos
images apparaît quand l'un de ces systèmes est formé, et
cette image *ne dure* que le temps où l'ébranlement dépasse le *seuil de la conscience*. Elle disparaît dès que
l'ébranlement tombe au-dessous de ce niveau et sa disparition ne laisse aucun *résidu psychologique vérifiable*.
Voyons maintenant ce que peut devenir son résidu physiologique. Il est, par définition, un résidu sensori-moteur, et doit, par conséquent, consister en une tendance
centrifuge, allant du centre à la périphérie, vers l'objet.
De deux choses l'une. Ou bien l'impression n'aura été
ressentie qu'une fois ; et si elle s'est produite sans autre
accompagnement, elle aura laissé dans le cerveau une
trace si peu profonde, que le phénomène de mémoire
consciente ne se produira pas ; si, au contraire, elle a
attiré l'attention, sa survivance sera assurée, elle demeurera gravée dans la substance cérébrale ; ou bien, elle
aura été ressentie plusieurs fois, et cette répétition même,
en vertu des lois de l'exercice, aura disposé la matière
cérébrale à reproduire facilement la même combinaison
ou d'autres analogues. Mais la substance nerveuse est
dans un équilibre instable ; *le même mouvement* ne s'y
répète jamais exactement, de sorte que l'on ne peut absolument pas se représenter les impressions sensori-motrices comme des empreintes superposées. *Il s'agit, nous
le répétons, d'un phénomène consécutif à l'exercice et
donc d'une tendance de plus en plus accentuée à réagir
dans le même sens.* Il n'y a pas des images emmagasi-

nées, mais une tendance générale d'un organe complexe à réagir dans un sens plutôt que dans l'autre. Ceci éclaire singulièrement la description de nos images (1). D'abord vagues, il semble qu'elles correspondent à un mouvement d'ensemble, *confus*, analysable, mais non analysé. Comment cette analyse se fera-t-elle ? L'image vague est une psychose simple qui ne contient pas en elle, les images dans lesquelles elle pourrait être analysée. Ce qui est complexe, ce n'est pas l'image, mais *l'objet*. Or, comment cet *objet* sera-t-il analysé ? Par des perceptions successives, c'est-à-dire par une série de réactions sensorimotrices. Rien ne nous prouve absolument que la présence de cet objet ne suffise à produire une telle série, mais il paraît plus raisonnable, d'admettre que le sentiment de volonté ou d'effort ressenti alors, correspond à quelque chose de réel. Dans ce cas, la conscience appuierait son choix par une action efficace sur le jeu des éléments nerveux, elle écarterait, par une inhibition constante, les mouvements inutiles ou nuisibles relativement à son but ou à son intérêt ; elle pèserait sur ceux qui le serviraient, en un mot, elle les forcerait à se répéter pour mieux suivre les détails de l'objet. Et maintenant, comment pourra être analysée la représentation-souvenir, c'est-à-dire en somme, l'objet idéal que le hasard, quelque cause externe ou interne a éveillé. Par des mouvements cérébraux successifs, car psychologiquement, elle n'est pas décomposable. Les représentations successives correspondront à des réactions sensori-motrices pleines ou ébauchées, qui repasseront elles aussi sur l'objet

(1) Voyez W. James, vol. 2, p. 48.

et décomposeront le mouvement cérébral qui le sous-tend.
L'association jouera ici évidemment un grand rôle, c'est
elle qui permettra à la réaction initiale de se continuer
en des réactions successives dans la direction créée par
l'exercice. Nous assisterons à des phénomènes successifs
de composition et de décomposition dans un milieu sub-
excité. A chacune de ces neuroses totales correspondra
une psychose totale qui sera une nouvelle représentation
de l'objet. Le rôle de la spontanéité sera ici analogue à
ce qu'il était dans le cas précédent, elle appuiera, elle
encouragera le mouvement dans le sens de son intérêt.
Evidemment, cette hypothèse suppose que chaque psychose prend connaissance de tout ce qui la précède où, en
d'autres termes, que le flot de la *conscience* ne subit pas
d'interruption. C'est un fait qui nous est révélé par une
introspection élémentaire, et qui distingue justement,
nous y avons insisté longuement, les phénomènes psychiques de leurs concomitants physiques. La vie psychique
consciente, la seule qu'une doctrine fondée sur l'expérience puisse admettre, ressemble à un *progrès*, elle
change continuellement, et chaque psychose chevauche
sur l'autre. Chacune connaît la précédente et prévoit la
suivante, ce qui tient, sans doute, au fait que chaque neurose n'est pas isolée, mais que la précédente retentit encore pendant que la suivante commence à se déployer.

Etudions maintenant les faits dans l'ordre où M. Bergson nous les a présentés. •

Voyons d'abord, si l'on veut, comment, d'après la théo-
rie qu'on vient d'exposer, nous apprendrions une langue.
Je désire apprendre l'allemand. Mon professeur prononce
Teufelsbannerei. Le mot n'a pour moi aucune significa-

tion. C'est un *son* où je ne distingue rien, il appellera une réaction analogue à celle que produirait n'importe quel autre bruit. Le professeur traduit. *Teufelsbannerei* signifie *exorcisme*. Je sais maintenant ce que signifie le mot, mais je ne sais pas le mot. Au moment où l'on m'a dit exorcisme, j'ai eu une représentation. Dans un cerveau jeune, cette représentation a pù être un tableau complet, quelque ombre noire agitant les bras au-dessus d'une forme convulsée : dans un cerveau plus âgé, la représentation s'est peut-être limitée au mot prononcé. Ce mot représentant une organisation sensori-motrice accentuée par l'habitude pourra d'ailleurs gêner considérablement l'organisation du mot étranger nouveau, et l'on trouverait là, sans doute, une des raisons qui rendent au delà d'un certain âge, l'acquisition des langues nouvelles si difficile. Quoi qu'il en soit, le mot *Teufelsbannerei* a maintenant un sens pour moi, parce qu'il est associé avec une région sensori-motrice. Quand on le prononce, l'impression auditive ressentie se décharge dans un circuit sensori-moteur correspondant à l'impression du son *exorcisme* organisée avec les mouvements d'articulation et d'écriture associés eux-mêmes peut-être à d'autres réactions représentatives traduisant la signification du mot. Mais, pour *savoir* le mot allemand, il faudra qu'on me le répète et que je le répète, on devra me l'épeler, il sera nécessaire que je l'articule, que je le décompose en mouvements des lèvres, de la langue, de la gorge, que je l'écrive, que je l'analyse en mouvements de la main. L'habitude sera d'autant plus longue à acquérir que j'aurai moins d'*exercice* dans l'étude des langues. Mais il arrivera un moment enfin où le mot sera conso-

lidé, où, à l'occasion, je pourrai l'évoquer. Est-ce donc
que l'image auditive du mot *Teufelsbannerei* sera associée dans mon cortex à l'image du mot exorcisme. Il serait
absurde de le prétendre, car il y a un nombre illimité d'i-
mages possibles du mot Teufelsbannerei et du mot exorcisme, ils peuvent être prononcés dans les tons les plus
différents, ils peuvent être écrits de manières diverses,
et les images respectives ne sauraient se ressembler que
comme les individus ressemblent à l'espèce. Le cerveau
étant incapable de classer, les images en question ne rencontreraient jamais la perception présente. Ce qu'il y a
dans le cerveau, ce sont des tendances sensori-motrices
associées que l'exercice a habituées à vibrer ensemble ;
il n'y a pas autre chose. Ces tendances existent d'ailleurs
dans une matière toujours en état de changements où la
même neurose ne se reproduit jamais. Remarquons au
reste que la difficulté est la même si l'on suppose des images retenues à l'état inconscient. En effet, puisque chacune de ces images est complète en soi, qu'elle correspond
à une impression datée faite par l'objet, il faudra bien
que pour le mot Teufelsbannerei il y en ait une indéfinité,
dont aucune cependant ne correspondra exactement à
l'image actuelle du mot. Il faudra par conséquent admettre ici que l'esprit classe les images, comme on admet
là que la conscience classe les sentiments. C'est en effet,
que le flot de la conscience s'écoule parallèlement aux
phénomènes physiologiques. Or, l'introspection la plus
élémentaire nous découvre que ce flot n'est pas égal, la
conscience s'attarde ou se précipite, elle choisit ou elle
rejette, elle s'intéresse ou se désintéresse, et cette loi vi-

27

tale de l'intérêt explique.qu'elle peut toujours *signifier*
la même chose dans deux ou plusieurs psychoses qu'elle
connaît. C'est un fait, sur lequel nous avons insisté, que
la même psychose n'est jamais donnée deux fois, pas plus
d'ailleurs, que la même neurose totale, c'est, en outre, un
postulat nécessaire que chaque psychose *connaît*, non
seulement son objet, mais encore l'objet des psychoses
précédentes, enfin, c'est encore un postulat nécessaire,
un fait d'expérie... « *que les mêmes matières peuvent
être pensées dans des moments successifs du flot mental, et que quelques-uns de ces moments peuvent connaître qu'ils signifient les mêmes objets que signifiaient les
autres. On pourrait exprimer la même chose en disant
que* « *l'esprit peut toujours avoir l'intention, et connaître
quand il a l'intention de penser la même chose* » (1).
C'est ce que W. James appelle « le principe de constance dans la signification de l'esprit » (2). Ce principe,
du point de vue strictement psychologique, signifie simplement que « l'esprit fait un continuel usage de la *notion* de ressemblance et que s'il en était privé il aurait
une structure différente. « Ce sentiment du *même* est le
pivot sur lequel tourne notre pensée (the very Keel a.
bacbone of our thinking). » Nous avons vu, au chapitre III de ce travail, comment la conscience de l'identité
personnelle reposait sur lui, la pensée présente trouvant
dans ses souvenirs une chaleur et une intimité qu'elle
reconnaît comme la même chaleur et la même intimité
que celle actuellement ressentie. Ceci se comprend assez
facilement, lorsqu'il s'agit d'un caractère qui affecte

(1) Voyez W. James, *op. cit.*, vol. 1, p. 459.
(2) *Loc. cit.*

toutes *nos* psychoses, mais, il faut l'avouer, le phénomène s'explique plus difficilement quand il affecte deux
psychoses séparées par un intervalle considérable du flot
conscient. Il ne sert de rien de dire que les psychoses anciennes sont conservées à l'état inconscient et qu'un acte
spécial de l'esprit les ramenant à l'état conscient rend la
comparaison possible, car enfin, la psychose ancienne
n'existe pas *pour nous* à l'état conscient. Pour exister,
il faut qu'elle devienne consciente, mais en devenant
consciente elle entre dans le *présent* et perd subjectivement son caractère de passé. Elle est une psychose présente. Si nous y découvrons le caractère du passé, c'est
qu'elle se manifeste *actuellement* avec des traits particuliers par lesquels nous *signifions* le passé. Mais ce
sentiment de signification ne peut se tirer que du présent, il n'existe que dans le présent. Il fait partie du «halo»
qui entoure et lie les deux psychoses senties en succession immédiate. « *Le sentiment de notre signification est
un élément tout à fait particulier de la pensée.* C'est un
de ces faits transitoires de l'esprit, que l'introspection ne
saisit pas, qu'elle ne peut non plus isoler, tenir en place
pour l'examiner, pour en faire le tour, comme l'entomologiste fait le tour d'un insecte piqué sur un carton. Dans
la terminologie (un peu obscure) dont j'ai fait usage, il
appartient à la frange de l'état subjectif, et est un « sentiment de tendance » dont la contre-partie nerveuse consiste assurément dans une multitude de processus en
voie de naissance ou de disparition, trop faibles et trop
complexes pour qu'on puisse les déterminer (1). » Ainsi,
lorsque le mot Teufelsbannerei est prononcé, il me sug-

(1) W. James, *op. cit.*, vol. 1, p. 472.

gère le sentiment du même, parce que, dans le moment présent, il s'entoure d'une *frange* de *familiarité* qui a pour base les décharges actuelles de processus nerveux associés. Quand on prononce ce mot, maintenant que je sais l'allemand, j'éprouve une psychose totale et présente qui correspond à une neurose totale de processus associés, cette psychose totale est *familière*, et elle signifie le même.

La nature de ce sentiment de familiarité nous apparaîtra plus clairement encore si nous réfléchissons à la manière dont nous avons appris notre langue maternelle. Nous avons généralement entendu des *phrases*, non pas des mots détachés. Ces phrases ont éveillé d'abord en nous l'impression confuse d'un son, mais voilà qu'on a répété dix fois, vingt fois le *même mot* dans des phrases différentes, il a bien fallu alors que son impression se détachât. Le reste a passé sur le cerveau sans y laisser de trace permanente, tandis que cette articulation spéciale ayant été répétée, conformément aux lois de l'exercice a modifié la substance cérébrale. Nous l'articulons à notre tour, on nous corrige, nous nous essayons encore à le prononcer, il se forme un système sensori-moteur plus perméable que le reste de la substance cérébrale aux excitations venues du dehors, notre cerveau a compris le mot. Voici maintenant que le mot connu est prononcé dans une phrase que nous entendons pour la première fois. La vague consciente passe, mais dans cette vague consciente un trait se dégage, il devient *substantif*, il s'épanouit, il est encadré d'un « halo » de familiarité. Est-ce donc parce qu'il a décroché sa propre image dans le cortex ? Non, car sa propre image n'existe pas, chaque psychose passe sans laisser *de trace psychique*, une psychose ne se répète jamais identique à elle-même, pas plus d'ailleurs qu'une même neurose. Mais le cerveau a réagi d'une façon qui ne nous est *pas étrangère*, et cette réaction a été accompagnée d'un sentiment de familiarité, grâce auquel nous sommes entraînés à *signifier* le même.

La théorie psycho-physiologique que j'expose explique facilement pourquoi l'on n'observe presque jamais dans l'aphasie sensorielle la perte irréparable de certains mots avec la conservation intégrale des autres, et, qu'en fait, on assiste tantôt à la disparition de tous les souvenirs, tantôt à un affaiblissement général de la fonction. Il suffit, pour se rendre compte du phénomène, de se reporter à l'analyse psycho-physiologique et aux schémas présentés à la fin du chapitre V. Aussi bien, est-il inutile d'insister à nouveau.

On observe pourtant des cas où l'abolition des souvenirs se fait par groupes déterminés. M. Bergson, nous l'avons vu, divise ces cas en deux catégories. Dans la deuxième catégorie les mots suivent pour disparaître un ordre méthodique et grammatical ; les noms propres s'éclipsent d'abord, puis les noms communs, puis les verbes. Il me semble que ce phénomène s'explique sans difficulté, par *l'habitude*. Les mots qui signifient le plus, qui entrent dans un plus grand nombre de combinaisons sont les verbes. Relativement aux substantifs et aux adjectifs, ils forment une minorité parce qu'ils expriment, en somme, nos actions sur les choses, et que ces actions sont limitées. Les verbes usuels, notamment, expriment une série de mouvements et d'opérations, que nous répétons sans cesse et dont, par conséquent, le système d'associations est très complexe, dont, en d'autres termes, l'exercice a imprimé profondément les réactions dans le cerveau. Au contraire, nous usons peu des noms propres, ils reviennent en tous cas beaucoup moins souvent sur notre langue que les verbes et les substantifs, il est donc naturel que dans un ramollissement ou une désagrégation de la substance cérébrale, ils soient les premiers à disparaître.

Dans la première catégorie, les souvenirs détachés de la mémoire sont quelconques, arbitrairement et même *capricieusement choisis*. M. Bergson a raison d'assimiler ces cas aux dédoublements de la personnalité étudiés par M. Pierre Janet. J'ai eu l'occasion de m'arrêter déjà sur ces phénomènes, ils valent la peine qu'on y insiste. Je ne ferai d'ailleurs en cela qu'imiter W. James, qui ne se lasse pas d'y revenir. On trouve dans cette matière des phénomènes tout à fait analogues à celui de l'amnésie bizarre de ce sujet qui avait oublié la lettre F et rien que la lettre F.

M. Janet met, pendant la crise, des cartes portant des numéros différents, sur les genoux de son sujet Lucie et il lui ordonne de *ne pas voir*, lors de son réveil, les cartes dont le nombre est un multiple de trois. En conséquence, quand elle se réveille et qu'on l'interroge à propos des papiers disposés sur ses genoux, elle les compte et affirme qu'elle voit ceux-là seulement qui ne sont pas des multiples de trois. Elle est aveugle pour les 12, 18, etc. Mais lorsqu'on interroge le moi sub-conscient par la méthode usuelle consistant à occuper le moi supérieur dans une conversation, *la main* écrit que les cartes posées sur les genoux de Lucie portent les numéros 12, 18, etc.

« Une anesthésie systématisée, fait, à ce propos remarquer W. James, signifie une insensibilité, non pas à un élément des choses, mais à une chose concrète quelconque ou à une classe de choses. Le sujet est rendu aveugle ou sourd à l'égard d'une certaine personne dans la chambre et, en conséquence, nie que cette personne soit présente ou ait parlé, etc... Maintenant, lorsque l'objet est simple comme un pain à cacheter rouge ou une croix noire, quoiqu'il n'ait pas conscience de le voir en le regardant, après avoir détourné les yeux, le sujet n'en perçoit pas moins une image consécutive négative, ce qui prouve que *l'impression optique* a existé. De plus, la réflexion prouve qu'un *tel sujet doit distinguer l'objet des autres objets semblables pour y être aveugle.* Rendez-le aveugle par rapport à une seule personne, mettez ensuite tous ceux qui assistent à l'expérience sur un rang, et dites-lui de les compter. Il n'omettra dans son énumération que l'individu que vous lui aurez prescrit de ne pas voir. Mais comment pourrait-il dire *ce* qu'il ne faut pas compter sans le reconnaître ? De même, faites un trait sur du papier ou sur un tableau noir, puis dites-lui que ce trait ne s'y trouve point dessiné, il ne verra rien que le papier ou le tableau. Ensuite (sans qu'il s'en aperçoive) entourez le trait original par d'autres traits exactement pareils et demandez-lui ce qu'il voit. Il montrera un par un tous les nouveaux traits, omettant chaque fois, le trait original, si grand que soit le nombre des autres, et quel que soit l'ordre de leur arrangement.

« Évidemment donc, il n'est pas le moins du monde aveugle *à l'espèce* de trait. Sa cécité porte sur un trait

individuel de cette espèce dans une position particulière
sur le tableau ou le papier, c'est-à-dire sur un objet complexe particulier. Et, quelque paradoxal que cela puisse
paraître, il doit le distinguer avec grand soin des autres
qui lui ressemblent, afin de ne pas le voir, lorsque ceux-ci
sont rapprochés (1). »

Si, pourtant, le trait primitif se trouve combiné dans un
seul objet complexe, par exemple un visage humain, il
arrive généralement que le sujet le perçoive.

Il y a là, en somme, une *intention* d'ignorer quelque
chose ; mais cette intention d'ignorer demeure inconsciente par rapport à la conscience primaire. On assiste
alors à la formation d'une conscience *secondaire* où certaines psychoses s'agglomèrent autour d'une personnalité dissociée. « Chacun de ces esprits garde pour lui ses
propres pensées, il n'y a entre eux ni donné ni prêté...
Isolement absolu, irréductible pluralisme, telle est la
loi (2). » Il se produit, en pareil cas, un *fait d'inhibition*
qui donne à la personnalité morbide un caractère spécial de mélancolie, c'est-à-dire en somme, de contraction
et d'étroitesse. « Nous connaissons tous temporairement
ces inhibitions, lorsque nous n'arrivons pas à nous rappeler, ou, en général, à mettre la main sur nos ressources
mentales. Les amnésies systématiques des sujets hypnotiques, auxquels on ordonne d'oublier tous les noms, ou
tous les verbes, ou une lettre particulière de l'alphabet,
sont des inhibitions de la même espèce sur une échelle
plus étendue. M. Janet a montré que ces inhibitions, lors-

(1) W. James, *op. cit.*, p. 213.
(2) *Op. cit.*, vol. 1, p. 226. Voyez le cas de Mary Reynolds
publié par le docteur Weir Mitchell, Transactions of the col-
lege of Physicians of Philadelphia. Apvril 4 (1888).

qu'elles portent sur une certaine classe de sensations (rendant du même coup le sujet anesthésique), et aussi sur la mémoire de ces sensations, constituent le fondement des changements de personnalité (1). » De sorte, enfin, que la seule généralisation théorique que nous permette l'expérience est la suivante : *Lorsqu'une certaine espèce de sensation se trouve abolie chez une hystérique, il y a aussi suppression de tout souvenir des sensations passées de cette espèce.* C'est aussi la seule loi qui puisse nous offrir un terrain solide de discussion. Essayons d'en tirer les conclusions légitimes. Pas de sensation, pas de souvenir des sensations passées de cette espèce. Or, qu'est-ce que la sensation ? *Une réaction par laquelle le vivant découpe son objet dans les choses.* Et qu'est-ce que le souvenir, sinon une *réaction* encore, par laquelle le vivant *reconnaît* qu'il a autrefois découpé cet objet dans les choses. Puisqu'il s'agit du même objet, il faut que les mêmes processus nerveux soient impliqués dans les deux cas ; mais comme le souvenir est, par définition, différent de la sensation pour cette raison qu'il s'y ajoute un sentiment de familiarité dont la sensation toute nue manquait, il faut aussi que le processus du souvenir contienne quelque chose de plus que le processus de la sensation, c'est-à-dire, tout au moins, des associés qui datent. Si, maintenant, la sensation ne se produit plus, on conçoit que ces associés ne puissent plus être évoqués. Ils le seront, au contraire, dès que la sensation se produira.

Prenons le cas plus particulier cité par M. Bergson, d'après Winslow. M. Bergson, fidèle à sa thèse, suppose que l'image-souvenir de la lettre F demeure, mais que,

(1) W. James, *op. cit.*, vol. I p. 384.

pour des raisons physiologiques, elle ne réussit pas à s'extérioriser. A quoi donc sert-elle alors, et n'est-ce pas, enfin, compliquer le phénomène, pour le forcer à soutenir une thèse ? Si l'on se reporte aux cas cités par W. James, le sujet a une image consécutive négative de la lettre F, lorsqu'il la lit, donc elle fait impression sur sa rétine, et si l'impression normale n'est pas consciente, l'impression consécutive l'est. Supposons qu'il ait *l'impression* de F et que cette impression *se trouve arrêtée avant que le circuit sensori-moteur se soit achevé. La sensation ne sera pas complète, puisque la réaction demeurera inachevée,* l'objet ne sera pas saisi où il est, l'image personnelle ne sera pas distinguée par le vivant parmi les images confuses de l'univers. Il en résultera parmi le reste du flot *conscient* un vide *senti* et comme tel discriminé du plein qui s'écoule. Ce vide *senti,* le sujet éprouvera sans doute le besoin de le combler, sans pourtant y parvenir. En effet, dans l'hypothèse que je soutiens, le complément moteur manque à la réaction qui, *pour cela même, ne s'achève pas en sensation;* or, les processus liés avec la sensation le sont avec *tout* le processus qui la soustend, et si la partie motrice y manque, on comprend que l'association puisse faire défaut et, avec elle, le souvenir.

Remarquez à ce propos que la *main* de Lucie, anesthésique à l'état normal, mais sentant à l'état de crise, écrit les multiples de trois qu'elle n'avait pas vus à l'état normal. C'est, sans doute, que la sensation existant dans le second cas peut éveiller les processus qui lui sont *totalement* associés, et de ce fait, évoquer les souvenirs qui conditionnent la reconnaissance des multiples de trois.

Le phénomène, du point de vue psychologique, se tra-

duit par un dédoublement de la conscience, dont la seule
condition possible consiste dans un arrêt, une inhibition
des réactions *motrices* qui complètent le processus sensoriel, et, en même temps, des associations, sous-tendant la reconnaissance, liées avec la *totalité* du processus
sensoriel. Toutefois, W. James n'entre pas dans ce détail et se contente à moins de frais : « Nous devons admettre d'une façon générale, dit-il, que des chemins
(paths) cérébraux peuvent être mis hors d'usage par rapport à d'autres, de telle sorte que les processus d'un système donnent naissance à une conscience, et ceux d'un
autre *simultanément* à une autre conscience... Mais quelle
est précisément l'espèce de dissociation exprimée par
l'expression *mis hors d'usage* (thrown out of gear), nous
ne pouvons même pas le conjecturer ; je pense seulement, que nous ne devons pas parler du dédoublement
du moi, comme s'il consistait dans un défaut de combinaison de la part de certains systèmes *d'idées* qui s'agrègent
ordinairement. Il vaut mieux parler *d'objets* pour l'ordinaire combinés et qui sont maintenant divisés entre
les deux moi... Chacun des moi, est dû à un système de
traces cérébrales, agissant séparément. Si le cerveau
agissait normalement, et si les systèmes dissociés ve-
naient à se rencontrer de nouveau, nous aurions un nouveau sentiment de conscience sous la forme d'un troisième moi, différent des deux autres, mais connaissant
ensemble leurs objets (1). »

Ainsi, une hypothèse purement physiologique peut
expliquer ces phénomènes curieux de scission de la personnalité, dont le fait cité par Winslow et reproduit par

(1) *Op. cit.*, vol. 1, p. 399.

M. Bergson, n'est probablement qu'un cas particulier. Dans une matière aussi obscure, toutes les explications sont boiteuses, mais on ne voit pas vraiment comment la question a avancé d'un pas lorsqu'on a dit que les *souvenirs demeurent inconscients*, c'est-à-dire, en somme, impuissants. Le problème persiste, en effet, tout entier, puisqu'il s'agit précisément d'expliquer pourquoi, dans certains cas, ces souvenirs inconscients arrivent à s'actualiser et, dans d'autres cas, n'y parviennent pas.

Il est incontestable qu'au moment d'écouter la parole d'autrui avec l'idée de la comprendre, nous nous plaçons, par rapport à elle, dans une *disposition* déterminée. Nous avons *l'intention* d'écouter et de comprendre. Cependant, méfions-nous des métaphores. Qu'entend-on précisément lorsqu'on parle d'un réglage de *ton* de notre travail intellectuel ? N'est-ce pas, au contraire, l'habitude corporelle qui donne son ton au travail de l'esprit ? Dès que les sons d'une langue familière frappent notre oreille, le cerveau se trouve amené à prendre une *attitude qui lui est habituelle* ; car, notons-le, si la notion d'attitude corporelle paraît claire, celle d'une attitude mentale l'est beaucoup moins. Dès que nous entrevoyons l'idée du thème traité par notre interlocuteur, notre cerveau, grâce aux associations multiples qui rayonnent de cette idée, prend encore une attitude particulière. Tout ce qui est lié en lui à l'idée où conduit le discours entre en état de sub-excitation et tend à se décharger dans les sensations actuelles ; les mouvements peuvent même se confondre ou s'entremêler au point que l'image-souvenir représentée par des réactions associées, ne puisse se distinguer de la sensation présente, ou encore qu'elle la déforme ou la devance. Il est donc vrai, à ce point de vue, que *le schème moteur* suit la pensée de détour en détour et lui montre le chemin. Mais, si elle est active, *cette pensée souligne « les intonations du schème moteur »*, elle appuie sur certaines réactions plutôt que sur d'autres, elle continue l'intention affirmée au début. Il y a bien une réaction centrifuge opposée à l'impression centripète, réaction centrifuge des centres, qui crée leur attitude, et dont on peut dire, dans un sens, qu'elle va au-devant de la sensation, mais il n'est point nécessaire pour cela de supposer des images tout à l'heure inconscientes, lancées maintenant dans la direction de mouvements moteurs où elles s'insèrent. L'intention, le sentiment de familiarité, supposent une attitude cérébrale, la rencontre de l'image-souvenir avec la sensation a également une condition physiologique ; tout le rôle de la spontanéité, au cas où on la maintient, se réduit à appuyer et à continuer l'attention. Le schème moteur n'est donc pas un récipient vide où *tendrait* la masse des représentations souvenirs, il est bien plutôt la force vivante, qui *oblige* la pensée à se mouler aux contours de l'objet. La tension se trouve dans la matière, le *sentiment* de tension est dans l'esprit.

Dans ce sens, on peut dire que nous partons de l'idée que nous développons en souvenirs-images auditifs, capables de s'insérer dans le schème moteur, pour recouvrir les sons entendus, à la condition toutefois que l'on ne voie dans « l'insertion » que la continuation des divers arcs réflexes dont le parcours sensoriel se lie à un parcours moteur. Cela se traduit dans la conscience par le sentiment d'un progrès continu qui a certainement sa contre-partie dans la confusion des mouvements céré-

braux, dont la multitude des éléments enchevêtrés chevauchent les uns sur les autres. De ce point de vue « la
nébulosité de l'intention se condense en images auditives
distinctes qui, fluides encore, vont se solidifier enfin dans
leur coalescence avec les sons matériellement perçus », et
la métaphore traduite en termes physiologiques prend
une signification presque littérale, qui n'est pas faite pour
la rendre moins compréhensible.

Il ne semble donc pas que les faits contredisent à
la théorie physiologique, telle que je l'ai exposée en
m'inspirant de W. James. Cette théorie a, en outre,
l'avantage de ne rien supposer qui soit absolument
invérifiable, spécialement, de ne pas s'appuyer sur une
réserve de psychoses inconscientes, et totalement impuis-
santes, capables, dans de certaines conditions, de revivre et de se lancer dans la conscience au-devant d'un
schème moteur où elles s'inséreraient en s'actualisant.
Sans doute, le mystère reste tout entier des rapports du
cerveau et de la pensée, mais il semble préférable d'adopter ici l'attitude naïve, qui seule convient à l'empirisme
radical, et de ne point chercher à voiler le miracle, auquel
on ne réussit trop souvent qu'à substituer d'autres miracles beaucoup plus étonnants encore. « Les pensées accompagnent le travail cérébral, et ces pensées connaissent des réalités ; cette relation dans sa totalité est une
relation que nous ne pouvons qu'enregistrer empiriquement, confessant qu'il n'y a pas encore en vue l'ombre
d'une explication. Que le cerveau donne naissance à une
conscience qui connaît, c'est l'éternel mystère, quelle
que soit, d'ailleurs, l'espèce de conscience ou de connaissance... Le grand mystère c'est que des processus

cérébraux occasionnent de la connaissance. Ce n'est assurément pas un plus grand mystère de me *sentir*, grâce
à un processus cérébral, écrivant maintenant à cette table, que par le moyen d'un autre processus cérébral de
me souvenir que j'écrivais. Tout ce que la psychologie
peut faire, c'est de déterminer ce que sont alors les divers
processus cérébraux et c'est, oh ! bien mal ! ce qu'on a
essayé jusque-là de faire. Mais j'ai passé sous silence
« des images reproduites » désirant être représentées et
« réunies par un acte unifiant (1), parce que de telles
expressions, ou bien ne signifient rien, ou ne sont que
des manières détournées de dire simplement que le *passé
est connu*, lorsque certaines conditions cérébrales sont
remplies. Or, il me semble que la manière la plus loyale
et la plus courte de le dire est aussi la meilleure (2). »

Pour finir ce chapitre par où il a été commencé, indi-
quons succinctement les conclusions métaphysiques que
l'on pourrait tirer de l'étude psychologique à laquelle
nous venons de nous livrer en comparant les doctrines
de W. James et de M. Bergson, relativement à la sensation, à la perception, à la reconnaissance, à l'attention et
à   mémoire. W. James ne déduit pas l'image, puisqu'il ne cherche pas à en faire l'analyse élémentaire, et
qu'il ne la met pas dans le cerveau ; M. Bergson part de
l'image comme d'une donnée irréductible, indémontrable, puisque nous ne pouvons penser que par images.
L'univers, quel que soit le point de vue d'où nous le considérons, apparaît comme un tout d'images confuses, dont

(1) Ainsi s'exprime Ladd (Physiological Psychology), II, ch.
X, § 23. On croirait presque entendre M. Bergson.
(2) *Op. cit.*, vol. 1, p 189.

chacune reflète toutes les autres. La matière est donc un continu d'images non distinguées. Dès que la vie se manifeste, elle crée des centres d'indétermination, où toutes les images ne se reflètent pas, mais seulement quelques-unes d'entre elles, conformément à la loi fondamentale de l'intérêt. Le corps vivant *choisit* parmi les images le point de vue qui l'intéresse, et ce choix se fait par le réflexe d'abord, puis par diverses réactions plus compliquées, moins immédiates de l'appareil sensori-moteur, et dont la plus simple est la perception pure ou sensation. Ces réactions simples ont pour résultat subjectif la représentation, qui n'est donc pas supplémentaire à la matière, mais en est tirée. La sensation primitivement extensive saisit son objet là où il est, et cela sans doute parce que son substrat physiologique est du *type réflexe*, c'est-à-dire sensori-moteur, comportant une impression sensorielle suivie *sans interruption* d'une réaction motrice. Mais la perception pure et la sensation pure sont des types abstraits que l'on ne rencontre plus dans notre vie psychique. La perception commune implique le souvenir, la reconnaissance et l'attention. Et c'est ici que la thèse de M. Bergson se distingue de celle que l'on peut tirer des principes posés par W. James. M. Bergson se refuse absolument à admettre que le cerveau puisse créer des images, parce qu'il n'est qu'une image entre les autres images. Ce raisonnement est métaphysiquement irréfutable, puisque nous ne pensons que par images, et si on le poussait jusque dans son fondement, on découvrirait sans doute qu'il aboutit à dépouiller le principe de causalité de toute sa valeur, car si l'image cerveau ne peut être conçue en aucune sorte comme cause de ces autres images que nous appelons nos images, c'est uniquement, sans doute, parce qu'il est une image, et l'on peut en dire autant de toutes les autres images. A vrai dire, du point de vue psychologique, il n'y a pas de causalité réelle entre les psychoses, puisque rien n'y demeure, tout y passe. Mais, sans insister encore sur cette discussion, il suffit, au point de vue scientifique, que l'on puisse montrer un parallélisme constant entre les phénomènes psychologiques et les processus cérébraux. Or, ce parallélisme existe, spécialement, entre les phénomènes subjectifs de mémoire et les divers mouvements par lesquels se manifeste la vie cérébrale. Ces divers mouvements sont tous du même type, chacun d'eux constitue une réaction plus ou moins compliquée, réaction qui comporte des éléments sensoriels et des éléments moteurs liés en un tout. *La neurose totale est toujours sensori-motrice.* La psychose totale, si elle correspond à la neurose totale, doit donc toujours être à quelque degré sensori-motrice, c'est-à-dire que l'impression la plus sensorielle doit être cependant accompagnée de mouvements moteurs complets ou naissants. Il apparait, en effet, que *toute image* est accompagnée de tels mouvements. Ce qui se conçoit aisément, si l'on considère que la réaction actuelle étant sensori-motrice ne peut laisser dans le cerveau que des résidus sensori-moteurs.

On n'explique point la mémoire en supposant la conservation des souvenirs à l'état inconscient, car des souvenirs inconscients, sont, à tout le moins, des entités invérifiables, sur lesquelles on ne peut rien bâtir de solide. Il n'y a pas deux espèces de souvenirs, l'un moteur, l'autre spirituel, il n'y a qu'une espèce de souvenirs

qui existent parallèlement à des mouvements sensori-
moteurs du cerveau conservés en vertu des lois de l'habitude, fondée ou non sur l'exercice. Car l'habitude
de la matière peut être dans de certaines circonstances
créée d'un seul coup, puisqu'elle n'exprime que la notion
d'une empreinte. Les souvenirs qui se gravent en nous
d'un seul coup sont, en fait, ceux auxquels nous avons
prêté attention; parce qu'ils nous intéressaient. Cette
circonstance explique qu'ils aient, après une seule expérience, laissé une trace permanente.

L'existence des souvenirs-images inconscients n'apprend rien non plus sur la reconnaissance spontanée,
car des psychoses inconscientes et par suite impuissan-
tes, ne peuvent en aucune manière sortir de leur aveu-
glement ou de leur impuissance, pour *s'insérer* dans la
perception actuelle. Il faut donc ici concevoir une opération mystérieuse, que l'on doit bien, en fin de compte,
attribuer à une faculté. La reconnaissance spontanée
s'explique beaucoup plus simplement par un phénomène
d'association non pas entre des images, mais entre des
processus nerveux, auxquels correspond un sentiment
sui generis analogue à celui de familiarité.

La reconnaissance attentive ne procède pas elle-même
d'une intention de l'esprit projetant activement vers
le mouvement actuel des images tout à l'heure inconscientes et qui, s'insérant dans la perception, développe-
raient son contenu. Une telle hypothèse suppose l'activité
psychologique démontrée, or, nous ne nous sentons jamais agissant ; elle n'explique pas comment l'image s'in-
sère au mouvement, ni comment le mouvement peut guider l'image ; elle pose une métaphore et transporte dans

l'esprit une opération qui n'est concevable qu'en termes objectifs. Il y a projection du centre à la périphérie, en ce sens que les arcs sensori-moteurs qui sous-tendent la mémoire se déchargent du centre à la périphérie, forçant le corps à ébaucher des mouvements qui dessinent les contours de l'objet, c'est l'accommodation ; en même temps, les processus qui soutiennent les représentations associées, tendent à se décharger dans la perception actuelle, et donnent lieu au phénomène de la préperception. Si la conscience a une efficacité causale (et l'on peut raisonnablement se décider ici pour l'affirmative, quoiqu'il n'y en ait pas de preuve décisive), son action consiste dans une pression ou une inhibition exercée sur les neuroses en cours, car la conscience ne crée rien. Enfin, les maladies de la mémoire, de l'attention, de la reconnaissance et de la personnalité, ne contredisent point à cette théorie physiologique, qui peut en fournir d'une façon générale, une interprétation suffisante.

Le mystère, pour W. James, est précisément que les mouvements du cerveau puissent donner lieu à la connaissance du fait actuel ou passé. L'expérience ne saurait résoudre le problème, et la métaphysique n'y a pas encore réussi. Ce parallélisme est un fait qu'il suffit de constater, mais on a le droit d'admettre aussi que la conscience agit sur le cerveau dans le phénomène d'attention. De sorte que la position adoptée par l'empirisme radical est le dualisme pur et simple, le dualisme vulgaire, dirait sans doute M. Bergson. Cependant, la doctrine de W. James, comme celle de M. Bergson, jette quelque lumière sur la manière dont l'esprit pourrait prendre connaissance de la matière. Mais l'idée féconde en est, plus particulièrement son *pragmatisme*, car la position de notre vie psychologique, par rapport au reste de l'univers, se trouve singulièrement éclairée lorsqu'on la considère essentiellement comme l'action ou la réaction d'un vivant guidé par son intérêt dans la création de ses objets. *La connaissance est-elle pratique*, on conçoit alors la possibilité d'un critérium solide de la vérité, à savoir, l'utilité même de l'action, non pas assurément toujours immédiate, ni restreinte, mais non pas si lointaine, si problématique que le mouvement normal de la pensée s'y évanouisse au profit de celui de la spéculation pure.

Je n'entrerai donc point plus avant dans la discussion métaphysique par laquelle M. Bergson distingue son dualisme propre du dualisme vulgaire. Il semble pourtant qu'en distinguant les deux mémoires de telle façon que l'une, en somme, soit irréductible à l'autre, M. Bergson ait exaspéré le conflit entre la matière et l'esprit. On peut faire beaucoup à l'aide des notions d'extension, de progrès, de tension, de durée et enfin de liberté, sans pourtant réussir à voiler une incompatibilité qui paraît radicale. « Entre la matière brute et l'esprit le plus capable de réflexion, il y a toutes les intensités possibles de la mémoire, ou, ce qui revient au même, les degrés de la liberté. Dans la première hypothèse (dualisme vulgaire), celle qui exprime la distinction de l'esprit et du corps en termes d'espace, corps et esprit sont comme deux voies ferrées qui se couperaient à angle droit; dans la seconde, les rails se raccordent selon une courbe, de sorte qu'on passe insensiblement d'une voie sur l'autre (1). »

(1) Matière et Mémoire, p. 249.

Toute l'idée du système, d'ailleurs admirablement développée, tient dans ce mot *insensiblement*. La perception pure, qui serait le plus bas degré de l'esprit — l'esprit sans mémoire — ferait *véritablement* partie de la matière. La mémoire même n'interviendrait pas comme une fonction dont la matière n'aurait aucun pressentiment.

« Si la matière ne se souvient pas du passé, c'est parce qu'elle répète le passé sans cesse, parce que, soumise à la nécessité, elle déroule une série de moments, dont chacun équivaut au précédent et peut s'en déduire. Ainsi, son passé est véritablement donné dans son présent. Mais, un être qui évolue librement, crée à chaque moment quelque chose de nouveau : c'est donc en vain qu'on chercherait à lire son passé dans son présent, si le passé ne se déposait pas en lui à l'état de souvenir. »

De sorte que la matière *joue* son passé, tandis que l'esprit *l'imagine*. Mais ce sont précisément ces deux notions de *jouer* et d'*imaginer* qui paraissent irréductibles. Les deux voies de chemin de fer ne se croisent pas, elles ne se réunissent point par une courbe imperceptible, elles courent l'une à côté de l'autre, et tout ce que l'on peut dire c'est que, peut-être, la conscience hâte ou retarde par quelque procédé inconnu la marche des convois sur la voie qui lui est parallèle.

Le mystère demeure donc toujours présent dans chaque battement de notre conscience, présent dans chacune de nos perceptions du faux-temps.

> « L'heure est pour nous une chose incomplète,
> L'heure est une ombre, et notre vie, enfant,
> En est faite (1).

(1) V. Hugo, Contemplations.

CHAPITRE VII

Volonté. — Effort.

L'effort musculaire ; l'effort mental. — Le sentiment de l'effort.
— Le sentiment d'innervation. — L'idée motrice. — Spontanéité, volonté, attention. — Le déterminisme de l'attention.

Il est sans doute inutile d'insister sur l'importance que
prend la théorie de la volonté dans une psychologie à tendances pragmatiques.

Deux questions se posent à ce propos, celle de l'effort
musculaire et celle de l'effort mental.

L'effort musculaire apparaît toujours lorsque la contraction musculaire subit une *résistance* ; l'effort proprement mental peut être concomitant à l'effort musculaire,
mais il *paraît* aussi quelquefois se produire sans cet effort musculaire, par exemple, quand nous résolvons les
termes d'un problème *moral* ou intellectuel.

Je dois maintenant faire une remarque importante,
parce qu'elle peut mettre fin à une confusion regrettable.
W. James ne nie absolument pas la *réalité* du *sentiment*
de l'effort. Ce sentiment nous *l'avons* très net, mais il
s'agit d'en déterminer les *conditions* nécessaires et suf-
fisantes. Si l'on démontre que, pour l'effort musculaire
tout au moins, ces conditions sont périphériques, et que,
du reste, cet effort n'implique pas d'autres conditions, on

aura du même coup démontré qu'il est d'origine exclusivement centripète, qu'il résulte ou, plus exactement, qu'il
accompagne un complexus de *sensations*. La confusion
à laquelle je fais allusion ici a d'ailleurs pu se trouver
favorisée par la signification vague du mot anglais « *feeling* ». *To feel* exprime à la fois *l'Empfindung* et le *Gefühl*
de Wundt, c'est-à-dire en somme la vie psychique proprement sensible. Toutefois, si l'on adopte les vues de la
psychologie expérimentale, on ne refusera pas de recon-
naitre que toute *sensation* implique, comme nous disons
une *affection* (Gefühl), et que l'abstraction seule peut distinguer les soi-disant éléments de ce complexus, lequel,
au point de vue descriptif, est primaire. Dans l'esprit de
cette doctrine l'effort serait une psychose totale de tonalité affective particulière, mais ne résultant que d'impressions sensorielles.

Au lieu de chercher à analyser le *contenu de notre
conscience* de l'effort, l'opinion opposée semble plutôt
s'attacher à l'apparence qu'elle offre de prime abord. « Il
nous semble, fait remarquer à ce propos M. Bergson,
que la force psychique emprisonnée dans l'âme comme
les vents dans l'antre d'Éole, y attende seulement une
occasion de s'élancer dehors : la volonté surveillerait
cette force, et de temps à autre lui ouvrirait une issue,
proportionnant l'écoulement à l'effet désiré (1). »

De là à admettre que nous apercevons *l'émission même* de la force nerveuse, il n'y a qu'un pas. Bain a fait
ce pas et Wundt le suit.

W. James s'attaque tout particulièrement à la théorie

---

(1) *Données immédiates de la conscience*, p. 15.

du sentiment d'innervation, combattant de front Wundt, Mach et Helmholtz, ce qui n'est pas peu dire.

« L'originalité de W. James, dit M. Bergson, a été de vérifier l'hypothèse (de l'inexistence de la sensation centrale d'innervation) sur des exemples qui y paraissaient absolument réfractaires (1). » Chassés de leurs derniers retranchements, les partisans du sentiment de l'innervation se retranchent en effet sur un terrain qu'ils pensent imprenable.

« Lorsque, dit Helmholtz, le muscle droit externe de l'œil droit ou son nerf se trouve paralysé, cet organe ne peut plus se tourner du côté droit. Tant que le mouvement de rotation a lieu du côté nasal, tout se passe régulièrement, et le malade perçoit normalement la position des objets dans le champ visuel. Mais, dès que la rotation doit avoir lieu dans le sens contraire, c'est-à-dire vers la droite, la volonté est impuissante, et l'œil s'arrête au milieu de sa course. Il semble alors que les objets volent vers la droite, quoique la position de l'organe et l'image de la rétine restent les mêmes. »

« Dans ces cas, continue Helmholtz, l'exercice de la volonté n'est suivi ni par un mouvement actuel de l'œil, ni par une contraction du muscle en question, ni même par une augmentation de sa tension. L'acte de la volonté *ne produit absolument aucun effet* en dehors du système nerveux (central), et cependant nous jugeons de la di-

(1) *Essai sur les données immédiates de la conscience*, p. 17. — J.-E. Müller présenta une théorie analogue en 1878 (Zur Grundlegung der Psychophysik, p. 318) ; W. James déclare cependant qu'il ne connaissait point cet ouvrage au moment de la publication de ses propres conclusions en 1880.

rection de la ligne de vision comme si la volonté avait produit ses effets ordinaires... *Ces phénomènes ne per-mettent pas de douter que nous jugeons de la direction de la ligne de vision, uniquement au moyen de l'effort vo-lontaire par lequel nous cherchons à modifier la position de notre œil...* (1). »

Les cas de parésie semblent encore plus probants : « Si le nerf aboutissant à un muscle oculaire, par exemple, le droit externe tombe d'un côté en état de parésie, il en résulte d'abord que la même excitation volontaire, qui, dans des circonstances normales, aurait pu faire tourner l'œil jusque vers sa position externe extrême, ne réussit plus maintenant qu'à effectuer une rotation moyenne, di-sons de 20°. Si, alors, fermant son œil sain, le malade re-garde un objet situé en un point tel par rapport à l'œil lésé, que celui-ci doive tourner de 20° pour que la vision y soit distincte, il ne croit point l'avoir tourné de 20° seu-lement, mais jusqu'à sa position latérale extrême. En effet, l'innervation requise pour amener l'objet dans le champ de vision, constitue un acte parfaitement cons-cient, tandis que la discrimination de la contraction des muscles parésiés se trouve être hors du domaine de la conscience (2). »

« Pour beau et clair que ce raisonnement paraisse, ré-pond W. James, il est fondé sur un inventaire incomplet des données afférentes. On a toujours négligé de consi-dérer ce qui se passe *dans l'autre œil.* Il reste couvert

(1) Physiologische Optik, p. 600. Cité par W. James.
(2) Alfred Graefe, das Handbuch der gesammten augenheil-kunde, Bd VI, pp. 18-21. D'après W. James.

pendant l'expérience à l'effet de prévenir les images doublés et autres complications. Pourtant, si, dans ces circonstances, on examine sa condition, on trouvera qu'elle présente des changements d'où doivent nécessairement résulter de fortes impressions afférentes. Or, la prise en considération de ces impressions démolit en un instant toutes les conclusions que les auteurs cités fondent sur l'absence supposée de ces mêmes impressions (1). »

Soit d'abord la paralysie complète du droit de l'œil droit. Supposons que le malade cherche à tourner son œil vers un objet situé à l'extrême droite du champ de vision. Hering a démontré que les deux yeux se meuvent par un acte commun d'innervation. Ainsi, dans l'espèce, ils tendent, tous deux, vers la droite. Cependant, l'œil droit paralysé s'arrête au milieu de sa course, tandis que l'œil sain, quoique couvert, achève sa rotation jusqu'au point de l'extrême limite droite. Evidemment, la continuation même de cette rotation produit, dans le globe oculaire, des impressions afférentes dirigées à droite, impressions que peuvent couvrir et noyer les sensations faibles de position centrale fournies par l'œil malade et découvert. Le malade sent par son œil gauche qu'il suit un objet, et perçoit d'ailleurs par sa rétine droite, qu'il ne peut l'atteindre. Toutes les conditions du vertige optique sont présentes : l'image stationnaire sur la rétine, et la conviction erronée que les yeux se meuvent.

Dans le cas de parésie, le malade parvient à fixer l'objet, mais l'observation révèle que l'autre œil louche fortement. En outre, la direction que prend le doigt du ma-

(1) W. James, *op. cit.*, vol. 2, p. 508.

lade en montrant l'objet est précisément celle de l'œil gauche.

La question re **e** donc simplement de savoir si une impression de l'œil gauche peut être confondue avec une impression de l'œil droit, et réciproquement. « Très certainement, déclare W. James, car non seulement Donders et Adamück, par leurs vivisections, mais Hering, par ses expériences optiques si délicates, ont démontré que l'appareil d'innervation est unique pour les deux yeux. Les deux yeux fonctionnent comme un seul organe, comme un œil double selon Hering, ou suivant Helmholtz comme un œil de cyclope. Les impressions de cet organe double innervé, par un système unique, ne sont pas distinguées pour ce qui est de savoir si elles appartiennent à la rétine gauche ou à la droite. Nous en usons seulement pour connaître où se trouvent leurs objets. Il faut une longue pratique spécialement dirigée *ad hoc* pour apprendre sur quelle rétine tombe chacune des sensations. De même, les différentes sensations qui naissent des positions des globes oculaires sont exclusivement des signes de la position des objets, un objet directement fixé étant ordinairement localisé à l'intersection des deux axes optiques, sans que de notre part, il y ait aucune conscience distincte de la différence de position d'un axe par rapport à l'autre. Nous avons conscience simplement d'un sentiment complet, d'une certaine « tension » dans les globes oculaires, accompagnée de la perception que, aussi loin devant, et aussi loin à gauche ou à droite, se trouve un objet que nous voyons. De la sorte, un processus « musculaire » dans un œil, et un processus rétinien dans l'autre œil, peuvent, aussi bien que deux processus analogues dans le même œil, se combiner entre eux pour produire un même jugement perceptif (1). »

Ainsi, on ne découvre de preuve ni directe ni indirecte de l'existence du sentiment d'innervation. Mieux que cela, on peut démontrer directement qu'il n'existe pas. Si le sentiment d'innervation avait une existence distincte, il devrait persister dans tout acte volontaire, et définir toujours d'une certaine manière la position du membre, sa résistance et la force déployée. Or, dans le cas *d'anesthésie totale*, le malade ne connaît absolument pas le travail opéré par la contraction actuelle. Gley et Marillier (2) l'ont admirablement prouvé.

Entre la représentation de l'acte à accomplir et l'exécution de cet acte, l'expérience semble donc démontrer qu'il n'y a point place pour un sentiment particulier correspondant à la partie motrice ou centrifuge de l'arc type sensori-moteur.

Dans sa forme primaire, la spontanéité, au sens que lui donne Renouvier, peut se définir comme une « *idée motrice* » donnant le plein de son effet. Or, la condition déterminante de la succession motrice immédiate semble consister simplement ici dans l'absence de toute représentation ou « idée » contraire. Les sujets hypnotiques réalisent précisément cette situation, leur esprit est comme *vidé*, aussi bien obéissent-ils, sans résistance, à toutes les suggestions.

(1) Voyez encore en ce qui concerne les illusions de mouvements, en faveur de la théorie de l'innervation, Pr. Mach. Beiträge zur Analyse der Empfindungen, pp. 65-68, et contre : Münsterberg die Willenshandlung, pp. 87-8.
(2) *Revue philos.*, XXII, 442.

Lors donc que l'action, telle qu'elle devrait résulter de
l'idée motrice pure et simple reste inachevée, c'est, probablement, que l'idée en question se trouve être agie, par
ailleurs, ou, en termes physiologiques, que son arc sensori-moteur entre en conflit avec d'autres arcs sensori-
moteurs. En conséquence, notre attitude est, à chaque
instant, le résultat de processus semblables, mais diri-
gés en sens contraire. On conçoit dès lors aisément le
mécanisme de l'indécision. Elle a lieu, lorsque plusieurs
processus sensori-moteurs, sous-tendeurs de processus
psychologiques idéo-moteurs se font équilibre.

La volition proprement dite consiste dans la *rupture* de
cet équilibre. Ainsi, atteignons-nous « le cœur de notre
étude sur la volition, lorsque nous demandons comment
il arrive que la pensée d'un objet donné puisse prévaloir
d'une façon stable dans l'esprit ». C'est en revenir purement et simplement au phénomène de *l'attention* : « L'a-
chèvement essentiel de la volonté, lorsqu'elle est le plus
« volontaire », consiste dans l'attention à un objet difficile, attention grâce à laquelle il est maintenu devant
l'esprit (1). » Ce maintien même est le *fiat* (The so doing
is the *fiat*).

J'ai eu déjà l'occasion de parler de l'attention. Il m'a
semblé que cette psychose impliquait deux moments :
celui de l'accommodation et celui de la préperception. La
préperception consiste en ceci que des psychoses analogues semblent venir au-devant de l'objet sur lequel appuie l'esprit. Au point de vue physiologique, il se produit
une *vraie tension* cérébrale, tension que l'on peut expri-

(1) W. J., *op. cit.*, v. II, p. 561.

mer en disant que certaines régions sensori-motrices, auxquelles des idées sont parallèles, se déchargent successivement ou simultanément dans le même sens. M. Bergson, qui refuse d'admettre que l'image ou l'idée puisse avoir le cerveau pour substrat, suppose que la mémoire, ou l'esprit, lance au-devant de sa perception et probablement, sans doute aussi au-devant de l'idée à laquelle il est attentif, des images concordantes choisies dans un milieu d'images inconscientes conservées. Cette explication ne résout aucune difficulté et elle en ajoute quelques-unes, car, à moins de se contenter de métaphores, dans une matière qui n'en comporte pas, on ne voit pas clairement en quoi peut consister cette projection des images, ni comment la mémoire, si elle n'est pas une *faculté*, a le pouvoir de choisir parmi des psychoses inconscientes, c'est-à-dire, par définition, purement négatives et sans détermination.

A la vérité, il n'est pas impossible d'expliquer ce phénomène de projection d'une façon purement physiologique. On peut, en effet, supposer un cerveau tel qu'il réagisse plus largement et plus vigoureusement à certaines impressions périphériques ou centrales. Ces impressions seraient biologiquement les plus intéressantes, elles envahiraient automatiquement la conscience, en même temps que le mouvement correspondant envahirait le cerveau. Et comme tous les mouvements cérébraux sont sensori-moteurs, toutes les idées motrices, l'action suivrait telle qu'elle se trouve préformée dans l'idée ou dans le mouvement central dominant.

Ce processus est accompagné subjectivement de ce que W. James appelle l'effort *purement mental*. Pourtant, cette notion de l'effort mental n'est pas claire. Dans l'état d'attention le plus « spirituel », Fechner a montré que l'impression de tension, qui fait en somme ici le tout du sentiment de l'effort était due à des contractions intéressant les muscles internes ou externes de la tête et du cou. Et, en ce qui concerne la résolution morale, si, pour reprendre l'exemple pittoresque de W. James, devant la porte d'une coquette, j'hésite et me résous, malgré mon envie, à ne pas entrer, le *fiat* est couvert encore par une impression d'effort qui peut fort bien, et qui doit logiquement, si l'on reste fidèle à l'esprit général de la doctrine, pouvoir être analysée en mouvements périphériques esquissés, mais inhibés, bref, en un complexus de tendances corporelles retenues aussitôt que lâchées.

Cette vue largement physiologique et déterministe puise sa valeur dans le fait que la pensée ne se saisit jamais agissante. Cependant, d'un point de vue plus général, elle ne semble nulle part moins satisfaisante que dans le cas de la volonté *morale*.

Notre nature a horreur de ce qui est pénible, toutes ses forces tendent en sens inverse de la morale, ou, du moins, pour retrancher d'un coup toute discussion possible, en sens inverse de certaines morales, dont les adeptes sont pourtant nombreux. Il y a souffrance, et le mystère consiste à savoir comment il se peut que nous choisissions cette souffrance, que nous en fassions une *bonne souffrance*. Je sais bien que l'on arrive en raffinant l'analyse à découvrir l'intérêt, mais cet intérêt n'est jamais immédiat, il paraît toujours *éloigné*, souvent opposé à tous les désirs, à tous les penchants *naturels*. Bref, l'humanité héroïque, avec ses dévouements et ses martyres, s'explique mal par le jeu grossier des forces physiques; et dès lors on est en droit de considérer la conscience comme une force capable de faire des miracles, force qui choisirait entre des idées données et insisterait délibérément sur l'une plutôt que sur l'autre.

CONCLUSION

Tels sont les principes essentiels de la psychologie de W. James.

Cette doctrine dégage d'abord nettement les caractères spécifiques de la psychose. Chose curieuse, l'Ecole oublie généralement de poser et de résoudre cette question pourtant essentielle. Une telle négligence a eu pour résultat d'accréditer les opinions les plus fausses en psychologie. Faute d'avoir défini la nature propre du phénomène psychique, l'associationnisme l'a décomposé en éléments ou « idées », puis, glissant le long d'une pente facile il en est venu jusqu'à concevoir des atomes psychiques, en tous points comparables aux atomes physiques, il a construit une *chimie mentale*. Mais il devait être donné à la psychophysique allemande de pousser jusqu'aux conséquences extrêmes de cette assimilation « scientifique ». Il fallait que la psychologie atomiste devînt mathématique. Fechner et ses disciples se proposèrent de *mesurer* la psychose, sans d'ailleurs s'apercevoir que, dans tous les cas, ils mesuraient simplement l'objet ou, tout au plus, sa clarté.

30

Il ne semble pas, en effet, que la psychose soit mesurable. La mesure est fondée sur le nombre et le nombre suppose la conception du *continu mathématique*. Or, le continu mathématique est une *création* de l'esprit humain, qui *juxtapose* indéfiniment des parties, divisibles elles-mêmes à l'indéfini. Mais on ne découvre aucune preuve ni directe ni indirecte, d'où il ressorte que la psychose soit divisible en éléments infiniment petits. Il ne peut pas exister de preuve directe par l'introspection, puisque ces psychoses infiniment petites seraient en même temps *inconscientes*. Il n'y a pas de preuve indirecte, car tous les cas où on les prétend indispensables, peuvent s'expliquer d'une manière. En ce qui concerne la psychose, *esse* et *sentiri* paraissent devoir être une seule et même chose.

D'autre part, l'introspection nous montre clairement que la *même* psychose ne saurait se renouveler, et, par conséquent aussi, qu'il n'y a pas d'élément psychique, *car la notion d'élément implique l'adhérence et la permanence du même. Nous pouvons sentir ou connaître le même objet*, mais nous ne le sentons jamais deux fois exactement de la même façon. Cette vue subjective s'appuie sur l'étude objective des conditions de la psychose. La vie psychique est parallèle à la vie physiologique des centres nerveux. Or, la matière centrale représente une masse infiniment complexe dont les éléments toujours en état d'équilibre instable conservent l'empreinte des moindres modifications antérieurement subies, de sorte qu'un même mouvement ne s'y répète jamais ; ainsi, les *vagues* de la mer se succèdent-elles toutes semblables et cependant jamais identiques.

Au reste, les psychoses nous sont données à la manière de *pures qualités* et non point du tout comme des
quantités. Subjectivement, une psychose n'est pas plus
intense que l'autre, mais chacune d'elles diffère par sa
qualité, en même temps que l'objet augmente en intensité. Cependant, transportant l'intensité objective dans
la série qualitative subjective, nous en arrivons pour les
besoins pratiques de la vie à faire de l'une le signe de
l'autre. Or, c'est une loi générale en psychologie que le
signe disparaît devant la chose signifiée.

Ces qualités ne sont point juxtaposées, elles s'écoulent
sans intervalle dans le flot conscient. Chaque psychose,
tout en demeurant indivisible, retentit du contenu des
psychoses précédentes. Il arrive ainsi, nécessairement,
que la psychose qui hier connaissait un objet, ne le connaît pas aujourd'hui de la même manière. Cet écoulement continu des psychoses, *ce flot de la pensée* s'explique encore par des raisons physiologiques. Le phénomène de l'addition des excitations prouve en effet que
dans la substance nerveuse, chaque vibration momenta-
née n'est point isolée, mais se trouve accompagnée de vibrations qui s'achèvent, dans le passé, et de vibrations
naissantes, qui représentent une tendance vers l'avenir.

Ces tendances, ces adhérences entre le passé et l'avenir, ce retentissement vague de toutes les psychoses antérieures dans chaque psychose présente, forment comme
une « *frange* » un « *halo* » caractéristique, mais mal défini. Le halo, la frange se compose encore de tous les
sentiments-rapports qui rayonnent plus ou moins confusément autour des sentiments-sensations ou points substantifs centraux.

29 *

Le flot conscient est continu. Cette continuité même conditionne la mémoire. Si les psychoses ne se recouvraient pas en quelque manière, tandis que s'associent leurs neuroses, *la mémoire primaire* ne serait pas, et, du même coup, nous n'aurions pas la sensation du *faux présent.*

Le *faux présent* représente la dernière *donnée immédiate* de notre conscience. Il se traduit dans un tout lié, par le sentiment d'un avant, d'un après et d'un intervalle, dont le contenu *paraît encore objectif.* Le temps immédiatement senti comporte tout au plus quelques pulsations de faux présent. Dans ce cas, on a conscience d'une succession liée, d'une multiplicité non divisée, qui ressemble au temps pur de M. Bergson.

Au delà, nous déroulons véritablement le temps dans l'espace en juxtaposant les moments de faux présent et en les évaluant plus ou moins approximativement. C'est ainsi que nous construisons la *notion* d'un temps divisible et *mesurable.*

Mais le phénomène de mémoire suppose encore que nous reconnaissons le passé comme autrefois connu par nous, et cela implique la notion de la personnalité. Or, cette notion ne s'expliquerait pas d'une façon naturelle si chaque psychose était séparée de la précédente, s'il y avait succession pure et simple, c'est-à-dire juxtaposition et non succession liée. Si, au contraire, chaque psychose retentit de la précédente, on conçoit que celle-ci lui lègue son contenu, et en même temps un sentiment d'intimité et de chaleur spéciale, où se traduisent des mouvements très subtils de l'organisme.

Cependant, on peut se demander, avec Wundt, quelles

sont, au point de vue de la méthode psychologique, les conséquences de cette théorie de la continuité et de l'indivisibilité réelle des psychoses. Si le fait mental ne peut être *analysé par le dedans*, la psychologie devra adopter une démarche *descriptive*. Elle s'efforcera d'éclairer l'état mental *par le dehors*, c'est-à-dire, d'en exposer *les conditions*. Evidemment, *la raison* de la psychose serait trouvée si on pouvait l'analyser en ses éléments, mais il ne paraît pas que Wundt ait réussi à montrer la légitimité d'un tel procédé. « L'empiriste radical » acceptera donc la situation qui lui est créée par les faits, au risque même de conclure à *l'impossibilité d'une science psychologique rigoureuse*.

Le phénomène nerveux est l'une des conditions essentielles du phénomène psychique. Il faut donc que le psychologue soit d'abord *cérébraliste*.

Le cerveau est un appareil sensori-moteur où tous les mouvements obéissent au *type réflexe*. On aurait tort, d'ailleurs, d'insister sur une localisation cérébrale bien définie. Tout indique que l'on se trouve en présence d'un organe qui, selon l'expression de Flourens, travaille d'ensemble à la manière d'une glande ou du foie. On doit en outre se souvenir que l'on a affaire avec un *centre* et non plus seulement avec un lieu de projection. S'il est pour une part automatique et indifférent, le cerveau n'en possède pas moins une manière propre de réagir aux excitations transmises par les sens, manière propre qui n'a pas sa raison dans ces seules excitations.

Le schéma de Meynert paraît parfaitement approprié à une théorie qui voit dans *l'expérience passive* l'origine unique de toute connaissance. La plasticité du cerveau est incontestable. Elle se manifeste notamment au travers des phénomènes *d'habitude et d'association*. L'association psychologique entre les *psychoses totales* est un *effet* de l'association physiologique entre des neuroses totales. Le fait primitif consiste donc dans l'association par contiguïté, non dans l'association par similarité. La reconnaissance est un phénomène d'association.

Mais l'expérience au sens où l'entend notamment H. Spencer ne saurait expliquer toute la connaissance. Il faut adopter un *apriorisme naturaliste*, dont voici la substance : Dé même que l'évolution naturelle ne résulte pas seulement de la transmission héréditaire, mais, d'après Darwin, beaucoup plus encore des variations accidentelles, ainsi les formes et les catégories propres à l'esprit humain, les aspirations métaphysiques, esthétiques et éthiques, etc., ne sauraient provenir d'habitudes mentales acquises ou héritées. Elles sont « entrées par la porte de derrière ou plutôt elles sont nées clandestinement à la maison. » Il faut cependant se garder de voir dans ces variations physiologiques spontanées quelque chose comme les formes *a priori* de Kant, c'est-à-dire des catégories qui rendraient l'expérience possible. Elles ressemblent bien plutôt aux soi-disant vérités éternelles de Locke, dont la valeur cependant ne peut être déterminée que par l'expérience *prise au sens empirique du mot*. Cette doctrine ne cherche donc pas à voiler *le mystère de la connaissance*, puisqu'elle ne s'occupe pas d'expliquer comment il arrive que l'expérience fruste puisse cadrer avec le système des concepts.

On peut toutefois se demander si les principes de la psychologie de W. James ne renfermeraient pas les élé-

ments d'une solution plus élégante analogue à celle que
propose M. Bergson dans son ouvrage intitulé *Matière et
Mémoire*. Pour résoudre cette question, il est nécessaire
de remonter jusqu'au point où naît la connaissance.

La philosophie de W. James insiste tout particulièrement sur le pragmatisme de la connaissance. Cette vue
s'éclaire tout particulièrement du fait psychologique fondamental que la conscience a pour caractère de *toujours
choisir*. En effet, elle ne choisirait pas si l'intérêt lui manquait, or, on ne conçoit pas quelle signification biologique l'intérêt pourrait avoir en dehors de l'action immédiatement consécutive ou plus ou moins différée.

Si la connaissance est essentiellement pratique, si elle
tend toujours à s'actualiser par quelque réaction, c'est
que, dans sa forme primaire, elle représente simplement
la réponse du vivant à ce qui lui est externe.

Si les images sont données, et on les suppose données,
au point de vue psychologique, dès qu'on ne cherche pas
à les *déduire*, il faut dire que la « perception pure » est
parallèle à un processus sensori-moteur du type réflexe,
par lequel l'individu découpe ou ébauche son action parmi les éléments indifférents de l'univers. La représentation est donc un point de vue particulier parmi la réflexion intégrale des images.

En d'autres termes, et pour parler le langage de W.
James : la sensation apparaît *extensive*, et par conséquent, l'image est une donnée immédiate que l'on ne déduit pas de termes inextensifs. Mais cette image particulière correspond à une impression reçue par le cerveau,
or, tous les mouvements du cerveau sont réflexes, et par
conséquent, sensori-moteurs, donc il faut qu'une réaction

soit immédiatement consécutive à l'impression, réaction qui se termine toujours en mouvements achevés ou inhibés, en action directe ou retardée.

Quoique W. James n'insiste pas pour les mêmes raisons que M. Bergson sur le rôle exclusivement sensori-moteur du cerveau, il semble que sa théorie ne contredit point à une pareille opinion. On doit même insister très spécialement sur cette vue, car elle constitue la raison profonde *du pragmatisme.*

Cette doctrine sensori-motrice de la sensation offre l'avantage de mettre en évidence le point de départ de la connaissance, de montrer comment elle pénètre dans la matière, et jusqu'à un certain point comment elle s'en dégage. Elle permet aussi d'entrevoir pourquoi l'action reste, en définitive, le seul critérium de la vérité.

Mais la sensation pure est une abstraction et dès l'instant qu'il s'agit de la perception, on se trouve en face du triple problème de la *mémoire* de la *reconnaissance* et de *l'attention.*

Sur ces trois sujets la doctrine de W. James diffère profondément de celle de M. Bergson. Tandis que M. Berson distingue deux mémoires, dont l'une serait motrice et cérébrale, l'autre, au contraire, non motrice et purement mental. ; W. James attribue indifféremment tous les phénomènes de mémoire aux processus cérébraux.

J'ai essayé de montrer que la distinction de M. Bergson n'est pas fondée au regard de l'introspection et, en outre, qu'elle suppose *l'inconscient,* dont on doit dire tout au moins qu'il est invérifiable.

On peut expliquer tous les phénomènes de mémoire en

termes sensori-moteurs et l'hypothèse physiologique, ainsi présentée, ne comporte en aucune manière l'emmagasinage des images dans le cerveau.

Tandis que W. James voit dans la reconnaissance et dans le sentiment de familiarité des phénomèr' 'association par contiguïté, M. Bergson parle d'i.. souvenirs conservées à l'état inconscient ou impuissant et qui viendraient s'insérer dans la perception pure, c'est-à-dire dans la réaction sensori-motrice présente. Cette théorie subtile peut paraître insuffisante, parce qu'on ne saurait y comprendre sans faire appel à une *vis occulta*, le passage de la psychose inconsciente à l'état de conscience, et surtout le *choix* qu'elle fait de s'insérer dans tel processus sensori-moteur plutôt que dans tel autre.

L'explication que le même auteur donne de l'attention ne vaut pas mieux, puisqu'elle implique également la *prejecton active* par la mémoire d'images-souvenirs qui, elles aussi, s'insèrent dans la réaction actuelle.

Pour W. James, la base du phénomène d'attention est essentiellement physiologique. On y distingue deux processus, le processus de *l'accommodation* et celui de la *préperception*. Le premier de ces processus consiste bien précisément en une accommodation des sens à l'objet perçu, à percevoir ou à imaginer. Le second processus correspond à une tension cérébrale des centres associés vers le centre en activité actuelle, cette tension conditionne *la projection* des idées, et se termine aussi en mouvement d'accommodation. Ce serait d'ailleurs une question de savoir si accommodation et préperception ne sont pas une seule et même chose. W. James, toutefois, ne le **croit pas.**

Si l'attention peut, à la rigueur, s'expliquer en termes purement dynamiques et physiologiques, on conçoit cependant, *sans d'ailleurs parvenir à le démontrer* d'une façon *certaine*, que la conscience y puisse jouer un rôle actif. Nous disons, sans pouvoir le prouver par la méthode psychologique, *parce que la conscience ne se saisit jamais agissante.* Ainsi, dans le domaine psychologique, *la spontanéité est seulement probable.*

Si la doctrine de la sensation pure, telle que la présentent W. James et M. Bergson, éclaire la manière dont l'esprit prend contact avec la matière, ce rapprochement laisse intacte *la différence qui les sépare.* C'est par métaphore seulement que l'on peut parler de conscience dans la matière. Il est donc, en fin de compte, plus loyal d'adopter ici, avec W. James, une attitude naïve, et de conclure à un *dualisme* irréductible et *vulgaire.*

Dans une psychologie pénétrée de l'impulsivité et de la motricité essentielle à toutes les neuroses centrales, la doctrine de la volonté et du sentiment occupe une place privilégiée. La volonté constitue, en somme, le phénomène de connaissance achevé, il représente simplement dans sa forme primitive tout au moins le déploiement *de la motricité de l'idée.* Point n'est besoin d'y supposer, comme le fait Wundt, un sentiment particulier d'innervation, dont on ne saurait fournir ni preuve directe, ni preuve indirecte.

Je me suis abstenu de traiter des *émotions*, quoique, sur ce point, la théorie de W. James soit très particulière, parce que je n'aurais eu, en somme, rien à ajouter aux remarques déjà faites et bien faites, à ce sujet, par le Dr G. Dumas.

Il me paraît utile, en terminant, d'insister encore sur la question *de méthode*, qui, dans l'état actuel de la psychologie, présente un intérêt dominant. N'y a-t-il pas, en effet, quelque chose de troublant dans l'opposition de Wundt et de W. James ? Le conflit qui les sépare est-il décidément absolument irréductible ?

Rien de plus clair que la doctrine exposée dans le *Grundriss* :

La matière des sciences de la nature (Naturwissenschaft) aussi bien que des sciences de l'esprit (Geisteswissenschaft) est toujours l'expérience (Erfahrung). Cependant, le contenu de l'expérience complète, celui de l'expérience *immédiate* est fait du sujet et de l'objet. Dans cette expérience immédiate, les sciences de la nature *négligent* le sujet pour ne s'occuper que de l'objet; au contraire, les sciences de l'esprit, toutes fondées sur *la psychologie*, s'occupent des relations du sujet avec les objets et, par conséquent, s'appliquent à *l'expérience telle qu'elle se trouve immédiatement donnée*, sans abstraction. Ce n'est là, en somme, qu'une différence de *point de vue*.

Wundt en conclut qu'il ne doit pas y avoir de différence essentielle entre la méthode de la psychologie et celle que suivent les autres sciences. Or, nous n'avons pas d'autre moyen scientifique de savoir que *d'analyser* le tout en ses éléments ; donc, pour connaître le tout psychique, il faut le décomposer en ses *éléments*.

Comment, dans les sciences de la nature, arrivons-nous à distinguer les éléments du phénomène étudié ? En faisant varier ses conditions, ou en observant les conditions de ces variations. De même, en psychologie, si nous parvenons, dans les mêmes conditions données et me-

surables à faire varier le complexus supposé d'une façon constante, nous pourrons conclure que ce complexus
contient un élément constant. dont il se trouve partiellement composé.

Partant de ce principe d'expérimentation, Wundt distingue deux catégories d'éléments psychiques, la sensation pure (reine Empfindung) (qui comprend l'image-souvenir), et le sentiment simple (einfaches Gefühl). L'explication scientifique de la psychose complexe résultera
donc de son analyse en sensations pures et en *Gefühle*,
à la condition toutefois que l'on tienne un compte exact
de leurs modes de liaison. Car la *tonalité* de la psychose
dépend non moins des éléments que de leur *liaison* (Ver-
bindung).

Au regard de cette doctrine, celle de W. James nie explicitement l'existence *réelle* d'éléments psychiques simples, et, en outre, affirme que l'analyse psychologique
doit s'arrêter aux segments discernables du flot conscient, c'est-à-dire, à des psychoses totales irréductibles.

En outre, si la *même* psychose n'est jamais donnée
deux fois, la classification même manque d'une *base solide*, puisque l'on ne saurait logiquement ici dégager
l'identité.

On commet, en effet, une erreur profonde en affirmant
que la psychologie ne se trouve point, par rapport aux
phénomènes qu'elle étudie, dans une position très différente de celle où se placent les autres sciences. Par définition, les autres sciences étudient l'objet et font abstraction *du sujet*, tandis que la psychologie étudie *le sujet*
dont, par conséquent, elle ne saurait *négliger* le perpé-

tuel *changement*. Dans ces conditions, la psychologie ne sort pas des bornes d'une description empirique soutenue par des généralisations approximatives.

Dès lors, que le psychologue veut adopter une démarche *scientifique*, il lui faut aussi faire le postulat scientifique par excellence et supposer que *quelque chose demeure* de l'objet étudié. Or, ce *postulat* a trait exclusivement au quantitatif et ne peut s'appliquer au qualitatif, il nous entraine donc hors du domaine étroit des psychoses, dans celui de leurs *conditions* physiques et physiologiques.

Les conditions physiologiques représentent des complexus de mouvements nerveux encore mal définis, qui, cependant, ouvrent le champ à des *analyses* hypothétiques il est vrai, mais suffisamment fondées pour nous laisser entrevoir comment une *psychose totale et indivisible* peut traduire un *objet complexe*.

Les conditions physiques permettent une expérimentation directe sur les psychoses dont les variations peuvent dès lors être *traduites en termes objectifs*. Par là, nous nous rapprochons, en quelque manière, de la conception de Wundt.

Ainsi, description empirique d'une part, et, de l'autre, analyse *scientifique* des conditions, telle est, je crois, la double tâche du psychologue, qui, sans doute, doit renoncer à voir dans sa « science » une discipline indépendante capable de se soutenir toute seule, sans l'appui des « sciences de la nature ».

Si cette conclusion n'est pas celle de W. James, si même on peut prévoir qu'il se refuserait aujourd'hui catégoriquement à y souscrire, elle m'apparaît cependant comme la seule que l'on puisse logiquement tirer de la manière dont il traite dans ses principes les divers problèmes psychologiques.

Vu :

Lyon, le 5 mars 1910.
Le Doyen de la Faculté des Lettres
de l'Université de Lyon,
L. CLÉDAT.

Vu et permis d'imprimer :
Lyon, le 6 mars 1910.
Le Recteur, Président du Conseil de l'Université
P. JOUBIN.

BIBLIOGRAPHIE

BERTRAND. — La psychologie de l'effort (Alcan).

BINET. — La psychologie du raisonnement (Alcan, 1907).

BLOOD B. P. — The Flaw in Supremacy (Amst., N. Y., 1893).

DELBOEUF. — Eléments de Psychophysique.

DARWIN. — Origin of species, et trad. allemande : Die ent-
stehung der Arten (Al. Kröner Verlag, Stuttgart,
Volks Ausgabe).

— Expression of the Emotions (J. Murray, Cambridge,
London, 1901).

DUMAS G. — *La Tristesse et la Joie* (Alcan, 1900).

— *Les Emotions* (trad. de W. James, Alcan, 1903).

EBBINGHAUS. — Pflüger's Archiv., t. XIV. Ueber negativen
Empfindungswerte Zeitschrifft f. Ps. u. Ph. d. Sinnesorg. (1890).

ELSASS. — Ueber die Psychophysik (1886).

EISSLER R. — *Wundt's Philosophie u. Psychologie* (Leipzig,
Johann Ambrosius Barth, 1902).

FECHNER. — El. der Psychophysik.

FÉRÉ Ch. — Sensation et mouvement (Alcan).

FERRIER. — Functions of the Brain.

FOSTER. — Text book of Physiologie.

FOUCAULT M. — *La Psychophysique* (Alcan, 1901).

GREEN. — Introduction to Hume.

HELMHÖLTZ. — Die Erhaltung der Kraft (1817).

— Tonempfindungen (1870).

— *Physiologische Optik* (1870).

— Die Thatsachen in der Wahrnehmung (1879).

HERBART. — *Lehrbuch zur Psychologie* (Königsberg u Leipzig,
1816).

HERMANN. — *Lehrbuch der Physiologie* (12ᵉ Auflage. Berlin, 1900. Virlay. Aug. Hirschwald).

— *Id.* Handbuch d. Physiologie.

HÖFFDING. — Esquisse d'une psychologie fondée sur l'expérience. Trad. L. Poitevin (Alcan).

JANET Pierre. — *L'Automatisme psychologique* (Alcan, 1903).

KANT J. — Sämtliche Werke (Ausg. v. Rozenkranz).

— Kritik der reinen Vernunft (Verl. von Philipp. Reclam).

LANGE Fr. A. — Geschichte des Materialismus (Leipzig, Verlag von Philipp. Reclam jun.).

Profes. LANGE. — Ueber Gemüths. bewegungen (Leipzig, 1887).

— *Les Émotions*, trad. G. Dumas, 2ᵉ édit., 1902).

LOCKE. — Essay conc. Human Understanding., ed. J. A. St. John. London, G. Bell a. Sons, 1902.

LOTZE. — Medizinische Psychologie.

— Metaphysik.

MACH. — Beiträge zur Analyse der Empfindungen (1886).

MAUDE E. — Education (1882).

MÜLLER. — Zur Grundlegung der Psychophysik (1878).

MÜNSTERBERG. — Beiträge zur experimentellen Psychologie. IIᵉ Heift.

MANTEGAZZA. — Physiologie de l'Amour (1877).

— Physiologie du Plaisir (1 54).

— Physiologie de la Douleur (1879).

— La physionomie et l'expression des sentiments (3ᵉ éd., 1908, Alcan).

NAHLOWSKY. — Das Gefühlsleben in seinen wesentlichen Erscheinungen u. Bezügen (Leipzig, 2ᵉ éd., 1884).

POINCARÉ H. — *La Science et l'Hypothèse* (E. Flammarion, 1908).

PREYER. — L'âme de l'enfant (Alcan).

RIBOT. — Les maladies de la mémoire (Alcan).

— Les maladies de la volonté (Alcan).

— Les maladies de la personnalité (Alcan).

RIBOT. — *La psychologie de l'attention* (Alcan).

—— La psych. angl. cont. (Alcan).

—— *La psych. all. cont.* (Alcan).

—— La psych. des sentiments (Alcan).

RENOUVIER. — *2e Essai. Psychol. rationnelle* (Paris, 1875).

ROMANES. — Mental evolution in animals.

—— L'évolution mentale chez l'homme (Alcan).

SIGWART. — Logik.

STUMPF. — Tonpsychologie.

STUART MILL J. — *A system of Logic ratiocinative a inductive* (People's edition, Longmanns Green and Cº, London, 1898).

—— Examn. of. Hamilton

SULLY *James*. — The Human Mind.

—— Etudes sur l'enfance (Alcan).

SPENCER H. — *Principles of Psychology* (4e édition, Williams a. Norgaste, 1899).

—— First Principles (*Id.*, 1898).

SCHNEIDER C.-H. — Der Thierische Wille.

TAINE. — Intelligence.

JAMES W. — *The Principles of Psychology* (2 vol., Macmillan and Cº, 1891).

—— Briefer Course in Psychol. (traduit, N. Y. H. Holt and Cº, 1892).

—— Talks to teachers on Psychology and to students on some of Lifes'Ideal (N. Y., H. Holt and Cº, 1899 ; traduit par L. Pidoux, 1907).

—— *The Will to believe and others essays in Popular philosophy* (Longmans Green and Cº, 1902).

—— *Le sentiment de Rationalité. Critique philosophique* (1879, traduit).

—— *Le sentiment de l'effort* (*Id.*, 1880, traduit).

—— Le Dilemme et le Déterminisme (*Id.*, 1884, traduit).

—— Human Immortality : two supposed objections to the Doctrine (Boston, Houghton, Miflin and Cº, 1898).

JAMES W. — *The Varieties of religious experience* (Longmans, Green and C°, N. Y., Bombay, London, 1902 ; trad. par Abauzit, Alcan, 1908).

— *Pragmatism a new name for some old ways of thinking* (Longmans, Green and C°, London, 1907).

— *A pluralistic Universe* (Hibbert Lectures) (Longmans, Green and C°, London, 1909).

WUNDT. — *Grundzüge der Physiologischen Psychologie* (4e Aufl, 1893 et 5e Aufl., Verl. von Wilhelm. Engelmann, 1901).

— *Grundriss d. Psych.* (Leipzig, 1896, 2e Aufl., 1897).

— *Logik* (Stuttgart, 1886, 2e Aufl., 1893-95).

— *Vorlesungen über die Menschen u. Tierseele* (Leipzig, 1863, 2e Aufl., 1893, 3e Aufl., 1897).

— *System der Philosophie* (Leipzig, 1889, 2e Aufl., 1897).

WINDEPSHEIM. — Einführung in die Anatomie der Wirbeltiere (1905).

TABLE DES MATIÈRES

5814 — Imprimeries Réunies, 8, rue Rachais, Lyon.

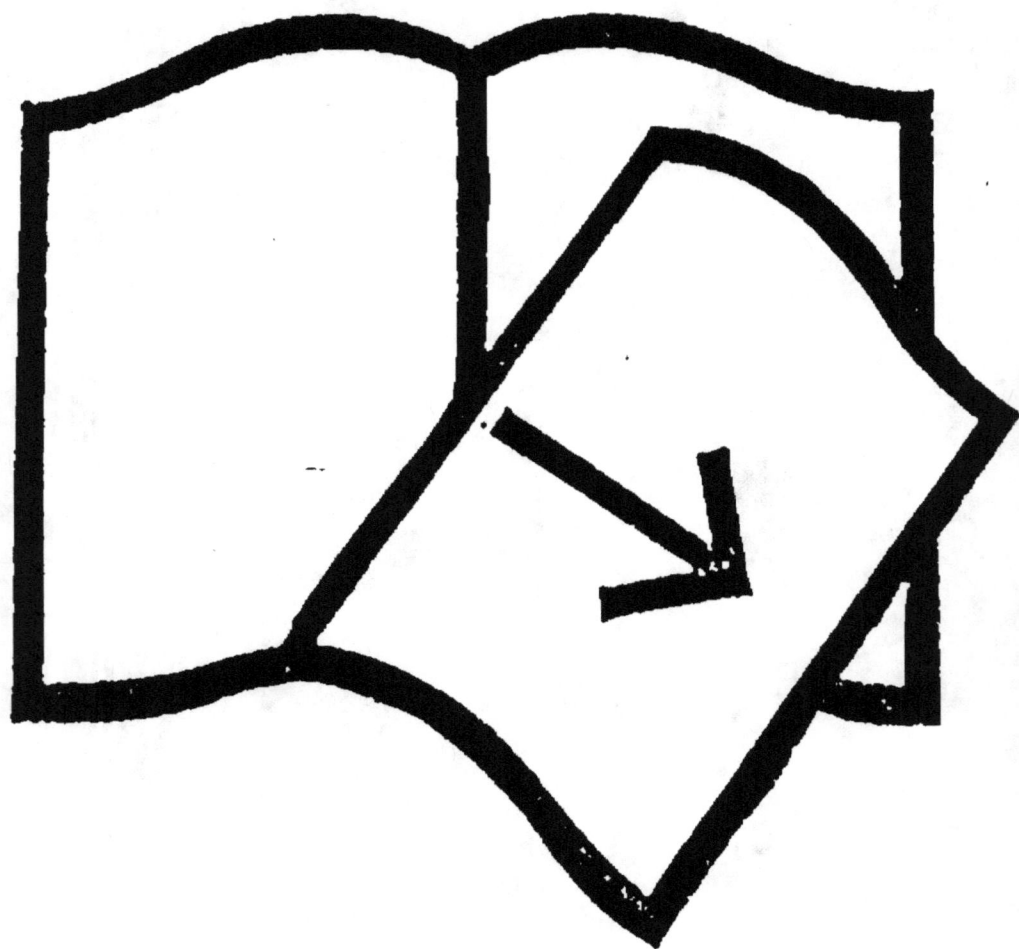

Documents manquants (pages, cahiers...)
NF Z 43-120-13

www.ingramcontent.com/pod-product-compliance
Lightning Source LLC
Chambersburg PA
CBHW050551270326
41926CB00012B/2009